产业集群学术译丛

总主编：马璐

边远集群中的市场营销管理
对B2C营销的影响

MARKETING MANAGEMENT
IN GEOGRAPHICALLY REMOTE INDUSTRIAL CLUSTERS
IMPLICATIONS FOR BUSINESS-TO-CONSUMER MARKETING

李巍　赵丹　杨一寰　译
【瑞典】乔治·特萨尔　【瑞典】扬·博丁　著

北京市版权局著作权合同登记：图字：01-2018-6855

Copyright© 2012 by World Scientific Publishing Co. Pte. Ltd.

All rights reserved. This book, or parts thereof, may not be reproduced in any form or by any means, electronic or mechanical, including photocopying, recording or any information storage and retrieval system now known or to be invented, without written permission from the Publisher. Simplified Chinese translation arranged with World Scientific Publishing Co. Pte Ltd., Singapore.

版权所有。本书中文简体版由 World Scientific Publishing Co. Pte. Ltd. 授权经济管理出版社在中国大陆范围内独家出版发行。未经出版者许可，不得以任何方式抄袭、复制或节录本书中的任何部分。

图书在版编目（CIP）数据

边远集群中的市场营销管理：对 B2C 营销的影响／（瑞典）乔治·特萨尔（George Tesar），（瑞典）扬·博丁著；李巍，杨一寰，赵丹译．—北京：经济管理出版社，2021.2
ISBN 978-7-5096-7087-3

Ⅰ.①边⋯ Ⅱ.①乔⋯ ②扬⋯ ③李⋯ ④杨⋯ ⑤赵⋯ Ⅲ.①市场营销学—研究 Ⅳ.①F713.50

中国版本图书馆 CIP 数据核字（2020）第 067534 号

责任编辑：王格格　钱雨荷
责任印制：黄章平
责任校对：陈晓霞

出版发行：经济管理出版社
（北京市海淀区北蜂窝 8 号中雅大厦 A 座 11 层　100038）

网　　址：www.E-mp.com.cn
电　　话：（010）51915602
印　　刷：唐山昊达印刷有限公司
经　　销：新华书店
开　　本：720mm×1000mm/16
印　　张：20.75
字　　数：395 千字
版　　次：2021 年 3 月第 1 版　2021 年 3 月第 1 次印刷
书　　号：ISBN 978-7-5096-7087-3
定　　价：108.00 元

·版权所有　翻印必究·

凡购本社图书，如有印装错误，由本社读者服务部负责调换。

联系地址：北京阜外月坛北小街 2 号
电话：（010）68022974　邮编：100836

丛书编委会

总主编 马 璐 卢志平

委 员 (按姓氏拼音排序)
陈朝晖 管仕平 黄庚保 廖志高
林丽萍 潘清泉 魏 锋 祝 新

序 言

产业集群的理论研究广泛地应用于经济学、管理学等专业领域。企业战略管理领域对集群现象的研究最早可以追溯到1820年Weber的《工业区位论》和1890年Marshal的《经济学原理》。20世纪90年代以来,以波特和克鲁格曼等为代表的学者关于产业集群的研究逐渐在国际学术界产生重要影响。波特1990年在《国家竞争优势》一书中最早明确提出"产业集群"(industrial cluster)这一概念;2003年波特进行修正后更注重描述构成产业集群中各主体之间的内在关系,他认为"产业集群是指某一领域内的企业或机构,在地理上相邻、互相连接、彼此共通",这一概念随后在学术界被广泛使用。随着科学技术革命的不断推进以及全球经济化的快速发展,国际之间的竞争和国内地区之间的竞争越来越激烈,信息、知识、科技等重要因素在企业生产运行中的作用占据重要地位,不同技术产业在地理上越来越呈现集中趋势。研究发现,在科学技术飞快发展的今天,区域的地理位置在经济发展中的作用不仅没有减弱,反之,地理位置的优势显得尤为重要,产业集群已经变为现代各国竞争中创新产业的一个相同的特点,已经成为世界上引人瞩目的区域经济发展模式和产业发展的重要组织形式,越来越引起国内外学界、商界和政界的广泛重视。

产业集群实质上是一种生产组织方式,区域可以对产业集群进行培养和发展来达成区域的经济目标,因此产业集群也是区域经济发展的战略方向。它是现代产业在区域经济发展活动中呈现出的一种新的发展方向,它不仅仅出现在大量的传统工业、制造业中,也逐渐渗透在电子信息、金融、生物制药等高新技术行业领域中。作为一种产业组织形式,产业集群可以发挥规模经济和范围经济效益,不仅能够降低企业的生产、运输、交易、营销等成本,而且有利于企业间共享资源,进而有利于提高企业的技术创新能力,提高生产效率和产品质量,增强产业核心竞争能力。虽然产业集群对经济增长有着重要的作用,但是系统归纳总结产业集群演化规律的研究近几年才引起学者们的关注。中国产业集群起步于改革开放之初,于20世纪90年代中期得到快速发展,已成为促进区域经济发展、提升我国产业国际竞争力的有效驱动。然而,产业集群至今仍没有一个公认的定义,存在许多相似的概念如企业集群(中小企业集群)、区域集群、产业集聚、产业区、新产业区、块状经济等。尽管学术研究中产业集群存在不同的称谓,但研究对象是相同的,即以业缘关系为纽带、具有产业关联性的企业及相关机构在特定地域集聚的现象。

产业集群的研究内容既丰富又复杂,很难用一本著作对其包括的所有议题进行深入的论述。从微观到宏观,从理论到政策,从技术到环境,其所关注的视角既存在差别,又有着密切的内在联系。因此,为更好地指导企业进行相关实践活动,这套丛书主要从国外优秀的产业集群著作中筛选出一小部分,从产业集群的动态发展模型、创新集群以及边远产业集群的营销管理等方面对产业集群的相关问题进行探索式研究。本套丛书主要包括:

《复杂性和产业集群:理论与实践中的动态模型》,从复杂性的一般理论入手,讨论复杂性与动态经济及工业区间的关系以及区域动力学的一般模型,进而用复杂性理论讨论产业集群问题,构建起产业集群复杂动态性的通用模型,并结合全球层面具有标志意义的案例对产业集群的形成和发展进行分析,以期能够为今后研究打开一个新的研究领域。《高技术产业集群增长机制:发达国家与发展中国家的集群企业比较》,通过将集群与集群相关的政策、技术和自然资源、创新区域和创新企业、技术政策和技术管理相结合,基于对发达国家和发展中国家集群中的高技术企业不同增长率的观察,分析了技术政策的有效性和效率,并探讨了解释高技术企业卓越业绩的因素,这将有助于发达国家和发展中国家的技术政策的改进。《从集聚到创新:新兴经济体的产业集群升级》,将研究主题聚焦于在产业集群形成的不同阶段,影响产业集群包括创新过程的制度和经济因素,并对公共干预的可能性以及如何促进产业集群的研发与创新活动加以考虑,旨在更好

地理解本地创新体系，从而提出相应的政策建议。《本土产业集群：存在、出现与演进》，从理论与实证层面捕捉本土产业集群的一般性特征和先决条件，通过构建一个数学模型，对集群现象的动态性和本土集群演进需要满足的条件进行分析，并结合德国本土产业集群，对集群的存在、稳定性以及对集群存在有影响力的产业特征进行案例研究。《服务化、信息化和创新模型：两阶段产业集群理论》，聚焦于在产品IT化和服务化方面的二阶段产业集群理论及其创新模型，通过提出二阶段集群的形成构想，对中国大陆和中国台湾地区公司的消费电子产品和移动手机这两个产业部门进行实证分析，并着眼于东南亚国家和地区的工业产品服务化领域，分析和探讨了一种存在于新的商业环境中的公司战略行为。《汽车与信息通信技术产业集群：创新、跨国化和动态网络》，将产业集群的研究主题聚焦于欧洲和美国的信息通信技术和自动化产业，通过对具体国家和地区区域创新系统以及集群政策的实证研究，得出一些新的分析结果，并对区域政策制定者提出相关政策意见。《集群与产业集群中的商业网络：全球价值链的管理》，从全球价值链与产业区和集群的知识与创新产生过程两个概念性的方向，分析知识扩散的内外部机制，通过收集在全球化背景下一些产业区和集群通过远程外包链、FDI、远程研发合作等方式重新定义其在企业网络不同的和互补的观点，揭示了在产业区和集群的背景下外部知识获取的过程，为知识扩散的内外部机制及"在边界"学习提供了一些新视角。《边远集群中的市场营销管理：对B2C营销的影响》，将研究主题聚焦于边远产业集群中的营销管理问题，通过案例分析方法来研究市场营销管理根植于边远产业集群的运营和策略的原因，对边远产业集群的形成、内部和外部信息需求、市场营销管理业务和策略以及信息科技问题进行了相关分析，以期深化对边远产业集群形成和市场营销嵌入其运营和策略过程的复杂性的理解。

总之，在经济全球化趋势下，产业集群对区域经济发展的地位不仅没有被削弱，反而成为区域和产业发展获取持久竞争优势的重要来源。中国当前面临着经济转型的压力，迫切需要理论界和实践界对存在的问题进行理论上的解释和分析，提出合乎产业发展规律的政策措施。国内的一些学者对于产业集群的研究同样进行了有益的努力和探索。但是中国在产业集群方面的研究起步较晚，国内学者们大多数是在国外研究的基础上继续延伸与拓展。翻译并非是一件容易的事，而且是极具责任的一件事，从某种意义上讲，翻译人员所翻译的国外著作能够产生的社会收益要远远大于其个人收益。我们一方面希望这套产业集群译丛能够为中国产业的优化升级提供直接借鉴和比较；另一方面也希望国内的研究人员和政府部门的决策人员都能在这套译丛中得到启迪，以期能够为相关经济政策的制定提供一定的帮助。若读者能从中有所收获，本套丛书的译者和出版社都将深受鼓舞，我们将会对国内外产业集群研究领域的最新动态进行持续追踪，将国外最前沿、最优秀的成果不断地引入国内，进一步促进国内产业集群的相关研究的发展和繁荣，为协调和促进区域经济的发展提供参考价值。

案例贡献者

安德鲁·阿布斯诺特在瑞典于默奥大学商学院担任讲师直至 2012 年夏季。他是于默奥商学院创业教学团队的一员，并为本科生和研究生授课。他的专长领域是企业管理、创业和区域集群发展。电子邮件：arbuthnott. andrew@ gmail. com。

戴维·巴兰廷是新西兰奥塔戈大学商学院市场营销系副教授，也是芬兰赫尔辛基汉肯经济学院关系营销和服务管理中心的国际研究员。他是《关系营销：把质量、客户服务和市场营销结合在一起》（1991）的作者之一，此书是在该研究领域出版的第一个国际文献。他是《欧洲营销杂志》《企业对企业营销杂志》《工业营销管理杂志》《商业营销管理杂志》和《国际营销评论》编辑评审委员会成员。他目前的研究兴趣点是以服务为主导的营销逻辑、关系营销、内部营销和对话作为一种共同创造的知识生成模式的营销。电子邮件：david. ballantyne@ otago. ac. nz。

托马斯·布朗奎斯特博士是瑞典于默奥大学商业和经济学院的教授。他是该商学院"项目、创新和网络"研究的负责人，以及与赫瑞-瓦特大学和米兰理工学院伊拉斯莫世界之窗联合培养硕士项目的负责人。近年来，他投身于项目公司及其组织、管理和控制项目的研究，以及产品开发和客户项目的研究。他的研究已发表在多个期刊，包括《商业战略与环境》《工业营销管理》和《国际项目管理杂志》。电子邮件：tomas. blomquist@ usbe. umu. se。

扬·博丁是瑞典于默奥大学商业和经济学院讲师兼营销系主任。他在那里还获得了商业管理（营销）博士学位。他与于默奥大学设计学院有着长期的合作经历，并曾担任职务。他还在法国南希的 ICN 商学院授课，为期两年；先是作为洛林地区赞助的市场营销和设计的访问主席，然后成为市场营销学副教授。他的研究主要集中在产品开发上，特别是市场营销、设计、工程和生产之间的互动。其他的研究兴趣是葡萄酒营销和艺术家的创业活动。电子邮件：jan. bodin@ usbe. umu. se。

格特-奥洛夫·博斯特伦是瑞典于默奥大学商业和经济学院市场营销学助理教授。他的研究兴趣是企业对企业（B2B），并在该领域做了若干研究。他的重点研究主题之一是新技术的采用。他目前正在做一个国际项目，以研究地域差异因素对信息技术采用的影响。电子邮件：gert-olof-bostrom@ usbe. umu. se。

哈坎·博特是瑞典于默奥大学商业和经济学院教授。他还积极参与组织间创新研究中心（CIIR），专注于非大都市地区的创新过程。除了创新方面，他的主要研究领域是企业家精神、商业发展、国际化和新兴市场/发展中国家。电子邮件：hakan. boter@ usbe. umu. se。

汤姆·布拉莫斯基是美国威斯康星大学白水分校的管理学教授。他从美国爱荷华大学获得 MBA 学位和博士学位。他出版了四本著作和在学术期刊上发表多篇论文，并在国家和国际会议上发表论文。他还在业务、供应链、运营战略和质量管理等领域担任若干学术刊物的编辑委员会。布拉莫斯基博士在质量管理、业务管理、技术管理和中欧私有化等领域为美国和中欧的公司和政府机构做咨询工作。他经常在欧洲的一些大学和培训机构举办嘉宾讲座。他也曾是阿曼和波兰的富布赖特高级讲师。

汤米·博斯腾在瑞典于默奥大学商业和经济学院获得博士学位。他曾在瑞典军队任军官，之后从事家庭电子行业和广告业的销售经理。1999~2003 年在于默奥大学学习，然后担任商业顾问和大学教师。自从接受博士学位以来，他一直致力于学院的工作。他通常通过实践方法进行研究，目的是了解新产品开发项目中的实际情况。他的专长领域是平台研究。电子邮件：thommie. burstrom@ usbe. umu. se。

苏·卡普尔是美国拉凡纳大学的助理讲师。2011 年，她在新西兰奥塔戈大学获得博士学位。她的研究兴趣是协作、网络和地区品牌化。电子邮件：scaple5555@ gmail. com。

阿尼姆·德克尔是丹麦奥尔堡大学国际商业中心的助理教授。他获得了西班牙马德里大学的博士学位。德克尔博士还在德国科隆大学学习商业经济学和金融学。在他的本科和博士学习期间，他访问了智利大学。他还曾在科隆的德意志银行实习过一段时间。德克尔博士攻读博士学位时已具有广泛的国际金融背景知识，他把重点放在环境管理和风险控制上，为他的论文研究做准备。德克尔博士也有创业和咨询的背景，他建立了一家专门从事网络服务器管理的 IT 公司，并最终出售了该公司。他的咨询经验涵盖了市场情报收集和电子商务使用。电子邮件：decker@ business. aau. dk。

杰斯·格拉夫是韩国又松大学 Solbridge 国际商学院的副教授和国际商业管理教授。他获得了瑞典于默奥大学商业和经济学院的博士学位，并在此授课。在此之前，他在丹麦哥本哈根商学院教授了 20 多年的工商管理学科的大部分课程。他还从事市场咨询和商业咨询等服务。电子邮件：jensgraff@ outlook. com。

索菲亚·伊斯伯格博士，瑞典于默奥大学商业和经济学院助理教授。她负责商学院营销部门的教学事务，同时也是本科项目的项目主管，主要专长是服务管理。她的研究兴趣包括服务管理、服务逻辑、服务创新和品牌。近年来，她一直专注于从可持续性的角度研究组织,包括利用企业社会责任作为品牌推广的一部分。电子邮件：sofia.isberg@usbe.umu.se。

马蒂亚斯·雅各布松博士是瑞典于默奥大学商业和经济学院讲师。他目前在"项目、创新和网络"的"研究概况"项目中担任了两年的博士后职位。他主要在组织行为、项目管理和领导领域教学。除了他的博士学位外,雅各布松博士还拥有哲学学士学位,主修商业管理的社会科学学士和硕士学位,商业发展信息技术硕士学位和一个法学大学文凭。自2008年起,他成为RedQ公司业务咨询委员会的成员。电子邮件：mattias.jacobsson@usbe.umu.se。

约翰·詹森博士,瑞典于默奥大学商业和经济学院高级讲师和助理教授。他的研究主要涉及与环境和社会影响有关的消费者选择、企业和消费者责任,以及与生态创新相关的消费者决策。詹森曾在《消费者营销杂志》《消费者行为杂志》《商业战略与环境》等期刊上发表过文章。他目前是于默奥大学商业和经济学院可持续性和商业伦理研究所所长,主要教授营销伦理和消费者行为课程。自2008年起,他成为Red Q公司商业咨询委员会的成员。电子邮件：johan.jansson@usbe.umu.se。

凯瑟琳·莱恩斯目前是瑞典于默奥大学商业与经济学院的助理教授。她以前是法国马赛经济管理学校的副教授。她于1987年获得格勒诺布尔大学博士学位。于1993年成为注册会计师,并在一家审计公司工作了几年。她的研究兴趣包括基于价值的管理和智力资本。她教授管理会计、运营管理和风险管理。电子邮件：catherine.lions@usbe.umu.se。

哈米德·莫伊尼是美国威斯康星大学白水分校的金融学教授,也是专门研究企业金融和中小企业全球化的专家。在过去的25年里,莫伊尼博士专注于为小公司制定全球市场进入战略,并对少数股权银行进行战略规划。在商业实践活动中,他提供一系列服务,包括外国直接投资的规划、资本预算和金融结构,以及对管理人员的跨文化培训。他在金融界和国际商业界的主要期刊上发表了许多文章。电子邮件：moinia@uww.edu。

布里塔·纳曼是瑞典于默奥大学商业与经济学院的营销学助理研究员。她的研究兴趣是市场信息的作用和这些信息的影响。她对制定公司营销战略的过程特别感兴趣。她的研究重点是企业对企业的营销环境。电子邮件：Britta.nasman@gmail.com。

丹尼尔·W.恩迪塔布拉目前是丹麦奥尔堡大学国际商业中心的博士研究员。电子邮件：dwn@business.aau.dk。

卡尔·帕特里克·尼尔森是斯德哥尔摩通信科学研究所(STICS)所长,担任市场营销和营销传播讲师和顾问。他曾在瑞典于默奥大学的数字商业中心工作,并获得于默奥大学商业和经济学学院市场营销的博士学位。电子邮件：patrik@ stics. se。

弗朗西斯科·普伊格是西班牙巴伦西亚大学管理学系的副教授。他拥有巴伦西亚大学经济学学位和商业博士学位（特别奖）。他以前是加拿大蒙特利尔高等商学院和英国曼彻斯特商学院的客座研究员。他擅长战略、转型和集群/工业区。他在核心期刊上发表文章，并参与书籍和文选的著作。电子邮件：francisco. puig@ uv. es。

海伦娜·伦斯特罗姆是瑞典于默奥大学商业与经济学学院的助理教授。她拥有芬兰赫尔辛基汉肯经济学院的博士学位。她的研究兴趣包括服务营销、关系营销、服务创新以及消费者的行为和态度。她一直在研究不同服务行业中动态的客户关系和客户关系管理。她的著作发表在《管理服务质量》一书中。自 2012 年秋季以来，她一直担任谢莱夫特奥市的营销经理。电子邮件：helena. renstrom@ usbe. umu. se。

马塞洛·罗约-贝拉是西班牙瓦伦西亚大学经济学院商业化和市场研究系的营销学教授。他拥有瓦伦西亚大学商业科学博士学位。他曾赴北卡罗来纳大学教堂山分校、伊拉斯姆斯大学、匹兹堡大学和赫罗纳大学做访问学者和研究员。2005~2009 年，他担任瓦伦西亚大学国际工商管理硕士的主任，专注于全球贸易战略和国际营销传播。他曾在《欧洲营销杂志》《广告最新问题和研究杂志》《旅游管理杂志》《性别角色》《航空运输管理杂志》《在线信息评论》和其他著名的西班牙期刊上发表过书籍章节和研究论文。同时，他在 EMAC、AM 和 AMS 会议上发表了论文。电子邮件：marcelo. royo@ uv. es。

乔治·特萨尔拥有瑞典于默奥大学和美国威斯康星大学白水分校的荣誉教授头衔。他是布拉格的生活方式选择和长寿研究所社会营销首席科学官，也是丹麦奥尔堡大学的兼职教授。他的研究重点是小型高科技制造企业的国际化，以及新产品、新理念和新技术转移。电子邮件：tesarg@ uww. edu。

默里·蒂恩是新西兰奥塔哥大学的副教授。她的研究兴趣是研究方法、消费者行为和旅游营销。她对旅游行为、旅游和环境价值观尤其感兴趣。电子邮件：maree. thyne@ otago. ac. nz。

罗密欧·V. 特坎是丹麦奥尔堡大学商业和管理系国际商业和创业学副教授。他的研究兴趣集中在知识密集型企业国际化、国际创业、市场社会学和理论建设等领域。他在格拉斯哥的思克莱德大学亨特创业中心获得国际创业博士学位，并在格拉斯哥的思克莱德大学营销系获得国际营销硕士学位。电子邮件：rvt@ business. aau. dk。

兹苏珊娜·温泽是瑞典于默奥大学商业与经济学学院的副教授，也是芬兰图尔

案例贡献者

库大学图尔库经济学院的博士生。她目前的研究重点是转型集群方面的协调机制,这是由芬兰科学院资助的一个项目。除了此项目外,她的研究兴趣还包括小型制造企业的国际化进程以及各行业商业模式的创造和变化。她教授硕士生创业学课程,并指导有关发展中国家的企业家成长方面的博士论文。电子邮件:zsuzsanna.vincze@usbe.umu.se。

目 录

导 论 ·· 001

第一章 边远地区产业集群引论 ·· 003

第二章 边远集群的形成和成长 ·· 011

第三章 边远地区产业集群的小制造企业 ·· 021

第四章 商家对顾客的营销管理 ·· 029

第五章 营销管理与集群动态 ·· 039

第六章 案例分析说明 ·· 047

案 例 集

第一部分 边远产业集群的形成

案例一 产业集群的自然形成 ·· 055

案例二 阿瑟莉亚——一座老城如何能在法国造船厂的毁灭后
生存下来 ·· 067

案例三 拉近两个家具集群之间的距离——拉姆胡特的莫贝利克和蒂布罗
内部计划 ·· 085

案例四 基于社会环境价值观的集群发展——走可持续发展道路来销售
纺织品的困境 ·· 095

案例五　纺织公司 ZEEL S.A.——像莱维特的"灰姑娘"故事一样
　　　　　没完没了的营销故事 ……………………………………………… 113

案例六　互动回收——绿色集群中的服务创新 ………………………………… 123

第二部分　边远产业集群的内外部信息需求

案例七　边远产业集群中制造业低迷 …………………………………………… 135

案例八　萨博——紧急情况 ……………………………………………………… 143

案例九　战略与功能实践在汽车工业中的结合 ………………………………… 161

案例十　区域生物炼制集群开发与营销的挑战 ………………………………… 175

第三部分　边远地区产业集群的市场营销运营和策略

案例十一　有甜味却健康的木糖醇 ……………………………………………… 191

案例十二　坦桑尼亚农业机械制造业的振兴——IEL 的案例 ………………… 203

案例十三　斯卡思美食 A/S 在日德兰半岛北部的海鲜集群——发展业务
　　　　　　决定 ………………………………………………………………… 213

案例十四　来自新兴经济体的小型制造业企业的增长挑战——摩尔
　　　　　　多瓦的例证 ………………………………………………………… 229

案例十五　葡萄酒生产集群内的酿酒厂初创 …………………………………… 241

案例十六　区域技术的趋同与分化——以中奥塔哥黑皮诺为例 ……………… 251

第四部分　信息技术事宜和边远地区产业集群

案例十七　边远地区的软件开发——TextFlow 案例 …………………………… 265

案例十八	国家计算机服务公司——中东小型 IT 股份有限公司的市场选择	275
案例十九	GOLFZON 公司——虚拟高尔夫	285
精选文献		303

导 论

在市场营销及相关学科的众多概念的演化中，有些理论、概念甚至实践有时会相互融合，并协同创造出一种新的方法或新的思路。这种创造性的过程能够开辟新的研究领域，该领域也许会有助于经济及社会问题的解决。本书所讨论的案例材料专注于两个方面的探索——营销管理和产业集群；更具体地说，当代市场营销的研究指出，在现代企业管理中，特别是小型制造业企业和边远地区集群的管理中，市场营销在起主导作用。当两个概念相结合时就产生了一个强力工具，用于解决很多政府部门所关心的边远地区经济发展问题。

尽管经济和区域发展专家已经讨论了采用营销管理框架来促进经济和区域发展的可能性，但边远地区集群中的营销管理问题在近期才得到关注。北美和欧洲有些大学的项目组已经组织研讨会，以考察将营销管理和产业集群发展相结合的可行性，试图将其作为经济和区域发展的工具。有些研讨会编纂了研究报告，其中有些研究报告甚至在学术刊物上发表。最近，有些营销项目也采用研讨会或讲习班的形式对这个话题进行讨论。

本书的目标是提出一个理论和概念性的大框架，呈现一系列原始案例，并提出一系列论题。该书可作为边远地区集群中营销管理活动的相关课程、讨论和培训的基础教材。该教材也可用于考察边远地区集群及其在国际化运营，特别是出口方面可能起到的潜在作用。大多数案例都包括国际维度或需要从国际视角进行考察的问题。

当前边远地区集群被认为是促进经济和区域发展的重要的工具，因为它们能增加边远地区的就业岗位、稳定地方经济、扩大税基及维持社会稳定。大多数边远地区集群都由成长中的小型制造业企业组成。其中大多数都是初创的高科技工厂，当获得市场认可后就成长为稳定的小型制造业企业。另外一些企业则起步于机械工厂、加工工厂或其他以技术加工为基础的企业，这些构成了边远地区集群的生产力基础。在边远地区集群中，小型制造业企业有潜力通过合作或独立业务扩张而成长，最终拉动区域内就业增长。

边远地区集群的概念在经济和区域发展理论中早已有之；然而，随着地方性企业家精神、价值创造和区域发展中新的现象的出现，有些地方政府越来越注重当地孵化器、科技与产业园和其他基础设施的建设，以刺激经济增长和发展。北美、南美、澳大利亚和欧洲都有大量的例子。边远地区集群与其他集群在交通、信息、专业工人和资源管理方面具有共同特征。营销管理专家认为，如果边远地区集群能够以清晰的营销管理视角进行管理就能够成功。

经济与区域发展专家从20世纪80年代起就开始描述产业集群，并且设法说服了一些国家政府去鼓励和支持集群的构建。最初，产业集群的形成被认为是一个自发的过程。现在，大多数经济和区域发展专家相信，尤其在边远地区，或是兼有农业生产、高科技采矿、工业品制造的地区，或提供专业服务的地区，产业集群可以被当作是促进发展的有力工具。

关于边远地区集群中的营销管理理论和概念的应用方兴未艾。营销管理被用于规划边远地区集群的目标、获得可用资源（资金、物力、人力）、发现市场机遇和建立有效益的价值链。营销管理也被用来将小型制造业企业、当地加工和机械工厂、维修车间及创业者聚集到一起进行合作生产和服务。

在一定程度上，边远地区集群是以合作理念为基础的。尽管这个理念也许不一定被大型的、国际化的竞争性市场中的主流营销管理理论所完全认可，但这一理念对于边远地区集群中的成员企业是可以接受的。当企业管理者获得强力竞争优势且能够获得可观的市场份额时，他们就会更青睐于市场竞争环境。而当创业者联合构造新价值链或一起工作来为地方社区创收时，他们就需要分享营销想法、理念、方法和战略来进行合作。有些创业者、新公司或成功的小型制造业企业已经发现边远地区集群中合作理念的限制性，并打算通过参与其他价值链或提高自己的市场参与度来拓展自己在边远地区集群之外的业务。有些科技创新企业已经足够强大到能够克服外部风险，边远地区集群内的环境就不足以满足其发展了。如今有些创办于边远地区集群中的企业已经成了国际市场的主要竞争者，他们也以自己在边远地区集群中创办为荣。

本书选用案例分析方法来考察边远地区集群中营销管理和策略的基本理念。为了从不同方面研究市场根植于边远地区集群的营销管理，我们收集了特定的原始案例。它们代表了边远地区集群的四个主要方面：形成、内部和外部信息需求、市场营销管理业务和策略，以及信息科技问题。这些案例曾被用于激发学生对作为经济发展主要工具的边远地区集群的形成、发展和运营等问题的讨论。

本书中的教程和案例会逐个呈现，以使学生了解边远地区集群形成和市场营销嵌入其运营和策略过程的复杂性。有些材料来自研究经验，而有些则是整理自作者几年来对北美和欧洲边远地区小型制造业企业提供咨询的经验。本书将我们的经验材料整合在一起，这使本书具有广阔的国际视野。

第一章 边远地区产业集群引论

当今商业活动中,有两种类型的产业集群:有长期发展历史的产业集群和由创业者发起的新近成立的产业集群。世界上很多地区历史悠久的产业集群的建立都以丰富的自然资源、知识集聚或区位独特性为基础。例如,矿石开采或石油产业集群,或以大学研究成果产业化为基础的电子和生物产业集群,以及用以饲养牲畜或生产酒精的玉米种植产业集群。新产业集群的成立或发起一般源于创业者有组织地在边远的地区寻求共同空间,他们的目标是建立盈利企业,增加就业,以及为当地经济和社会稳定做贡献。新工业区代表了一个新兴的管理工具;其模式、增长、策略和运行将在接下来的内容中重点论述。

一、产业集群

边远地区产业集群会出现在创业者集中的地方,这些创业者为集群中或集群外的其他企业生产产品、提供服务,或者扮演着互补企业、供应商以及支持性服务提供者的角色。尽管经常存在很多挑战和不利的环境条件,边远地区集群趋于创造一种企业共存、互惠成长的条件。边远地区集群也因市场条件的改善而进化了,当地市场对特定产品或服务具有良好的需求,例如某种自然资源、森林产品或农业商品。

过去,将社会、经济或技术作为边远地区集群不断发展条件的观念存在已久,但边远地区集群往往是个人开创的结果。这些人或是返回该区域的专家,或是其他能够培养当地财力、物力和人力,以及致力于发起合作和进行一系列能促使产业集群化的商业活动的人。其中一些集群相当于一个完整的价值链。除了上述条件,有些客观条件也可能是当地人聚集起来为潜在的产业区建立有利平台的动力因素,例如季节性的极端气候和有限的劳动力。

关注边远地区集群的经济学家和区域发展专家最新的观点认为,除了自然资源如矿产、石油、森林或风能这些传统的促进因素,环境条件适宜和可收割资源的土地也刺激了边远地区集群的形成与发展，如适宜种植造纸速生林、酿酒葡萄或乙醇玉米。有些产业集群专家也相信乡村或地方大学的知识生成为边远地区集群形成和发展提供了平台，因为每个大学都有独特的核心知识作为基础，边远地区集群可以在这个基础上建立起来。

有很多新兴边远地区集群的例子，这符合经济学家和发展专家的新观点。例如，医药、自动化装配设备、手工工艺家具和水果和蔬菜栽培集群。经济学家和发展专家也指出，在所有的情况下总会有一个人意识到机遇，进行开创活动，并致力于抓住机遇。学者和专家的文献显示，例如在有当地供应和服务网络的乡村医药企业、石油开采分包商或在需要手工采集的地区的农业机构，那里有大量的劳动力，这都意味着边远地区集群发展的新途径。

特殊的环境条件不断地为边远地区集群的形成提供平台。极端气候的不利环境为那些旨在开创消费品生产企业而寻求条件的冒险家提供了有利的机遇。在瑞典北部或阿拉斯加，手机和电线、电池等相关产品的检测需要一个能适应低温气候的基础服务设施。同时也需要相应的设备，用来在赤道非洲这样的高温地区进行产品的检测。由于最近的气候变化，消费品制造商甚至对外部环境检测更加关注了。这些新的机会有利于当地企业建设适用的基础设施和支持网络，同时也许也会引发新边远地区集群的产生。

在过去，大量的边远地区集群由于其突出的条件而建立，经济或技术部门对自然资源的可用性促进了其形成和成长。社会经济学家和管理者最近的观点指出，边远地区集群是由具有使命感和想象力的人的非凡想法而形成或开创的。这些集群包括建立风能农场、近海渔业或从页岩中提炼原油。与乡村大学的研究者和科学家亲密合作也意味着个人有机会建立独特边远地区集群。然而，有些管理者认为这些观点和方法很多还是相对新颖的，需要管理思想的大幅度转变。

从历史的视角来看，集群遍布全世界。在美国早期的历史中，产业集群出现在自然资源可用的地区，尽管交通通达度或当地基础设施有待提高。新的集群提供就业机会并推动集群周围人口基数的增长。美国有些早期产业集群的例子包括宾夕法尼亚的匹斯堡周边和印第安纳北部的噶里的钢铁工业，上纽约州的玻璃制造业，以及密歇根、明尼苏达和威斯康星的早期木材工业的建立和成长，所有这些都建立在自然资源的可获得性上。在瑞典北部也有早期集群的类似例子，基鲁那的铁矿开采业，吕克瑟勒周边的森林密集采伐业或谢莱夫特奥的预制木结构生产。另外还有中东的原油生产，阿根廷的钢铁生产和新西兰的羊毛加工等。

从历史的视角来看，很多以资源为基础的产业集群都是暂时的，并有一个可预见的生命周期。他们的长期稳定性非常依赖经济和技术环境的改变——关系到长期经济衰退和膨胀的经济环境的改变，以及长期技术创新引进的改变。这些变化对以资源为基础的产业集群的稳定有负面冲击。展望未来,最近的经济和技术变化,以及当前的环境条件将会对以资源为基础的产业集群的未来产生巨大的影响。

尽管在当前,发展边远地区集群理论和概念基础的研究者、学者和公共政策决策者也对产业集群的传统定义进行了再解释,其中包括边远地区集群。然而与先前不同的是,他们一致认为产业集群不是一个新现象。最近40年来,发展经济学家和区域规划者已经讨论了产业集群以及新提出的边远地区集群的存在性和未来潜能。研究者如 Micheal Porter、Peter Druker 等已经在其著作中大量描述了产业集群的存在性。例如,Poter (1998) 绘制了美国30个主要集群的地图并对其产生、演化和衰落提供了洞见。Kukalis (2010) 指出,集群的演化是一个自然现象,并且有些小企业会自然地被产业集群所吸引。

有观点认为,有些产业集群是自然演化的,然而另一些的形成或开创是某些利益实体或企业家活动的结果。这种观点是很重要的。发展经济学家对产业集群的历史演化原因感兴趣,他们认为集群倾向于在具有自然资源、劳动力要素和知识要素的地区出现。因此,这是产业集群参与者培育和管理的自然过程。这主要是因为共生关系在产业集群中被塑造起来。然而,发展经济学家最传统的视角倾向于只考虑产业集群外部的和明显的动力,而不大从集群成员的角度探究内部的管理实践活动和策略。

最近,一些区域规划者和开发者已经引进了一系列新的理论和概念框架。其中,他们认为产业集群可以被相关利益私人或公共实体或企业家建立或发起。这种情况在离主要管理中心(首都)或主要都市区(工业中心)遥远的地区更容易发生。大量美国和欧洲的大学都坐落在偏远的乡村。一些区域规划者和开发者意识到有些边远地区是产业集群形成或开创的理想平台。他们中很多都提供了广阔的规划和计划设计来促进边远地区产业集群的形成。

二、边远性的概念

边远性这个概念的理解是具有高度主观性的。关于"边远性"概念的定义和解释,乡村经济学家、社会学家和发展专家,包括公共政策决策者之间的讨论一直在持续。当代人对边远性的解释指出,边远性有一些决定要素或测度。很多经济学家、社会学家和发展专家往往将边远性与地理距离联系在一起;然而,有些学者则建议除了地理距离外,还有社会和心理距离决定着或可以用来测量边远性。

这些附加的定义指出,除了地理概念上的边远性,企业管理者或许可以凑够很多途径意识到边远性。从地理上讲，边远性或地处边远，也许对于居住在大都市的中心管理者来说太远。相反，住在乡村地区的管理者也许会觉得100千米也算是邻近地区了。

社会边缘性是由于特定地区中社会层级或社会群体之间的社会距离而被觉察到的。一群人住在乡村依赖于偶然的就业机会和一门心思地日复一日地讨生活，这也许对于一个打算在某个稳定的社会位置建设装配工厂的管理者代表了实质的社会边远性。社会边远性的概念也许会存在于跨居住区或跨地区大城市的邻里之间。社会边远性的程度被个人所定义，并且基于其社会背景和经验。社会边远性概念在20世纪80年代到90年代初期在亚洲、欧洲和美国等多样化的新兴市场中设立自动装配工厂时变得越来越重要；这一点在美国南部和随后的中欧与东欧的日本和欧洲汽车制造商的早期经验中显得尤其突出。

心理边远性的概念更复杂。心理边远性的概念建立在个人的态度、感知和偏好行为因素上。从企业管理者的态度立场来看，心理边远性的决定性也许存在于两个地理距离相当的地区，但是一个地区也许会被认为是遥远的，因为其周边的不利环境或老旧的工业基础设施。心理观念或心理距离建立在个人的心理滤镜属性上，这种心理滤镜是建立在其教育背景、培养过程或心理条件上的。每个管理者的感觉都是独一无二的。心理有限或心理边远性部分可以这样解释：因为他们独特的滤镜机制，每个管理者发展他或她自己的偏好组合，这在管理者的决定过程中是影响因素。例如，参与成熟的学术社区中的有名望的大学的管理者也许会不情愿参与远离管理中心或大城市的乡村社区中的二线大学周围的产业集群建设。

边远性在营销管理中也是很重要的，不只是对机会和市场评估，也是对于后勤支持巨鼎。市场之间的地理距离也许很短，但由于种族、文化或其他的差异，也许从营销管理者和消费者的视角来看很长。

在南美，地区被明显的界标如峡谷、河流和森林所隔离。每个峡谷、河床或部分森林也许都一个有完全不同的文化构成，它们之间几乎没有直接的社会或经济交流，其社会和心理距离都是显著的。

在中欧和东欧的部分地区也有类似的情况，种族或文化群体之间能感受到实质性的差异。这种社会和心理上的距离感也导致他们自己对边远性的定义。农业和工业，或更具体来说是有重工业集聚的农业区和工业区（例如，斯洛伐克的科希策或波兰的卡托维兹周边那种小农业区中心的钢厂），双方都能感受到因对社会和文化理解的差异而形成的边远性。其他欧洲国家在提及边远性时也能感受到社会或心理上的分离。例如，当瑞典南方人指出与北方的生活有实质性的差异时，这也可以被理解成社会或心理距离。

在北美大都市区，边远性概念则具有更复杂的维度。居住在纽约、洛杉矶或多伦多的人离开他们的城市就会感受到在边远地区的风险。尽管离城市的实际距离是相对近的，然而从城市里来的人却认为从社会或心理方面距离很远。

这三个边远性的概念——地理、社会和心理，对边远地区集群的开创来说都是重要信息。也许边远性是最重要的；然而，所谓边远地区也许也包含社会和心理方面的含义，这从管理的角度来看也许是合理的，并且也许会被用到管理决策中去。用千米或英里等度量的边远性也许对于很多管理者来说也是主观的。

三、产业集群的形成

如前面提到的，在描述产业集群如何形成的文献中有两种基本观点。传统观点的理论和概念框架认为产业集群是自然演化的，由于地方条件和企业家集中的驱动。在特定时间点，当地条件代表着适宜的物力、财力和人力资源的结合，这些资源被企业家的开创性活动所激活。相对应地，这种企业家的开创活动创造了活动的核心，反过来又刺激了基础设施的增长，并促进了把一个可收益核心活动带入市场的过程。世界上的开矿、林业、汽车制造和钢铁航油有很多类。在文献中，这个观点因其研究产业集群发展的历史方法而闻名。

根据最近一些在欧洲和美国展开的研究，传统工业区最初都形成于自然资源组合周围。资源往往位于乡村地区，但是他们的经济价值足够高，能够吸引必要的基础设施和劳动力来开采资源。煤矿、钢铁、伐木甚至农业最初都促进了集群的增长。当工业化和制造业大规模开展时，有些工业和商业产品需要更大的设备，借助这些设备，合适的基础设施组合如公路或铁路能够被建造来向市场运送货物。自动化制造、钢铁锻造和橡胶制造集群从历史上看都在乡村地区。后来，当市场扩张了，消费者需求更好的制造业服务时，对基础性中介的需求就产生了。铁路中心、仓储设施和配送设施需要在重要位置建立来为消费者提供更好的服务。很多这些基础性中介也位于乡村地区来为制造和运输行业的利益服务。

传统产业集群也会出现，因为产业集群的核心想法要求安全的、带有开阔的空间的环境条件。围绕在堪萨斯的威奇托镇发展的小飞机产业就是一个很好的例子。小飞机产业需要一个飞机场和空间来测试飞机。在20世纪中期，航天产业的出现也需要类似的条件。欧洲、美国和世界其他地区的历史案例也说明了这一现象。

知识、科学和管理的积累也提供了成功产业集群成立的平台。例如在美国，威斯康星大学麦迪逊分校开创了一个国际知名的生物产业集群，而斯坦福大学则在开发和生产电气和电子设备的产业集群的形成早期起到辅助作用。有些大学也对制药和医疗产业集群的发展做出了贡献。在欧洲，类似的例子可以在英国、瑞典和意大利找到。所有这些努力都与传统产业集群的形成有关，并或多或少是科学研究和管理思想的自然延伸。

最近创新性产业集群的概念才演化出来，并且是与发展经济学家、区域发展专家、区域规划者、政府管理者和学者都相关的产物。有些研究者将文献中这种产业集群的形成路径称为新型的或创新的路径。其理论和概念框架比发展经济学家和区域规划者的框架更先进。

学者如科学研究者、与企业家利益相关者和管理专家在实施发展经济学家和区域规划者发展的理论和概念框架中起到基础作用。尽管很多理论和概念上的想法是实质性的，但他们的实施必须不断调整来符合产业集群形成的条件。也就是说，理论和概念框架必须要调整来反映市场现实。

发展经济学家和区域规划者意识到了产业集群形成的理想条件，而且不允许企业家和企业管理者的行为偏好特征。企业家如个人一样具有强烈的偏好，这很难与严格的理论和概念模型一致。管理者也普遍不信任集体行动，他们具有竞争性并且努力获得独一无二的市场地位。只有当企业家和管理者意识到利益好处时，他们才会倾向于参与集体行动。

更新颖的观点认为产业集群可以由各种公共或私人实体建立或开创。如市政府当局、乡村管理单位、大学管理者和偶然的个体企业或企业家。该观点认为，可用的自然资源不是必要条件；一个公共或私人实体也许会选择开创产业集群。任何有充分创业驱动力和开创产业集群的人都有可能成功地开创产业集群。可能导致一个产业集群开创的动力是多样的，包括开发乡村的公共驱动力，利用当地知识基础，或通过将当地的经济、社会利益和科技活动相结合来创造有生产力的当地企业，进而增加工作岗位和稳定当地经济。

创新的路径使产业集群的形成仍然对将科学研究付诸实践和新知识扩散感兴趣的大学管理者和学者有特别的吸引力。越来越多的乡村大学和地方大学都在建立基础设施，如孵化器和科技园，为预期的产业集群提供平台。这些平台旨在刺激研究者、科学家、学者甚至学生来开创新公司和加入集群。其中有些尝试已经促进了产业集群的成功建立，成为国际上有效转化大学知识的集群。

美国的例子包括在波斯特福斯的爱达荷州大学的研究园，以及一个新的孵化器在威斯康星大学白水分校。欧洲也有类似的案例，丹麦的奥尔堡大学不但从学校在职学者中，而且从当地产业部门吸引了大量利益。奥尔堡大学的孵化器潜在的能力改变了奥尔堡及周边地区的制造业和服务部门的性质。一个新的孵化器包括一个科技园在捷克的布尔诺科技大学运行着一系列对学生、科学家和其他创业学者开放的实验室，并已经成功吸引小企业来围绕电子和电脑软件产业的科技发展而建立集群。

在产业集群的形成与开创中，特别是边远地区集群，有必要理解的是，任何理论和概念基础必须如实地反映实际偏好和参与产业集群的企业家与管理者的实践活动，包括它们潜在的偏好和对集体行动及合作行动的意愿。意识到有些产业集群也许只是组织松散的，因此每个参与实体的运营是源于自己的商业模式和独有的市场策略。另一个极端是在产业集群中所有参与者致力于一个共同目标。他们都运营在一个价值链上，并且每一个参与者在价值链中都有一个明确的专业功能。在两个极端之间也有多样化的管理模式。

产业集群的范围包括，从在不相关的市场和只分享基础设施和支持服务的生产或服务企业的松散组织，到只有一个价值链服务于一个专业细分市场的高度结构化和组织化的集群。然而，企业家和企业管理者也在寻求这两个极端之间的产业集群，那里他们可以依赖供维持日常运行的基础设施和服务，也能规划自己的策略来找到自己的市场位置。在不必要的时候，他们对合作或协调管理活动不感兴趣。

四、产业集群的参与者和管理者

大多数在产业集群和边远地区集群中的实体普遍喜欢独立运营。它们也许会分享一些基础设施和支持服务，例如管理机构、制造空间、仓储设施和研究实验室，但他们都不情愿分享自己拥有的经验知识、技能、专有资产或科技信息。其他实体也许会利用精选出的专业服务，如市场调查来参与产业集群的提升，或者在集群的内部或外部运行中协助整个经济或技术的改善。所有这些反常现象都要求产业集群专门的操作和管理。

总的来说，大多数产业集群参与者都对改善集群内部和外部的运营，使得集群与市场之间建立起更有效的联系感兴趣。这在边远地区集群中尤其明显。信息技术，公路、铁路和飞机场性能，以及新生产技术的可得性的改善，往往意味着整个集群业绩和市场进入能力的提高。即使单个管理者不情愿与其他成员合作和协调，他们也普遍地倾向于改善集群业绩、名誉和知名度。

在合作与协调的基础上形成的产业集群，所代表的单一价值链功能不同。每个实体在价值链中的作用取决于它们是否有能力在产业集群生产的货物或服务中贡献一套具有单一目的的独特能力。换言之，每个参与企业都有自己明确的目标，并与所有其他成员分享这一目标。

在更高的层次上，产业集群，如边远地区集群，需要有理解其使命并了解个别成员的专业人员来管理。无论期望有多少个成员参与其产业集群的总体任务，管理人员都要能够支持和促进每个成员企业实现其目标。

参考文献

［1］Feser, Edward J. and Edward M. Bergman (2000). "National Industry Cluster Templates: A Framework for Applied Regional Cluster Analysis." Regional Studies, 34 (1), February, 1-19.

［2］Feser, Edward J., Kyojun Koo, Henry C. Renski, and Stewart H. Sweeney (2001). "Incorporating Spatial Analysis in Applied Industry Cluster Studies." Document prepared for Economic Development Quarterly, Department of City and Regional Planning, University of North Carolina, Chapel Hill, North Carolina, March.

［3］Kukalis, Sal (2010). "Agglomeration Economies and Firm Performance: The Case of Industry Clusters." Journal of Management, 36 (2), March, 453-481.

［4］Porter, Michael (1998). "Clusters and the New Economics of Competition." Harvard Business Review, November—December, 77-90.

［5］Schiele, Holger (2008). "Location, Location: The Geography of Industry Clusters." Journal of Business Strategy, 29 (3), 29-36.

［6］Tesar, George, Hamid Moini, John Kuada, and Olav Jull Sorensen (2010). Smaller Manufacturing Enterprises in an International Context: A Longitudinal Exploration. London: Imperial College Press.

第二章 边远集群的形成和成长

边远集群是一种重要的经济发展工具。我们从研究文献以及经济和区域发展专家的经验中了解到，目前有两种不同类型的边远地区集群：一种是长期以来自然演化形成的，另一种是以区域发展为目的人为创立的。自然形成的边远地区集群概念最早在20世纪40年代晚期提出，并即刻传播到世界各地的工业区。而以地区经济发展为目的人为创立的边远地区集群随后在20世纪60年代早期被提出，也成为世界上面临经济挑战的国家所使用的经济发展工具。

尽管长期自然形成的边远地区集群在地方和区域发展中十分重要，但它们缺乏足够的灵活性，不能在短期内以特定目的在特定资源基础上形成。与产业关联并长期演化形成的边远地区集群可能受限于经济和技术波动。许多这种类型的边远地区集群具有长期性和时效性特征。其生产力和繁荣随着其所处行业的需求而波动。

人为创立的边远地区集群也可能随时间而波动或变革；但他们如经济单位一样得以被时常管理，并具有单一的目标、一系列运营和战略目标，他们通常有更高的概率适应不利的市场条件。此外，人为创立的边远地区集群一般会具有一套适应市场环境的组织和结构性能力。本章关注那些以地区或区域发展为目的而由个人或集体行为所创立的边远地区集群。

一、人为创立边远地区集群的形成

世界各国对边远地区集群的形成变得越来越感兴趣。世界各地的发展专家将边远地区集群的形成看作刺激地区工业和农业发展的重要手段。他们强调，边远地区集群代表着更多的就业机会、更高的自然资源利用率、促进环境友好型绿色技术、优化地区税基和巩固地区经济。发展经济学家和地区规划者也指出，边远地区集群在私人企业、公共和私人机构和地区管理部门之间创造了经济和社会关系。

在乡村和大学，这种关系的建立过程特别常见。在世界很多地方，大量的公共和私人实体正在设计方案，基于地区大学的和科学专家来创立边远地区集群。有些公共—私人联盟正在开发创新项目，基于小型新创企业、大学和公共管理者，他们有潜在的能力运营和管理高度专业化的边远地区集群。

大型国际和国内企业也有兴趣与边远地区集群合作。他们与乡村和地方大学建立关系和结成联盟，为高科技边远地区集群的形成创造了更好的条件。这些努力往往以开发新技术、在更少的竞争者关注下试水和小规模生产或生产专业产品。许多大型国有和跨国工业企业在边远地区集群中建立实验室。

近期一篇关于区域经济发展和区域规划的文献回顾指出，高技术边远地区集群的构建是全球性的现象。其基础假设是，这样的努力能够为小型高技术企业创造更好的条件。然而，实际上并不是所有的边远地区集群都必须着眼于高科技活动，在一些边远地区，一些中低科技边远地区集群对经济的增长同样具有重要意义。

可以说，每个国家，包括那些具有高度发达产业部门的国家，都有一些被当地居民认为是地理、社会或心理上边远的区域需要发展。边远的概念对边远地区集群的形成很重要。不只是边远地区集群的地理位置需要被了解，而且创始期和形成过程中的个体参与者的普遍观念也很重要。对于很多企业家或企业管理者而言，除其他社会经济或心理因素外，现在很多形式的边远还能够通过促进交流沟通、提高信息技术以及加强后勤来克服。

20世纪80年代初，通过个人、公共或私营实体，或政府官员以各种理由创建边远地区集群的意识在北美和欧洲出现了，当时正值技术快速发展时期，当时企业、商业研究实验室，特别是大学管理人员寻求相互联系和交流现有知识的方法，以加快经济增长和提高市场地位。大量的乡村大学改变了自己的形象，寻求与大企业的伙伴关系，并针对当地或区域商业环境开发了独特的教育计划。

通过吸引个体和公司企业家来建构边远地区集群的想法与受雇于政府机构的企业家、大学和准公共机构的理念相合。边远地区集群也通过各种企业创业活动，如科技多样化、新产品开发或新业务开发来吸引企业。企业家会参与引进高新科技生物产品、软件开发和很多其他活动来服务新兴市场和产业。在各级经济发展机构工作（地方、区域或国家），并与区域规划者并肩作战的企业家们更加喜欢引入中小型企业和公共实体来促进边远地区集群的形成。乡村和区域大学管理者有兴趣提供技术和专业知识，这有益于建立成功的、整合很好的边远地区集群，进而转移大学中的知识。显而易见，构建边远地区集群的每个实体会有不同的市场兴趣和目标，这导致出对一个整合了所有矛盾期望的清晰任务陈述的需求。

第二章 边远集群的形成和成长

有些有关边远地区集群形成的理论和概念模型可在文献中找到。文献体现两个主要主题对边远地区集群的构建感兴趣：私人和公共企业家，以及经济和区域发展专家。这两个主题的区别在于其基本期望的不同，一方面，私人和公共企业家对创造一个有益于繁荣的环境感兴趣，当一个边远地区集群建立后，很多私人企业家跨越到私人部门。另一方面，经济和区域发展专家对于创造一个环境感兴趣，在这个环境中，私人企业可繁荣，并且区域可从各种企业活动中的经济强力增长、高就业和税收增加中受益。企业参与者的理论和概念文献缺乏公共经济部分，而区域规划专家的文献则相反。

过去，有些理论和概念模型是由营销和管理专家基于对企业家和小企业的管理者的科学研究所写。额外的模型由经济学家、区域规划者和发展专家合作而成。最近，关于边远地区集群构建的模型大多基于小型制造企业顾问管理者的经验，由顾问机构介绍得来。所有理论模型来源都对边远地区集群的形成有用。特别地，他们都需要调整或改变来适应地方和区域特别地条件需要。过去从构建边远地区集群中获得的经验证实普适的模型不存在，这意味着每个与边远地区集群创建相关的情况都不同，并需要仔细分析。

实践和研究都指出，一般有三类实体对边远地区集群的构建感兴趣：公共实体、乡村和区域大学，以及个人。公共实体大致包括地方或区域经济发展机构、政府规划委员会、政府和发展或科技转移和自然资源机构，以及交通政策相关政府机构。经济发展机构总是与科技部和交通政策机构在边远地区集群的基础设施方面合作，同时也和期望在基础设施内部运作的企业和个人合作。基础设施可能是提供研究、技术、生产或管理设施，营销及管理活动帮助的一个孵化器，这在美国的高技术边远地区集群中十分普遍。在这些例子中，政府机构一起提供各种服务，从金融拨款或免税，到培训甚至为研究、生产提供空间。

乡村和区域大学一般会在创建边远地区集群的过程中跟随公共实体。更明确的分别来说，在大学中普遍建立的小商业发展中心、技术转移或创新中心，以及活动中心会将边远地区集群作为其主要责任范围。大学推广专家也愿意创建边远地区集群，因为从实用角度看，他们有帮助边远地区集群管理和成长的能力。此外，有强烈的创业意愿，且能够从学术经验中获取科研成果或其他研究成果的大学教员，也有潜力来构建边远地区集群。当今，乡村大学参与孵化器的所有权是相对普遍的。很多由乡村大学创办的边远地区集群其实都是从孵化器开始的。

最后，边远地区集群的创建者也来自个人。尽管这种创建者很少，也可将其分为三类。第一类包括对构建边远地区集群参与者可操作的必要基础设施的投资者，比如孵化器、科技园和生产设施。第二类是有创业意愿，懂得市场，并愿意与其他个人或企业合作来适应市场对特定产品或服务的需求的人体。第三类由那些工业、农业或企业的管理者组成,为了企业的增长,他们意识到需要通过发展有效的价值链来增加市场份额。

在美国和欧洲,尤其在英国,由资本的个人意愿建立边远地区集群是相对普遍的。大多数这些投资者都寻找与乡村大学相关的发展边远地区集群的机会。在经济挑战国家和新兴市场中,这种具有强创业技能和懂得市场的个人更为常见。意识到需参与价值链的企业管理者一般会在乡村地区运营,那里有大量的创业者,他们有不同技术和管理知识,这提供了能演化为强价值链的协同活动。一些在澳大利亚、智利和阿根廷的酒酿种植区就表现出这一类的创建形式。在美国、加拿大的小乡镇中建立的边远地区集群,特别是与当地领导和大学管理者合作的,通过用更现代的技术和与人合作的扩张和成长表现出个人企业管理者的努力。

有一些有趣的例子是通过与信息技术专家和向当地大学一起合作,从那些低技术装配、机械和焊接车间学到了如何通过整合电子计算机技术使其设备自动化,从而将技术曲线上移。很多这种在边远地区集群工作的车间将低技术的机械车间升级为高技术的操作电算化生产设备的供应商。

在评估边远地区集群的所有贡献者时,国家力量仍是最主要的驱动力。在世界上很多乡村地区,国家会考虑对乡村人口的需求和对当地资源的开发。经济和地区发展设计专家指出,政府的主要动机是就业增加、税收增长和经济与社会的稳定。

公共项目刺激的高技术边远地区集群往往会吸引高学历、高技术、需求更高工资和更高品质生活的劳动力。其中一些劳动力有密集的个人和专家网络,并且对他们生活的社区感兴趣,且希望为社会和经济发展做贡献。

技术熟练的工人和工程师、技工和科学家在边远地区集群所在的小乡村地区有密切的关系。一般会使乡村社区社会上更加稳定,经济上更能生存。经济发展专家已经记录了一些边远地区集群在运作的乡村区域。而且,初创公司和小企业从与边远地区集群中的个人成员交流中获益。同时,他们还得出结论,农村地区的社会经济动态随着时间的推移有了很大的改善。

政府所面对的创建边远地区集群的首要问题,除了金融方面的问题外,就是小制造企业管理者缺乏的问题,以及不论动机是什么,便频繁积极加入边远地区集群创建的管理者。小制造企业的国际研究成果指出,管理者意识到了政府机构创建的边远地区集群生产力低下,而且缺乏对市场的系统性方案。

这些异常现象或许能解释为何边远地区集群在有些国家能作为完整价值链被组织和管理,而在其他国家边远地区集群的参与者更愿意单干。欧洲,尤其是斯堪的纳维亚半岛的国家,愿意在正式的基础设施中合作,而美国更愿意独立自主而非合作。美国很多小制造企业更愿意参与到一个价值链中去，但同时又追求自己的特殊市场机遇。

由于边远地区集群代表可经营的实体，为了使他们能够运作和成长，因此他们需要管理。边远地区集群的管理是一个复杂的任务，需要组织行为和管理活动方面的专业知识。边远地区集群的管理需要能够被辨认，并能在其任务下进入市场，并且能与个人参与者谈判来保证合作。实际上，边远地区集群的管理必须了解边远地区集群所要服务的整个市场，以及每个参与者的潜在市场，因为潜在市场代表每个参与企业的个体能力。

每个边远地区集群的参与者也需要了解边远地区集群的任务，并与之相认同。个体企业的管理者需要理解自己的能力和其所能做出的贡献。也就是说，管理者必须精于业务并了解市场。

将边远地区集群管理者与参与企业管理者吸引在一起的共同要素是他们对市场的了解，并且他们都需要善于辨析市场机遇。一个能够改善边远地区集群和他们的企业可运营的且有策略的市场机遇的管理职能是营销管理。

二、边远地区集群中的营销管理

当今私人和公共实体成功的关键是营销管理。为了成功，私人企业需要了解他们的市场，特别是对客户和商品服务需求的回应。公共实体需要了解他们的支持者和他们的经济、社会期望。这两个任务都需要收集必需的数据、信息和情报来建立对客户和支持者充分的了解。

营销管理和市场活动在整个边远地区集群的管理形式中是普遍缺失的。实际上，缺乏在运营和管理层面对市场活动的完善计划是需要校正的。因为在边远地区集群的早期活动中，就需要系统地形成和引入。对边远地区集群的市场运营和策略负责的管理者在形成市场活动的两个层面有责任：与公共的交流，帮助参与者辨析市场机遇。

参与企业除了参与其他成员的合作活动外，对自己的经营和市场战略行为也要负责。他们自己的营销管理活动与发展和保持其不同的优势有关，这能够强化其在边远地区集群中的市场地位。参与者通过合作方法来提高自己的地位，并为边远地区集群的整体效率和有效性做贡献，这一点也是十分重要的。

从营销管理的角度来看，私人企业对最大化其与客户或用户的关系感兴趣，而公共实体追求其与支持者关系的最优化。尽管这两类实体的基本目标不同，但他们都需要加强与他们服务对象之间的关系。二者都需要很强的营销重心，从而能为其客户或支持者创造价值。这是边远地区集群管理者必须要面对的两难选择。从外部观点来看,我们期望边远地区集群管理能为社区提供就业,优化经济环境,甚至创造更好的文化条件。然而从内部来看,他们需要对每个边远地区集群参与者的运营和策略选择的发展和补足进行援助。边远地区集群管理的内部和外部责任都需要系统性的市场营销方案。

营销管理对私人和公共基础目标都有责任。从一般角度来看,市场营销管理对于设计和指导整个市场活动系统来达到预期目标是有意义的。对于大多数市场指向型的实体来说,私人或公众,他们的目标最终都基于从系统化分析大规模数据得来的最优化信息。一旦可信的信息是可行的,就需要通过由可行的资源、运营和策略创造所产生的管理知识和技术来转化成管理情报。

为了将市场营销管理作为边远地区集群的一个工具,管理者需要理解那些促进边远地区集群成为一个社会机构的运营手段和策略。这种社会机构与那些帮助参与者获得市场和有力竞争优势的机构是明显不同的。促进边远地区集群成为倾向于提高边远地区社会和经济福利的社会机构要求和当地组成部门近距离协调和交流。这些组成部门包括当地社区、政府、大学以及代表当地共同创建的组织。这些组织的目的是能适当地理解边远地区集群在改善当地经济和社会条件时做得多么好。

为了解决内部问题,边远地区集群管理部门必须清楚地了解每个参与企业的需求,并提供充足的被需要进入集体定义市场的知识和资源。当一个完整边远地区集群被构建成一个单一价值链时,每个参与者都要清楚地了解自己在价值链中的角色。这是边远地区集群高层管理的职责。如果参与企业没有整合到一个单一价值链中,高层管理者的职责就只是好好了解每个参与者的动态,而不是关于其运营和策略行为了。

管理实践和可行性文献都认为,为了边远地区集群能在各个层面都成功起作用,其管理需要发展一个强委员会进行市场营销,并将营销管理实践在边远地区集群的发展早期引入。同样重要的是,在较小的参与企业中引入市场营销管理实践,因为他们当中很多要么是初创公司,要么是从低技术转移到高技术的企业。小制造企业特别需要了解市场营销管理活动在短期和长期计划中的重要性。

三、小型制造业企业(SMEs)和边远地区集群(GMEs)

正如前文所述,边远地区集群的主要角色是构建新的且有创新精神的环境,这将反过来刺激边远地区就业和提高经济和社会环境。实践和研究结果都清楚地指出,达成该项目标的最方便的途径就是着眼于小型制造企业(小型制造业企业)。世界上边远地区集群的管理已经形成了一套设计方案来吸引在不同阶段发展的小型制造业企业。边远地区集群一般会通过着眼于小型制造业企业而获益，这是由于其固有的创新性和运营的灵活性；然而，他们却往往缺乏对边远地区集群建设的参与，并因此对合作犹豫。假设小型制造业企业都是新科技的产物并对市场创新有灵活性，这些挑战则需要解决。

很多由公共实体建立的边远地区集群都在新企业不断出现、小型制造业企业不断建立的地区。例如，有些边远地区集群是源于乡村农业基础设施的。当农民和种植者认识到为他们的产品和客户商品附加增值服务的需要，其中有很多是开始于大学的扩展服务。有些增值服务包括方便的包装或需要当地小型制造业企业的服务来发展合适的科技的预测性过程。一个类似例子可在油页岩产业扩张中看到，小型制造业企业被要求发展支持油页岩产业每天运营而设计的方案。这些努力通常由当地经济发展机构开创。在所有这些案例中，小型制造业企业掌握技术、知识和灵活性来引入和支持所需的创新技术。

传统上，有三种不同类型的小型制造业企业。第一类是那些对于一些明显的、不需要大量技术知识的、大规模投资或大量人力资源的挑战和地方需求做简单响应的小型制造业企业。例如，在堪萨斯和南达科他州的高自动化的农业边远地区集群，在那里私人有机会开办计算机监控站来跟踪自动化农业设备的运营状况并即刻向操控者提供反馈信息，特别是在播种和收割的时候。很多个人建立了提供当今快速的当地监控服务的小型制造业企业。

第二类是提高技术曲线的小型制造业企业。它们一般以装配车间，机械车间，或技工和修理服务——他们总是装配和获得客户定制的生产设备。随着时间的推移，这些小型制造业企业在操控大规模生产设备上获得知识和经验，并开始为客户提供设计方案。当这些小型制造业企业在成功提供设计方案之后，并将这些方案整合到客户的生产设备中，他们或许会转向设计自己专有的生产线部件。当他们在技术曲线上移动时，他们也会提供自动化的顾问服务，进一步整合他们自己设计的装备进入客户的关键生产流程。这种小型制造业企业有从低技术服务供应商向高技术的自动化生产供应商扩张的倾向。在瑞典的北部和芬兰的森林产业，在美国移动电话装配行业和中东欧的酿酒产业中都可以找到这样的例子。

第三类小型制造业企业反映了强的创业主动权。这些小型制造业企业从一个极端到另一个极端，从有主意并希望将其不惜代价提出来的个人到能为科学问题提供解决方法或发现新产品和途径的个人。这个类型包括了不同种类的能为小型制造业企业运营和成长提供可行的基础的创业活动。一般是科学和高技术潜力的发展吸引了他们来到边远地区集群。很多高技术企业家已经从大学实验室或其他相关的研究活动中建立了衍生公司。

有些私人开办的小型制造业企业提供操控和获得生产设备的服务、自动化服务或需要专业工具或设备的服务，如激光金属切割。所有这些服务代表相对低的创业驱动和对边远地区集群已建立的需求的回应。高技术企业的努力要面对潜在风险。高技术初创公司往往代表着科学和技术复杂的风险，其他人对它不甚了解，特别是风险投资者，他们或许认为风险是不确定的。高技术科学家之间缺乏管理，特别是市场营销管理，这不断地驱使他们相互合作，他们中的大多数企业凭借他们能够依赖管理和市场支持服务，会与边远地区集群构建新的联系。

这三种小型制造业企业都有很强的成长潜力，特别是在如边远地区集群之类的、有组织的和已构建的基础设施环境下。构建一个能够说明小型制造业企业是如何通过研究、观察和咨询经验成长的模型是有可能的。他们都始于创新活动，如从低端到高端的技术观点。创新活动会导致新的做事方法，即新技术。一个新技术提供了发展新产品和服务的机会。新产品和服务，需要引入新发展策略。尽管新发展战略着眼于新产品和服务，但市场营销策略需要达到外部市场和潜在客户或用户的需求。市场运行需要完全贯穿整个市场系统。当市场运作到位了，就需要监控市场和客户反馈。

以上一系列市场营销管理活动正在很快成为小型制造业企业在边远地区集群运营框架的一部分。边远地区集群管理在责任保证个人参与者有合适的潜力在这些阶段提高，并将前一个阶段的成果付诸实施。对于大多数小型制造业企业来说，这些阶段也伴随着管理者用来做合理决定的市场营销工具。这些工具包括：①对产品或服务理念的技术和管理描述；②技术简介；③对潜在收支平衡点、投资回报率、回报周期和其他财务计算的具体商业分析；④综合商务规划；⑤将新技术整合到边远地区集群基础设施框架的建议。

有些参与边远地区集群的初创企业可能需要大量管理专家来发展基本阶段，并获得必要的管理决定工具。几乎所有高技术环境的边远地区集群都得有一批高质量的管理专家来提供相关服务。在这种条件下，如果潜在企业成为高利润的小型制造业企业，大多数边远地区集群都要有一些使边远地区集群在未来能获益的正式合同。

不断增长的高技术边远地区集群已经形成了多种形式来描述高新技术企业的成长途径。这些模式，建立一系列特定的条件，就有可能通过经典发展阶段的标准，指出企业可能发展路线：建立、成长、扩张、巩固、停滞、衰退、清算。高新技术企业未来的成功可通过这些评估预测，但边远地区集群管理必须能够决定单个企业在基础设施中的未来，并决定新企业在未来能付出什么贡献。

参考文献

[1] Bilkey, Warren J. (1970). Industrial Stimulation. Lexington, MA: Heath

Lexington Books.

[2] Blair, John M. (1972). Economic Concentration: Structure, Behavior, and Public Policy. New York: Harcourt Brace Jovanovich, Inc., 85-133.

[3] Cortright, Joseph (2006). "Making Sense of Clusters: Regional Competitiveness and Economic Development." A discussion paper prepared for the Brookings Institution Metropolitan Policy Program, Washington, D. C., March.

[4] Feldman, Maryann P., Johanna Francis, and Janet Bercovitz (2005). "Creating a Cluster While Building a Firm: Entrepreneurs and the Formation of Industrial Clusters." Regional Studies, 39 (1), February, 129-141.

[5] Galbraith, John Kenneth (1964). Economic Development. Boston: Houghton Mifflin Company, Sentry Edition.

[6] Kotter, John P. (1996). Leading Change. Boston: Harvard Business School Press.

[7] Meier, Gerald M. and Robert E. Baldwin (1957). Economic Development: Theory, History, and. Policy. New York: John Wiley & Sons, Inc.

[8] Mytelka, Lynn and Fulvia Farinelli (2000). "Local Clusters, Innovation Systems and Sustained Competitiveness." Discussion Paper Series #2005, United Nations University—Institute for New Technologies, Maastricht, The Netherlands, October.

[9] Niu, Kuei-Hsien (2010). "Organizational Trust and Knowledge Obtaining in Industrial Clusters." Journal of Knowledge Management, 14 (1), 141-155.

[10] Tesar, George, Steven W. Anderson, Sibdas Ghosh, and Tom Bramorski (2008). Strategic Technology Management: Building Bridges between Sciences, Engineering and Business Management, 2nd ed. London: Imperial College Press.

[11] Ulrich, Dave and Norm Smallwood (2007). Leadership Brand: Developing Customer-Focused Leaders to Drive Performance and Build Lasting Value. Boston: Harvard Business School Press.

第三章　边远地区产业集群的小制造企业

大多数区域发展专家相信，高科技小制造企业（小型制造业企业）是边远地区产业集群的基本模块。各种边远地区集群的经验进一步指出，中小型企业也为之提供了坚实的基础。有些边远地区集群是通过将大量初创小型制造业企业集合在一起建立起来的，而其他的集群也包含那些在制造和市场运营早期的企业。这些构建边远地区集群的现象很好地记录在经济和区域发展文献中。这些实践的理论基础是基于动力的，高科技小型制造业企业为边远地区集群在未来获益和可持续来提供创业驱动力和创新弹性必要性。

高科技小型制造业企业能够在其生命周期的早期进入全球市场。全球化因素加上边远地区集群成员的协同效应共同刺激它们的整个市场运营，并使它们具有竞争力。小型制造业企业需要全盘国际化来成功进入全球市场。将国内和国际的运营整合为一个综合市场营销策略是它们管理者的责任。

在信息技术和电子营销时代，将国内和国际运营整合成为一个综合的管理策略几乎是一个标准的运营样式。在小型制造业企业上很明显，因为最近受过教育的、对小型制造业企业运营和策略负责的管理者，国际化观点是其管理教育的必要组成部分。小型制造业企业的管理者采用企业的驱动力和灵活性作为手段进入专业化关系，建立战略同盟，并参与对国际市场创新管理活动有很大依赖的边远地区集群。

不是所有的边远地区集群的建立都着眼于高技术小型制造业企业，还有大量中低技术的小型制造业企业为建立和成功运营的边远地区集群提供必要的生产和所需服务。在很多情况下成功的边远地区集群采用老技术，但利用有效和有效率的管理技术和营销策略来为有竞争力的市场生态位服务。为了了解在边远地区集群构建中小型制造业企业表现出的优势和劣势，考察他们的运营和策略动力是很重要的。

一、小制造企业

小制造企业的特殊之处不只在其规模管理模式或金融力量方面,而且还在其知识和技术营销能力和盈利方面。有些小型制造业企业开创时是低技术含量的装配车间,之后升级为高技术服务中心,为高速制造过程提供一系列自动化解决方案。低技术小型制造业企业一般需要专门为客户组装零部件和订制生产设备。这往往不需要密集的技术经验。然而,高技术小型制造业企业更愿意最大限度地利用它们的技术经验和技能。这些小型制造业企业特别会沿着学习曲线或技术曲线升级,有持续需求新知识和技能的倾向。当它们移动到曲线的更高阶段时,它们的产品和服务在技术上变得更加复杂了。

随着技术环境在世界范围内的进步,高技术小型制造业企业也不断增加。这种发展的原因是多重的。有些小型制造业企业作为大学、私人或公共研究实验室、制造业务甚至是政府机构的衍生公司而成立;而有一些是由个人创办的,基于研究、发明或过程升级的目的而成立。同时,低技术小型制造业企业已经考虑其技术和知识技能,并着眼于投入其资源和能力到技术更高级的活动中去,并已经跨入发展和营销高技术产品和服务中。

小型制造业企业的技术能力的系统性提高一般与其市场营销的操作和战略的改变有关。它们的市场将改变看作技术能力进步的表现。它们越来越注重客户的需求,并在既定的技术水平下调整它们的关系来达到客户的期望。在小型制造业企业的生命周期中有一个点,此时它们开始在其技术知识和技能上经历系统性的进步,并且市场营销开始在未来变得重要。

很多小型制造业企业从为客户装配定制设备开始。它们通过组装客户工程师设计的并用于制造或生产过程的设备,提供有价值的服务。它们的技能包括切割和焊接金属、制造必要部件、组装最终设备和测试。这些小型制造业企业类型倾向于为一个很窄但必要的市场生态位服务。有些装配车间从低技术向高技术升级,并扩展其市场生态位,利用它们学习到的经验来装配和营销自己设计的设备。装配车间倾向于在边远地区集群运营和成长中起到一个重要的功能。

从低到高的技术过程包括大量不同的、为其客户提供中间产品或服务的小型制造业企业。在一个典型的边远地区集群中,参与企业倾向于沿着整个连续统选址,而且可以被分类为几种为他人创造和贡献价值活动的类型。这些活动包括工程、制造或生产、自动化、包装、后勤和技术支持服务。每一类服务都被清晰定义和整合到每个边远地区集群的整个运营当中。根据每个边远地区集群是如何组织和管理的,以上活动也许会被组织进一个完整的价值链或单独为各自不同的客户服务。大量小型制造业企业包括两种市场营销活动：边远地区集群之内的和独立于边远地区集群之外的。

小型制造业企业升级和技术曲线上移的意愿和能力是其企业家精神驱动力、管理创造力、对市场机遇的理解及与客户、消费者和用户直接交流的能力。企业家精神驱动依赖于高层管理，或首席决策者对小型制造业企业市场营销活动的责任。管理创造力与小型制造业企业内部交流，获取新点子、征求共识和制定使终极顾客或使用者可获益的决策。这对有些小型制造业企业来说，也许是个挑战。为了使小型制造业企业理解市场机遇，它们的高层管理者必须要善于获取市场趋势和市场潜力，包括区域内、行业内最新技术发展情况。

有望成功成为边远地区集群的小型制造业企业要理解在小型制造业企业的技术经验和市场营销能力方面有一个平衡。当技术经济和市场营销能力能被合理地管理，并且一个小型制造业企业表现出创造力、市场增长和强竞争地位，整个边远地区集群就会获益。

小型制造业企业的成功、成长和获得市场也有消极的一面。成功的小型制造业企业倾向于成为竞争者、投资者和其他实体的既定目标。它们因科学知识、技术能力、新产品概念或市场等很多其他原因被社会需求。边远地区集群中小型制造业企业的一个负面影响是它们有可能成为既定目标。参与成员的既定改变了边远地区集群的动力。当一个边远地区集群内的参与企业太过成功，并想通过拆分或投资向外部扩张的时候，边远地区集群动力的改变也会发生。这种参与企业的外部活动也许会压垮一个边远地区集群的整个运营，甚至改变其运营和战略目标。

二、小型制造业企业的管理

小型制造业企业的管理活动非常依赖于高层决策者，因为大多数小型制造业企业有单一的管理者。该管理者也许是科学家、工程师、前执行人员或其他开创企业的企业家，也许是一个拥有有限技能和管理能力的个人。小型制造业企业的管理风格在很大程度上反映了高层决策者的技术和营销路径。小型制造业企业的管理类型也被小型制造业企业开创初期的组织基础所影响。例如，有研究表明，科学家和工程师会受不同诱因所鼓动，并倾向于采用不同管理类型。传统企业家的动机更多是金融回报，而不是科学家或工程师，而且表现出完全不同的管理风格。

最近的研究表明，小型制造业企业有三种不同的管理模式。第一个包括对其生产的产品、装备和生产过程感兴趣的个体。为了方便，他们被简单称为工匠，因为他们管理重心与企业内部技术能力密切相关。第二种管理模式是关注于提高其企业、产品或服务，使其更出色，这不需要实际的市场或竞争力的证实。这些管理者被称为促进者，因为他们一般对企业技术或市场不清楚，不过他们相信他们的企业会在所有活动中胜出。他们改善产品，提升企业。促进者往往有很强的创业倾向和风险偏好。第三种管理模式关注最优化金融财力、物力、人力资源的配置，并因此可被称为最优化管理者。最优化管理者基于对技术能力潜在市场信息和竞争地位的评估。这种决定方法需要基于实际信息和对企业所面对的市场选择进行客观调查。

能沿着科技曲线上升和有扩张市场能力的小型制造业企业偶尔需要领导的改变。当小型制造业企业向科技曲线上部移动时，会出现一个时段，管理领导也许不再做出操作上和战略上的相关决策。为了企业持续增长，领导和管理模式必须要做出改变。工匠要被替换为促进者或最优化管理者，促进者只能替换为最优化管理者。

高层管理者最初的关注点是描述小型制造业企业管理类型的另一个特点。管理低或高小型制造业企业的工匠大多都有一个科学技术专业背景，如科学家、工程师或信息技术专家等。只对科学、技术或企业科技方面有边际兴趣的促进者往往擅于营销管理，特别是广告、促销或销售。很多促销式的管理者有销售和营销专家的背景，不过更多是销售方面。最优化管理者一般在科学式工程以及营销或管理金融方面有更高水平，而且他们往往会制定定量的决策而不是定性的决策。

对于边远地区集群管理者来说，能意识到其参与者的管理模式会随时间的推移而改变是很重要的。参与企业一般会经历一些成长阶段，并用不同的管理模式来管理。同时，对小型制造业企业的整个科技和营销表现随时间推移而有不同的理解也很重要。从低技术产品开始的小型制造业企业或关注于生产过程的企业也许会带着潜在的营销能力和强力的最优化管理进入高效的高技术企业行列。

小型制造业企业相当复杂的管理模式也出现在企业成长和扩张路径方面。有些研究指出，与最优化管理者管理的企业相比，由工匠和促进者作为管理者的小型制造业企业更有可能在竞争中被出售、收购或破产。换句话说，由工匠和促进者管理的小型制造业企业的期望寿命要比最优化管理者管理的企业寿命更短。此外，如果由最优化管理者管理的企业被出售或收购，那么其价格也会比由工匠或促进者管理的企业要高。所有这些因素都直接影响边远地区集群的运营和成长模式。边远地区集群也许会有在未来减员和在企业替换中发展替代计划的可能性。

三、成长与扩张

小型制造业企业的成长与扩张在其生命周期当中以及在边远地区集群的整个

生命中是重要的因素。参与到边远地区集群的小型制造业企业有两个成长和扩张的来源：内部和外部。内部受科学家或技术进步，或管理潜力所驱动的小型制造业企业有可能胜过整个边远地区集群。类似地，被外部市场所驱动的小型制造业企业，边远地区集群之外的市场需求若超过边远地区集群内部市场需求，有可能胜过边远地区集群，并最终离开。

因此，了解小型制造业企业的成长与扩张的过程十分重要。区别成长与扩张的概念也很重要。文献表示了几种成长模式，每个阶段都被清楚定义和清晰认识。然而，研究表明，由于学者和专业研究者对小型制造业企业有更好的理解，他们也能对成长阶段有更准确的定义。尽管小型制造业企业的技术成熟，在成长阶段最普遍接受的描述如下：创建、成长、扩张、巩固、停滞、衰退和破产。

在这个小型制造业企业成长模型中，扩张是成长中的一个阶段。实际上，扩张似乎是小型制造业企业生命周期中一个高度不稳定的成长阶段。扩张阶段也许能反映小型制造业企业管理是如何成功的。如果一个小型制造业企业是可获益的并有加速的大量资金储备，就有可能进入多样化的新产品或生产线、新市场或其他无关的风险投资中去。在所有这些例子中，似乎一个特定小型制造业企业会从原始边远地区集群中分离出去，并独立运作。在一个新的例子中，一个小型制造业企业将与边远地区集群一起援助边远地区集群未来的发展和可能的内部及外部的调整。

基于实际经验，假设初创企业的第一个关键时刻是创建阶段。不论谁管理初创企业，都会有很多不可预见的障碍和挑战需要克服。这些障碍和挑战自然而然地根植于新科技、试探性的市场分析、或大于预期的资本需求。对于很多初创企业的管理者来说，这些障碍和挑战也许如此巨大，在这个阶段中无法完全克服。然而，有些选择也许对他们来说是开放性的。他们也许能出售技术、想法或产品概念，从而完全克服财务困难。如果初创企业小心地在一个边远地区集群被管理，这种事件也许会从不同角度来看。

根据一个营销管理者的观点，成长、扩张和巩固阶段一般对小型制造业企业是积极的。在这些阶段中，小型制造业企业通过生产发展同时大规模生产和使用销售策略，获得了市场份额，还有边际利润的增长。小型制造业企业的管理者小心地使技术和营销专家同步行动，并发展提高他们的运营和战略来促进增长。在扩展阶段，他们寻求新产品和市场，并大量地寻找多样化的选择。在巩固阶段，小型制造业企业根据不断增加的竞争评估其技术和市场位置，并估算资产和资源。有经验的管理者，特别是最优化管理者，对于最大化三个阶段中每个阶段在科技及营销方面的影响是有才能的。

停滞、衰退和破产阶段清楚地表示了小型制造业企业和其管理者的消极期望。在小型制造业企业管理者间的试探性期望是一个小型制造业企业将永远在一个积极阶段。然而，在高度竞争的全球市场中，这个理念是不现实的。当一个小型制造业企业停止在市场中具有竞争力且其利润开始下降，就有可能已经进入停滞阶段了。管理会尝试补救其市场地位，但往往没有充足的资源来这样做，并且资源的逐渐耗尽会驱使其进入衰退阶段。在衰退阶段的小型制造业企业变得十分脆弱，因为其市场地位很快恶化。一旦小型制造业企业进入衰退阶段，就很难扭转局势并随之很快破产。

根据组织学专家理论，上述模型和一些类似模型描述了一个管理活动的自然现象。每个企业从长期来看都会经历一个类似的生命周期。对于有些小型制造业企业来说，这个周期也许长且收益很大，而对于其他小型制造业企业来说，则可能是短命的。高度竞争的科学家社区为大量高科技初创企业提供了动力，并使企业生命周期越来越短。科学家的供给和市场的吸收能力不协调。这就是边远地区集群的创建非常依赖参与企业的期望生命周期的主要原因，特别是高技术小型制造业企业。

四、合并与收购

在小型制造业企业生命周期的任何一个点，合并与收购表现出积极与消极并存的挑战。那些也许对参与者有益的挑战却可能对整个边远地区集群形成负面挑战，这基于小型制造业企业对边远地区集群成功的重要程度。例如，如果一个小型制造业企业是关键的创新者对整个边远地区集群的市场成功有显著贡献，而它选择与一个外部的、与其他边远地区集群成员有极少共同利益的实体合并，那么边远地区集群也许会失去市场地位。此外，如果一个边远地区集群的参与者企业同意与外部的实体合作，从营销管理角度看，该实体更强大并且其力量被带到边远地区集群内部，所有成员都会受益。

尽管合并和收购在小型制造业企业生命周期所有阶段都很正常，不过特别会在扩张阶段看到。对于高度管理的小型制造业企业，扩张阶段打开了一个整个内部和外部的投资组合战略选择。内部选择包括较小规模的合并来填补技术鸿沟或创造有必要扩展生产的自动过程，或收购服务企业来为最终客户或用户提供售后服务。内部选择也包括对人力、物力资源的调整。这通常涉及由直接购买或长期租赁计划得到的更大或更好的设备或生产线。很多小型制造业企业在其扩张阶段也会选择教育或培训管理者和技术员工。让员工进行额外的教育和培训有助于小型制造业企业加强其市场和竞争地位。

小型制造业企业的外部合并和收购更加明显，并且市场中大规模活动总会被竞争者察觉到。一般而言，成功的企业都会为达成某些特定目标而进行合并或收购活动，例如，技术进步、更好的市场进入和更大可能性的市场渗透、新产品或生产线的创新方法，和更好的服务能力；或者从消极的角度来看，是竞争压力。合并和收购另外的动力还包括超长的资产增速、创新科技的过剩、管理专家的不充足利用或衍生辅助服务。

学术研究，特别是对管理顾问方面，清楚地阐明了小型制造业企业合并和收购的一些积极和消极的后果；然而，小型制造业企业依旧合并、收购、被收购。如果参与到一个边远地区集群的企业正在经历合并或收购阶段，不论内部或外部，他们都需要与其他参与企业和边远地区集群的管理者密切交流，因为这些合并或收购对整个边远地区集群可能是积极的也可能是消极的。各种边远地区集群的管理者的经验表明有些人试图插手合并或收购过程，从而保护整个边远地区集群的可持续性和生存。

五、国际化

将边远地区集群及其参与企业国际化的努力对于边远地区集群和企业的生存来说至关重要。最近，对边远地区集群的研究表明，它们当中的大多数在国际化市场中开始运营，并由此引导参与企业在国际化水平上进行管理。也有例子表明，一个边远地区集群中的一些国内企业也变得在国际市场中活跃，并且这使整个边远地区集群的营销管理和战略国际化。尽管小型制造业企业国际化长期在学术和专业文献中存在，但并不为人所理解。

小型制造业企业的国际化途径有两种：国际化方法的系统性阶段和国际化的投资组合。第一种方法认为，小型制造业企业经历一些阶段，这一些阶段被视为对管理是必要的，从而适应不熟悉和不寻常的市场交易、经济、文化环境、国外消费者习惯，及小型制造业企业管理者认识到的其他障碍。第二个方法假设国际化是有选择的，这会改变小型制造业企业在国外市场中的运营模式。

小型制造业企业一般作为一个市场中直接或非直接的出口商，并当其对该国外市场熟悉后会转入另一个市场。出口会随着合资公司、跨营销管理、合并和收购等途径出现。传统的理解是小型制造业企业开始出口、形成合资公司、合并和直接投资，是基于其对风险的容忍度和金融力量的。小型制造业企业国际化的传统理解基于对制造业企业的一系列研究。在信息产业发展之前，那时国际化交流是麻烦的，并且依赖于大规模运输和其他不便于国际化市场运营管理的事宜。

随着信息技术，特别是互联网的指导，国际市场运营变得简单了。很多小型制造业企业开始参与数字科技并将国际化市场运营和战略看作一种投资组合的选择，这依赖于个体外国市场的需要。在一些国外市场，当地条件要求小型制造业企业更加接近其客户、消费者或用户。小型制造业企业在这些市场进行跨市场合同或直接投资等运营活动来达成目标。典型的国际化投资组合包括出口活动、合资、许可证安排、合约协议和直接投资选择。在高科技小型制造业企业中，符合国际市场需求的过程已经成为优先的国际化途径。在国际化文献中还有问题讨论，是否有些小型制造业企业具有天生的全球化性质，例如，在创办一开始就是国际化的。对这种途径的管理回应认为，对于很多小型制造业企业，特别是那些密切依赖于信息技术和互联网应用的企业来说，这个概念仅仅是一个对互联网国际化能力的自然回应。

小型制造业企业的管理者有一个共识，即不得不将其运营的战略国际化，从而得以生存。他们也同意，很多现在的边远地区集群的建立对进入国际化市场抱以巨大期望。通过将技术和市场进步与国际化相结合，小型制造业企业可以在全球市场中获得强力的竞争地位。

参考文献

［1］Ante, Spencer E. (2008). Greative Capital: Georges Doriot and Birth of Venture Capital. Boston: Harvard Business Press.

［2］Bilkey, Warren J. and George Tesar (1977). "The Export Behavior of Smaller-Sized Wisconsin Manufacturing Firms." Journal of International Business Studies, 8 (1), Spring/Summer, 93-98.

［3］McCraw, Thomas K. (2007). Prophet of Innovation: Joseph schumpeter and Greative Detruction. Cambridge, MA: The Belknap Press of Harvard University Press.

［4］Morosini, Piero (2004). "Industrial Clusters, Knowledge Integration and Performance." World Development, 32 (2), 305-326.

［5］Smith, Madeline and Ross Brown (2009). "Exploratory Techniques for Examining Cluster Dynamics: A Systems Thinking Approach." Local Economy, 24 (4), June, 283-298.

［6］Snow, C.P. (1963). Two Cultures: And a Second Look. New York: A Mentor Book.

［7］Tesar, George, Hamid Moini, John Kuada, and Olav Jull Sørensen (2010). Smaller Manufacturing Enterprises in an International Context: A Longitudinal Exploration. London: Imperial College Press.

第四章 商家对顾客的营销管理

商家对顾客（B2C）的营销管理将整个消费者或客户的价值增值过程，从不成熟的新产品概念或服务，扩展到经济、社会或心理价值降低到最低点，并且产品脱离了整个消费过程。这包含流经整个价值链的持续的信息的产生和管理，这些信息直接关注于消费者市场部门的最终消费者，或商家对商家（B2B）市场部门中的最终消费者。同样地，不论是在 B2C 还是 B2B 营销中，B2C 营销管理代表着在所有市场阶段整个生成和递送产品或服务价值的总和，但是会在消费者或用户抛弃产品或服务的时候终止。

在包含着市场和技术维度的背景下，在快速变化的消费及科技驱动下，营销管理可被定义为一系列指导生产、配送和产品或服务消费的专业和科学活动。从管理学视角来看，当有价值的市场机遇被定义为一个增值产品或服务时，营销管理开始。在消费者或用户不能意识到任何存在于产品和服务中实际或想象的价值的时候，营销管理终止。随之所有剩余都会被从整个价值链上去除。

在高科技市场中，营销管理不只是必要的、高度发达的营销技能，也需要一个对当前增值产品或服务的相关科技基础的基本理解。换句话说，营销管理者需要成为理性的决策者和有能力的技术人员。对于理性决策者来说，必要前提是一个对营销理论和概念、专业市场如何运作的恰当理解，理解合适技术的能力，改善操作技能和通过改变动态战略来挑战未来的坚强意志。

技术竞争市场要求营销管理者有两个基本品质：①对所有企业资源激活和管理的能力——财力、物力和人力以及通过生产经济、社会或心理价值从而为其消费者或用户最大化社会资源和未来市场机遇。②能够用以通过创造在竞争市场中服务消费者或最终用户为终极目标的认知来增强整个企业竞争力。

一、营销管理的功能

营销管理者对于基础的营销管理功能的落实负责。特别地，营销管理功能在为企业展开价值增值过程而需要完成特殊战略和运营的背景下被描述。在这个背景下，这些战略和运营，根据企业的科技复杂度而经常交叉和相互影响。如下文所列：

（1）在潜力和科技复杂度方面，清晰描绘、检测和定义市场，并在收益和市场地位上进行质量和数量的评估。这一系列行为也需要包括市场接受创新的倾向性评估。

（2）理解消费者购买行为，以及决定消费者购买经济、社会和心理产品、服务的能力。采用营销研究来生成能够获得充足消费者购买决定的数据和信息。

（3）基于研究和研发的努力，在企业内部或外部为制造业开发新产品，并使之能被消费者和最终用户直接使用。这个过程包括企业中营销管理者和科技人员之间的合作，并且整个新产品开发过程的财务分析应当是合作的平台。同时，为了预防不良产品，需要监控现有产品的表现，并管理一个预先决定的替代例行程序。

（4）管理整个价值链伴随着整个分配系统，即购入原材料、供给、部件、配件或任何制造最终产品的必需品，这是将最终产品传送给消费者或用户所必需的。为了单个企业特别使用，利用外部和内部部件设计和实施一个综合物流系统，这些活动包括决策和考虑不在现场的生产或装配。

（5）企业与其消费者或顾客之间的设计和实施的交流渠道是一个互惠的流通渠道，并作为一个在营销管理中需要有能力来允许双向的自由信息流——流向市场和流出市场。

（6）在当今社交、环境和技术敏感的社会，对消费者和用户满意度密切监控。营销管理者对消费者和最终用户的消费和售后行为负责，并且需要去理解他们的产品在社会上所留下的剩余影响。来自消费者和用户的综合反馈，包括对行为的定性和定量的测量，会导致对消费者或用户满意度的清晰的衡量和往往由独立和无偏见的审计人员提供的企业盈利。

在整个市场营销的背景下，市场划分仅仅意味着对每个企业要服务市场进行清晰的说明。例如，对于很多初创企业，这是营销管理的第一步。市场细分之后就是一个对潜在消费偏好或 B2B 市场购买的偏好的检验。营销管理者不仅要对其目标市场有清楚的理解，而且要了解其潜在消费者或 B2B 客户对服务和产品偏好的动态。这些任务要求大量反映每个企业市场营销和科技目标的信息。

新产品研发过程在每个企业的营销管理需求之中是高度结合和构建的。这个过程往往开始于一个理念、发现、市场创新或其他科技进步。初创企业、新产品和生产线甚至是新企业部门都因此而来。更多在高科技市场中运营的领先企业往往会管理新的研究和开发设施来刺激新产品研发。新产品研究和开发过程要求最新的科技投入。这种科技投入需要研发知识与营销管理知识相结合，即如何研发一个新产品，并把它带入市场得到盈利。包含不同样式的研究模式，从纯粹科研到应用性研究再到营销与消费行为研究。

为了给消费者或最终用户提供最优产品与服务，营销管理者需要确定必要投入品的相关性和有效来源，这使得一个强投入过程成为可能。在信息科技时代，投入共有几种形式，包括单个企业为潜在供给者提供的互联网活动。营销管理者也需要进行制造方式的选择——足不出户型、国内或国外型。在制造方式选择的基础上，直接或间接的逻辑选择需要被开发和应用，以便满足消费者和最终用户需求。为消费者或最终用户提供产品或服务的过程是一个根据逻辑选择不断变化的动态过程。

在信息时代，交流通道将营销管理者和他们的消费者和用户连在一起，这反映出了通过纸质或社会媒介直接或间接交流个人与非个人接触选择的复杂关系。交流的属性及广告的属性在迅速变化。广告由于社会媒介变得更有针对性和个人化，这个现象伴随着消费者和用户的满足感。

当今社会，满足感的水平通过社会、环境和科技动力而调和。因为消费者和用户不仅会考虑来自某个产品或服务的满足感，而且会考虑产品与服务如何影响他们的社交和环境，以及对于一个给定的产品或服务，是否能代表一个满意的技术。当今消费者和用户十分关注被抛弃的产品是如何在后消费过程中被移除的。这是营销管理者所面临的新的因素，并需要在整个消费和后消费阶段的背景下进行考虑。

对于新的、发展中的或已存在的企业，营销管理功能可能有五种独立的功能，企业要对其同等关注，不过需要不同的营销管理技巧和专门化分工。这些功能源于上问的讨论，并反映了信息技术对当代营销和管理实践的影响。

第一个营销管理功能是一个给定企业进入市场机遇的全过程。这个营销管理功能开始于一个初始的概念，即一个产品或服务可能会在科学或商业领域的任何一个角落出现。在科学领域，一个研究科学家可能发现一个已有社会问题的解决方案，或发现一个新的药品配方。一旦这种事件通过了科学证明，就需要在市场中尝试。科学家要与营销管理者交流并评估市场潜力。在此功能之中，营销管理要能够与科学家相互交流。更特别的是，营销管理者能够懂得关于评估的潜在产品和市场的科学和工程基础理论。反过来，如果新产品理念在商业领域出现，营销管理者也必须能够为科学家解释其市场。这个功能相对在企业的外部。

第二个营销管理功能是负责规划出特定的行动路线，并将其安排到最终的生产或服务机遇中。当特定的方针规划出来后，每个行动方针需要系统地进行安排。一个产品或服务也许有一些潜在的市场选择来应用。对每个选择都要就市场渗透成功和潜在收益进行仔细考虑。最优行动路线要在大量可用资源配置约束下进行规划。个人产品或服务也许需要独一无二的规划和应用安排。此时，营销管理者需要更多针对每个机遇的整个范围而不是在关注机遇后可能创造的最终结果。营销管理者需要在为机遇创造额外潜在市场选择上，有创新力并足智多谋。这个功能主要注重于企业内部资源和专业能力上。

为了实现规划和安排的功能，要发展一个结构良好和可运作的营销组织。这是营销管理的第三个功能。当计划和安排完成后，整个组织要能促进实施。计划和安排必须要能规定应当实施什么任务或活动，需要什么样和什么等级的专业技能，需要什么样的支撑。适应组织结构的基本规则是结构随着营销管理策略走。营销组织的建立是为了能够促进特定营销活动的最优化。这个功能包含了企业内部专业知识、智慧和企业竞争力。

内部专业知识、智慧和竞争力要求个人要有坚韧和专业的力量，也就是领导能力。因此，当新的市场机遇形成时，营销管理的第四个功能要求企业要形成营销领导者。一般每个新产品或服务需要一个能够拥护潜在生产或服务的管理者。有时一个拥护者会在新研发过程一开始就出现，并将在产品或服务的市场描述过程中持续支持，此时一个营销组织正在形成。然而多数时候，要去寻找一个支持者；因为这个两难困境，企业要为培养潜在的营销领导者负责，以便抓住市场机遇。这个营销管理功能代表了营销与人力资源管理之间的基本的内部合作。

对营销过程的整体控制和监控是营销管理的最后一个功能。市场机遇评估、计划与安排、发展营销组织和他们的领导关系代表着最终营销管理所必要的单向营销努力；评价和判断一个给定产品或服务的整体营销努力。评价和判断的努力基于大量来自关心自己满足度的消费者或用户的反馈，以及在其他内部和外部形成的数据和信息。

每个企业也许会用不同的标准来评估和判断营销努力；然而，偏好消费者或最终用户的反馈需要基于产品或服务特性，清晰地进行描述和监控。这也许包括关于对科技服务、召回测试和零部件替换等需求的信息。内部审计包括收益能力、销售量、市场份额和市场渗透力的度量。外部审计，一般由第三方提供，包括产品形象、产品性能、产品服务记录和其他由营销管理者描述的信息。这些因素的组合被用在对企业提供的每个产品或服务的整体营销努力的评判上。评价和判断功能代表了相互独立的无偏审计师的内部和外部系统，体现了由营销管理者监督，这些审计师确认由营销管理者监督的整个市场努力正在有效和高效运行。

尽管营销管理功能能清晰定义和有组织地实行，营销管理却不在企业内封闭环境下进行——他们必须也是一个能够在企业外部被认知的活动。所有营销活动需要被引导到一个社会责任、环境意识和流行科技氛围的背景下。正是外部商业环境对营销管理者和其行为产生了压力。

二、环境力量在营销努力中的影响

伴随着其特有功能,营销管理被设计为企业提供一个活动系统,使企业能够在价值链中促进产品和服务流,也能有效和高效地服务其消费者和用户。然而,这个简单的过程被一些外部的力量所约束,塑造者产品和服务的性质,并在一定程度上决定着市场中每个企业对一系列竞争的潜在成功。

从一个营销管理角度来看,每个企业都在一个独特构造和外部商业控制的环境中运营。这个外部商业环境由塑造每个企业运营和战略,并且对营销管理运营和战略有直接影响力的力量所构成。这种力量一般可定义为经济、技术、生活方式、社会、生态。每个外部商业环境都为这些力量提供一个独特的定义。

例如,美国每个州政府在一定程度上,都为其企业创造一个自己的环境。每个州的经济环境根据州的税收制度而不同(州营业税和所得税),在技术层面,州中人们倾向于支持反映在州政府立法行为中(一个有高技术的州与农业技术或矿产资源占主导的州比较)。州中人们采取的生活方式也影响劳动者的特征(乡村生活对比高度都市化生活方式)。特定外部环境中的社会力量是一个伦理道德、政治和法律结构等的结合体,塑造社会行为和反映以及授权立法者(高度调节的初创企业与资助支持的初创企业)。生态力量对企业行为的塑造也变得越来越重要,并对不同营销管理运营和策略有直接影响(如循环利用、后消费阶段的产品移除,或人口密集都市区的后勤)。

营销管理者意识到外部商业环境力量为营销运营和策略创造了独特的条件,并必须接受它。也就是说,消费者与用户的看法对企业的环境力量影响也许与企业自身的看法不同。这也意味着管理活动和决策需要顺应外部商业环境的性质和目的。这对国际营销活动来说尤为明显,企业要运行在多个外部环境中。每个营销努力的性质与影响都要反映每个商业环境中的条件和顺应它的需求。

营销管理者顺应外部商业环境的能力极大程度上取决于他们获得的准确和可靠的数据与信息。营销研究专家从而分担了评估和处理数据和信息的责任,这些数据和信息为营销管理者决策提供了可靠的依据。营销管理者的决策的可靠性取决于其依赖的信息投入的可靠性。一个外部商业环境必须被不断地监控其变化和发展,这使得有多少变化和发展,就能有多少市场机遇被创造出来。外部商业环境中的科技变化和进步能为新的产品和服务开创大量的市场机遇。

塑造环境力量的政府及其代理将他们之间的互动看成是一个不断发展的过程,并约束于其支持者,特别是要从消费者或用户的看法出发。尤其是在技术进步的环境下,这些力量的性质和影响快速变化,而营销管理者必须准备好应对这些变化。大多数营销管理者意识到对变化的应对的必要性,并不断通过营销努力对意外事件规划,特别是要考虑市场判断和竞争活动。

三、企业行为和营销管理

为了使营销管理系统地、合理地对外部商业环境的动态力量进行反映,他们需要理解企业的策略和结构。理解当前的市场努力——运营和战略对市场机遇的反应能力很重要。实际上,营销管理决定了企业的未来。从组织上来说,营销管理开始于企业的高层,并结束于授权所有雇员参与关注消费者和用户。相反地,高层管理者对营销活动和对整个组织职工授权来关注于整个消费者及用户满意度而负责。

如此一个定向要求一个综合的任务直接传达给所有雇员。这个任务是关于目标的陈述;要描述出企业关于时间维度和市场及产品或服务变化的战略观点。也就是说,一个任务描述了企业和其已有资源的目标,并为其基层(或高层)提供企业应如何在战略上利用可用资源处理市场多变机遇的解释。

同时,任务陈述应提供一个企业未来根据环境演化的观点,并充分理解市场不是联结的,而是会在科学知识产生时发生变化的。消费者行为也会改变,以便顺应嵌入新产品和服务的新科技能力。

营销管理往往对企业制定的任务回应和运营,尽管当一个废弃的任务需要修改的时候,偶尔有机会提供投入。这在初创企业中特别重要,因为在初创企业中,任务陈述线往往不清晰,并且内部的营销和科技能力也尚未完全实现。

除了一个任务陈述,营销管理者也需要理解企业资源基础的力量,即企业的财力、物力、人力资源。每个企业在后勤方面拥有并管理不同种类、不同数量复合的资源。很多企业的成功都基于他们如何管理这些资源,以便最优化地应用于市场机遇。

财力资源要基于在当前和未来的背景下进行考量。在非金融资产中,未来机遇基于当前和过去的投资。目前在研究和开发中的投资在未来的、有竞争力的产品及服务中得到回报。企业收益能力与金融资源的动态密切相关。每个企业必须要将其营销安排与当前金融能力和其未来金融能力相协调。如果营销管理不能准确对营销努力估计,不能制造足够的收益,那么整个金融资源的基础就会崩溃。

物力是企业拥有和管理的所有有形资产,并且代表了可观的营销管理机遇。传统意义上,企业拥有大多数生产设施、配送系统(包括仓库)、交流系统等。然而,在外包、重组、精简的时代,很多传统物力资源被淘汰了。企业通过缩减投资、外包、租赁等方式的组合降低了其物力资源。

制造设备已经被大幅度减少,并通过自动化和流水化的准时制生产(JIT)库存系统来弥补。这种方式减少了库存需要、仓库储备和外部库存或分段运输设备。整个后勤系统都可被外包,这限制了运输车队及车队保养设备。这些发展已经潜在地改变了整个营销管理运营和战略。

在过去的几年中,人力资源作为整个资源基础的一部分,也已经经历了重要的转型。由于一些主要的经济趋势,当今的企业雇用更少的雇员,并要求雇员比前辈能应对更复杂的任务。新科技,尤其是信息科技,从根本上改变了新产品研发、制造、配送和交流的过程。除了离岸加工,自动化制造和生产技术减少了制造业工人数量。即便在工程上,特别是新产品开发,计算机和工程软件的应用极大程度地减少了工程师、设计师和技工的需求,来生产新产品或制造新服务。很多高科技产业的专业化企业减少了科学家和研究人员的数量,并大幅度减少了其代表未来投资的研发努力。

资源的大幅度变化也改变了营销管理的管理方式。当今,营销管理者需要经过更好的培训,有更大的偏好来发展有创新和有竞争力的市场策略,并掌握对未来市场机遇的投资远见。资源基础的性质和构成的变化对营销管理者如何看待内部和外部市场运营有直接影响。在内部,很多企业正在表现出通过允许雇员参与整个营销努力和将广告、市场研究和质量控制等集中化来改变营销角色的倾向。在外部看来,企业正在发展高度的结构化和整合化的营销策略,使其具有更具侵略性的竞争力。外部营销努力要求基于共享数据及信息资源的更复杂的监控系统,例如扫描数据、环境扫描和消费者或用户的直接反馈。尽管基本营销功能仍然为营销管理者提供理论及概念上的基础,企业及其营销管理者需要不断意识到这些变化是如何影响到他们的市场及金融稳定性的。

市场及金融稳定性在当今依赖于每个企业的竞争地位。在一个高度竞争的、技术快速进步的市场中,每个企业需要充分明白其准确的竞争地位。有些营销管理者认为这取决于他们自身、他们的资源和整个企业在进入市场前对其竞争市场地位的定位。这意味着企业能够确定其竞争对手,说明其竞争优势,并通过安排有效营销战略和准确地测定科技创新引入市场的时间来适当地挑战竞争者们。有些在信息和通信产业的企业就是这样做的。整个营销努力必须在管理和挑战中仔细测度当前和未来的竞争者。

四、企业的营销努力

当今,大多数营销努力都关注在目标市场细分上。这种对新市场和市场细分的定义和特殊化需要营销管理者的想象力、创造力和直觉。基于其资源基础、营销和科技企业知识及交流能力，每个企业都需要定义其主题市场。在当代营销和科技能力的框架内，市场趋于被创造，而不是被收割。新科技、产品及服务要求通过消费者及用户获得一定水平的理解和想象来使科技、产品或服务完整化，称为高度结构化的消费功能和消费过程。

市场细分是市场的完整部分。一旦一个市场被定义和选择，一个市场细分就要被准确定义。每个在市场细分中潜在的消费者和用户都要在经济、社会和心理需求的基础上进行描述。他们的看法、直觉和偏好要为营销管理者所知，并将其转化为市场机遇。潜在的和边缘的消费者和用户需要在进入市场细分的偏好的基础上进行检验——在什么条件下和大约在什么时候，他们会加入该细分。

上文所描述的市场和市场细分与有新科技的小型初创企业有特别的联系，这些企业创立是基于一个发明，或打算市场化的、受保护的概念甚至专利。在很多情况下，初创企业面临着将知识财产应用的选择。他们要选择最优市场、条件、新产品或服务的最终购买者，使他们能够从中获益。营销管理者需要大量关于潜在消费者和用户的信息来作出决定。

在高度竞争和快速变化的市场中，营销管理者要了解潜在消费者的动向，或B2B买家购买特定产品或要求某种服务的推动器。B2B买家的决定是在经济学理性的基础上做出的。

消费者购买行为是整个消费者行为中的一个主要部分。从营销管理的视角来看，任何成功的营销努力都是最终通过消费者做出购买决定而触发的。一个购买决定是在消费者为参与整个价值链创造过程中所做的最后一步。在购买决定作出之前，营销管理者假设消费者首先处理通过行为过滤（感知、态度和偏好）而获得的信息，并决定他们可能会通过购买获得经济、社会或心理上的满足。

实际的购买决定也许是一个对一些周围条件的即时反应（冲动性决定）；也可能是一个长期理性的过程，对相关信息主体的系统性评估，从而对个人、经济、社会或心理需求因素进行谨慎分析；或是两个因素结合的产物。实际购买决定需要从一些阶段上被营销管理者了解。首先，实际购买决定有前提条件：一个系统性的探索过程，在该过程中决定的可能性取决于消费者。这种可能性的估计为考虑是否要开发产品或服务提供了有价值的投入。其次，当消费者做出决定购买产品或服务时，营销管理者决定在什么条件下决定被做出，以及消费者在多大程度上有保证。最后，购买决定需要在购买后评估，来确定消费者从产品或服务中得到了多大满足。

这三个购买阶段对于最新科技研发的新型产品或服务特别重要。消费者将作出购买决定，不仅取决于经济、社会和心理条件，还取决于消费者的科技知识和感知能力。营销管理者必须保证其营销努力将完成预期的目标，不过他们也需要提供关于产品的可理解的知识。这个努力需要一个双重的交流途径，在营销管理者和消费者之间一个是营销交流，另一个是技术学习。

营销管理的最后因素是营销者或用户的满意程度。消费者满意度为整个营销努力提供了投入。对消费者满意度的客观测量能指出消费者再次购买产品或服务的可能性。从金融视角来看，消费者满意度是投资回报、收益能力和竞争力的指标。最后，消费者满意度也可能为产品的改进和修改提供平台。

在边远地区产业集群背景下定义的营销管理有两个特殊目标：①被用来为边远地区集群形成运营程序和战略选择；②其本身是每个参与企业运营和战略努力的组成部分。缺乏在这两个层面上精心设计和合理实施的营销管理功能，整个边远地区集群的效率及有效性就不可能实现。

参考文献

［1］Aaker, David A.（1995）. Strategic Market Management, 4th ed. New York：John Wiley & Sons, Inc.

［2］Barabba, Vincent P.（1995）. Meeting of the Minds：Creating the Market-Based Enterprise. Boston, MA：Harvard Business School Press.

［3］Frank, Ronald E., William FE. Massy, and Yoram Wind（1972）. Market Segmentation. Englewood Cliffs, NJ：Prentice-Hall, Inc.

［4］Messinger, Paul R.（1995）. The Marketing Paradigm：A Guide for General Managers. Cincinnati, OH：South-Western College Press.

［5］Mohr, Jakki（2001）. Marketing of High-Technology Products and Innovations. Upper Saddle River, NJ：Prentice Hall.

［6］Schnaars, Steven（1991）. Marketing Strategy：A Customer-Driven Approach. New York：The Free Press.

第五章 营销管理与集群动态

从各个层面看，营销管理都是边远地区集群的组成部分。从边远地区集群的形成之初到繁荣，营销管理都是战略和运营的一部分。企业期望边远地区集群为自己提供营销专业知识和技术，并提供运营和战略管理的平台。营销管理者要对维持边远地区集群的营销功能和平台作用负责，还要在一定程度上参与企业的营销规划活动。

无论从边远地区集群整体的角度还是从参与企业的角度，管理者都需要清晰地理解营销管理的这种双重责任。营销管理的第一个任务是为整个边远地区集群创造出一个最优的营销环境。第二个任务是为边远地区集群的参与者设计营销平台，使参与者能够有效率地从事其产品和服务的营销活动。在一些边远地区集群中，参与企业通过合作相互提供营销服务，而有些边远地区集群中，参与企业偶尔地利用平台从事营销运营和战略。

对于参与到一个边远地区集群中的企业来说，营销管理从最初的描述和形成产品和服务理念开始，围绕该理念形成了一个新企业。基于边远地区集群的任务和发展水平，独立企业也许会从边远地区集群提供的整个营销管理中受益，或每个企业也会建立自己的管理体系来生产产品或提供服务，以及选择 B2B 或 B2C 市场。有些在边远地区集群中运营的企业都会在参与边远地区集群的营销管理体系或建立自己的营销管理体系之间进行选择。

一、边远地区集群的发展和运营的途径

边远地区集群的发展和运营有两种不同的途径：①自行发展的单一生产链的边远地区集群，所有参与企业为共同的 B2B 和 B2C 市场提供产品和服务。②提供管理平台，或松散地构成合作实体，每个参与者管理各自的营销项目。这两种模式在国际上都被经济学家和区域发展项目所接受。有些国家偏爱某一种模式，这取决于受到政治体系的控制程度。一般而言，在重视创新、小型制造企业成长

和其他经济社会目标的国家中,这两种模式各占一半。

第一种边远地区集群形成的途径将营销管理作为运营和战略活动的部件纳入整个结构当中。营销管理者因此需要通过参与企业合作来决定每个企业在边远地区集群中的特定作用。在这种情况下,每个企业的营销活动就与整个边远地区集群的其他参与企业紧密协调,并成为整个边远地区集群所服务的价值链的一部分。也就是说,每个企业的营销活动取决于整个边远地区集群的营销活动。这种途径往往意味着高度一体化的边远地区集群。

高度一体化的边远地区集群在采矿业、酿酒和农业或高新行业中是很常见的,如飞机制造的原材料供应业。许多高度一体化的边远地区集群有特有的任务,每个参与企业具有特定的功能或为某个清晰的目标服务。在研发和制造农业设备的边远地区集群中,参与企业的车间、部门和制造商或软件开发商都具有专业功能。类似的情况也存在于海运仓储服务行业中,每个参与企业都需要特有的专业技术,并成为整个经济过程的一部分。

在地方政府、大学或其他组织发起的边远地区集群中也可以发现一些实例。其中大量企业尽管看起来不具相关性,但产品生产和服务却具有关联性。发起者也许在边远地区集群的建立初期就有关于如何帮助地方企业协调运营的理念和计划。一般发起者会先组织各个实体建立一个孵化器或研究园。此时,边远地区集群的管理者掌握着整个营销管理过程。

第二种边远地区集群的形成途径中,边远地区集群营销管理完全分散到了每个企业。边远地区集群部署自己的营销活动,并提供了一个平台,使参与者能够通过这个平台安排自己的营销活动。

与营销管理平台相对应的,边远地区集群也会对自己的服务提供营销运营和战略。如果有需要的话,参与企业也许会通过营销咨询服务来接受相关支持。有些营销专家与边远地区集群及其营销管理者紧密合作,指出一个边远地区集群应当保持两套营销组织,一个是自己的,另一个则为参与企业提供营销服务。

边远地区集群的形成及营销管理的第二种途径对专注于科技活动而非营销活动的小型高科技企业而言很流行。小型初创企业的管理者也许会专注于开发和提高那些尚未开发且有可能被提供的产品和服务,他们也许会需要各种营销咨询服务。

这种情况在大学发起的边远地区集群中非常普遍。大学管理者相信,一个综合大学可以为初创企业设计营销管理平台,商学院的各系被要求从初创企业的多个层面上应用专业管理知识。管理孵化器或商业园的大学总有一个初创企业随时可用的营销管理平台。

大多边远地区集群对参与企业的生产和服务管理没有统一的安排。由于参与企业在初创阶段不确定他们将来会进行什么样的营销活动，并且他们仅仅是关注尚未开发的知识领域。在这种情况下参与者也许会依赖于边远地区集群所提供的营销平台。他们会一直利用这个平台，直到充分了解自己的营销需求，和学习如何将其介绍给不断成长的企业。

两种途径有不同的维度来考虑营销管理的一体化。两者都想帮助参与企业发现市场机遇。在第一种途径中，通过整个边远地区集群的一体化途径来识别或发现市场机遇。第二种途径则依赖于每个企业自己发现机遇，并发展一套自己的营销体系，当然在运营初期，也需要边远地区集群提供的帮助。实际上，在第一种途径中，参与企业也需要帮助明确定义其在一体化边远地区集群中的位置（内部营销管理）并理解整个边远地区集群本身的定位（外部营销管理）。

在两种途径中，边远地区集群的营销管理要达成两个基本目标：①通过合作或独立的方式识别和把握市场机遇；②提高边远地区集群和参与者的竞争地位。

二、合作、竞争和营销管理

关于边远地区集群的一个关注点是合作与竞争的关系程度，合作问题与边远地区集群联系起来的原因是基于一个核心观念，即所有参与企业都希望一起工作来构建一个合作体系来创造客户价值。其基本假设是，参与企业不会相互竞争；相反，每个参与企业在价值链中都有独立的功能，且在边远地区集群中各个功能之间不存在相互冲突。

如果整个边远地区集群的信息流向所有参与的企业开放，并且有可能出现重叠的技术，就可能出现问题。信息流下游的企业可能会显著地改善和利用科技，这些科技可能被其他信息流更下游的参与企业利用。例如，一家专门从事铸造生产的企业可能会了解一种新的清洁技术，该技术的责任被分配给价值链另一部分中创新程度较低的企业。在这个例子中，铸造零件的铸造厂希望清洁零件，因为它更主动，并且可以很容易地将新技术融入其精整过程中。从边远地区集群营销管理的角度来看，这种合作的缺乏会产生冲突。

还必须认识到，在具有统一顺序价值链的高度集中的实体企业中，竞争水平相对较低，这主要是因为所有参与企业都直接受益于单一价值链的安排。在这种情况下，竞争通常来自潜在的成员企业，这些企业通常提供更低的成本结构、更新的技术或其他一些节省成本的优势。例如，专注于自动化的创新型创业企业可能会将在边远地区集群内的生产过程中使用的一个特定工序视为其市场机会。这一工序目前由某一个参与企业提供，并使用着经济效率低下的过时技术。创业企业进入边远地区集群，并与目前在位的成员企业产生直接竞争。边远地区集群的营销管理层需要决定整个边远地区集群从哪项服务中获得更大的利益。

在没有任何中央合作协议，且每个成员企业独立运作的情况下，每个企业之间也有合作的潜力，而且是在有需求的基础上进行的。一些协议可由经营营销平台的营销经理协助边远地区集群成员企业加快产品开发、收集市场信息、设计营销工作或解决一些技术缺陷。在这种情况下，一些边远地区集群要求签署正式协议，具体说明这种合作的类型和性质。

在边远地区集群中情况略有不同，没有明确界定的顺序价值链，所有成员都贡献自己的专门知识，但从技术角度看，成员是相似的。例如，在一个大学生物技术研究占主导地位的地区，可以成立一个边远地区集群，以培养和发展生物技术。每个参与的成员企业可以使用自己的技术和专有的营销操作和策略独立运作。所有成员企业都有可能成为竞争对手。在这种情况下，边远地区集群的营销经理必须认识到潜在的冲突存在，他们需要采取预防措施，确保每个成员的技术都是安全的，特别是那些处于研究和开发阶段的技术。全球资源信息中心必须采取预防措施，确保设施安全，保护信息技术，并保持专有气候。不过，在边远地区集群之外，市场竞争可能更加激烈。

三、营销管理和市场层面的边远地区集群

无论边远地区集群在其形成过程中采用哪种途径，它们通常并不是市场上的主要力量。组成单一的统一价值链并在 B2B 或 B2C 市场提供产品或服务的边远地区集群最有可能与提供相同或类似产品或服务的其他营销人员竞争。只有在极少数情况下，由边远地区集群产品或服务推广的市场知识才能传达有意义的经济、社会、心理价值或偏好。

在某些情况下，产品或服务起源于边远地区集群的知识可能对消费者或最终用户有一定的价值，但只有在特殊情况下才有价值。例如，了解一种产品是由全球资源信息中心开发、生产和销售的边远地区集群，对熟悉特定地理区域的客户或在农业、家具制造或手工制品生产等领域支持合作精神的客户来说，可能是有价值的。

这一现象对边远地区集群来说可能变得更加重要，因为一些市场部分侧重于当地或区域的生产，并试图消费当地或区域生产的产品。在越来越多的农业部门中，共同价值链在维持生产规模方面发挥着重要作用。种植者和生产者经常参加边远地区集群，以增加产量和满足市场对其产品的需求。

在边远地区集群内部运作的企业也管理自己的营销活动。事实上，他们可能是在一个独特的边远地区集群的基础上运作的，对他们的市场地位没有什么影

响。在当今的技术环境下，与消费者或最终用户的沟通并不是一个障碍。随着配送中心和库存程序的重组，大多数后勤问题都得到了解决。随着离岸制造和国际物流系统的扩展，消费者或最终用户很少意识到他们所消费的产品的实际地理来源。

一些经济和发展专家指出，在边远地区集群内部运作的企业可能比其非边远地区集群竞争对手处于更有利的市场地位。它们可能具有经济和社会优势，如农村劳动力的供应、后勤支持的组合以及土地、水或气候等当地资源的利用。他们还指出，在边远地区集群中可能有一个独特的知识共享环境，这可能导致更有竞争力的产品或服务的改进。

四、企业层面的营销管理

从管理角度看，边远地区集群是促进集体行动或为集体环境中的个人行动提供平台的复杂组织。单个成员企业可以选择与其他成员企业合作，也可以独立销售其产品或服务。重要的是要认识到，所有个人参与的成员企业都对自己的发展、成长和营销工作负责。边远地区集群的营销经理没有责任干预单个成员企业的营销操作和策略，除非他们被特别要求这样做。

如果边远地区集群旨在管理单个价值链，而每个成员企业在价值链中执行一个明确定义的特定职能，则单个成员只要履行这一职能就可以部分地尽量减少他们自己的营销管理活动。例如，它们可能只侧重于内部创新、产品或服务改进，或其营销活动的任何方面，从而为整个价值链带来额外价值。在这种情况下，他们可能会尽量减少他们的营销活动以外的边远地区集群。

许多营销专家认为，这种方法未必对企业的未来具有战略上的实际意义。一个成员企业可能有内部能力和知识，以引进更多的创新产品或提供更多的技术先进的服务。事实上，成员企业可能具有远远超出边远地区集群的能力。在某个时候，企业可能会选择离开边远地区集群，以便在市场上更积极地成长和竞争。因此，根据这一观点，即使成员企业在边远地区集群内负有具体责任，它也有责任评估自己的潜力，并在边远地区集群内外对其未来作出规划，无论哪种情况对其未来都有利。市场营销管理的责任是不断跟踪每个企业的市场潜力和市场机会。

在边远地区集群中，成员企业独立运作，但可以选择使用边远地区集群管理的营销管理平台，各成员企业对其营销命运有最终的控制权。为了规划、经营、竞争和成长，每个成员企业都需要自己独特的营销技巧，以保持自己的市场地位和竞争力。

如果边远地区集群成员从创业企业开始，它将首先需要具体的营销任务的帮助，如新产品或服务理念的说明、产品概念的开发、技术简报的编写以将潜在的产品推向市场，以及在产品进入市场之前需要执行的其他任务。这些营销任务通常在边远地区集群平台经理的能力范围内，因为它们在所有的初创企业中都是常见的。

随着新产品的发展和市场细分，营销管理投入的需求将发生变化。企业内部的营销管理考虑将转移到包括外部因素。随着产品向市场靠拢，并开始具有战略和竞争力的层面，对营销管理的需求也越来越强烈。营销经理需要为增长、技术进步和其他相关活动制订竞争战略和计划。

在边远地区集群经营的个别成员企业通常被经济和发展专家视为对自己的行动负责的独立实体。营销专家以类似的方式看待他们；他们把这些企业定义为独立的营销组织，能够决定自己的命运，并利用营销管理来实现这些目标。

五、边远地区集群层面的营销管理

据营销专家称，边远地区集群级的营销管理有两项基本职责：①维持和确保整个边远地区集群的未来生存能力；②协助和支持成员企业的未来生存能力。无论某一特定的边远地区集群是如何形成的，它都有责任向其成员企业保证，如果它们需要，它将继续运作，并为它们提供某种安全网，它将管理自己的营销工作，以使整个边远地区集群和成员企业受益。

人们普遍认为，在具有统一价值链的边远地区集群中，边远地区集群的营销经理与单个成员企业之间的联系要比边远地区集群中强得多，后者是单个成员企业独立行动并维护自己的市场。当整个边远地区集群专注于一个市场或多个市场，并试图引入代表边远地区集群全体成员的产品或服务时，需要达成一定程度的共识。

这是一个主要的责任，特别是对于那些不确定未来的初创企业来说更是如此。然而，即使是规模较大的成员企业也知道，加入边远地区集群可能会放弃很大一部分以前的市场或整个市场，而将自己的未来交给边远地区集群可能不太有效。这是每个企业在加入边远地区集群之前需要做出的决定。

在成员企业独立行动的边远地区集群中，营销管理起着完全不同的作用，即咨询功能。假设边远地区集群的营销管理专长可能比典型的成员企业更强。成员企业可要求为改进其业务或未来战略所需的专门营销援助。边远地区集群级别的营销经理与成员企业级别的对应方之间的关系可能是项目性质的，而不是持续的关系。

在这两种途径中，边远地区集群级的营销管理对指导成员企业的营销活动负有广泛的责任。营销专家之间有一个共识,即一个边远地区集群的营销技巧和能力需要比单个成员企业的营销技巧和能力要好得多。单个成员企业的营销经理通常关注自己的营销利益和专业知识,而边远地区集群的营销经理必须关注整个边远地区集群的总体营销活动。

参考文献

[1] Bell, Geoffrey G. (2005). "Clusters, Networks, and Firm Innovativeness." Strategic Management Journal, 26, 287-295.

[2] Guliani, Elisa (2005). "Cluster Absorptive Capacity: Why Do Some Clusters Forge Ahead and Others Lag Behind?" European Urban and Regional Studies, 12 (3), July, 269-288.

[3] Kotler, Philip (1967). Marketing Management: Analysis, Planning, and Control. Englewood Cliffs, NJ: Prentice-Hall, Inc.

[4] Kukalis, Sal (2010). "Agglomeration Economies and Firm Performance: The Case of Industry Clusters." Journal of Management, 36 (2), March, 453-481.

[5] Mytelka, Lynn and Fulvia Farinelli (2000). "Local Clusters, Innovation Systems and Sustained Competitiveness." Discussion Paper Series #2005, United Nations University—Institute for New Technologies, Maastricht, The Netherlands, October.

[6] Russo, Margherita and Federica Rossi (2009). "Cooperation Networks and Innovation: A Complex Systems Perspective to the Analysis and Evaluation of a Regional Innovation Policy Programme." Evaluation, 15 (1), January, 75-99.

[7] Smith, Madeline and Ross Brown (2009). "Exploratory Techniques for Examining Cluster Dynamics: A Systems Thinking Approach." Local Economy, 24 (4), June, 283-298.

第六章 案例分析说明

下文的教学案例是独一无二的,并且专门用于探索营销管理,以及它是如何在 BIC 营销背景下与边远地区产业集群联系起来的。从专业观点来看,边远地区集群明显面临特定的营销管理上的运营和战略问题与挑战。要注意每个案例都有不同的系列问题,这都与营销管理相关。

每个案例的分析也许会从一些视角入手,取决于问题的表面定义。所有案例表现出营销管理者作为边远地区集群中的决策者所面临的实际情况。在读过这些案例之后,每个学生都要把自己当作未来的管理者来看待不同的问题。只要问题的定义是在 BIC 营销指导原则范畴之内的,并且反映了营销管理者日常遭遇的问题,那么就值得去研究。

这些案例没有按照某种特定理论或概念上的分析框架来进行安排。安排这些案例唯一要考虑的要素是管理的复杂性和潜在决定的边界。管理的复杂性从普遍到特殊。例如,进入并在边远地区集群中运营的决定对小型制造业企业的管理者来说,也许是相对简单的。然而对有潜在市场投资的运营良好的小型制造业企业来说,就是一个更复杂的问题。同样,道理也适用于决策的边界。小型制造业企业的管理者或所有者需要决定是否要参与到边远地区集群的形成和运营中去,这在开始是简单的。然而,随着方案的演变和描述边远地区集群将形成和运营的条件,决策也许会陷入两难,并难以做出决定。

所有案例贯穿着三大主题:①在高度竞争全球市场中边远的概念;②关于营销管理运营和战略如何克服商品运输服务有效及高效到达边远地区消费者的问题;③考虑在边远地区集群中集体和合作的 BIC 活动如何促进这一过程。在全球市场视角下,边远地区概念对于营销管理非常重要,特别是当管理工具,比如优化了的交流和信息能力,场外制造和后勤支持在当今边远地区集群中对其也是可用的。

边远地区集群框架中的集体与合作活动的挑战也是重要的。小型制造业企业特别不必要对集体活动或合作感兴趣,除非关系到盈利。他们会加入一个不但能促进产品与服务出售,而且提供改善营销及技术机遇的完好构建的价值链。相反地,那些在市场中不活跃并且不创新的小型制造业企业可能更愿意参与边远地区集群,因为他们未来销售产品或服务以及帮助创新的机遇是依赖于他人的。

更重要的是,不管企业在什么条件下加入边远地区集群,重点在于营销管理者决策的质量。一个完整的营销管理框架需要被理解,从而从细节上分析案例。营销管理者用定量和定性方法来做决策。有些案例提供了完整的数据来做出合理可靠的决策。有些案例中,几乎没有数据,生成必要的数据去做出合理决策是重要的。

意识到每个营销管理者也许观察到不同的问题,并发展出不同解决办法,这是很重要的。在实际情况中,特别是大企业,当需要做出决定并且决策包括一些营销管理者时,决策结果组合需要被整合,所有结果需要被对比。这是因为单个营销管理者是基于自己能力和知识来做最优决策的。

一个决策方法

尽管营销管理者采用很多方法来做决策,学者们则认为存在一个固有的结构为管理决策提供一个框架。这个结构由一些步骤组成,为整个决策过程提供了持续性和可靠性。

作为未来管理者的学生需要完全理解分析案例中的传统理论和概念上的框架。意识到每个人对案例都有独特的见解是非常重要的。这是第一位的,因为每个人都有不同的教育背景、实践经验和个人信仰及人生观。每个人都有理解和解释案例的不同趋势。

理念和方法的这种多样性也许能够引领更好地决策。理论和概念上的框架不必要改变;相反它们得以扩充了。对营销管理实践活动的研究为理论和概念知识提供了证明。最近管理学出版物中的发现指出,决策者通过阅读重要研究成果和领袖管理者表达的概念来学习。

在决策者分析之前,他(她)需要确定其职权范围。这要求每个人选择一个最优的管理位置。在案例中,有相应的控制和责任范围。每个决策者都要提出以下问题:案例的解决方案是否基于整个企业的视角,或决策者调研了组织问题的一个小方面,这与案例的核心两难问题相关。

更特别的是,决策者也许是向执行总裁汇报的营销经理,但他或她的控制和责任范围也许是足够广的,包括财务和个人问题。或者,当在更大的不以消费者为指向的企业中,营销财务经理也许只对产品研发和一些相关问题如广告负责,并要求在营销决策方面,与销售经理紧密配合。主要关注面是决策者在企业中的管理地位和控制范围及负责的项目。

决策过程的下一步要求以决策者的视角,对案例中的问题进行定义。对问题的陈述要用陈述句清晰明确表达，而不是疑问句，只有以这种方式表达了，才能清楚地与他人交流。问题的陈述要正式和被企业中所有参与案例的个人所理解。一个问题陈述要以行动的名称开头，"该问题是用来……（做某事）。"例如：该问题是用来决定参与一个新建立的地方边远地区集群导致的财务收益或亏损。

一旦问题得以清晰定义，决策过程的下一步考察案例中的相关信息，并决定该信息是否足以解决在上一步中定义的问题。如果信息不足，那么决策者还需要什么其他信息？信息是否能够通过内部或外部调研而获得？新消息是否能够通过外部二手资料获得？每个决策者都需要搜寻一手或二手信息资料，并利用他/她们的管理能力决定信息是否适用于解决案例中的问题。

内阁决策者都需要对案例中的或额外收集信息感到满意。当决策者对信息可用性进行评价以后，决策者需要列出问题的所有解决方案，因为可能存在若干备选的解决方案，这取决于资料可用性和问题紧迫性。备选方案应当具有以下特性：内部一致、互不相交、可持续、可达性和可观测。这意味着每个备选方案本身都是能够解决问题的。可达性与管理者的控制范围和其职位所承担的责任有关。可观测性直接与每个备选方案的结果和对可计量结果的贡献相关。

需要对每个备选方案之间的结果作比较。每个备选方案都需要进行定性和定量的评估。第一种要求从现有知识的角度仔细审查每一种备选方案，以确定每一种备选方案是否符合与其有关的现有管理知识的标准。第二种评估是定量的，这意味着每种备选方案都需要使用典型的财务或营销数据进行评估和比较。在两组数据不可用的情况下，可能产生和使用的概率是：根据某些结果实现可比较或排序的可能性来比较备选方案。贝叶斯概率方法是这类分析的首选工具。

也许在决策方法中最重要的一步是选择决策者认为最优的备选方案。选择是基于定性和定量分析相结合的决策者自己的判断和专业经验。最优决策不一定反映最高的投资回报率或最大的潜在销售额，而是决策者所理解的对消费者和企业最有利的因素。

需要遵循实施最佳备选方案的计划。该计划应包括暂定步骤，概述如何执行，以及任何额外资源的请求，如财政资源、职能人员和有形设施。实施计划通常还包括需要得到受决定影响的各职能部门批准的清单。根据正在执行实现过程的组织级别，可能需要从较高的组织级别获得批准。所有这些意外情况都需要列入执行计划。

实际实施首先是项目协议草案，该协议将监测实施计划中概述的每一步。该项目协议旨在确保所制定的问题将按照决策者在最佳备选方案中提出的规格加以解决。如果执行计划要求执行人员单独采取行动，也许是出于安全原因，则不可能为有系统地执行事件或活动制定项目协议；相反，执行计划可能只是执行者为消除这一问题而需要采取的步骤的思想大纲。

在上述解决问题的方法中,需要采取的最后一步是确保成功地执行计划和处理问题。确保问题得到控制所需的机制应该是一个独立的过程,而不是被要求解决问题的决策者的控制范围或责任范围。

在将决策过程与营销管理和边远地区集群的动态联系起来时,显然未来的管理人员不仅需要了解个别企业参与边远地区集群的一些问题,还需要了解在其正式或非正式结构内成功运作所需的知识和经验。目前对边远地区集群的动态知之甚少,因为边远地区集群是相对较新的,需要单个企业做出的一系列决策是广泛的。企业经理和未来的管理者一样,仍然在学习如何做出这些决定。

如前所述,以下案例为目前在边远地区集群内经营的企业或那些考虑将来在边远地区集群内经营的企业的未来管理者提供了一个机会,以探讨等待他们解决的一些问题、问题和挑战。这些案例旨在为未来的管理人员提供机会,从一些不同的角度审查某一案件,并从这些机会中吸取教训。

参考文献

[1] Beveridge, W. I. B. (1950). The Art of Scientific Investigation. New York: Vintage Books.

[2] Christensen, C. Ronald (1987). Teaching and the Case Method. Boston: Harvard Business School Press.

[3] Medawar, P. B. (1984). The limits of Science. London: Harper & Row.

[4] Penzias, Arno (1989). Ideas and Information: Managing in a High—Tech World. London: W. W. Norton & Company.

[5] Tesar, George, Hamid Moini, John Kuada, and Olav Jull Sørensen (2010). Smaller Manufacturing Enterprise in an International Context: A Longitudinal Exploration, London: Imperial College Press.

[6] Zinsser, William (1976). On Writing Well: An Informal Guide to Writing Nonfiction. London: Harper & Row.

条例集

第一部分

边远产业集群的形成

产业集群的形成有两个基本问题。第一个问题，是否可以通过个人或集体倡议形成产业集群，以及企业家、创业企业和已建立的中小型企业是否有动力加入并形成一个产业集群。这个问题对市场运作、竞争地位，甚至个人行动都有影响。大多数经济和区域发展专家认为，可以在某人的倡议基础上形成产业集群，而大多数营销管理人员则不这样认为。第二个问题，是什么构成"地理偏远"地区或区域。社会学、人类学和包括政治学在内的其他相关行为学科的研究表明，确切的定义并不存在，而是取决于其定义的具体背景。

案例一　产业集群的自然形成

在退休几年后,汉斯·诺瓦克作为一名大学教授和管理顾问参加了一次会议,他的一些前学生邀请他谈谈他在帮助建立战略联盟、合并和收购的经验,特别是在20世纪90年代中期组建产业集群方面。汉斯是一位营销和创业教授,专门帮助小型制造企业的所有者—管理者成长。他是位于美国中西部一个偏远地区的州立大学的一个小部门的成员。

国家分为两大部分:一部分是国家资本所在的主要经济活动,人口稠密,社会进步;另一部分是农村,大部分被湖泊环绕,大部分土地由国家森林覆盖。汉斯花了很多年的专业生涯的大学是在一个大城市,那里只有两条主要的道路可以到达。校园位于城市的一部分,靠近一个湖泊。多年来,一些毕业生无视边远,决定留在这个地区,寻找机会,或者自己创业。他们生产产品,管理研究实验室,或向美国中部的客户提供制造服务。一些长期陪伴和了解汉斯的学生今天与他会面。

汉斯以他的顾问身份进行国际旅行,与一些工业部门的各类制造企业进行了磋商,从锯木厂等加工业务到大型多样化的国际重型设备制造商。他的主要兴趣是初创企业,尤其是高科技医疗设备行业的分拆。汉斯在物理系和化学系有很好的朋友,经常和他们谈论新的产品和服务,这些产品和服务可以发展成商业上可行的机会。

在与朋友和同事的私下交谈中,汉斯经常强调,他更愿意与位于他大学附近的小型高科技制造企业合作,因为他们在商业上更加灵活,愿意面对新的营销挑战。特别吸引他的是那些规模较小的高科技制造企业,尽管偏远,但他们有能力创新,生产高质量的产品,并在市场上具有竞争力。他也喜欢他们在网上存在。他经常在喝咖啡时对他的前同事们说:"对于规模较小的高科技制造企业来说,信息技术是非常重要的。"

许多年前,汉斯注意到一个有趣的现象。在他的旅行中,他注意到许多小型制造企业聚集在大学周围。他们中的一些人生产的产品或提供的服务与大学本身无关。这些企业的所有者—管理者在社会上相互认识，但由于市场的关注，他们之间没有专业合作。他们偶尔会在当地的商会会议、专业协会聚会或各种地方社交活动上互相交谈，但他们对彼此的业务知之甚少。

汉斯还注意到，有些企业在当地的机械车间制造零件或在隔壁的商店制造零部件，但它们之间从未讨论过重大或持久的合作。20世纪90年代末和21世纪初成立的大学分拆公司，主要是高科技和软件公司，与该校保持着密切的关系。大学的小企业发展中心甚至帮助他们改善了与大学或州政府机构各部门的关系。由于其产品的技术性质，汉斯常常想知道，为什么这些企业不加强合作，创造一些当地的竞争优势，使更多的企业从中受益。

一、关于孵化器的讨论

今天的讨论集中在孵化器上。当地商界有兴趣帮助该大学建立一个高科技孵化器，为该地区更多的初创企业提供便利，并改善其商业环境。大学的代表们对此很感兴趣，但他们强调，随着国家资金的削减，将不可能有一个项目来建立一个在现有政治环境下资助的孵化器。

照明公司首席执行官约翰·怀特表示，当地商界可以提供帮助。其他人也同意。约翰拥有20世纪90年代初成立的最初非常成功的分拆公司之一。他的公司根据最近商业化的石英技术生产一系列专门的照明产品，用于工业应用。在过去的几个月里开始向加拿大和墨西哥出口产品。

讨论的孵化器类型包括潜在所有者—管理者的办公室和制造空间，以及现有小型制造企业的必要空间，这些企业希望扩大或多样化进入其他高技术产品领域。孵化器将得到工程师、科学家和其他专业专家的帮助。孵化器还将配备包括会计师在内的营销和金融专家，以帮助日常商业活动。汉斯建议，他的一些退休同事仍住在该地区，将志愿服务，但在大学的一些研究生在他们的教授的监督下也可以提供营销和财政支持。大学和城市将共同拥有和管理孵化器。

每个在孵化器住满两年的企业都必须与孵化器的管理层签署协议，如果新的企业盈利，它将与大学和市政府分享商定的利润比例。没有讨论孵化器的潜在市场或技术重点。当地商业界将筹集资金建设孵化器。

汉斯在会议结束后返回家的路上感到不安。如果商界（其中许多是他以前的学生）对大学和城市如此忠诚，他们应该做的不仅仅是建造一个孵化器。他想知道"是否有另外一种方式来更广泛地合作和改善这一地区的商业环境"。毕竟，孵化器只是一系列商业活动的起点，这些企业可能会在这个地理相对偏远的地区开展重大经济活动。

会议结束后，汉斯打电话给他的朋友——商学院院长苏·琼斯。苏总是在为她的商学院寻找新的机会，而且，凭借她的经济背景，她对这个偏远地区的经济发展特别感兴趣。这实际上是促使她选择目前职位的原因之一。

二、商学院协助形成产业集群

会议后不久，汉斯会见了苏，讨论他与当地商界领袖参加的会议。他想参观并讨论他对孵化器的看法。他解释说，孵化器将集中在大学周围那些可以开发的一系列可能性中的一小部分。汉斯还解释说，现有企业之间的一些非正式合作可以组织起来，以便更有成效和更有效率地利用其资源。他们可以构建一个由当地供应商组成的供应链，或者为大客户预先制造或装配产品和组件。也许该地区的一些较小的制造企业可以重组其业务，并为B2B和B2C的市场提供完整的产品系列。汉斯和苏同意，他们需要会见大学校长，讨论这些想法。他们普遍认为，商学院将在未来的任何发展中帮助这些方面的发展。

令人惊讶的是，苏和汉斯会见了大学校长埃弗雷特·海斯米瑟。这位校长刚刚结束与其他校长的会晤，得知他的校园和周围的商业界被几位从事地理偏远的产业集群工作的知名经济学家视为由规模较小的制造业企业组成的产业集群，苏和汉斯都很惊讶。当埃弗雷特问他们"地理偏远的产业集群"是什么时，他们更加惊讶。校长显然对孵化器不感兴趣。

美国和国外的几位著名经济学家将产业集群的形成作为一种自然发生的经济现象进行了研究。美国几乎每个州都有产业集群，从堪萨斯州威奇托市的轻型机制造和农业设备，到加州硅谷著名的以微电子和生物技术为重点的高科技集群。其中一些产业集群规模巨大。地方和区域经济发展社区最近感兴趣的是在一个可确定的地理区域内较小的集群。考虑到美国、澳大利亚、加拿大甚至北欧的广阔地区和偏远的人口中心，区域经济学家的兴趣转向地理上偏远的产业集群。他们认为，边远的产业集群可能会成为经济单位，创造就业、税收和更强大的地方经济。

在会见苏和汉斯时，校长提出了以下问题：孵化器与当地产业集群的形成有何关系，特别是在地理偏远地区？区域经济学家和发展经济学家普遍接受的观念是，地理上偏远的产业集群可以在没有孵化器的情况下形成。在现实中，孵化器和产业集群是两个不同的概念，它们可以相互支持，可以共存，也可以完全相互独立。因此，出现了一个进退两难的局面——大学应该考虑接受当地商界的资金并帮助建立一个孵化器，还是应该通过将孵化器与地方产业集群相结合来设计一种全新的地方经济发展模式？如何解决这一困境由苏和她的商学院来决定。

在苏与商学院全体教员开会讨论建立孵化器和组建产业集群的想法之前，她决定与在商学院咨询委员会任职的当地商界成员进行交谈。她向他们解释说，她喜欢的办法是先建立一个孵化器，然后围绕该地区较小的制造企业形成一个产业集群。所达成的共识明确支持两个方面：孵化器和产业集群。当地商界会筹集必要的资金来建立一个孵化器，但形成产业集群的资金从何而来呢？额外资金是来自当地商界，还是期望国家对产业集群的发展做出支持？

三、小型制造企业如何在产业集群中运营与合作

在汉斯与商界领袖的会晤中，他清楚地看到，并不是所有的小型制造企业都是以同样的方式管理的；事实上，在所有者—管理者如何管理他们的业务、制定他们的战略，以及如何营销他们的产品或服务方面，存在着差异。一些经理只对生产有利可图的产品和赚足够的钱来维持自己的生活方式感兴趣。毕竟，他们生活在这个国家的一个很好的娱乐地区，在那里他们可以在夏天享受水上运动，在冬天可以享受滑雪或雪橇。大部分的制造和机械车间都是由这些管理人员管理的。有时，当天气好的时候，在夏天或冬天，人们知道他们拒绝有吸引力的商业机会，仅仅是去航海，钓鱼，或雪上摩托。汉斯连同国家经济发展官员，甚至政客们，经常想知道是什么真正激励了这些管理者。还有一些管理人员在该区域较小的制造企业中积极促进他们的业务。他们认为自己的产品和服务具有竞争力，能力也很出色。作为个人管理人员，他们中的许多人都是优秀的工程师，擅长编写最新的计算机程序操作机床，并了解最新的技术。他们中的一些人生产自己的专有产品，但也保持了为客户设计机械零部件的开放能力。积极推动企业发展的所有者—管理者经常被看到开车到最近的机场去拜访他们的客户。他们喜欢他们住的地方，他们不介意旅行去出售或探索更多的机会。他们是认真的管理者，他们对自己的业务和他们居住的地方感兴趣。

该地区的高科技公司由专业管理人员管理，他们了解自己的使命和经营范围，并通过合作开展研究项目和为学生提供实习机会，积极与大学教员合作。他们不一定只关心他们的产品或服务，也不一定只关心他们的企业，而是密切关注他们的资源。他们生产的产品或提供的服务在市场上处于有利地位。他们中的大多数人都有国际联系，经常接受外国的命令。他们中的一些人与主要的医疗中心合作，专门制造与尖端技术相结合的医疗设备。有时，他们往往看不起大学的研究，觉得自己领先于大学研究。

虽然这三类企业的管理人员在专业会议以及狮子、扶轮国际和基瓦尼斯俱乐部等社会和民间组织中相互作用，但他们的想法并不相同。有些人愿意自愿参加

社会活动，有些人则不愿意，他们在社会或专业合作方面的潜力大不相同。在他们的管理角色中，他们倾向于相对内向，不愿与他们的平等者讨论他们的业务。在国际上活跃的经理们对一些宁愿去钓鱼的经理感到惊奇。

这些从根本上不同的小型制造企业的所有者—管理者将如何在创建的产业集群中相互作用？这是一个悬而未决的问题。大学人员能帮助激励这群不同的所有者—管理者之间的合作水平吗？如果向它们提供一个框架或计划，以创造更大的地方经济价值，它们是否会相互合作？它们是否能够参与一个连贯的价值链？这些都是有趣的问题。商学院院长苏认为，他们可能会合作；退休顾问汉斯则不那么乐观。

四、一家本地小型制造企业的经验

位于城镇对面的一个私人工业园区是一家高科技远程监控和测量设备的制造商。该设备用于各种自动化制造过程，在这些过程中，遥感设备能够检测汽车、卡车和农业设备等产品的最终装配中的异常变化。阿尔法有限公司由查尔斯怀特和少数投资者持有。查尔斯担任其首席运营官。他从当地大学毕业不久就进入机械制造车间，在那里他主修物理。在他出国的大三期间，他有机会在一所著名的德国工程学校学习应用物理，同时在当地的一家汽车组装厂实习，在那里他对他的设备有了想法。凭借他的物理学知识，他所需要的只是一些机床和制造设备；他可以从国际知名的主要供应商那里外包或从货架上购买其他零部件。

毕业后不久，查尔斯建立了他的第一个雏形，开发了一个商业模式，并寻求融资。他参加了国家经济发展机构组织的风险投资博览会。潜在客户对他的设备有很大兴趣，但风险资本家却不感兴趣。一位风险投资专家表示，查尔斯的经验不够丰富。随后，查尔斯向几家银行申请了一笔私人股本贷款，但没有成功，因为他几乎没有有形的抵押品。由于查尔斯有足够的资金来建立他的第一个职能部门，他决定直接接触一个潜在的大客户，并取得了成功。一家工业土方设备制造商对此印象深刻，并要求查尔斯为具体的装配操作建造一系列 10 套专用设备。这一销售相当可观，查尔斯可以开发一条标准生产线，然后以阿尔法有限公司的品牌名称出售。

查尔斯相信信息技术，在他开始运作后不久，他在互联网上发布了一个网页。他想探索谁可能对他的设备感兴趣，并了解潜在客户在远程监控和测量设备方面的需求。这是他唯一的市场信息来源。查尔斯也是该公司唯一的销售工程师和客户服务专家。他的营销组织很少。他回忆起他一开始经常旅行。

经过大约两年的经营，阿尔法有限公司开始收到越来越多的订单，其中大部分订单来自海外客户。对查尔斯来说，显而易见的是，他需要帮助，因为他的车间容量和员工根本无法制造出所有的部件，也无法组装和测试每个单元。查尔斯开始和他在城里经营机器或制造车间的朋友们交谈。但是这种方式并不成功，于是他尝试找他的一个老同学，这个老同学为当地供热承包商制造暖气和通风设备。查尔斯试图说服他为他的设备制造外壳，但他的老同学觉得这种设备太"高科技"了。

有一天，在当地商会的帮助下，查尔斯召开了一个拥有机器或制造商店的会员会议，向他们解释他的需求，并提供了一个合作的机会。在没有意识到的情况下，查尔斯提出了产业集群的概念。当时，像汉斯·诺瓦克这样的专家正在提供咨询服务，而大学不一定对当地的经济发展感兴趣。

会议的结果是认识到当地企业不一定愿意合作，主要是机械和制造商店。会上提到了一些原因。他们在建筑、供暖和通风、农业或林业方面都有自己的客户。他们不愿涉足可能需要新机器和高科技手段的新企业。显然，这是他们的看法。查尔斯别无选择，只能在其他地方寻找国内供应商，或者在国外制造他的设备。他决定出国。随着业务的发展和利润的增加，查尔斯扩大了他的生产能力，并开始把他的制造业带回家。

五、汉斯面临着为帮助国家偏远地区的一个城市组建集群的决定

关于孵化器的第一次会议引起了与会者的充分兴趣。汉斯与他的一些大学朋友讨论了这次会议，其中一位是非常活跃的农村社会学教授，与该州西部的几位葡萄酒种植者合作。个体种植者有问题——他们太小，无法单独生产足够数量的葡萄和葡萄酒。此外，虽然该区域具有良好的潜力，但在葡萄酒生产方面并不出名；它主要是一个旅游区。让情况变得更加复杂的是，大多数有抱负的葡萄酒种植者都是退休的企业高管、前广告客户经理，或来自不远处大城市的退休医生，他们以前在该地区拥有避暑别墅，然后退休后搬到那里。教授告诉汉斯，酒厂老板对某种形式的合作感兴趣，他将在下次访问时与他们讨论此事。

谈话后不久，汉斯收到了一封来自葡萄酒产区一座小城市的市长的电子邮件，请求他帮助在这个地区组建一个葡萄酒种植集群。市长约翰·斯塔尔出席了几次讨论产业集群的会议；他喜欢这个概念，并希望帮助他所在的城市发展葡萄酒生产。汉斯和约翰谈了很久。他坚持认为，根据他与小企业所有者管理人员合作的经验，很难激励他们作为一个协调一致的团体进行合作。此外，约翰指出，他们不是典型的小企业的所有者—管理者，而是有经验的专业人员，有高度集中的目标。汉斯同意来拜访约翰，与小酒厂的老板讨论情况。

汉斯的访问非常成功；市长非常热情，并邀请了一些潜在的分组成员参加会议。他们期待汉斯在设计集群、指定整个价值链内的关系以及确定集群中的牵头方面提供指导。这时，汉斯开始想："这些人想做什么？地理上偏远的产业集群是一种自然现象！几乎不可能形成一个全新的集群，并使其发挥作用。"汉斯开始认为他们想要的是一个葡萄酒合作社，而不是一个产业集群。

汉斯慢慢地、系统地开始解释边远的产业集群、农场或农业合作社与全新的价值链之间的区别。在他看来，这三个概念是密切相关的。经过几个小时的讨论，小组得出结论，他们想组成一个新的集群，该集群将专注于种植葡萄和生产葡萄酒。

个别葡萄园将集中资源种植葡萄；他们将建立葡萄酒生产设施，邀请一位年轻的葡萄种植者寻找挑战，并就合作条件达成协议。汉斯变得更加焦躁不安："这就像为一个全新的制造企业开发一个商业模式，而不是一个自然发展的、有意生产和销售葡萄酒的集群。"当他开车离开会场时，汉斯心里想："我真的想要参与进来吗？我想这样做吗？"

六、汉斯相信自然产生的产业集群

过去许多以产业集群为重点的研究结果表明，产业集群是自然发展的。在他的一篇文章中，Porter（1998）描绘了30多个以美国为基础的产业集群，这些产业集群是在相当长的时间内自然演化而来的。在北欧、澳大利亚和加拿大进行的研究也表明了同样的现象。直到最近，一些社会科学家、经济发展专家和小企业发展中心主任才提出，产业集群的概念一般可以被视为一种创新。大学、市政当局和其他社会实体（即使是在偏远的地理区域）也可以组成新的集群，以帮助刺激地方经济增长和管理活动。

汉斯知道这些事件。作为一名教师，他经常参加学术会议、研讨会和关于它们的讨论。作为一名学术和管理顾问，他总是把重点放在小型制造企业内部的管理活动上，但他仍然不相信产业集群可以由经济开发商、小企业发展专家甚至主要的商业顾问随意组织。在他看来，小型制造企业的所有者—管理者有他们自己的议程，不愿意与他人分享他们的技术和经验。他认为，他们不喜欢参与他们无法控制的事件。

汉斯回顾了他多年的经验，他想知道，国内和国际上迅速变化的经济状况是否对小型制造企业如何竞争、如何重组其业务以及它们如何融入价值或供应链产生了影响。他想了想他的客户中有多少人在海外生产他们的产品，有多少人被要求加入高度结构化的供应链，并受制于控制整个供应链的主要客户的需求。

也许位于偏远地理区域的一些较小的制造企业,如他所居住的企业,将愿意合作并创建一个创新的产业集群,在这个集群中,各成员将通过保留其所拥有的资源相互帮助,以增加价值。汉斯想知道产业集群的概念是否发生了变化:"我们现在谈论的是既具有公共利益又有私人利益的创新、创造价值的集群,而不是像文献前面所定义的那样自然演变的产业集群吗?这些集群能否作为当地经济发展的一部分,在偏远的地理区域形成?"

经过几个小时的思考,汉斯得出结论,他对传统的产业集群概念感到更加自在:自然发生的产业集群。他仍然对他似乎听到的新概念感到不安——产业集群,特别是地理偏远地区的产业集群,可以被视为新的社会和经济发展工具,即社会和管理创新。

七、城市需要就业并愿意大力鼓励加入当地产业集群的中小企业

自从与汉斯和校长会面以来,苏正忙着与市长布鲁斯·平特以及代表国家的地方经济发展官员菲利普·格林进行会谈。大学所在的城市相对孤立,但联系紧密。他们一致认为,需要采取一项新的经济倡议,特别是在当前经济衰退的情况下。整个商界都需要创造更多的就业机会。然而,市里的大多数企业都是规模较小的制造企业,它们发现很难在努力填补现有订单的同时寻找新的机会。新客户很难找到,而现有的客户不买。

布鲁斯认为,这所大学在经济发展方面有着丰富的知识;它经营着一个小企业发展中心,部分由联邦政府资助,部分由州政府拨款。许多教授还定期获得赠款,用于研究小企业发展和管理的各个方面;他们根据研究发表文章,并经常与政府机构和私营企业就小型企业的新发展进行协商。这一知识能否用于公共部门,帮助市政当局创造更多的就业机会和稳定的地方经济?苏认为这所大学可以帮助解决这些问题。

在与校长的会晤中,苏提起了她最近与布鲁斯的谈话。他们都同意,大学,特别是商学院,应该准备一项重要的拨款方案,以组织一个由小型制造企业组成的本地产业集群。该提案将为教职员工和学生提供机会,参与建设更好的地方经济基础,同时也让学生们在激励小型制造企业的所有者—管理者在产业集群内工作方面具有亲身经验。苏委托小企业发展中心主任哈里特·米勒撰写拨款提案,并承诺亲自确保该提案得到各供资机构的充分关注。

布鲁斯作为一个行动者也没有休息。他决定通过不同的渠道寻求资金,并最终从州经济发展局和联邦政府获得充足的资金。他的意图是迅速采取创新措施,创造就业机会,维持甚至增加整个市辖区的现有人口。关键的供资条件是形成一

个产业集群,目的是为主要在集群内设计和制造的产品开发一个完整的价值链。

起初,在校长办公室与校长苏和布鲁斯举行了一次会议。在三人就合作条件达成协议后,小企业发展中心主任哈里特和汉斯应邀参加会议,讨论如何组织和由谁组成集群。汉斯明确表示,在考虑如何组织集群之前,应先咨询城市小型机器和制造车间的所有者—管理者。最重要的是,查尔斯怀特应该成为未来讨论的一部分。苏承诺她将组织一支由经验丰富的管理、市场营销和金融教授组成的团队来帮助这个项目。苏和布鲁斯将以同等的权力和责任监督这个项目。

校长曾担任银行业高管和政府监管机构,他被问及由谁来指导这一项目。指导项目的个人需要有大量的管理经验,了解企业对企业和企业对消费者的市场,以及了解如何激励经理。苏毫不犹豫地推荐了汉斯。汉斯被这突如其来的任务吓了一跳。他没有料到这一任务;他不想承担更多的责任,但他没有拒绝这项提议。校长和苏都希望汉斯指导这个项目。

八、汉斯有一种矛盾——违背他的职业操守并协助建立自己不相信的东西

从一开始,当汉斯开始讨论产业集群的概念时,他就不相信通过让小型制造企业的管理人员共同努力实现创造单一价值链的共同目标,就可以很容易地形成一个产业集群。他认识当地机器和制造车间的许多老板,因为他们中的许多人都是他的学生。他也知道一些产品制造商和工程公司在城市,包括查尔斯和他的经验。把产业集群(换言之,社会网络)视为经济发展的创新工具,对汉斯来说有点复杂。

事实上,用很多方式把规模较小的制造企业的所有者—管理者压迫成为一种集体努力,这种努力会剥夺他们自己的战略计划和运营目标的这种项目,管理它的整体思路似乎是不正确的。汉斯相信自由的企业和个人的主动性。是的,他有时认为世界已经发生了变化,变得更加全球化,对营销者和消费者都更有竞争力,但他认为这是一种自然的进步。所有类型的企业都必须决定是否向国外采购、进口其产品的零部件,或将其全部产品在国外制造。有些企业成功了,有些企业没有成功。这些都是管理者在经济困难时期必须做出的选择。

但现在,在地理偏远地区,在制造业基础相对落后、没有高科技投入的状态下,真正开始组织自给自足的产业集群,对汉斯来说是一项艰巨的任务。从一开始,汉斯就一直认为产业集群是随着时间而演变的自然现象。汉斯被要求放弃他的职业操守,帮助建立他不相信的东西。

第二天早上,当汉斯有机会解决问题时,他先打电话给苏,让她做决定,他

根本不相信这个项目，因此不能对此负责。苏很失望。她让他打电话给议长，告诉他的决定。他照办了，但校长试图说服汉斯，他应该承担这个项目，因为他具有的专业经验和过去与大学有密切的联系。汉斯拒绝了。

校长和苏安排了一次与布鲁斯的会面。当布鲁斯被告知汉斯的决定时，他很生气。他认为，他们必须让汉斯承担该项目的责任，因为该市拥有资金，而且他们知道，小企业发展中心向国家融资机构提交的拟议赠款将得到资助。他还知道之前关于孵化器的讨论，以及企业界愿意为孵化器提供资金。布鲁斯进一步说道，这所大学辜负了整个城市和它的商业界。毕竟，他曾与该市的一些管理人员举行过会议，他们愿意成为一个产业集群的一部分。校长要求苏寻找另一名教员，无论是退休的，还是目前雇用的，谁有可能管理这个项目。苏认为这将是一项相当困难的任务。

九、这个城市引进了一家专业的管理咨询公司

当布鲁斯回到市政厅时，他请来了他的采购官，一位在城里长大并在当地大学就读的有经验的专业人员，他讨论了一系列事件，以及汉斯拒绝承担这个项目的事实。经过简短的讨论后，采购干事建议市政府发出一份公开招标，特别是向管理咨询公司招标，以投标该项目以及一个孵化器和一个产业集群。起初，布鲁斯甚至不愿意考虑这个想法。他大声问道："管理咨询公司对地理偏远地区的产业集群了解多少？"

通过一系列巧合，布鲁斯知道了他的城市以西约 90 英里的葡萄酒种植区。他在该州首府的一次市长会议上会见了该市市长约翰·斯塔尔，并与他建立了良好的工作关系。布鲁斯给约翰打电话了。约翰告诉他，在讨论了他们打算围绕葡萄酒生产在本州地区形成一个集群之后，他们决定给一家管理咨询公司的首席运营官打电话，其中一位葡萄园所有者过去曾与该公司合作过，并问他，他的公司是否愿意承担一个涵盖整个葡萄酒生产价值链的创新产业集群的项目。答案是他们会的。约翰最后说："他们现在正在做这件事。"

布鲁斯和约翰打完电话后，他走到采购官跟前，坐了下来，又抱怨学校和城市之间缺乏合作。在他平静下来后，他告诉采购官员继续起草投标，以便他能在下周的会议上与市主管讨论。

十、新的产业集群要实现什么

当采购干事开始拟订投标时，他想知道该项目将取得什么成果。经过几个小

时的思考，他拟定了一份清单，列出他认为应在招标中处理的要点：

（1）确定本市有兴趣参与产业集群发展和运营的机械和制造车间。

（2）围绕产品概念或技术组织机器和制造车间，他们中的大多数都有丰富的经验，这可以作为他们的竞争优势。

（3）确定并组织城市现有的产品制造商和服务供应商，参与并领导产业集群。

（4）确定产业集群可以提供的产品或服务。

（5）估算产业集群的潜在市场份额和销售量。

（6）为产业集群确定强有力的领导。

（7）为产业集群建立一个组织和战略管理团队。

（8）为产业集群创造和实现整个价值链。

在起草了招标书后，他在与市政府主管举行会议之前，将其转交给布鲁斯，以征求他的意见。在草案的空白处，布鲁斯指出："如何管理产业集群，由谁来开发产品，谁来管理后勤保障？"他想知道"所有这些项目都应该列入招标吗？"

接下来的一周，周三晚上，布鲁斯向市政府主管递交了标书，并提醒他们说，该市拥有必要的资金，但该校不愿在这个项目上进行合作。随后进行了一场激烈的讨论。市政管理者们想听听校长的意见。一位市政主管问道："这个位于本州地理偏远地区的工业集群会有未来吗？"

参考文献

[1] Mattsson, Henrik (2009). "Innovating in Cluster/Cluster as Innovation: The Case of the Biotechvalley Cluster Initiative." European Planning Studies, 17 (11), November, 1625-1643.

[2] Porter, Michael (1998). "Clusters and the New Economics of Competition." Harvard Business Review, November—December, 77-90.

[3] Sorenson, Olav (2003). "Social Networks and Industrial Geography." Journal of Evolutionary Economics, 13, 513-527.

[4] Stuart, Toby and Olav Sorenson (2003). "The Geography of Opportunity: Spatial Heterogeneity in Founding Rates and the Performance of Biotechnology Firms." Research Policy, 32, 229-253.

案例二　阿瑟莉亚——一座老城如何能在法国造船厂的毁灭后生存下来[*]

阿瑟莉亚是以两个词命名：希腊智慧女神"雅典娜"和太阳之子"太阳神"。该工业集群创建于1987年，目的是为解决受诺曼造船厂关闭影响的场地转换问题。截至2011年7月，该集群已有283家公司和约6500个工作岗位，似乎已成功取代造船厂。但是不同的合作伙伴需要解决许多问题，同时也必须想出决策来确保集群未来的成功发展。

该集群与附近的一所商学院合作，给学生提供机会去探讨群集内部存在的问题，学生据问题也可提供建议。若是同学们想通过做项目来了解阿瑟莉亚创业园，集群很乐意让学生们去探索该创业园的关键问题。

一、地理位置

拉西奥塔是法国南部的一个小城市（见图1）。这是一个阳光明媚的地方，但它既不像马赛也不像尼斯（两地分别有800000位和350000位居民）而且也远离巴黎。在19世纪和20世纪，该地就是著名的度假胜地。从那时起，这个城市就一直是夏季旅游胜地，这儿有海滩，有潜水点，也可以从源头赏溪。在公元前5世纪，该地成为古代航海航线上的第一个定居点。在此期间，该市通过捕鱼和贸易获得了巨额财富。港口各种活动促进了城市的经济发展。1429年，拉西奥塔成为一个行政区，拥有了区域特权并成为一座港口城市。在16世纪，由于当地革命驱逐意大利的热那亚贵族的一部分移民，这座城市得到蓬勃发展。造船厂建于1622年，从1836年开始形成工业组织，在20世纪曾经历多次转卖。在1985年政府决定关闭这些造船厂之前，它们都是城市的经济命脉。后来，这个

---

[*] 瑞典于默奥大学商业和经济学院的凯瑟琳·里昂斯开发了此案例，仅用于教育目的。本案例旨在阐明产业集群形成和管理中的一些概念和理论。

城市经历了艰难时期，闭厂、破产和长期罢工的连锁反应从经济和心理方面都影响当地人民。20世纪90年代，这座城市经历了一段黑暗和痛苦的萧条时期：土地和住房价格下跌，失业率上升至30%以上，政治动荡也无助于其经济复苏。

图1　拉西奥塔（标记为★）

自这个黑暗时期以来，拉西奥塔一直试图重振它的夏季旅游业。2000年初重新开放赌场，它现在成为游客前往普罗旺斯的目的地。该市的规划政策已经朝着这方面发展，包括沿海滩开商店和开发餐饮场所等措施。与此同时，该市正在利用其港口设施将城市打造成一个游艇中心（见图2），2006年开始建造欧洲最大的升船机。然而，该地经济和政治力量分裂：人们反对传统海洋产业的狂热支持者，越来越多的声音呼吁工业多元化。此过程影响了人口数量：从1975年的32700人降至2011年的31600人。这些数字必须与法国人口的年均增长率（0.58%）进行比较。许多人感到失望，他们认为经过20年的混乱时期，目前的房价上涨并不是经济复苏的迹象，而是由房地产投机导致的结果，这可能破坏城市的脆弱价值观。

图2　海边的拉西奥塔，港口有旧船厂

案例二 阿瑟莉亚——一座老城如何能在法国造船厂的毁灭后生存下来

二、法国的边远产业集群

拥有领域管理权的地方当局（通常是城市或村庄）来定义、开发和管理产业集群，其可定义为致力于在特定区域内建立企业的集中点。企业本着政府、社区和企业之间的伙伴关系，围绕着共同的增长目标聚集在一起。这些集群列入法律管辖之内，它们通常位于大型城市中心的郊区，因为靠近交通基础设施可以确保它们在区域、国家或国际层面的影响力，带来众多劳动力和相关服务。在20世纪60年代经济转型的推动下，产业集群被视为一种新的权力分配方式来建立更佳的财富平衡。

现在法国有32000个集群，占地面积约50万公顷。他们成功的关键在于集群增强了区域对经济外生性发展的吸引力，当然也离不开外部的支持（当地政策宽松）。它们涵盖了一些在经济中具有决定性作用的领域，像工艺、商业、工业、物流、服务、技术和港口等类别。它们的大小各不相同，从几千平方米（工艺区）到几千公顷（如工业区和滨海福斯的7000个产区）。但是，这些产业集群多在20世纪70年代创建过快，因此，现有大量空地不适合其他用途。有些地方显然不适宜某类集群的创建，因为它们适合衰落的重工业如煤炭开采或造船厂。经济急剧下降和市场变化也使许多地方空地闲置和经济贫困。此外，由于土地成本低，在农业区建立大型工业园的这种现象使人们谴责工业和农业用地之间的竞争。在法国，为维持农业活动，这些发展与城市化的迅猛增长促成了农业区大面积土地预定这一政策的实施，这是唯一允许的一项活动（由当地法规直接执行或通过对其他类型的活动施增税收负担来形成阻力）。显然，目前的一个主要问题是农业游说团体和地区开发商之间的激烈争斗。

法国集群的另一特点是其政治权力、管理权力和财政三者的结构。经市政当局管理，这些集群通常由不同类型的合作伙伴（市、县、地区、州和其他社区）组成的地方联合会控制。发展资金来自从市政税到欧盟补贴计划等一些层面。

三、法国创建免税区

1987年，为了弥补工业岗位急剧减少带来的损失，法国政府决定依老观念在一些地区来成立免税区来让公司获得税收优惠。在协议有效期内，投资者在某些方面可获得豁免。在阿瑟莉亚的案例中，公司从豁免所得税和社会贡献税（现已不再施行）中受益。

这实际上是法国第一个实施调整手段的案例，该案例采用了自由贸易区的准则（放松管制、减少繁文缛节和免税），美国许多州都用这种调整手段使处于困境的产业集群重新焕发生机。按照"小型工业园区"地理上的定义，该国其他地区普遍存在一些放松或终止影响经济活动的约束条件的现象，它们应该是国家干预较少的地方。1986年的政治辩论中显而易见的是，大多人视集群为地理上管制放松的小块区域，这些项目实施的目的是希望人们也能将产业集群看作"实验室"，来试验欧洲对技术和公共资源放松管制这一方法对恢复港口活动的影响。但是，辩论点并不清晰：什么是经济萧条的地区？如何帮助？因为有三个造船厂关闭，所以它们应列为项目中的首选事项。

理论上，创立产业集群的目的是消除税收障碍和创新创业方面的监管障碍，为先前陷入困境的社区居民提供新机会，创造就业机会或维持相关工作。然而，人们通常认为产业集群的创立是振兴特定区域的方法，在这些区域传统发展政策尚未达到预期效果，因此创立集群是具有争议性的。考虑在边远地区建立高效率企业区是否现实，特别是在大萧条之后。很明显，临时免税是不够的。尽管如此，产业集群形成了一个界定清晰的边界点区域，并影响了房地产开发，于沿海和港口区域的商家对经济活动本地化政策特别感兴趣。即使经典观念真正受到批判，新自由主义观点仍然支持这些非监管手段。

一所海滨城市可根据不同类型的发展分为三个区域：村中心（包括港口）、有重点住房项目的周边区域和吸引土地买卖活动的腹地。在港口和腹地之间，出行的便利性是产业集群运营的关键问题。管理者和商业领袖也有一些要求，他们对商业园区和社区生活环境要求较高，所以在这些区域开展新的经济活动有两个方向：

（1）帮助当地人创造就业机会。

（2）为雇主提供有利的激励条件。

然而，20世纪80年代后期，出现了另一个似乎很重要的问题，那就是各地需要建立可发展商业的地方桥梁和商业中心，来容纳孵化器和提供小型办公室，以及为个体企业家提供支持。这些做法的目标是大业务带动小业务的发展，这可能无法创造更多就业机会。但是，创业公司所拥有的潜力和专业知识可能对他人有帮助。这也是一种释放积极性和调动现有或可利用的技能的方法，可分为四个步骤：

（1）聚集所有潜在的合作伙伴并找到积极的运营商——经营者和企业家；商会、贸行业或地方发展机构。

（2）辨识技能并招聘当地可用人才，这不仅是现有企业和组织的企业的做法，当地公司、子公司和分散的大型集团也会采用这种做法。

（3）发掘公司未来企业家中的全部潜力并培养项目领导——由于时间或可

用知识技术的限制，公司的"沉睡项目"尚未启动。

（4）支持小型实地团队的动态有效的项目和相关举措的实施。

公司间的动态网络中会产生多少新产品、新市场或新流程？如果这座城市能够为企业家提供更好的帮助和支持，最终可能会涌现出多少创业公司？

为使土地更具吸引力，市政当局投资各项设备，多年后，他们发现自己处于公司和地区之间激烈竞争的旋涡中。这种竞争具有优势，因为它要求每个人都了解彼此的长处，企业和地区之间的紧密关系正在推动当地强劲发展。但是，虽说吸引新业务的发展很重要，但现有业务也迫切需要维护和发展。显然，实现市政金融安宁的关键是让公司一直地处城市，实现这点的重要成功因素是外包现象的发展以及商业承包商、分包商和供应商之间的联系，这些现象促进网络经济组织的发展。为了集群的生存，为了促进人员、信息和货物流通整体的凝聚力，一个全面系统至关重要。

四、污染、可持续发展和产业生态化

在法国，一些重要工业场所的污染问题日益严峻，对环境和公共健康构成重大威胁。废弃的工业场地可能需要大量动工去重新处理该区域环境问题，如回收金属材料，去除含有高浓度污染物的土壤表层以及重建植被。但是，转换工业场所所需的大量的财力、物力过于昂贵，显然不能由已陷入困境或破产的公司提供资金。如果地方或州政府不支持这笔费用，工厂有时会被遗弃并成为"工业墓地"。

工业场所的工业风险管理是安全的一项重要因素。活动危险性和人口密集度是风险评估的要素。在欧洲，最危险的工业用地被归类为"塞维索"，以纪念塞维索的工业灾难。由于成本和土地面积原因，大多数工业区都建在城市郊区，但城市化的快速发展正碰上了这样一个事实：最初的偏远地区可能被列入人口密集的城区。这使临界人口面临危险，在最致命的工业灾难中经常出现这种情况，例如图卢兹的 AZF 工厂爆炸。

最近，由于地域发展已与经济、环境和社会相结合，工业园区的可持续管理已成为重点。这种管理期望企业和地区之间建立新伙伴关系，促进商业服务集体管理制度的建立和就业成本的优化。

产业集群面临的挑战是要确保园区商业成功和企业经济发展，同时防止工业活动对园区设施产生不利影响，帮助企业做同样的事，充分促进就业，改善员工工作条件。在产业集群实施可持续发展是基于双赢三要素：管理、动画和用户服务。人们相信，集体管理制度使公司汇集其需求，并找到更适合且成本更低的解决办法。当个别解决方案不能令人满意时，集体管理制度有助于为已定需求寻找解决方案。对于与员工生活质量和公司运营相关的不同需求，许多公司，特别是小型制造企业无法以可行成本来满足，这是由于对数量、频率或用户数量需求低等各种原因促成的。在环境方面，中小企业在实施预防性行动方面面临困难，这主要是有三个方面的阻碍：一是企业环保文化的缺失，也就是说，公司不一定能对环境产生足够影响力去证明企业对环境负责的行为是正确选择。二是技术解决方案并不总适宜于少量生产，且不利于上游工业生产。例如，它们难以分离废物或处理某些液体废物。三是批量生产成本极高。例如，租用一辆自卸卡车运送一桶废纸或几瓶东西。有许多活动可促进集体管理制度的形成，商业园或工业区就是典型区。不幸的是，由于这些区域缺乏管理和领导型人才，所以这种制度也难以形成与发展。

此外，正如青年经理人中心所述，法国企业家心态往往不够开放。因此，他们在社交、合作和建立伙伴关系方面缺乏经验，他们可能会担心公司丧失独立性，或相关想法会被窃取。幸运的是，实例告诉我们，集体管理制度有助于改善经营活动和工作条件，在许多领域都很重要。

通过学习生物圈如何改变并使工业系统有效运作这一方法，产业生态学寻求在消费和生产过程中尽量减少物质损失，其目的是促使公司之间产生协同作用，以便它们彼此间或与社区间循环利用其生产残余物（例如，蒸汽、水废物），该方法可以优化工业过程中材料的使用。正如日本零排放论坛主席铃木基之所强调的那样，在劳动生产率和资本生产率出现之后，现在是讲原材料生产力的时候了（Ecolo，2009）。

工业活动是自然资源的巨大消耗者，这些活动带来了巨大损失并且产生了众多固态或液体废物。意识到这些损失后，公司已经建立了相关限制和处理系统。遗憾的是，这些方法主要是在所有过程结束时或"管道末端"进行。还有其他损失很少被调研到，例如热量、水或蒸汽，这些损失可由其他公司回收处理，相关交易可能成为大多数公司的收入来源。

可以肯定的是，法国一些产业集群确实有进行产业生态化运营，如位于阿尔卑斯山脉的帕洛工业园。为了提倡这些行动，公共部门正在动员人们去创建一个法国产业生态虚拟集群和设立一个材料信息中心。

然而，政府仍然需要开展重要的宣传和信息工作，以鼓励各公司制定一种生态产业方法，去减少对环境的破环并节省资金。同样，商业园区的发展需要不断调整相关规章制度来为生态产业方法的实施提供有利的条件。

五、拉西奥塔的阿瑟莉亚

阿瑟莉亚是一个边远产业集群，由四个部门形成地理实体（见图3）。该区域占地80公顷，拥有280多家公司——80%为微型企业，20%为中小型企业，共计近6500个工作岗位。集群主要有信息通信、医疗设备、电子设备、建筑和机械设备等新技术产业。该集群由工业部发起，最初由共产党统治的拉西奥塔公社开发。目前，法人代表有私人也有团体。

图3 阿瑟莉亚视图

该集群的基本设施水平已经逐步提升，现有五家餐厅和一家酒店（最佳西方），但仍然没有商店提供基本服务。集群靠近是拉西奥塔市是一个优势，但如果不开车就很难到达服务区。

阿瑟莉亚分为以下四个部分：

阿瑟莉亚 I（占地6公顷，1987年建成）：该产业点有优质工业建筑物、办公室（用于服务、工程、研究和开发）和轻型生产活动（高科技）。作为工业园中有历史意义的一部分，其建筑以圆柱和精致的三角门梁为特征，这是希腊建筑物带来的灵感。

阿瑟莉亚 II（占地19公顷，1990年建成）：这个部门借用公社的工业区，把50个地块上的手工工厂和小工业聚集在一起。

阿瑟莉亚Ⅲ（占地9公顷，1988年建成）：该区域由20个中型工业区组成。

阿瑟莉亚Ⅳ（占地39公顷，1990年建成）：该地区土地面积大，有效促进了经济活动多样化，方便建设高大建筑物。

各公司在阿瑟莉亚集群的规模已经多元化。有些小单位是在阿瑟莉亚Ⅱ部分，处在马赛普罗旺斯商会提供的约10平方米的"接力"建筑物中。当然，也有许多大型公司，如"巨球环欧洲"占地9公顷，建筑面积为45000平方米；金雅拓研究中心是占地12000平方米的高质量建筑物，两所建筑物都属于国际集团。

鉴于行业多样性，现列出医疗和辅助医疗行业的代表公司：Inter Vascular、Euros、罗克洛、埃弗、生物技术公司、索普罗、诺威泰克、法国法兰西和法国霍斯派克斯，还有新技术和可再生能源公司（例如，单叶、海洋、创新卡、斯泰洛、雅克·佐丹诺行业）以及电子工程公司（例如，金雅拓、Principia、芭铎集团、SmarDTV智能电视、纽斯托）。

六、开设新的商业点：阿瑟莉亚Ⅳ

鉴于阿瑟莉亚各部分成功的营销活动，以及对商业地点的强烈需求，拉西奥塔市和马赛普罗旺斯大都会城市打算在最初称为"乌阿自然区"（不适合个体户建设）的土地上创立阿瑟莉亚Ⅳ来扩建集群场地。这个50公顷的新活动区的开发将保护自然林区的优质景观，建筑物的高度也依地形而定。为保护周边景观，阿瑟莉亚Ⅳ也不会大量占用土地。但由于南欧经济放缓，该项目在建设的早期阶段已被冻结。

阿瑟莉亚Ⅰ、Ⅲ和Ⅳ装备精良，有适当公共空间来安放且每日进行维护。阿瑟莉亚Ⅰ是唯一一个不同于普通建筑的集群部分，几乎所有的建筑看起来都像希腊神庙。这些建筑物建造宏伟，维护良好。但是阿瑟莉亚Ⅰ有几公顷的土地仍空无一人且尚未打理。这片都是绿地，显然是一种滥用的宝贵资产。另一个问题是该商业点靠近住宅区，正受到住宅扩张、重建压力和其他经济压力的侵蚀。在这种情况下，绿地建设可能会产生利益冲突。

七、自由联盟阿瑟莉亚创业园

拉西奥塔的阿瑟莉亚集群内的商业区都属于阿瑟莉亚创业园。该创业园于自愿基础上创立，以联合力量和建立共同的身份认同为目标，并承诺往后商业扩张和整合都进行共同行动。为实现其目标，该协会由15名自愿成员（"友好工作人员"）和由66名官员或雇员组成的5个委员会。

案例二　阿瑟莉亚——一座老城如何能在法国造船厂的毁灭后生存下来

该创业园强烈支持组织内部企业承担社会责任。不同专题委员会执行可持续发展战略，但他们追求的都是短期目标。五个委员会包括人力资源、运输、安全、废物处理和可再生能源委员会。目前，人力资源委员会正在制定一个利润共享制度来协调员工奖金。

据普罗旺斯报2011年4月的一篇文章报道（Bougan，2011）：

马修·劳德是一位快乐的领袖。他领导的联盟阿瑟莉亚创业园正开展丰富多彩的活动，不断有成员积极参与进来。截至2011年4月，阿瑟莉亚集群内149家公司已选择加入该联盟，2010年，共有141家公司加入，当时总共有283家公司入驻。令人振奋的是，环球公司的董事已持续在阿瑟莉亚创业园投资了三年。

最近在宜必思酒店举行的年会上，马修·劳德发表了他对联盟作用的看法："阿瑟莉亚创业园的行动应该关注可持续发展，我们集群当前和未来区域模式都必须走可持续发展路线"。

2010年，该联盟将其营销和公关活动扩展到48个以上，其中包括周二的开放午餐，设10桌特意招待会议嘉宾。主要活动仍然是Rencontres d'Athelia，获得又一次的圆满成功。"他们让专业的人力资源经理为普通公众求职者解决问题。"主席说，"事实上，我们2010年签署了两份合同，当然我们希望签更多，但是一些……在坚持可持续发展行动的这一周里，我们也在场，参与了收集木托盘行动，参观了分拣办公室，并与布朗佐和奇奥塔布斯进行了讨论，他们还提出了在免费班车上提供午饭的方案。"

该联盟在2010年取得重大进展的另一个因素是公司间托儿所项目的开展。招标后，巴比洛公司被选中要求创立可接纳30名孩童的托儿所。"我们期待社会当局的回应，"马修·劳德说。

关于安全性问题，蒂埃里·乔蒙特（树木电信）统计的数据显示：2010年盗窃案减少了40%，今年仅有17家公司受影响，相比于去年同期减少了8家。在道路安全方面，关于如何改善交通流和道路状况的想法是众说纷纭。因为城市间都是技能共享、紧密相关的，所以道路问题难以解决。

在运输方面，2010年，该联盟宣布启动一个项目去研发代替私家车的交通运输模式（推出一个"绿轮"拼车网站——"通过雅典娜"，该网站从2012年8月开始运营）。

关于废物的集中管理，该联盟呼吁企业共同参与。有23家公司参加——该区域一半员工都有参与！"但是要得到认证，我们需要做更多，"副总统文森特·阿曼丹（科维特拉）坚称。

在连任后，马修·劳德预约了2011年11月30日联盟成员与外部人员会谈这一行程，目的是通过对热姆诺、莱斯帕卢兹和拿破仑等邻近集群开放，将自由联盟阿瑟莉亚创业园升级到另一个层次。

该联盟的许多合作伙伴都出席了这次会议，包括代表拉西奥塔市政府的第一副市长盖·帕特兹拉夫。关于安全问题，他表示在三年内该市将安装80台监控器。目前，阿瑟莉亚就有两个。"可能没有其他可行方法，我们将会讨论这个方案，"市长代表说。

阿瑟莉亚每年都有一段时间对外开放，该集群每年10月在拉西奥塔举行年会，该地是阿瑟莉亚集群内公司与拉西奥塔公民的聚会场所，年会也成为了创建和维护双方关系的手段。

目前，阿瑟莉亚创业园的主要目标是联合拉西奥塔的公司走可持续发展道路，这些公司坚持实施废物集中的解决方案，而废物处理委员会的主要任务是鼓励更多的公司采用该方案。联盟中的180家公司中，约有20家已经是合作伙伴，该委员会计划将成员数量翻一倍。相比于现期实现35%的集中废物处理，委员会期望成功实现50%。它的最终目标是希望通过阿瑟莉亚所有公司参与并资助"阿瑟莉亚收废"方案的开展来免除生活垃圾税。除了以上方案，该委员会还发动了智能回收废物项目。

可再生能源委员会可持续发展的主要目标实现阿瑟莉亚的可再生能源生产。指南如下：

（1）在环境、吸引力和生活质量方面，利用好机会为阿瑟莉亚塑造与法律和金融相关的良好形象。

（2）在可持续发展方面采取有效行动。

（3）坚定自身立场来支持该地区有兴趣参与该计划的其他公司。

（4）与拉西奥塔市合作扩大可再生能源的生产，特别是阿瑟莉亚V中太阳能或风能的生产。

在可持续发展领域工作的第三个委员会运输委员的设立是为支持物流运输改善计划的实施。

每年7月，"阿瑟莉亚之夜"对于经理和员工来说都是令人兴奋的盛事。这也是一个宝贵的公关活动时期，因为在良好氛围下公司会宴请他们关系最好的客户和供应商。

八、运输问题

从马赛乘坐当地火车、从A50高速或559公路开车（得卡西斯路）可到拉西奥塔。火车很安静方便但缓慢，因为它会在每个村庄停留，而且时间表也是主要针对居住在拉西奥塔并在马赛工作的上班族。因此，在一天中的某些时点是难

案例二　阿瑟莉亚——一座老城如何能在法国造船厂的毁灭后生存下来

以赶到返程车的。

A50高速公路是法国每千米成本最昂贵的高速公路，高速交通流量与马赛的通勤劳动力相关。好消息是它在2011年底从2×2道扩展为2×3道。此外，收费站位于城镇的西北部，即阿瑟莉亚商业园的入口。除了高速公路，也可以从北部、东部和西部的狭窄道路抵达拉西奥塔。但由于四周十分陡峭，所以这些道路很危险（见图4）。在收费站出口处的第一个交通环形交叉路口的右侧是阿瑟莉亚Ⅰ；第二个出口可以抵达拉西奥塔市并继续穿过市区。穿过市中心的559号公路为阿瑟莉亚Ⅱ、Ⅲ和Ⅳ提供运输服务。559号公路横向穿过拉西奥塔市，将卡西斯与滨海圣西连接起来。从高速公路尽头的环形交叉路口，最后变成了一条城市街道，一直延伸到圣约翰区。这条路线连接沿海的小村庄，沿着巴黎到意大利的铁路横向延伸至北部。

图4　拉西奥塔和其他沿海村庄（卫星地图）

九、环境问题

阿瑟莉亚目前参与了两个项目：自然2000和地中海区。

1. 自然2000

自然2000是由欧盟直接管理的一个生态网络点，以保护生物多样性和自然遗产为目标。该网络点遍布欧洲各地，是为保护物种和自然栖息地的举措。拉西奥塔的两个主要问题是候鸟飞行和海滩环境，自然保护是没有边界的。欧盟的两项指令是最重要的指导方针，即"鸟类条约"（1979）和"栖息地条约"（1992）。

它们为欧洲生态网络设立了管理基础，自然 2000 也是根据这两个指令在指定领域建成的。

鸟类条约主要针对 181 个物种和亚种，为欧洲联盟内的野生鸟类物种提供了长期保护。有 3000 多个站点被归类为特殊保护区（SPA），拉西奥塔就是其中之一（见图 5）。栖息地指令为保护区建立了一个框架，用于衡量动物群、植物群及其栖息地的保护情况。该指令列出了 200 多种自然栖息地类型，以及需要保护的 200 种动物和 500 种植物物种。特殊守卫地（SACs）的成立是为保护栖息地和濒危物种，现已有 20000 个并占欧洲领土的 12%。

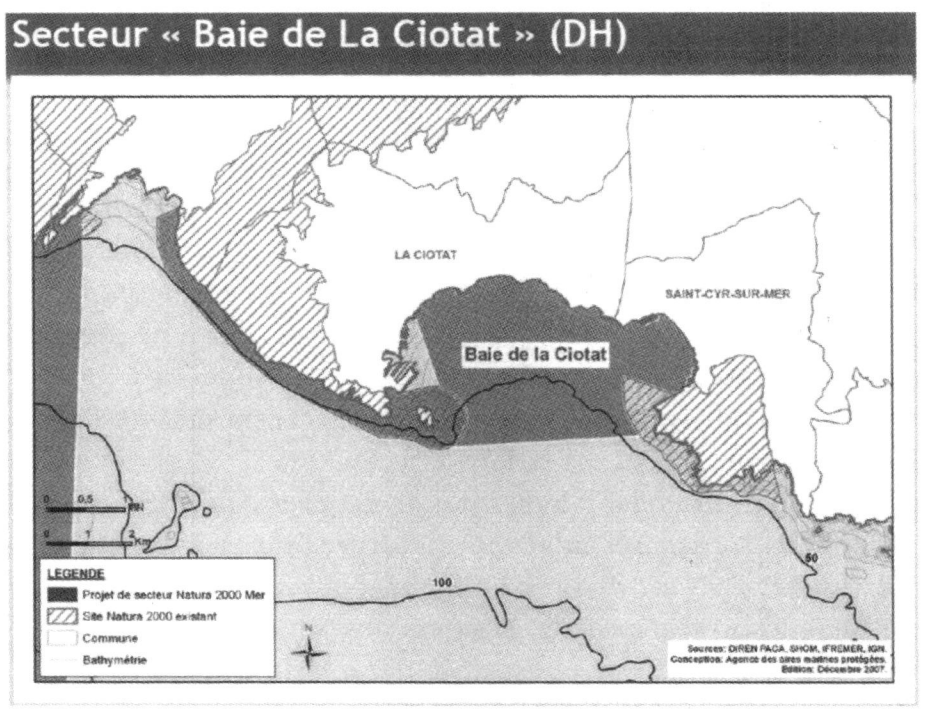

图 5　拉西奥塔的自然 2000 项目

拉西奥塔市政府于 2006 年在拒绝加入后于 2008 年决定参与自然 2000 项目。即使那些措施是根据生境和物种的面临的具体威胁而制定的，但它们并不会禁止人类活动，因为这些活动对环境和物种的维护并没有重要影响。该项目有助于维护生物多样性，并且同时考虑到经济、社会、文化和区域的可持续发展。事实上，这个项目既是机遇又是挑战。马修·劳德和阿瑟莉亚创业园凭借集群的良好形象和高盈利能力成为该项目主要行动者。

案例二　阿瑟莉亚——一座老城如何能在法国造船厂的毁灭后生存下来

2. 地中海区

"地中海投资"由地中海联盟财团执行，是一个旨在发展地中海周边可持续贸易关系、投资和企业合作关系的项目，欧盟在2008~2011年提供了75%的资金。地中海联盟由经济发展组织、商会和企业联合会组成。这些团体与他们的特殊合作伙伴以试点计划来进行动员，聚集了成千上万的经济参与者，试点主要研究地中海有前景的商机。"地中海投资"项目每年会举办数百个活动，将欧洲联盟的27个国家和9个地中海伙伴国家联系起来：阿尔及利亚、埃及、以色列、约旦、黎巴嫩、摩洛哥、巴勒斯坦领土、叙利亚和突尼斯。这些活动分为以下几类：人际关系活动（企业对企业活动、商业配对和会议）；援助活动（支助任务，短期或长期的工作人员交流）；培训活动（讲习班）；文案活动（指导书、经济情报报告）。该项目也涉及其他方面，如年轻女性企业家、侨民和微型企业的相关活动，特许经营和租赁、公私伙伴关系以及融资渠道的问题探讨。

在这个项目内，地中海各个合作伙伴间共享优秀实战经验促成了地中海区倡议的提出，其目的是为地中海产业集群带来持续有效的商业竞争优势和地区吸引力，该倡议在马赛普罗旺斯商会及其合作伙伴、摩洛哥法国商会和外商投资促进机构（FIPA）的监管下实行。因为有必要传播产业集群的可持续发展理念，地中海区的合作伙伴决定通过"地中海投资"项目去分享他们的经验和想法来促进可持续活动性领域的发展。

三个主要项目目标：

（1）查明产业集群和地中海可持续发展中出现的问题。

（2）分享实战经验来促进地中海合作。

（3）就集群可持续发展政策的实施条件进行参考咨询。

以上条目旨在让当地私人和公共部门认识到，"生态公园"作为主要资产在形象和吸引力方面赋予其区域特殊价值。地中海区倡议框架内实施了三项行动：一是发布了最佳行动指南；二是举行了一次研讨会，公司高层和企业策划人出席该研讨会，每个与会人员都从中了解了公司愿景；三是组织了一次关于可持续规划和管理的培训课程，为吸引技术人员以及考虑一种新型城市化战略。实际上，如果某些领域是"最好的"，就会有人对这些领域提供给企业的服务性质产生质疑。

地中海区选择阿瑟莉亚作为其区域开发人员的模范指南，这对阿瑟莉亚创业园发展非常有利。创业园参与了阿瑟莉亚V的开发，并使其成为可持续发展领域的一个展示平台。

由于人口增长的压力和大城市的吸引力，地中土地稀缺，需要密集的经济发展空间并抑制土地投机。为了打击这种投机，企业要使用长期租赁等解决方案来实施战略性土地管理策略。例如，布库拉工业园区提出17年租约，由承租人自行决定是否自动续租。

为了减少土地的"浪费"情况,许多家庭企业涌现。人们讨论了不同的行动方针:在私人土地上增加建筑面积,讲求建筑的战略性发展以及大型建筑物的垂直划分。这些方案可为建筑活动带来多达每公顷 250 个工作岗位。关于气候因素,地中海太阳光照少、水资源短缺,人们重新思考区域开发方式以及将这些因素整合到建筑物的设计或翻新中。在发展方面,地中海区发展需考虑水资源管理问题,要选好适应地区环境的植物和建筑物朝向。这些工作重点是要掌握道路和停车场的雨水径流、用水量、浇水系统和防火系统。气候因素可能会影响公司所需服务,如购买太阳能电池板或采用节水技术。在这方面,阿瑟莉亚创业园联盟推动了屋顶光伏板的销售。提供这些服务的群体似乎觉得很有必要进行技术创新来创造增值业务,那些希望搬迁的公司在选择方面也有这种期望。

十、经理人和企业家的观点

您和您的项目伙伴现已在有关产业集群知识的教科书和其他文献中做了足够的研究。您还多次访问了集群,并探讨了阿瑟莉亚创业园提供的手册,手册记载的是集群中不同利益方讨论的主要问题。了解后,您回到阿瑟莉亚去收集更多个人意见,您就此进行了四次采访①。

采访集群中最大产业厂商的工厂经理 A. B.:

我们公司规模相当大,阿瑟莉亚集群计划的实施是覆盖南欧市场的不错选择。公司经历了几次多数股权转让(法国、美国、瑞典),我有意在阿瑟莉亚内部进行股权转让的决心更为坚定。

可持续发展是主要问题。公司希望集群从三个方面动员力量:金融、社会和环境。显然,任一公司的主要目标都是增加利润。在这儿的管理者和企业家可不这样想,他们对自己所处以高科技和可持续发展的环境而闻名的集群而自豪。对于众多公司来说,阿瑟莉亚是非常好的集群点。首先,该集群的目标不是单纯的经济扩张,更多的是保障所有利益攸关方的权益,特别是员工福利。其次,靠近卡兰克斯国家公园和参与自然 2000 项目是吸引游客和招聘员工的优势。再次,集群到巴塞罗那和米兰的距离相等,这是非常有利的一点。另外,阿瑟莉亚志在成为创造技术与环境之间协同效应的典范。最后,合理价格的土地买卖绝对是该集群的一个优势。集群周围环境极佳,景色优美,而且拉西奥塔市吸引着越来越多的游客。集群内新幼儿园的成立和企业间寻求协同效益都可有效节约能源,特殊的垃圾回收

---

① 为方便读者阅读,只誊写最有创意的想法。2011 年夏天进行了面对面的采访,被访者的身份并没有公开。

案例二　阿瑟莉亚——一座老城如何能在法国造船厂的毁灭后生存下来

设施有望促进该区域列入 ISO 14001 管理体系标准中。我目前十分满意电池和电子废物的回收过程，该区域的工作氛围也备受嘉奖。集群通过企业间关系、各种商业事务、短会议、搭建以共同利益为中心的开放平台等活动来加强合作和协同效应。对于一个企业家来说，集群内许多与普罗旺斯相关的具体数据是十分有价值的。

交通运输也是一个问题。该区域有良好的公路系统，但游客从火车站和机场去集群的话路途较远。员工上班骑行不便，可能需要配一辆车。集群将搭建汽车共享平台纳入未来互动发展计划中，这一做法极好。拉西奥塔没有五星级酒店，但普通酒店还可以，顶级标准酒店是多尔斯·弗雷盖特普罗旺斯高尔夫度假村，距离阿瑟莉亚集群最近，仅 15 千米，非常适合 VIP 客户。

各公司开展更多合作是大势所趋，作为集群中最大的公司，我们致力于此行动中。为了提高阿瑟莉亚集群内部员工的忠诚度和积极性，我想我们需要讨论一下利益共享机制。

我的确认为这里的工作、生活和集群经营状况都非常好。我们的员工和业务合作伙伴都对此感到满意，这也符合我们的战略要求。

采访跨国集团研究与培训中心总经理：

我们在阿瑟莉亚集群中发展主要由于其税收优惠政策和低廉的土地价格。我们最近又额外购买了几平方米，相对价格和质量都在可接受范围内，这是集群的最大优势。但我们不能预测未来，因为法国对产业集群和工业风险的监管并不能有所保障。

集群发展的方式真的不太理想。它看起来像一个千层蛋糕，缺乏连贯性。地貌方面就是劣势。有些道路坡度为 18%，卡车难以通行，自然和技术风险相当高。道路状况也非常糟糕，因为车流量太多了，运输安全是一个大问题。

由于我们在阿瑟莉亚集群开展的活动具有特殊性，我们与其他公司没有产生真正的协同效应。我们也并没真正融入该区域网络体系，与他人合作仍有困难。我们目前在阿瑟莉亚的目标是限制货流量。我们将利用我们的设施进行研究、开发、培训和在线销售。另外，我们集群是欢迎来自世界各地的客户和受训人员的好地方，即使有些人更愿意去巴黎市中心（我们有一个类似的中心）。我们的商业人员大部分时间都在外地，他们在客户所在地组织活动，他们更喜欢在阿瑟莉亚集团参加会议和参与项目开发。在阿瑟莉亚集团，我们打造了一个陈列室，里面服务器和远程连接的设备质量非常好。

我们对自然 2000 项目很满意。它有助于提高集群环境质量，实际上，可持续性发展和环境保护似乎是联合当地企业的合适领域。由于我们无法寻求协同效应来巩固我们在阿瑟莉亚的市场地位，构筑价值链非常重要，毕竟许多问题都难以单独解决。节能、废物回收和高效运输是集群共享的增值服务。关于其他服务

(清洁、园艺、安全、食品和住宿），报价也令人满意。然而，集群没有知识服务（法律和审计），也没有会议中心。

阿瑟莉亚应该制订更有效的沟通计划。集群内部做了很多有趣的事情，但我看不出管理规范（红线）是什么。集群可能会从多个维度来建立工作关系。

阿瑟莉亚创业园是一个充满活力的联盟，它一直在努力促进集群的发展。

采访年轻企业家兼化妆品行业创业公司老板：

当然，我们选择加入阿瑟莉亚集群是希望以普罗旺斯资产为基础来树立公司形象，销售由当地植物和蔬菜制成的浓缩香水。我们公司窗口景象甚至都可以成为一种营销手段。我正寻找强大的区位效应。我很高兴阿瑟莉亚集群不在拉西奥塔市中心，而是在腹地。除了造船厂拉动经济之外，海岸城市很难在其他方面发展，这源于特定的历史原因。在阿瑟莉亚集群，我可以在公园里深切感受到公司发展是基于什么在发展。

当我思考未来时，我想到了我们开发的高科技产品、市场地位和寻求高品质形象之间的联系。我真的很想阿瑟莉亚集群支持我在这些方面努力实现增值。

同样，阿瑟莉亚似乎找到了融入可持续发展模式的适当维度——这是环境保护过程中的必不可少的目标。我们对质量的要求与集群走可持续发展路线的目标一致，这给集群内公司和未来投资者带来积极正面的形象。

采访机器人行业中型成熟公司的首席执行官：

公司选址我不太了解，因为我在 2009 年才进入公司。如果要我确定总部和主要工业区的位置，我不得不寻找一个有相关行业潜力和合格劳动力的点。我愿意选有同行和充满竞争力的地方，因为这是降低成本的关键因素。关于合格的劳动力，我们的业务发展需要人力资本，更重要的是稳定的人力资本。因此，发展所需的条件和特定地点可提供的优势很重要。在业务关系方面，我们需要互补产业网络体系，以提高我们战略定位的可视性。我比较担心阿瑟莉亚的位置，我们公司已经发展壮大并达到了自治的关键规模。它的形象现在相当独特。如果没有充分理由留下，我们可以离开集群。与任何网络体系一样，集群成员可以自由进出，我们没有特殊的职业原因或情感理由留在阿瑟莉亚。在我们活动进行国际重组之前，我认为这个集群点仅仅是临时点。留下来的理由可能是购买可延期的廉价土地，或者建立密切的合作伙伴关系，以及加强部门垂直管理。

我们必须立即解决一些实际问题，相互交换人员至关重要。这适用于所有竞争对手、相关公司和独立实体，我们都可从中获益。监管良好的土地须以低廉价格提供我们所需的额外平方米土地。我认为阿瑟莉亚集群显然不是工业化结果，而是政治决策结果。阿瑟莉亚并不支持孵化器创新，并没有与大学合作发展知识和开展研究。政治当局必须致力于加强公司、人口、大学和其他研究中心之间的

案例二　阿瑟莉亚——一座老城如何能在法国造船厂的毁灭后生存下来

关系，并且这一过程须与创新型中小企业一起发展。遗憾的是，阿瑟莉亚不像最近的群集（阿尔博伊斯，艾克斯普罗旺斯）一样位于从西班牙到意大利的地中海高科技之路。集群通过免税政策吸引企业的策略效果也有限，当公司更注重企业战略或出现限制因素，集群就无法吸引成熟的公司。

对阿瑟莉亚来说，现在的问题是要防止经济下滑，不过营业用房肯定强于空楼。

十一、要求

你和你的合作伙伴现在正在写将要提交给商学院项目主管的报告。为了讨论目前情形并向集群伙伴提出一些建议，你决定进行合理分析，最后提出以下问题：

1. 从历史、位置和地形因素来看，公司定点于阿瑟莉亚的优势和劣势是什么？

2a. 很明显，公司的经理们抱怨交通问题，这是一个待解决的重要问题吗？它对集群的未来有什么影响？你有什么建议？

2b. 集群向公司提供哪些关键服务才能留住它们？

3a. 阿瑟莉亚创业园的活动是否发展了网络化系统、公司间的合作伙伴关系？他们还担心公司失去公司独立性或想法被窃取吗？

3b. 阿瑟莉亚集群是否促进了与外包现象有关的网络经济组织的发展，以及商业承包商、分包商和供应商之间的联系？

4a. 集体管理是一种旨在改善经营条件、工作条件和优化成本的新方法，集群内公司在这方面做了些什么呢？

4b. 为何集体产业生态建设化成为流行的营销手段？

4c. 你对将阿瑟莉亚V搭建成为可持续发展领域的展示平台有什么建议吗？

5a. 公司是否希望通过将阿瑟莉亚打造为"高效益点"，即通过实现市场地位和质量形象之间的适当平衡来获得良好形象？

5b. 集群的观念模式如何影响公司的营销和推广策略？

参考文献

[1] Bougan, Philippe (2011). "Athelia Entreprendre Veut Devenir Une Référence." La Provence, April 26.

[2] Ecolo (2009). "Programme Economie Verte." http：//web4.ecolo.be/?Priorite-no1-entreprendre-la/.

案例三　拉近两个家具集群之间的距离——拉姆胡特的莫贝利克和蒂布罗内部计划*

2009年9月的一个下午，来自瑞典南部斯摩兰郡的小镇拉姆胡特的集群经理约翰·谢伯格和安德斯·威斯特做完项目陈述后不得不空手而归。蒂尔瓦克斯（瑞典经济和地区发展机构）的代表告诉他们，他们看到了莫贝利克（"家具王国"）有可能成为全球知名家具集群的潜力。然而，只有集群计划扩展到其他集群，并在瑞典南部合作，蒂尔瓦克斯才会考虑给予长期财政支持。在返程路上，两位企业家莫贝利克的"国王"和"总理"讨论了潜在的新合作计划，主要是蒂布罗的内部集群创导计划。其实还有些合作机会，因为两个集群间距离200千米①并不远；但是，蒂布罗和拉姆胡特自集群开创以来就是竞争对手。两人也在思考，如何解决集群高效化运作这个大难题？如何将集群建设方法同传统方式结合？是否还应考虑其他集群，如格拉斯基特（"水晶王国"）？莫贝利克能扩张到什么程度，多快可以实现呢？在他们弄清楚这些问题并开始集群间合作之前，大约会有100万瑞典克朗的财政资金被搁置。

一、莫贝利克

托马斯·弗里德曼（2005）关于世界变得平坦的假设受到城市和地区增长的挑战。"就纯粹的经济马力和尖端创新而言，全球经济中重视这两个因素的区域少之又少"，佛罗里达（2005）说。据他介绍，尽管因技术而发展的国际市场在慢慢扩大，各国可共享资源，但世界是"尖锐的"，因为那些吸引了大量顶尖创

---

* 瑞典于默奥大学商业和经济学院的苏珊娜·文斯和将哈坎波特开发了此案例，仅用于教育目的。本案例旨在阐明产业集群形成和管理中的一些概念和理论。

① 20瑞典英里＝200千米。

意人才的地方才有创新、经济增长和繁荣。欧洲集群观测站①观测了瑞典南部（见图1）与意大利北部的集群高峰。许多人研究莫贝利克并将其定义为集群创导驱动下的现有集群，他们已经看到了这个强大集群的潜力，若再与瑞典南部其他集群合作的话，甚至还可以成为世界级的集群。

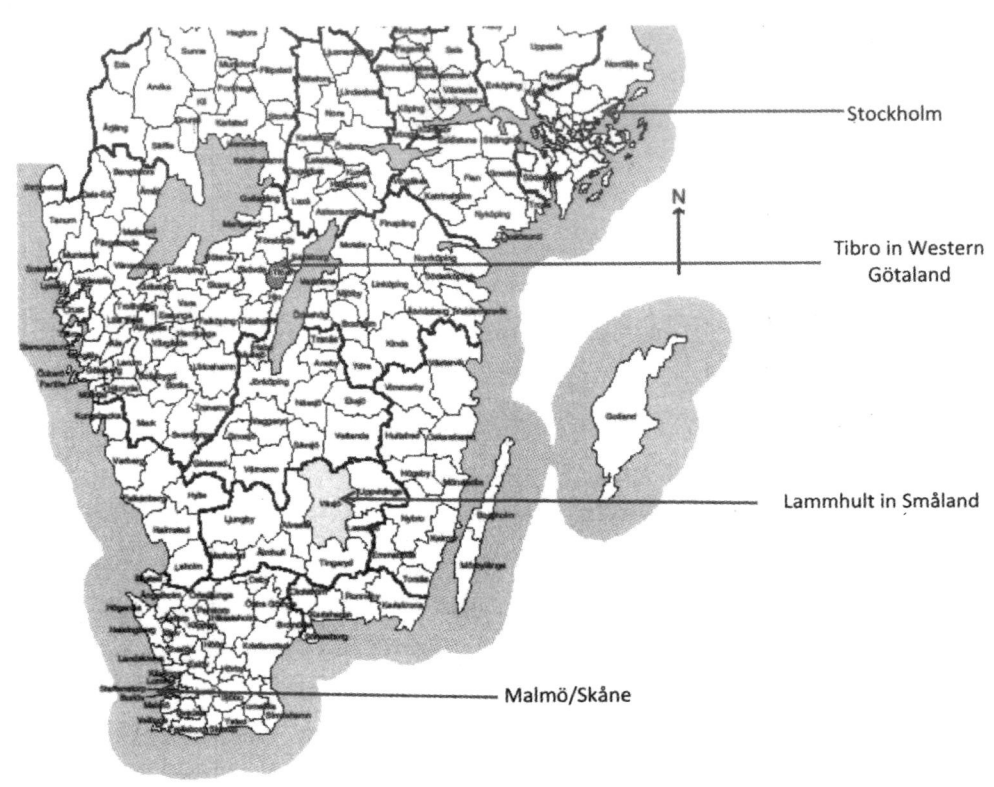

图1　瑞典南部地图

资料来源：http：//www.scb.se/Grupp/klassrummet/_Dokument/kommuner_text.pdf.

拉姆胡特的家具工厂建立于20世纪初。现在繁荣发展的零售商斯文森实际上已在1891年开办了一家小工厂，其第一家木匠作坊也于1919年开业。到了20世纪50年代，拉姆胡特约有10家工厂，每家工厂雇员超过50人。此外，像斯文森这样的零售商也巩固了他们在该镇的地位。

设计产业在20世纪60年代更是蓬勃发展。那段时期经济增长显著，公共建筑和住房建设领域也得到发展，随后人们对室内设计服务的需求也大幅增长。就

---

① 参见 Solvell 等（2003）。

案例三 拉近两个家具集群之间的距离——拉姆胡特的莫贝利克和蒂布罗内部计划

安德斯所述：

这样说在 20 世纪 60 年代，你负责建立所有公众大厅，你雇用了室内建筑师，他们也为内部建筑付花了很多心血，还设计了新项目，就像这个特定公共大厅陈列的新产品。你还要求建筑师还进行桌子和灯光设计，随后你对设计师说，"你们这个产品设计做得很好，我们可以批量生产这种产品吗？"产品开发的成本已经支付，设计师在新产品的销售中获得 3%～5% 的版税……这些产品在现今街头到处可见，却没了施工的公共大厅，所以我们在产品开发和支付设计师薪资方面存在问题。

创建莫贝利克的想法始于拉姆胡特的三个零售商（以约翰·斯霍伯格为代表）合作的一个营销活动。在活动结束不久后，他们意识到他们的家具产业与已经成功的斯摩兰东部"水晶王国"有相似之处。水晶王国是一个生产 15 类玻璃制品，每年约有 100 万游客的集群。它实施了一种独特的设计管理策略，即强调同一产品设计中艺术家、设计师和制作人之间的互动。在那里，著名的水晶/玻璃艺术家和工匠一起工作，相互传递知识和情感，创造出可爱的杰作，从而使该地区的玻璃制品闻名于世。三位零售商可以在斯摩兰家具产业发展类似的模式，他们同样也意识到，设计师和生产者之间的互动对企业发展也至关重要。

莫贝利克的集群创导这一新转变是通过完成各种项目逐步落实的，约翰·斯霍伯格接受了挑战，成为新集群创导中的标杆和引擎。

二、约翰·斯霍伯格和威斯特·安德斯，集群创导的推动者

约翰是一名企业家，他一辈子都在斯摩兰生活和工作，他家族三代都是企业家。正如约翰所说，他从小就立志成为企业家。他还是一名小学生时，上午 9 点上学之前就待在家里的工厂，放学后也会回到那里工作。在假期期间，他与父亲和叔叔一起参观过为教堂装长椅的工厂。他们的家族企业非常成功，他父亲在 1959 年萨克拉门托州博览会上就为因他设计的工作台而获得一枚金牌。

约翰不记得莫贝利克具体是什么时候开始创建的。他只是有一天看到，约是 20 世纪 90 年代中期之前，当地杂志上写到拉姆胡特的"家具王国"可与斯摩兰东部的"水晶王国"相媲美。当时，约翰是零售公司斯文森的所有者/经理，他抓住了一个从拉姆胡特销售产品给瑞典家具设计零售商的机会。他指出，格拉斯基特集群计划花了 20 年才成名，因此他估算了一下，是时候开始打造一个著名的家具集群了。事实上，莫贝利克这一名字一开始仅是为了扩大销售的商品名称。他们相信，可以齐心协力做好宣传，让拉姆胡特成为购买优质家具的最佳选择。自那时以来，约翰他们付出了很多心血去促进集群发展。如今，不仅仅是零

售商，家具制造商、分包商、设计师和教育机构都积极参与集群创导（见图2）。约翰的愿景是希望凭借高品质的瑞典家具设计产品来创建一个闻名于全世界的集群，他们已启动和实施有一些成功的项目。最近，约翰被授予瑞典南部"年度成功企业家奖"，并因其对瑞典商业发展的贡献于2011年2月获得由瑞典国王颁发的"Litteris et Artibus"奖章。

图2 莫贝利克中一些集群成员

约翰的愿景好比星星之火，极大促进了集群发展。在"内心之光"的指引下，他一直探寻新事物和有趣事件。他意识到将拉姆胡特这个名字推广到各个行业的好处，"这是一个极佳的名字：拉姆胡特。此地以优质产品而闻名，大家一看到是拉姆胡特产的，就会争相购买……拉姆胡特这个名字真是太好了，食品行业等也可从其名获利。"

案例三 拉近两个家具集群之间的距离——拉姆胡特的莫贝利克和蒂布罗内部计划

像拉姆胡特莫埃贝尔 AB 这样的家具公司认为，他们的确可以因地处拉姆胡特而受益，但这也可能有风险，风险与拉姆胡特的社会背景有关。该公司面临的挑战是营造公司内部诚信氛围，同时改善当地条件，让公众和各行业都意识到自身处于全局环境中。

约翰相信设计的影响力。据他说，设计是一种获得更好的业务成果和经济效益的方式。设计如果单纯讲艺术美，那便不完美了。人们必须将设计与许多事物联系起来，例如经济、生态、质量和价格等。因此，他说服拉姆胡特周边的公司去设计新家具，并联系外面的设计师。"水晶王国"提出的"设计管理"新概念引起了多方关注。此时，莫贝利克的另一位领导人安德斯·威斯特参与进来。安德斯说：

我们曾经开玩笑说约翰是国王，而我是家具王国的总理，我们也是分工合作。约翰侧重于目的地开发，他喜欢将客户视为游客并且与零售商合作——这可是他的宝贝经验。自从我加入以来，我一直专注于行业战略问题。我们与设计师合作形成一个团队，在制作方面又有另一个团队。

安德斯于 2003 年加入，当时约翰与其他两位经理开始考虑将零售商的协作营销拓展为更加整合的集群发展计划，三人认为需要一个正式的平台。约翰当时是斯文森的所有者，这可以创造集群发展机会，但同时有其局限性。他们之所以认识安德斯，是因为当时他为纳西埃的商业开发商川森特（木材行业研究和教育基金会）工作。他那时候希望扩大工资范围，所以开始做副业。加入约翰的团体后，安德斯的任务是让集群理念更具结构化，他认为同一行业内各公司应加强合作以及开发一些尚未采取行动的项目。起初，安德斯参与了集群创导框架的开发。最后，他离开了之前的工作岗位，开始全心全意为莫贝利克工作。

安德斯说，"总体上，集群内没有许多有前景的积极力量和开发项目。我们试图发掘其他组织没有关注的领域，简单来说，我们在做其他组织没有做过的事情，例如进口。我们试图招揽更多力量。"

安德斯对家具行业的实际运作过程感到好奇。过了一段时间，他意识到期货市场的生产者可以推动行业发展。人们可以去斯德哥尔摩参加家具展来了解该行业是如何运营的。其过程至少经历两处：一个叫 A，期货市场所在地；另一个是 C，是住宅市场的所在地。正如安德斯所说：

我们行业最重要的一步是签合同，主要有设计师和客户参与，所有产品发明都源于这一步。设计师们会提出先进、大胆和具有前瞻性的新点子，所以产品设计会更加前卫、更具特色。在 C 处，你会看到你两年前在 A 看到的东西。例如，国内市场中的旧橡木家具零售商正在购买旧橡木家具，但这是五年前 A 处的产品。这样做也有道理，你可以借鉴他人的成功因素，在一年中生产出同样的成品，而 A 处的商家目的是使产品设计国际化并创造世界知名品牌。

与 20 世纪 60 年代美好情景形成鲜明对比的是，公共大厅建设的项目日益减少，这给产品开发和设计师就业带来了问题。现在"提供"给设计师的工作就是纯粹让他们想象。他们可以向生产者提供想法，后者可能深表赞赏，基于这个想法来进行生产，但如果设计师要使制造商听取其新想法，他/她就需要进行原型设计并提供产品样本。随后，制造商同意后产品若在市场上出售，他们会从设计师那收取佣金来进行促销。然而，从发明到市场商业化的可能需要三年。约翰和安德斯了解这种情况，莫贝利克试图帮助那些年轻的设计师。正如安德斯所说："设计师对我们来说非常重要，我们现在已努力帮助他们多年。我们也与 VINNOVA（瑞典创新局）和蒂尔瓦克斯一起合作，莫贝利克随后列入了标准化集群组织，并以这种方式成为一个官方认可的集群。"

三、莫贝利克的项目

莫贝利克的重心落在与设计相关的问题上。集群发动的绿色设计项目（2008~2009 年，最初由蒂尔瓦克斯资助）主要为具有环保意识的设计系学生和设计公司创造更具吸引力的职业平台。集群坚信时尚且具有环保意识的设计师可以引领更多年轻公司/学生走可持续设计之路，莫贝利克充当了指导者并成为支柱力量，促成了周边市政、企业和大学的新伙伴关系，也为它们提供了商业机会。总而言之，该项目涉及 33 家设计公司，他们共同合作了一年半。他们一起访问了纽约、波兰和奥斯陆，并组织了许多关于不同主题的研讨会。其他一些赞助商也加入进来，项目最终预算总额在 100 万~200 万瑞典克朗。该项目当前的目标是帮助年轻人创建设计公司，为他们提供工具和指导意见，积极传播环保设计理念。从那时起，该项目又延了几年，因为组织者们又发起了各种不同活动。后来，他们树立了更远大的目标，即加强该地区环境利益相关者之间的合作，开拓可持续设计市场以及拓展新的新商业机会。

集群正在进行的一些重点项目有设计师周六、家具议会和设计竞赛。每年春季的一个星期六，大众都会受邀去参观家具王国中的公司，以及该地区的室内装饰公司。设计师周六（主要内容有讲座、旅途往返、展览和实验室参观）的目的是吸引人们去了解家具、房屋和照明等设计及其重要性。项目负责人希望每年的周六设计师日都能有 5000 名访客。欧洲其他国家也组织了类似的活动，如瑞士和挪威。在瑞士的朗根塔尔，莫贝利克每年九月都会参与一个大型的贸易展览会，这使一个 2 万居民的城市吸引了超过 15000 名游客。家具议会同样也重要，莫贝利克每年都会在拉姆胡特举行一次研讨会，有 150~400 名参与者，他们主

案例三 拉近两个家具集群之间的距离——拉姆胡特的莫贝利克和蒂布罗内部计划

要来自拉姆胡特的公司和附近的韦纳穆市，有承包商、市政代表以及蒂尔瓦克斯、VINNOVA（瑞典创新局）和 Banverket（瑞典铁路局）的代表。专题讨论会和讲座的三大主题是设计管理、国际化（出口和进口）以及基础设施建设。此外，约翰与拉姆胡特政府合作组织了设计竞赛（莫贝利克集群成员有参赛见图2），这是一个从 18 世纪延续到现今的瑞典家具设计展。以上这些项目都是相互关联的，其中某些项目比其他项目的地方关注度更强。例如，斯摩兰珍品是斯摩兰目各旅游点间的一个合作项目，覆盖当地和附近区域。地方项目有拉姆胡特建筑设计以及公寓和学校的设计。然而，创建一个地方项目必须从更广泛、甚至是国际化的视角来看待。

斯德哥尔摩家具展是北欧设计展的主要舞台，展览的物品不仅有家具，还有纺织品、办公器具和室和室内设计图。该展会是莫贝利克参与的核心展览会，有近 5 万名发展国际业务的参展者，还有来自各行业的，如家具零售业，设计学院和媒体。同样，米兰家具展每年都会在米兰举办，这个展会始于 20 世纪 60 年代。其最初是促进意大利家具公司出口的手段，但现今它已成为全球家具行业最为期待且最具声望的活动。此外，莫贝利克作为家具行业的代表还参与了瑞美商会的"创业日"活动，有效推动了瑞典和美国之间的业务发展。2008 年 8 月，美国的一个大型代表团访问了瑞典，莫贝利克向他们引荐了一些对家具设计感兴趣的人才。随后，瑞典和美国公司立即安排了商务会议。会议中，莫贝利克提出了为年轻设计师设立奖学金这一方案，期望支持海外设计师的发展。会议后，安德斯和一些设计师一起受邀去北卡罗来纳州。总而言之，通过专注于国际大背景，该集群试图吸引利益相关者来进行投资，以创造一个更大的社会工作平台。正如安德斯所说，"小举动也能创造伟绩。"

四、蒂布罗内部计划

第二次世界大战后，瑞典家具业的另一个集群区开始在蒂布罗镇（哥达兰岛西部）扩张。它主要面向瑞典住宅市场（人民家园），最终成为一个著名的家具生产中心。在 20 世纪 60 年代和 70 年代的鼎盛时期，瑞典中部这个小镇上有近 100 家具制造商。然而，随着这个行业商家的日益增多，包括宜家在内的全国零售连锁店的日益强大，20 世纪 80 年代制造商之间的竞争日益激烈。正如一位经理所说，"在 20~30 年前，两家公司竞争激烈，而且如果邻近的制造商变得更加富有，两公司间便会产生仇恨。"

2005 年，蒂布罗政府制定了"展望蒂布罗 2017"的未来愿景。从那时起，这项工作的重点是发展商业界和市政活动之间的密切合作。出发点是为解决蒂布罗长期存在的问题,以及探讨为实现目标而投资哪些重要领域。各个年龄段的市政、商业和志愿部门代表以及感兴趣的社区居民都参与了这一过程。他们与研究/咨询公司一起分析行业的未来变化和社会的新趋势,并将其与蒂布罗的独特资产联系起来。当时,蒂布罗集群约有约70名工匠,40家家具制造商和室内设计公司(见图3),最大的全国家具零售连锁店的总部还分布在附近,如迈欧和金纳普斯。斯堪的纳维亚最大的家具经销商和物流中心蒂布罗LBC坐落在附近也是有益的一点。以前,这些公司都有自己的卡车,经常载一半货物就在斯堪的纳维亚半岛转。总而言之,北欧国家的任何地方都没有像这里一样家具公司都聚集于一地。木材、家具和设计是该地区的传统工业,所以该地制造商有相对较多的处理不同家具材料的经验,这就是为什么蒂布罗可以成为一个自然中心——家具创造者的相遇地。到2000年初,市政当局意识到企业间联系的重要性,与此同时,众多公司也开始互帮互助,即使是竞争对手也可以在一天内致电并借用彼此的员工。每个公司的员工操作都很熟练,因此他们可以为任何公司工作,这取决于哪个公司在一年中的哪个季节迎来生产高峰。集群内部联系密切和公司数量多的另一个好处是:如果生产需要,公司可以在24小时内获得任意批量的原材料。相比之下,位于其他偏远地区的公司必须得订满一车材料才可满足配送。

据蒂布罗内部计划的项目经理玛琳·伦德伯格说:

1997年,有一家开发公司IUC蒂布罗加入集群,它是瑞典17家连锁公司中的一家,公司主要处理网络问题。2006年,他们聘用了一位新CEO,他开始拓展蒂布罗领域,并决定投资集群开发,而且那时合作时机已经成熟。自2007年以来,我们共同在集群开发方面开展了战略性的工作,随后蒂布罗内部计划启动了,我们开始专注于室内装饰和室内产品。产品由同一团队的不同厂商制造。

2007年春发起的蒂布罗内部集群倡议的支持者主要是蒂布罗镇和瑞典西部工业发展中心的生产商。国际数据公司西瑞典公司是蒂布罗的一所强大公司,它有100多家分公司,年销售额约为100亿瑞典克朗,员工人数超过10000人。国际数据公司的目标对象有中小企业,也有大企业,有助于加强当企业和各类大学间的知识共享。国际数据公司还为不同行业的创新系统和集群发展做出了贡献。自"展望蒂布罗2017"项目实施以来,蒂布罗政府同国际数据公司和集群内其他公司一起组织并鼓励民众参与各种项目,如蒂布罗内部计划的营销宣传、能力培养、"建筑师日",以及去探索新市场和考察贸易展览会。该集群正在努力创建一个平台,让蒂布罗成为家具行业人员的会面点。例如,邀请来自瑞典、挪威和丹麦的100多位设计师和建筑师在蒂布罗进行会谈。

据蒂布罗福米达贝尔公司的项目经理安德烈亚斯·拉普所述,"加入集群对我来说是一个非常棒的主意……我们不想放弃更多的工作,所以我们选择加入庞

案例三 拉近两个家具集群之间的距离——拉姆胡特的莫贝利克和蒂布罗内部计划

 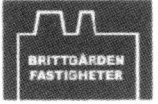 

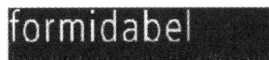  

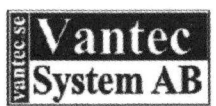

图 3　蒂布罗中一些集群成员

大的网络组织。现在有一个影响蒂布罗新增工作岗位、企业间建立联系以及共同合作的问题。我完全相信此问题的解决可让人们找准定位,这将有助于所有集群成员创造更多的就业机会。"

五、现状概述

莫贝利克和蒂布罗集群之间存在明显差异。蒂布罗的制造公司主要集中在住宅市场,其集中度很高(实际上在内围)。事实上,这些公司之间激烈的竞争阻碍和拖延了它们之间建立信任关系的过程。正如玛琳伦德伯格所说,"在蒂布罗,我们之前并没有制订战略营销计划，我们才开始这样做。蒂布罗没有任何营销经验，许多公司从一代传到下一代，但我们地区涌现出一些新的企业家，这将积极推动地区的发展。"

莫贝利克集群内的公司并非都位于一个城市，而是散落在 50~100 千米范围内的各个城镇，如拉姆胡特、韦纳穆和赛夫舍是这些地方中最著名的。这些公司似乎更容易建立信任和合作关系，因为它们不仅仅针对市场的一个环节来进行生产。相反，一些公司专注于合约市场，其他公司要么专注于住宅市场的，要么专注于两者间的分包商。蒂布罗集群内公司非常注重生产并具有强大的生产能力，而莫贝利克则更多为设计密集型公司。

尽管两者存在差异，实践指明集群创导都需要足够人数，而且瑞典家具业面临的最大挑战并不是国内竞争，而是这两个瑞典集群在斯堪的纳维亚以外的地区知名度过低，约翰和安德斯都同意这一点。正如安德斯所说，"蒂布罗集群工作结构更为完善，我们则更具创业精神，所以我们需要互补。"

在 2009 年与约翰和安德斯的会面中，蒂尔瓦克斯代表有提到，蒂布罗集群内部希望两个集群可以缔造桥梁来进行更紧密的合作，但这两个集群间还没有达成共识。如何才能找到互补而非竞争的正确方式？能否让蒂布罗集群内公司参与到莫贝利克成功进展的项目中？约翰和安德斯对这些新的挑战感到兴奋，因为这会带来新的潜力。但是，蒂尔瓦克斯须将项目合作可能出现的暂时性负面结果传达给莫贝利克的其他利益相关者。与合作伙伴讨论不乐观现状时，提前考虑一些解决方案并不是一个坏主意。可以将哪种集群协作可能性考虑在内？你能否帮助约翰和安德斯思考其他出路，使他们自信昂扬地在新发展之路上迈出最好的一步？

参考文献

[1] Florida, Richard (2005). "The World Is Spiky." The Atlantic Monthly, 296 (3), 48-51.

[2] Friedman, Thomas L. (2005). The World Is Flat: A Brief History of the Twenty-First Century. London: Allen Lane.

[3] Sdlvell, Orjan, Géran Lindqvist, and Christian Ketels (2003). The Cluster Initiative Greenbook. Stockholm: Ivory Tower AB/ European Cluster Observatory.

案例四　基于社会环境价值观的集群发展——走可持续发展道路来销售纺织品的困境*

21世纪中叶在于默奥商业和经济学院（瑞典）学习期间，乔纳斯·福斯伯格和安德斯·桑德兰屡次谈到要创办自己的事业。他们认为"独立"的自由极具吸引力，不断评估在实际商业模式研究中学到的理论和模型。这些学到的东西会有起何作用？该怎样白手起家？

在进入大学阶段的商业学习之前，乔纳斯在高中就已经通过"青年企业"这个组织开始接手商业项目。这一经历给了他启发，也使他与于默奥商界建立了联系。在商学院学习期间，他不再满足于纯粹进行理论学习，他开始用热情和赤诚之心来弥补经验不足，开展了许多小业务，从赞助营销到资助体育馆，在学生笔记本上做广告，制作和销售一款于默奥市的垄断式棋盘游戏，以及帮当地企业进行市场调查。虽然这些业务很有趣，也为他提供了许多宝贵的经验，但他对长期持续这种生活方式的前景感到不安，他希望将其努力投入到更实质与持久的东西上。

安德斯一直很享受独立。在高中毕业之前，他就搬出父母家，毕业后他走遍了世界各地。高中期间两年参与青年企业项目的积极影响促使他决定在瑞典申请商业学位。安德斯的父母经营着一家专门从事高端皮革产品生产的公司，创办公司的想法并不是什么新鲜事，对他来说也并不是那么可怕。他的父母公司在孟加拉国的一个集群中进行生产制造，然后在瑞典进行产品装配，多年来这种模式经营良好。父母取得了成功，但安德斯想自己创业，坦率来说他并不完全相信皮革产品在未来一直销售良好，尽管加入集群的想法本身就具有吸引力。事实上，他的许多同行在他们毕业时都在考虑银行和审计这些职业，相比于这些，创办公司

---

* 于默奥大学（瑞典）于默奥商业和经济学院的约翰·扬森（博士）和马蒂亚斯·雅各布森（博士）与RedQ所有者和创始人乔纳斯·福斯伯格以及安德斯桑德兰密切合作开发了此案例。案例源于真实事件，公司RedQ正在全面运营和发展。有关redQ的更多信息，请访问http://redq.se/（仅用于瑞典）。

是一个非常可行的选择。此外，他与乔纳斯就不同的商业想法进行了多次讨论，两人从中收获颇丰。当他们应该在商学院写论文或考试时，他们会坐下来讨论商业想法很久。尽管这些讨论很有趣，两人有时也会沮丧，安德斯觉得这些研究探索占用了太多时间，事情只要有趣且承担得起，他都想尽快开始。然而，在他的内心深处，他也认为人应该有始有终（获得商业学位），所以他在挪威奥斯陆的挪威商学院学习了一个学期。后面他在斯德哥尔摩创始人联盟实习了6个月，该组织仅向成功企业的创始人授予会员资格，这一经历最终塑造了他的企业家精神。在联盟实习期间，安德斯每天都会见新成员，他想成为像对面桌大佬一样的人物。他不满足于倾听已经成功的企业家的故事，相反，他想成为其中之一。安德斯比以往任何时候都更加坚定地回到了于默奥，并与乔纳斯重聚。一切已准备就绪。

一、第一个经营理念：低价买入，高价卖出

一次机缘巧合激发了乔纳斯和安德斯想象力。在前往晚宴的路上，乔纳斯驶进一个加油站，为派对的女主人寻找合适的礼物。时值晚春，他惊奇地发现礼物架上摆满了圣诞天使，还有一只古怪的沙球。他被迫选了一盒巧克力就赶紧离开了。但是第二天，当他和安德斯讨论潜在的商机时，他突然想到了那个不起眼的礼品架。结合以往零售和制造业的经验，他们开始勾画一个商业模式，给加油站提供合适的产品来增加礼品销售量。该想法的出发点是可购买低成本国家制造的廉价产品。经过一些研究，他们意识到没有必要直接从亚洲的生产商那里购买货物来获利，从瑞典批发商处购买更便宜、更方便。

他们与20个加油站签订了合同，倾尽钱财注册了一家公司，业务也逐步开始运行。即使购买的商品并不总能打动最终客户，两人在家管理业务方面几乎不费吹灰之力，他们开始在时间和资金投入非常有限。但很快，他们的投资获得了可观的利润，最终客户支付的价格也极具竞争力。4~6个中间商即代理商和批发商（通过两者，货物从中国运往乔纳斯和安德斯）从中获利，加油站同样获利不少。

二、不够完善的商业理念

在一些去往中国的商务旅行和与加油站经理进行销售谈判期间，乔纳斯和安德斯开始觉得他们的商业理念不够完善。在2005~2006年，媒体一再报道"廉价"亚洲劳工的问题以及产品质量问题。有关童工、工会禁令以及工人暴露于有

案例四 基于社会环境价值观的集群发展——走可持续发展道路来销售纺织品的困境

害工作条件和其他危险情形的报告在瑞典商业媒体中不断涌现。由于其中许多事件都与亚洲和低工资国家有关，因此乔纳斯和安德斯都开始关注这些事件。同样，这时气候变化等环境问题正被热论，部分原因是美国前副总统戈尔主演的《难以忽视的真相》带来的影响。乔纳斯和安德斯开始和其他伙伴一起讨论这些问题。然而，在商学院学习了三年多，他们并没有真正习惯于讨论消费型社会带来的消极影响，他们在讨论过程中越来越恼火。一方面，促进创业和经济增长的商业组织在这些问题上看到了商机；另一方面，环境和劳工组织似乎反对所有类型的全球化和远距离产品贸易。两方是否可以妥协？乔纳斯和安德斯是不是也需为此承担部分责任？他们可以为正义和环境问题做出贡献吗？

由于没有处理这些问题的经验，他们认为需要探索才能弄清楚他们是否可以做些什么。乔纳斯研究了纺织集群和跨国公司的传统企业社会责任（CSR）战略，如H&M，宜家和Inditex（Zara和Massimo Dutti等纺织品牌的所有者）。他开始了解到行为准则通常是大公司企业社会责任方式的支柱，这些准则是采购组织发送给制造其货物的承包商的文件和条款。阅读文件后，乔纳斯发现他们规定了制造商应如何在工作环境、消防安全、工作时间、最低工资和加班等方面来进行生产。他发现，在低成本国家，特别是在纺织行业，都广泛使用行为守则，其已成为控制生产的实用工具。然而，买家很难检测这些准则是否坚守到位。人权观察组织和国际特赦组织等组织的媒体报道似乎表明，尽管存在准则，但实际上并没有人遵循这些准则。

与此同时，安德斯研究了瑞典媒体中报道小规模可持续发展企业的例子。瓦塔巴兰和数字集群是两个较为著名的示例。2001年，19岁的比约恩·索德伯格创立了瓦塔巴兰，企业利用尼泊尔加德满都丰富的资源：废品。公司花钱买街头收集的废纸并将其回收制成圣诞卡片、笔记本和日历备忘本在欧洲市场上销售，这有效解决了废物处理问题，同时为加德满都创造高薪工作机会（Watabaran，2011）。在这种企业理念和良好人脉关系的基础上，由瓦塔巴兰相关人员创办的其他几家小企业随后在加德满都建成。

另一个例子是安妮卡·阿克塞尔森和卡林·斯坦马。他们寻求在公平的环境和工作条件下生产圆领汗衫，并在他们的公平贸易商店出售。了解到并没有这种衬衫生产线，他们决定采取行动。他们称自己为"DEM（不吃通心粉）团队"，于2004年在斯里兰卡开办了自己的缝纫工厂（DEM Collective，2011）。在环境承载力较强的区域，他们联系棉农和织布工尝试使用可持续生产方式，正在构建一个环保型服装生产链。DEM团队的员工每天仅工作8小时就足以养活一家子。与其他纺织工厂相比，安德斯认为这本身就是一项了不起的壮举。这些例子使他确信，他们必须结合当地情况，采取切实可行的方法来开展一种考虑工人福祉和环境的可持续性业务。

比较两人的发现可知，乔纳斯的建议是制定行为准则，撰写相关生产条款。他认为，将这些条款发送给生产者可能有助于改善工人劳动环境。然而安德斯认为条款根本不会改变实况，毕竟它只是一纸文书。相反，他认为整个生产链中的买家都需要亲自参与。"已经有足够的条条框框了，需要有人执行才好，"他说。此外，安德斯认为瑞典商家不会真正执行那些准则；相反，想要改进生产方式，他们需要与制造商或制造商集群建立联系。

为了解决争论，乔纳斯和安德斯决定去访问低成本国家的制造业中心来获得第一手资料，也去了解他们是否可以接触到纺织制造业集群。由于安德斯的父母在20世纪70年代曾在孟加拉国担任过志愿者，并且在那里建立了人脉，因此孟加拉国成为他们的首选国家。他们还知道拥有大约1.6亿居民的孟加拉国是世界上最贫穷和人口最稠密的国家之一（部分原因是由于土地贫瘠）。该国也受到环境问题的困扰，例如接连不断的洪水和致命龙卷风。如果乔纳斯和安德斯真的想要做一些有益的事，他们似乎需要有足够的了解和行动在孟加拉国。

抵达孟加拉国后很多事比他们预期的更令人震惊。天气酷热、人口数量众多、极度贫困以及严峻的环境问题使他们敏锐地意识到在那建立业务或集群所面临的问题。他们第一次参观孟加拉国工厂时，看到了从该工厂购买设施的所有不同公司列的行为准则。乔纳斯和安德斯仔细查看了内容，了解到每个买家都对工厂工资、工时和安全措施提出了自己的要求。一个买方的要求甚至可能与另一个买方的要求相矛盾。不过，运往不同买家的产品是进行平行生产的。工厂访问让他们意识到，若想寻求真正的改进，编写一份行为准则远远不够。如果他们想要承担社会责任，在良好的环境中运营公司，就必须改进他们的商业理念。此外，他们开始更加批判一些关于有机棉和公平贸易产品的广告活动。他们已经亲眼看到了生产的第一手资料，虽然行为准则似乎有一些积极的影响，但这与众多公司的天花乱坠的承诺相去甚远。在孟加拉国到瑞典的回程中他们沉思了许久。

三、深入挖掘社会问题

回到瑞典，乔纳斯和安德斯继续他们的研究，试图掌握西方世界消费观的深度。他们发现，发展中国家的贫困问题、环境和社会问题深深地交织在一起。例如，世界观察研究所在2014年的调查显示，世界上12%的人口居住在北美和西欧，占世界私人消费总支出的60%，但1/3生活在南亚和撒哈拉以南非洲地区的人口私人消费支出仅占3.2%。国际劳工组织（ILO）在一项研究中发现，2005年有近1000万人在亚洲仿佛奴隶环境一般的地方工作（Asia News，2005）。他

案例四 基于社会环境价值观的集群发展——走可持续发展道路来销售纺织品的困境

们是否可以创造条件来帮助世界较贫穷地区的人民，同时影响并改变像瑞典这样的相对富裕国家的消费模式？

在孟加拉国收获新见解后，乔纳斯和安德斯重新审视了他们作为企业家的责任问题以及他们商业模式的可行性。一方面，他们可以尝试在其礼品业务中从买方的角度来改变制造业。意识到需要花费大量的时间和精力来做出改变，他们认为使用传统方法比创新手段更容易。然而，从零开始也是一个诱人的选择。如果他们可以设计制造业的未来，而不是受限于原有体系中的本质问题，结果又会怎样？

经过无休止的讨论和许多个不眠之夜，两人决定使用他们在礼品进口上赚取的微薄利润开始着手做一些事，这至少有助于解决问题而不是制造问题。但解决方案是什么？乔纳斯和安德斯都没有任何追求可持续性发展的工作经验。他们决定咨询专注于该问题不同方面的组织，而不是让自己成为专家。例如，他们向世界自然基金会（WWE）询问了需要解决的环境问题，以及救助儿童会关注的与亚洲童工相关的问题。在了解瑞典工会和2011年的清洁服装运动中的工人权利之后，他们得到了国际劳工组织的进一步指导。安德斯和乔纳斯根据自身对这些组织的了解塑造了四个基于可持续生产的理念：

（1）劳工权利——依据国际劳工组织公约和孟加拉国劳动法对待工人，重点关注工人组织和集体谈判的权利；

（2）环境——仅使用非人工灌溉且不用农药的原材料；生产过程不添加化学用品；

（3）工人发展——帮助工人获得教育和知识去提高收入水平；

（4）透明度——开放制造设施的场所，旨在成为构建黄麻产业集群的一分子；鼓励第三方访问。

有了这个新框架，他们开始寻找可实现的方法。他们再次访问孟加拉国的纺织工厂，这次是为了寻找合作伙伴，但很快他们便开始质疑自身思维方式的可行性和相关性。开始，他们遇到的每个人都嘲笑他们不用人工灌溉和农药来生产纺织品的想法，并且认为这完全不可能实现。关于工人的权利，他们试图这样争辩，从长远来看，管理层和工人之间的对话与合作对各方都是有利可图的。"与工人交谈？"一位工厂老板在会议期间问道，"今天他们为我工作，如果明天有人多付他们10美分，他们就会跳槽。每隔一两年他们就进行罢工，导致生产延误，让我赔偿了巨额的延期费。重新谈判国家最低工资时，他们的要求是令人愤慨的。如果我提高他们的工资，就没有什么可以留给我了。他们让我破产！我为什么还要考虑与他们交谈？"工会代表同样愤怒，"今天我有工作，工厂明天如果没有订单，我就失业了。"一位代表无数工会组织的年轻女士说道，"我们每天工作 16 个小时，却几乎没有足够的钱养活自己，更不用说我们的家人了。我们一次又一次地尝试与工厂老板交谈，但他们都不听。当我们试图抗议时，警察殴打我们，但我们除了奋起反抗还有什么选择！"

工人和雇主之间的紧张关系难以调和，乔纳斯指出，目前并没有适合可持续生产观念模式发展的环境。安德斯表示同意，但也觉得他们还没有看到全部真相，他说，"问题的根源不在于此，""我们错过了这个难题的重要部分，即究竟是什么造成了这种难以妥协的局面？""是无法理解对方的观点？"乔纳斯问。"不，是缺乏资源，"安德斯回答，他认为工厂从西方买家那里得到的报酬不足以支付工作人员，更不用说参与环境保护实践了。乔纳斯反驳说如果双方没有就如何公平划分资源这一问题进行多次对话，再多钱也没用。他们最终同意一点，除非买家投入更多钱财，工人和工厂主之间的矛盾才能得到缓和。他们还得出结论，参与和改变现有的生产链比建立新工厂更麻烦，工厂若直接向瑞典买家销售产品可获取更高利润，从而给出更高工资，有助于与工人进行正常沟通。研究深入到严峻的环境问题，他们都逐一进行了处理。

四、纺织品造成的环境问题，转向黄麻产品

开始，他们对创办工厂很感兴趣，不过主要问题是要做什么产品。乔纳斯和安德斯希望能够生产出人们真正需要的实用物品，而不是生产为了好玩的小饰品。衣服怎么样？然而，在他们的研究中发现纺织业在社会和环境方面都存在极大的问题。例如，就水而言，从灌溉方法和效率程度来看，生产 1 公斤棉花需要 7000~29000 升水，而且用于灌溉棉花的水有 60% 因蒸发和不良灌溉方法而流失（Klohn 和 Appelgren，1998）。目前，全球有 7600 万英亩土地用于生产棉花（Kooistra 等，2006）。据估计，棉花生产地仅占世界耕地面积的 2.5%，却使用了世界上 16% 的杀虫剂，超过其他任何单一主要作物使用的杀虫剂数目（Environmental Justice Foundation，2007）。安德斯和乔纳斯得结论，要在孟加拉国解决环境问题，不适合种植棉花来发展纺织业。因为这样一个人口稠密的国家需要水来种植农作物，并且杀虫剂会提高棉花种植的成本，破坏环境。他们想寻找另一种更环保的纺织纤维，减少对大型跨国公司化学品的依赖。

在孟加拉国访问期间，他们听说了当地人所称的"金色纤维"。在研究原材料时，他们开始询问有关黄麻的问题，并很快得到了解。孟加拉国以前被称为"黄麻之国"，因为它是该产品的主要出口国。孟加拉国向英格兰南部的工厂提供生黄麻，曾成为英国牟利最多的殖民地之一。在那里，纤维被制成大型黄麻袋，用于储存谷物，用来做航运业的桁架或制成其他商品。直至 20 世纪 50 年代

案例四 基于社会环境价值观的集群发展——走可持续发展道路来销售纺织品的困境

和 60 年代,世界上近 80%的黄麻都是由孟加拉国生产。但由于几次经济受挫,以及塑料和合成纤维等廉价替代品的引入,世界黄麻贸易从 20 世纪 70 年代到 21 世纪初减少了一半（联合国粮食及农业组织,2002）。虽然孟加拉国的消费实现增长并在一定程度上达到平衡,但 2010 年黄麻产品仅占该国出口总额的 3%（经济学人智库,2010）,孟加拉国的一些地区正开展活动,期望改变这种趋势。

乔纳斯和安德斯开始和黄麻多样化推广中心（JDPC）以及孟加拉国黄麻研究所（BJRI）联系,孟加拉国的两个政府组织也致力于让黄麻重回市场。它们有助于评估这种黄金纤维的潜力,调查存在哪些相关组织和公司。最开始,乔纳斯和安德斯探究了黄麻制造多功能纺织品的潜力,但很快意识到这种材料太粗糙而无法生产服装。进一步研究后,他们发现了黄麻的巨大潜力,即制成可重复使用、生物可降解的帆布购物袋。他们指出,欧洲超市为践行生态倡议经常使用看起来像黄麻的购物袋。孟加拉国黄麻工人普遍了解如何手工制作黄麻家居用品,这看起来也是有前景的选择,两人似乎有望参与或成为创建黄麻种植生产集群的一分子。

研究两个选择的前景后,乔纳斯似乎看好购物袋生产。他发现,随着环境保护的趋势席卷西方和北方的消费市场,人们对塑料袋替代品的需求正在飙升。他询问了超市连锁店和服装连锁店等潜在客户,并收到了关于负责任生产环保袋理念的积极反馈。安德斯则仔细研究了黄麻手工艺品,他发现黄麻制成品有着广泛的应用范围,从地毯和篮子到水疗和沐浴产品及配件。他们见面讨论他们的选择时,两人都对自己发掘的商机感到兴奋。乔纳斯认为购物袋的潜在市场比黄麻手工艺品的市场要大。安德斯表示同意,但他反驳说,手工艺品的生产成本很低,而制造袋子的初期投资规模将是巨大的。用于处理后续任务的最小机器设备都将耗资 1000 万克朗[①],这些费用远远超过他们以前商业拼搏中所积累的资本。安德斯手中也备有王牌：如果他们能够在孟加拉国负责任地生产黄麻制品,Granit[②],一家瑞典家居装饰连锁店,承诺会购买他们的手工黄麻制成品,这就解决了资金问题。Granit 在瑞典拥有 16 家店,在挪威奥斯陆也拥有一家,这更有利于黄麻制成品的销售,所以他们将先进行黄麻手工艺品生产。

五、在孟加拉国打造制造业集群

关于工厂选址,安德斯和乔纳斯最初看好孟加拉国首都达卡及其周边地区。

---

① 约等于 100 万欧元或 1.4 百万美元。
② 相当于英语中的"granite",参见 http：//www.granit.se/（仅用于瑞典）。

这片区域电力供应相对稳定,行政职能相近,似乎是一种必然选择。然而,当地大多数可用工业设施的规模和布局都适用于服装厂,即使该地区有黄麻厂转让,但其规模对于两个企业家来说太大了。为了寻找其他替代方案,他们去了达卡西北200千米处的纳托雷区,参观了安德斯的父母30年前做过志愿者工作的村庄。虽然从达卡坐四个半小时公共汽车就可到达,但乔纳斯和安德斯却感觉这个地区距大城市的喧嚣甚远。那边道路狭窄而蜿蜒,每天仅有4小时可供电(对于少数接了电网的幸运者而言),当地家庭的标准生活区就是有墙壁的房间和一个瓦楞铁皮屋顶。该地区的主要收入来源是农业生产,因此男人多数在田地里耕作。由于缺乏就业机会,妇女们不得不每日照看家庭。乔纳斯和安德斯听说有些妇女组成小团体,共同制作黄麻手工艺品来获一些额外的收入,而这些团体又组成了一个制造业集群。首先,该集群可以使妇女们交付单一组织难以完成的大订单。集群内部也会分享有关生产方法的知识,在销售工作上进行合作,并协调原材料的采购。尽管相关组织都聚焦在巴加巴拉村周围,该集群结构也与孟加拉国其他农村结构一样松散。

两位瑞典企业家与集群代表会面,探讨将孟加拉国手工艺传统与社会和环境价值相结合的可能性,为西方消费市场提供产品。该集群响应相对积极,但乔纳斯和安德斯很快认识到关键成功因素——负责任的生产方法的实践应用,在一个已经形成的集群中实现是一个相当大的挑战。

该集群由吉塔领导,吉塔是一位固执的有力领导人。关于所有工人都可影响自身在工会组织中的处境这一观点,她表示不赞同,因为在安德斯和乔纳斯所列的工人权利条款中,工人组织权和集体谈判权是放在首条。安德斯和乔纳斯便讨论了如何去改变吉塔的想法。他们访问了集群中的一些工作人员,深入了解他们与吉塔之间的关系。最终得出的结论是,集群的对外关系得益于强有力的领导者。获取订单、以优惠价格购买原材料和确保货物交付这都是吉塔一手完成。然而,她并没有让其他人参与决策,也没有平等对待工人。乔纳斯和安德斯不知如何处理这种情况,他们的商业模式是建立在一种包容性的管理理念之上,让所有员工参与变革过程对成功至关重要。然而,该集群依赖领导人吉塔掌控全局来管理生产。协调的第一步,乔纳斯和安德斯邀请当地工会代表,让他们依据班格尔迪希法律告知工人相关权利,以及如何组建和经营当地工会,随后乔纳斯和安德斯让工人自行决定要不要成立工会。

该集群采取按件付款方式来支付生产商工资,该标准是一种买家付款方式——每件支付固定价格。这意味着工人的收入每月波动很大,如果没有订单,就根本没有工资。乔纳斯和安德斯想改变这种体系,以确保所有工人都有稳定的收入,这样他们就更容易规划自己的生活。让工人们接受月工资这种新模式不是

案例四 基于社会环境价值观的集群发展——走可持续发展道路来销售纺织品的困境

问题,决定每月支付多少工资才是挑战。他们听说过一种叫"生活工资"的模式,其中工资是根据特定地区的生活成本计算的。一方面,这种模式可确保工人能够生存和养家糊口。然后,金额将由雇主计算,因此工人无法对此事发表意见。另一种方法是与工人代表谈判薪水,其问题是同谁谈判以及工人代表提出的要求是否合理。另一个与制造业集群有关的问题是员工数量。由于集群属于非正式组织,乔纳斯和安德斯不想他们的努力招来无意树敌的结果。这可以由工人代表解决吗?

集群中的生产者们习惯于在家工作,在不用做家务的缝隙间并在其他家庭成员的帮助下进行生产。这是一个灵活的解决方案,妇女能够在照顾家庭的同时赚钱。然而,乔纳斯和安德斯发现这个模式在实际制作产品方面存在问题,因为无法知道是妇女自己还是她的孩子制成的产品。在这种条件下,如何控制工作条件和避免童工悲剧?但是,职业妇女如果每天必须去某个地方(如正规工厂)上班的话,她们的生活更加复杂。乔纳斯和安德斯试图找到关于如何鼓励女性在可控性条件下一起工作的实例。是否有什么积极成果能让妇女在同一地制造产品,并让她们接受这些改变?最后,这些手段都必须归结为管理决策。尽管安德斯和乔纳斯努力入乡随俗,如果孟加拉国的习惯做法与实现可持续生产所需的原则相抵触,那么这些方法就不够完美。因此,经过多次讨论和选项考虑后,他们租了一间带五个房间的村屋,将其改为生产地。房子的位置是经过精心挑选的,以便以后打造为黄麻集群的中心。如果一切顺利,房子可以作为一个模型工厂,当地其他合作者可以模拟其生产和制造过程,这起到一种榜样作用。另一种可能性是将其变成一个展览室,以便产业链两端(黄麻种植者和潜在的零售客户)可以深入了解集群运营。黄麻多样化推广中心和孟加拉国黄麻研究所等其他组织也将受邀出席,来进一步商讨如何发展集群。然而,在中心租赁房屋是否属于战略性决策还得在制造业全面运营和集群形成后才能评估,这两位企业家也牢记要在制造业后期全面运作时重新作出评估。

从环境角度评价生产方法时,乔纳斯和安德斯注意到,黄麻多样化推广中心建议的许多生产方法都是在巴加帕提帕拉生产集群所使用的,其中包括可产生有害物质的胶水。许多产品是喷漆或浸在装有危险印染化学品的大桶中着色。胶水不会影响成品的美观性或耐久性,但缩短了生产时间。虽然对有害的胶水和染色剂持怀疑态度,乔纳斯和安德斯还是对目标市场进行了调查,发现使用产品着色会促进销售,他们甚至获得了一家大型连锁店的订单,该店要订的正是着色产品。使用胶水和印染化学品在孟加拉国是常见做法,也是巴加巴拉周围集群中的惯例做法,这可以降低产品生产成本,吸引更多客户。困扰乔纳斯和安德斯的是这种方法对环境的影响,这种做法会为初创者降低初期成本和增加初期销量,他们找到更环保的替代品时可以将其逐步淘汰。但是，从长远来看，这是否会影响社会消费品牌的打造和生产的可持续性发展？

为了让业务真正运作起来，他们得权衡利弊，如果不用这种危险做法会带来另一个问题——怎么向集群内制造商和工人解释相关决策。虽然他们已经有一些讨论有关社会和环境无害化生产价值观的经验，他们是否能解释尽管使用胶水和印染化学品在短期能增加利润，但从长远来看是不利的？乔纳斯和安德斯在处理第一个订单时，他们就该不该用化学品来回争论，而且他们必须在接下来的几周内做出决定。

考虑到这些问题，乔纳斯和安德斯回到瑞典，为他们的瑞典办事处选址并寻找客户。当安德斯回到巴加巴拉检查第一个订单的质量时，他心中已暗暗作了一个决定。

六、在瑞典设立办事处，寻找更多志趣相投的企业家

他们身为商学院校友，在为瑞典业务寻找合适的办事处时，很有必要去与像他们一样的创业公司中经验丰富的企业主和经理进行交流与学习。被引荐给于默奥新成立公司的企业孵化器 BIC（商业创新中心）工厂后，他们提交了申请，期望成为这个创业集群的一分子，申请不久就被接受了。他们很快就适应集群环境并开始寻找改善公司间知识沟通的方法。尽管他们发现与 BIC 工厂同行交流非常有益，但公司对可持续发展的承诺层级各不相同，安德斯和乔纳斯认为需要另一个平台来解决这些问题。因此，他们邀请该地区的其他可持续发展企业参与首次会议，目的是建立一个专注于可持续发展的集群。该会议共有 10 家公司参与，聚在一起讨论了创建集群的不同方式。第一种观点是一位企业主建议他们首先应该对他们将要搬入的办公楼进行可持续发展性设计，这样就创造了一个基于可持续理念的会议地点。第二种观点是另一位企业家提出第一步应该是寻找融资伙伴，他说道，无论是当地市政当局、瑞典政府还是欧盟，外部融资人可以让这些组织为公司聘请项目经理来促进公司发展，从而使集群长期高效运作。第三种观点是他们可以保持集群的非正式性，同时探索一些可扩大影响力的实践活动，这些活动包括举办研讨会，开展宣传活动或用环保渠道来销售日用产品。

安德斯和乔纳斯都没有过创建集群的经验，他们不知道要支持哪种建议。他们还认为加入这样的集群具有两面性。例如，他们可能会建立有价值的商业伙伴关系，但也需花时间和金钱为集群活动做贡献。他们的价值理念是社会和环境可持续性优先于货币利润，所以另一个关键点是要找到和他们有相近价值观的企业家。也许一个"可持续发展集群"会吸引那些只使用"可持续性"作为营销宣

案例四　基于社会环境价值观的集群发展——走可持续发展道路来销售纺织品的困境

传词的组织，毕竟他们仅仅是为了销售更广和利用这一发展趋势。

七、签订第一份合同，创造成分品牌

在孟加拉国建立生产基地后，redQ 将重点放在瑞典业务，其首要任务是获得 Granit 的第一笔订单。

如前所述，在开始孟加拉国的产业之前，安德斯与瑞典连锁店有了初步接触。Granit 连锁店在瑞典和挪威总共拥有 17 家商店，专注于存储解决方案，向有环保意识的客户销售家居装饰和小型家具。在展示样品、进行谈判，并紧张地等待几周之后，由黄麻制成的门垫和圆柱形储存袋的订单已运达（参见图 1 产品展示）。对于一家初创公司而言，这是一笔大订单，但从长远来看远不足以创成一个成功的企业。此外，之后来自连锁店的订单取决于顾客的满意程度。因此，乔纳斯和安德斯不得不进一步发展市场。

图 1　门垫和圆柱形储物袋运送至 Granit（图片与比例不符）

他们在最开始给潜在客户打电话时，客户们的初步反应都非常冷淡，众多回复是可持续性发展已是流行趋势，但他们不想在相关产品上花费更多。安德斯和乔纳斯意识到，如果他们更注重可持续性，少考虑营业利润，将价格降低到竞争对手水平，他们就可以销售更多的产品。尽管他们认为公司的生产成本具有竞争力，但他们的开支高于竞争对手，因为员工工资更高并且原材料购买得也更多。他们估算降低价格会抹去利润率。虽然利润不是他们业务的主要目标，但公司仍然需要依靠利润生存，否则业务将不会持续发展，特别是会对与他们息息相关的制造业集群带来不利影响。他们必须找到别的方法，至少在价格和可接受的利润之间找到良好平衡点。

另一种方法是为 redQ 品牌注入更多价值。如果人们认为它有价值，并为可持续发展做出贡献，零售商可能更愿意购买这些产品，他们也确实需要确立符合其可持续发展标准的品牌战略。在这期间，他们开始仔细考虑，公司品牌并不是主要作为消费者品牌，而是作为零售商可信赖的企业对企业品牌，就像戈尔特斯刚开始一样。如果其他纺织品牌和设计师想要走可持续发展道路，品牌效应会促使他们在其产品中使用 redQ 材料。但是，如何有效传达这些价值观？哪些零售商的最终客户会发现这些有趣且有价值的东西？对于乔纳斯和安德斯来说，为了获得大订单，这似乎是一个需要解决的关键问题。

八、寻找具有相近价值观的零售商和设计师

乔纳斯和安德斯在市场上搜寻了具有可持续性理念的公司，他们期望这些公司能了解 redQ 可为他们以及最终客户带来增值。Gudrun Sjoden Design（Gudrun Sjoden，2011）公司由瑞典服装设计师 Gudrun Sjden 经营且以其名字命名。在首次谈话中，双方认为他们拥有相同的价值观，redQ 提供的可靠产品会为最终客户创造附加值，因此 Gudrun Sjoden 愿意以略高价格来购买 redQ 产品。乔纳斯和安德斯收到了由黄麻制成的圆形条纹地毯设计，其十分符合该公司的总体设计形象。Gudrun Sjoden 折机品的特征是色彩鲜艳，即使黑灰色处于中央，产品款式仍在时尚圈中经久不衰。故着色问题再次提上议程，急需寻找解决方案。关于条纹地毯，乔纳斯和安德斯能够识别从儿茶树中提取的色素，这种树在孟加拉国很常见。验证着色剂和着色过程无害后，Gudrun Sjoden Design 公司同意下试订单。幸运的是，redQ 的产品和颜色得到了 Gudrun Sjoden 及其客户的好评（图 2 为展示的地毯）。

交付后，Gudrun Sjoden 的设计师提出了更多建议，认为产品色彩需更丰富。他们的地毯订单大小清楚地表明，Gudrun Sjoden 可以迅速成为 redQ 最大的客户。但是 redQ 如何才能完成要求不同色彩的订单？技术上没有问题，孟加拉国周围的众多染色厂在努力完成任务，但是它们都是用化学物品来着色。此外，如果染色过程要讲求可持续性，染色范围就会非常有限，因为有些颜色着色较困难且更具危害性。乔纳斯和安德斯来回争吵，用化学物质来染色可以保证业务增长，却不符合他们追求的核心价值。

在与制造业集群成员讨论这个问题时，乔纳斯和安德斯非常惊讶地注意到，这群人现在似乎比上一次更理解这个难题。公平贸易、环境可持续性以及两者优

案例四 基于社会环境价值观的集群发展——走可持续发展道路来销售纺织品的困境

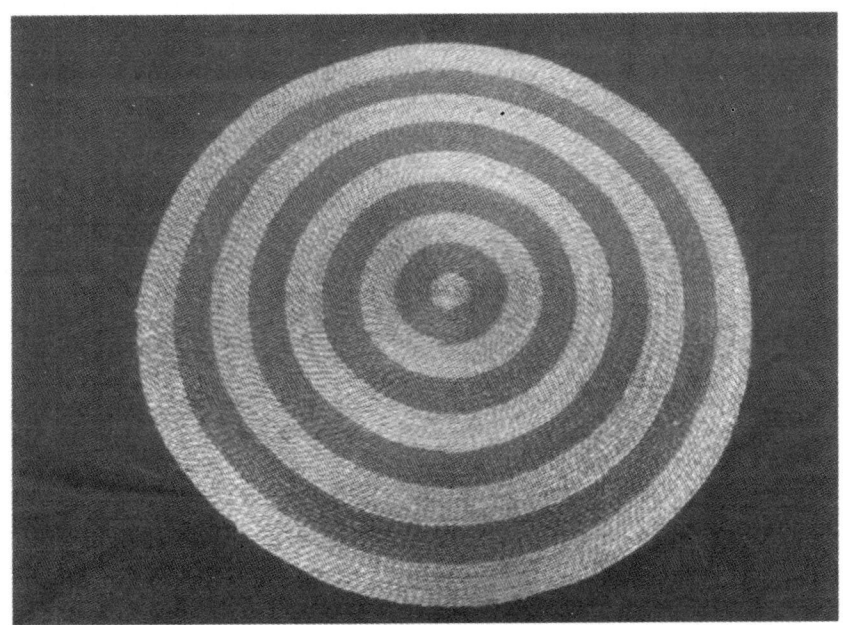

图 2 交付给 Gudrun Sjödén 的彩色地毯（请注意，图片与实物比例不符）

先于财务利润的价值观念渐渐影响着集群，一些集群成员和工人实际上已成为这些价值观的践行者。因此，自初次接触以来的多月讨论终究有了成效，集群中制造商开始齐心协力，并与传统植物染色工厂取得联系。两人后来与 Gudrun Sjoden 的设计师进行了同样的探讨。最后，乔纳斯和安德斯将 redQ 品牌的价值建立在可持续发展观上的做法似乎促进了股东间的讨论与协商，并非形成障碍。

有些零售商不关注那些具有环保和社会意识的消费者，要是同这些零售商进行探讨协商，他们之前的做法是不是也可以采用？

九、设计师的重要性；制造业集群的商业价值

在与 Granit 和 Gudrun Sjoden 的讨论中，redQ 团队学到了几样东西，这在他们之后的发展中极为重要。例如，他们逐渐意识到优秀设计师的重要性，因为设计师了解市场以及黄麻如何在不同的产品中使用。乔纳斯和安德斯主要关注产品性能，即结实耐用、柔软平滑和外观吸睛。现在他们意识到，设计师好比餐馆名厨，经验丰富的设计师想出的设计方案，有时可以直观地将该设计与实际产品联系起来，而且他们的设计也可以作为商标。作为 Gudrun Sjoden 设计师和制造业集群之间的中间商，乔纳斯和安德斯也对整个商品生产流程和黄麻制成品了解越来越多。令他们惊讶的是，这种材料具有多种用途，每一种成功生产的新产品都

有着应用于各种领域的巨大潜力。乔纳斯和安德斯与巴加巴拉集群中的几家制造商建立了良好的关系，这可以有效促进产品多样化。通过结合不同的技能、方法和原材料处理方式，redQ 吸引了更多集群成员参与其生产流程。这也意味着，公司总体上会更加了解哪些设计会吸引西方消费者。几次访问中，乔纳斯和安德斯都听到了非常好的建议，也看到了要带回给瑞典潜在客户的新产品原型。

　　两人在 2009 年瑞典最大的家具展上与一位年轻设计师攀谈后，认识到实现制造业集群商业价值和聘请优秀设计师的重要性。这位年轻设计师叫琳达·泽特曼，她很快就被 redQ 品牌的社会和环境核心价值观吸引了。在以前的工作中，她一直梦想着进行可持续性设计，但从未有过机会。在与乔纳斯和安德斯的商讨中，她答应画黄麻和藤条（孟加拉国盛产的另一种原材料）的设计草图。开了几次会后，安德斯带着草图访问巴加巴拉，最后集群不同生产部门的工人合力生产出一些测试产品，如拖鞋、凳子和地毯（见图 3）。这三位企业家决定在其网站上以"Linda Z by redQ"的名义发布产品图片，同时向 Granit 和瑞典的另一家大型零售连锁店提供产#品。

十、突破性合同和新挑战

　　无论是与琳达的合作，在交易会上或者其他会议中，安德斯和乔纳斯都成功建立了广大人脉。之前反应较为冷漠的一家零售商最近突然频繁联系他们，安德斯和乔纳斯很早就联系了这家零售商，但双档商谈后没有真正达成利益关系（除了赞赏他们在做不同寻常且有意义的事）。该零售商在瑞典拥有近 80 家大型分店，最近又收购了另外一家约有 30 家门店的家居装饰连锁店。突然间，他们有兴趣在 redQ 下大订单，所订产品会在整个瑞典范围内销售。这样 redQ 既可以敲醒环保钟声，又可与两个零售连锁企业巨头合作去促成传统产品的设计更新。

　　这种利益关系的达成令乔纳斯和安德斯感到非常兴奋，但他们也了解这个大订单的条款和条件很难谈判。金额、日期、付款和质量方面似乎都是标准化的，他们能否按要求完成？签署订单后（订购数量超过之前任一订单的数量！），他们会约束于与巨额费用相关的若干条款。例如，如果他们无法在约定的日期交付所有产品，则该零售连锁店每过一周就减去一定比例的付款金额。

　　另一限制因素涉及产品。该零售连锁企业希望能在很长一段时间内都可独家销售一些设计品（他们自己的设计团队可以帮助设计）。如果 redQ 接单，他们将来可能会面临激烈的法律纠纷。问题是设计一般很普通，他们怎么能确保未来市场上不会有相似的设计？这引发了一些关于如何切实保护设计创意的问题，他们确实需要一些专家的帮助。

案例四 基于社会环境价值观的集群发展——走可持续发展道路来销售纺织品的困境

图 3 上图:与琳达共同研发的产品。下图:乔纳斯(右)、安德斯(左)和琳达(中)在家具展上。注意图片与实际比例不符。上图由安德斯·凯尔伯格拍摄;下图由克里斯蒂娜·格雷恩拍摄。

第三个问题与 redQ 理念有关。这笔大订单中，其中一些产品是"易磨损"物品，这是否与乔纳斯和安德斯（以及现在孟加拉国的整个集群）的价值观一致？他们能否在严格遵守可持续发展观的同时完成订单？集群需要扩展不是问题，问题在于他们是否能够在不影响产品质量和集群价值观的情况下聚集足够的工人和制作商在一起完成任务。这些是需权衡的新问题，但它们都可在签署订单之前就得解决。

对 redQ 来说，这次合作似乎是最大的突破，也是迄今为止最大的挑战。乔纳斯和安德斯认为其中一些问题是密切相关的。这些问题不像他们在商学院学习的教科书中的案例那样——品牌、制造、设计、营销战略和核心商业价值观之间似乎总有清晰界限。从不断变化的环境和零售商的需求来看，这些问题似乎层出不穷，长期内难以解决。未来的路该如何走？乔纳斯和安德斯想凭借 redQ 实现什么？

参考文献

［1］Asia News（2005）."Almost 10 Million People Work in Slave-like Conditions in Asia." May 5. http：//www.asianews.it/news-en/Almost-10-million-people-work-in-slave-like-conditions-in-Asia-3324.html/ ［accessed October 10, 2011］.

［2］Clean Clothes Campaign（2011）."Improving Working Conditions in the Global Garment Industry." http：//www.cleanclothes.org/ ［accessed October 10, 2011］.

［3］DEM Collective（2011）."Valkommen till Dem Collective." http：//www.demcollective.com/ ［accessed October 10, 2011］.

［4］Economist Intelligence Unit（2010）."Country Report—Bangladesh." http：//www.eiu.com/ ［accessed October 10, 2011］.

［5］Environmental Justice Foundation（2007）."The Deadly Chemicals in Cotton." Report prepared in collaboration with Pesticide Action Network UK, London, UK.

［6］Food and Agriculture Organization of the United Nations（2002）."Agricultural Commodities：Profiles and Relevant WTO Negotiating Issues." http：//www.fao.org/righttofood/KC/downloads/vl/docs/Agricultural%20commodities%20-%20Profiles%20and%-20relevant%20WTO%20negotiating%20issues.pdf/ ［accessed October 10, 2011］.

［7］Gudrun Sjédén（2011）."Gudrun Sjédén." http：//www.gudrunsjoden.com/ ［accessed October 10, 2011］.

案例四 基于社会环境价值观的集群发展——走可持续发展道路来销售纺织品的困境

［8］Klohn, W. E. and B. G. Appelgren (1998). "Challenges in the Field of Water Resource Management in Agriculture." In Sustainable Management of Water in Agriculture: Issues and Policies, Paris: OECD, pp. 31-39.

［9］Kooistra, K. J., R. Pyburn, and A. J. Termorshuizen (2006). The Sustainability of Cotton: Consequences for Man and Environment. Report 223, Science Shop, Wageningen University & Research Centre, The Netherlands.

［10］Watabaran (2011). "Om Watabaran." http://www.watabaran.se/watabaran/about.aspx/［accessed October 10, 2011］.

［11］Worldwatch Institute (2004). State of the World 2004: Special Focus—The Consumer Society. New York: Norton. Centre, The Netherlands.

案例五 **纺织公司ZEEL S.A.——像莱维特的"灰姑娘"故事一样没完没了的营销故事**[*]

一、引入

正如鞋类、玩具或家具等其他传统制造业（TMS）一样，欧洲纺织业往往集中在地理集群中。例如，在意大利普拉托的集群有1643家公司，葡萄牙、波尔图周边的集群有1087家公司，在西班牙的Alcoi-Ontinyent集群有811家公司（见图1）。事实上，据估计，南欧国家中有超过25%的TMS活动是以网络形式在区域组织模式中进行的（Boix，2009）。

有助于解释地域集中趋势的一些原因包括，行业内的公司可以从区域网络模式中获得优势。Marshall（1890）的工作主要是研究在曼彻斯特（英国）的纺织工业，他指出专门单位（机械和工人）之间的分工和提供某些社会经济要素的地点（工业环境）共同带动了外部经济的发展。一些小型制造企业（中小企业，一般不超过250名员工）的特征以及强大区位竞争力让政治家、商人和学者在这种类型的网络组织中看到了一种模式，即允许小公司与大型纵向一体化公司竞争，这种影响被称为集群或工业区效应。

20世纪70年代石油危机结束后，在众多商业环境中，诸如"现在小企业的问题不在于它的规模，而在于与现实脱节"的说法开始流传，其中的"小企业"包括硅谷技术（美国）或萨索罗陶瓷（意大利）等范例。因此，在20世纪80年代，关于研究集群和工业区的文章（Becattini，2004；Porter，1990；Saxenian，1994）逐渐增多，所有地区的社会经济和商业实体都变得非常集中，就像Alcoi-Ontinyent中的产业集群。

---

[*] 瓦伦西亚大学（西班牙）的弗朗西斯·科普格和马塞洛·罗约维拉开发了此案例，仅用于教育目的。这项工作是大型调查"欧洲TMS的区位和竞争力"的一小部分，此调查由瓦伦西亚自治区（西班牙）的研究项目GV/2011/025资助。虽然有些名字是虚构的，但案件是基于真实情况。

图 1 欧盟纺织企业地理聚集的例子

资料来源：Bureau van Dijk，2008。

二、Alcoi-Ontinyent 的产业集群

与所有产业集群一样，公司选址决策早已做好，Alcoi-Ontinyent（以下称CAO）的产业集群因地理限制因素具有分散性。因此，为了判别集群，我们必须借助研究中常使用的一种技巧，该技巧使用专业化系数（Puig 和 Marques，2011）。[①]

为应用该技巧，研究人员选定了由 8 个城镇组成的地理区域，其中有近 20

---

① 专业化系数（SC）是一种统计数据，用于评估特定区域内的某项活动（在我们的案例中，即家纺生产）中总体参考人群的参与度。其数学表达式如下：

$$CE_{ij} = \frac{E_{ij}/E_j}{E_i/E_n}$$

其中，E_{ij} 是指在领土 j 的活动 i 的中的参与人数；E_j 是指在特地区域 j 中的总人数；E_i 是指全国范围内该活动 i 中的总参与人数；E_n 是指在国家范围内的总人数。

案例五　纺织公司 ZEEL S.A.——像莱维特的"灰姑娘"故事一样没完没了的营销故事

万居民（约30000人直接从事纺织品工作），面积约4000平方千米，距离瓦伦西亚和阿利坎特约150千米，距马德里400千米。在这一区域，大多数纺织企业都是中小企业（99%），这些企业非常专业（垂直分解）。它们的地理位置、大量的工作岗位、公司结构，以及生产活动与区域的社会经济方面之间的强大兼容性让我们可以确定它是一个真正意义上的边远产业集群。例如，阿古连特有444人从事纺织品生产——比在同一部门工作的全国人口多27.52倍（见表1）。

表1　CAO 的城镇

Alcoi-Ontinyent 集群	纺织品企业数目	专业化系数
阿利坎特	1304	28.25
阿科连特	444	27.52
阿尔瓦伊达	1012	24.45
博凯伦特	627	19.96
翁蒂年特	4407	19.30
穆罗德亚尔科伊	960	18.08
科森泰纳	1313	17.99
阿尔科伊	5071	12.75
总数	15138	17.10

从某种程度上说，CAO 的发展与产品的生命周期类似：出生、成长和成熟（也许是衰退）。促成其现状的原因可以用一个词来概括：全球化。对于欧洲或者像加拿大和美国中的纺织工业而言，自由贸易协定（世界贸易组织，2008）使亚洲产品打入它们的市场，这严重威胁到其行业的生存。为了面对更激烈的竞争，许多公司选择增加进口，分包更多的劳动密集型活动，或重迁地址。通过这些方式，可以说，对于欧洲的案例而言，全球化趋势的深化和公司战略所促成的可见结果是，集群将生产活动转移到薪资成本较低（摩洛哥，土耳其或中国）和商业化、营销活动等强度更大的地区。

近期研究指明，全球化进程给每个地区带来的结果（特别是2005～2010年）是不平等和多样化的，因为每个地区生产的纺织成品都大为不同，从劳动密集型（"低技术"）到资本密集型（"高科技"）。例如，从纺织服装行业的生产过程（见图2），我们可以观察到纺织品活动或子行业侧重于纺纱的前期准备工作（输入）。其他纺织企业的生产过程是专注于纺纱、织布和织物的包装精整（转型）；还有一些企业是专门进行成品（产出）生产。那些专门进行成品（家用和技术纺织品）生产的纺织企业能创造更多的附加值并且受全球化影响较小。

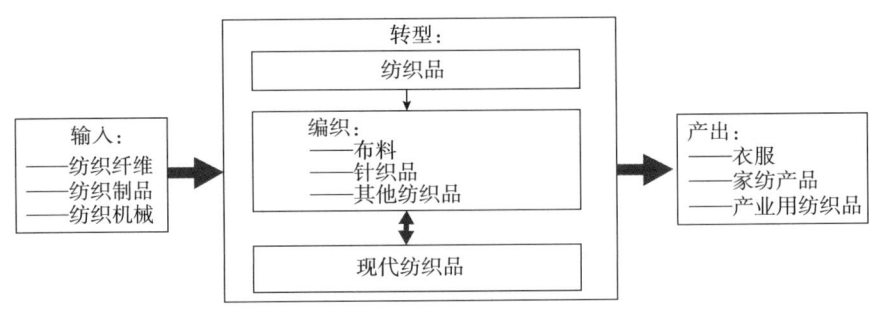

图 2　纺织服装生产过程

此外，在公司层面，公司绩效与存亡与纵向一体化（制造或购买）水平相关的决策、生产活动搬迁和子行业等关系极为密切。ZEEL S. A. 就是个例子，该公司的收入和资产回报率（ROA）在 2005~2010 年平均每年增长约 6%。

三、ZEEL S. A. 公司

ZEEL S. A. 是一家成立于 1976 年的中小企业。它有 64 名员工，位于 CAO 中心地区的阿古连特（瓦伦西亚），2010 年公司收入将近 1500 万欧元（约 2000 万美元）。其主要子行业是家居和技术纺织品生产，家居产品的主要客户在中欧（德国、法国、意大利、葡萄牙、摩洛哥等）（60%），而其技术产品市场的主要客户是在国内。

ZEEL S. A. 的竞争对手是劳动力低廉的亚洲国家。尽管公司一些原材料是来自世界各地的供应商，但生产过程的许多环节都转包给了 CAO 中的公司。值得肯定的是，ZEEL S. A. 与不同的大学机构、商业组织和技术机构保持着紧密的地区联系。

ZEEL S. A. 成功的关键在于自 20 世纪 90 年代末以来，ZEEL S. A. 努力实现产品多样化，其中包括极具创意的成分（隔热、吸音、生态材料等）。最初，这需要在设施和机器上投入大量资金。随着时间的推移，致力于战略创新这一做法可让该公司在竞争激烈的纺织行业中进行强有力的重新定位。然而，该做法似乎使公司的营销子系统模糊化，从而限制了企业的成长。

四、市场营销在 ZEEL S. A. 的作用

ZEEL S. A. 的营销经理安娜贝拉·鲁伊斯担心全球化对 CAO 造成负面影响。许多供应商正慢慢转型成进口成品的营销商，因此集群的模式开始分崩离析。许多公司正在追随这一趋势，这使她面临更大不确定性。集群不仅缺乏营销协同效应，而且还认为 ZEEL S. A. 的市场定位（按营销理念而言）不再合适。她总结

案例五　纺织公司 ZEEL S.A.——像莱维特的"灰姑娘"故事一样没完没了的营销故事

情况如下,"我们正在慢慢失去外部经济支持,目前,我们产品的商业化不够专业和有效。"总而言之,这是一个令人担忧的局面。

尽管安娜贝拉有足够的理论知识储备,但要将营销计划付诸实践或让高层采纳她的想法是不易的。幸运的是,该公司允许她成为设计团队、创意部门、生产和销售部门中的一员。

她与销售经理加西亚的会议没有达到预期效果。销售团队只担心定价和销售,既没有正确的折扣政策,也没有对产品组合进行分析。销售团队与客户的谈判范围很小,他们只有两种价格单,并没有考虑产品销售的利润。更糟糕的是,公司不同部门之间市场信息不够流通,而且决策缺乏连续性。至少安娜贝拉可以有效利用营销手段使产品设计者的作品成为年度收藏品,讲公司目录设计者塑造的企业形象展示给外界。多亏安娜贝拉的努力,该公司企业形象更深入人心,与目标市场细分战略和市场定位相符。但是,公司内部日常工作繁忙,管理人员几乎没有时间思考营销策略,这也加大了营销分析、计划、组织和控制过程的难度。

由于有关市场竞争的信息不同,为评测竞争对手的产品,一些部门(主要是技术人员)正在进行多方调查。尽管如此,他们调查到的信息并未用来改善营销战略,而是用来与其公司产品作对比来探讨竞争对手产品的不足。不过,产品始终受到所有技术测试和客户认可度的影响。

五、营销系统

ZEEL S.A. 的战略营销存在问题,部分是由组织结构问题造成的。与 CAO 集群中众多公司不同,ZEEL S.A. 有营销部门(仅有安娜贝拉一人)来进行业务销售。然而,营销部门从属于销售和生产部门。

该公司的网页清晰地展示了企业社会责任理念,公司非常关注环境、工人和供应商利益。但除了产品和品牌组合、剪辑、赞助和竞赛(也就是公共关系)以及网页外,公司的营销手段并未展现。因此,信息和生产流动似乎朝着同一个方向发展,即从公司到市场。

公司高层并不赞同安娜贝拉的新想法,他们认为她没有依靠专业人员或研究开发部门来与营销部门合作,没能利用产品的技术进步来发现需求和寻求进步,单单通过营销部门或市场功能,市场与公司间并不能真正实现信息流通;相反,创新过程取决于供应链,即原材料供应商。"这很有趣,"安娜贝拉讽刺道,"我从属于生产和销售部门,创新理念也源于供应链。"那些供应商会将资金投入在很多方面,如天然大豆、竹子纤维或人造聚酯纤维。她给公司提出的问题是,"鉴于我们的技术,我们可以用他们提供的纺织纤维生产出什么受市场欢迎的产品?"。

目前，价格变量至关重要，因为它极大程度上会影响经济危机时期产品的接受性。因此，一旦公司决定要投资大量金钱于创新成品上，生产部门就会探索降低成本的方法，然后寻找技术机构或大学等外部支持力量来验证其质量。通过这种方式，三项式组合（创新—效率—质量）有助于产品打入细分市场并吸引客户，就像产品 SonoZEEL® 和建筑行业一样②。

在其他情况下，销售团队——也就是客户交谈的对象，提供的信息可能带来新创意，团队的推销过程看起来更像是一个营销情报的子系统。而且，公司一旦打破了最低生产数量的限制，制造能力也会增强。另一条创新途径是使用公司自身的技术去制造市场上已有的产品，例如聚酯产品、毯子。制造效果好的话会带来积极成果，就像西班牙的一些公司一样。在这种效应下，与中国制造的毛毯相比，ZEEL S. A. 更具竞争优势。

ZEEL S. A. 的国际化进程与 CAO 中的其他公司无关，它打入外部市场后并没有正式的战略规划。公司产品出口逐渐产生多米诺骨牌效应，从而促成公司出口部门的建立。该地区公司的一个共同点是，它们一开始都会开展出口业务，但他们都不会提前规划，更不用说寻求协同效应了。与 CAO 集群中的大多数纺织公司一样，ZEEL S. A. 的国际化进程是一种被动的战略行动：国内市场生产力过剩，因此只能在国际层面寻求超额出口。

为应对国际竞争，特别是来自中国的竞争，公司更应重视营销体系的建设。在国际化过程中，ZEEL S. A. 将其附加值，即服务，转化为竞争优势。正如安娜贝拉所说："人们需要的不仅仅是亚洲集装箱所能提供的产品，他们还想知道我们作为生产商存在的意义，了解我们的技术、生产灵活性以及设计能力，分析我们的产品是否贴近客户需求。这些都意味着我们与众不同：有能力去提供客户所需要的服务。"

除了面向客户的服务策略外，ZEEL S. A. 还使用一系列差异化的营销策略来实现每年既定的商业目标。如表2所示。

表2 细分市场与营销策略

细分市场/客户	定位	注册品牌	产品	分销	沟通	价格（盈利能力与利润率）
国内市场： ·软垫家具制造商及其精加工合作伙伴 ·批发商 ·顾问、建筑师和设计师、室内装饰师	性价比：中等偏高	Milenio®	软垫	直销：代理商	商品目录和样品；意大利米罗展	高（盈利能力良好，利润率高）

案例五　纺织公司 ZEEL S. A.——像莱维特的"灰姑娘"故事一样没完没了的营销故事

续表

细分市场/客户	定位	注册品牌	产品	分销	沟通	价格（盈利能力与利润率）
国际市场： ·经销商和批发商 ·软垫家具制造商						
西班牙和葡萄牙 ·批发商 ·零售商 ·刚起步的零售商（0~4年）	性价比：高	（更好的纤维仅有天然纤维，如骆驼纤维羊毛等）	毯子	直销；区域代理或其他分销渠道	商品目录和样品；根特蒂尔博览会（德国）	高（盈利能力差；利润率低）
国际市场 ·有零售的批发商仅限国内市场（由于运输成本） ·家用（纺织品软垫和床垫制造商） ·技术用途（建筑材料供应商和隔音系统安装人员）	打造健康和富有创新意义的生态品牌	SonoZEEL®	无纺布（涤纶羊毛）	直销；细分市场代理商	合作伙伴商品目录（建筑材料供应商）；声学大会赞助商	高（盈利能力良好；利润率高）

六、主动营销的制约因素

安娜贝拉认为她的公司非常重视与客户建立诚信关系。同样，她认为 ZEEL S. A. 也是一家认真负责的公司，"我们按承诺办事，实验室测试始终是我们工作的基础，而且我们一直用技术报告来验证产品性能。"安娜贝拉说，"客户认为我们是可靠的生产者。我们每次都会在一些技术机构中对我们要交付给客户的产品进行测试。"因此，她自豪地强调了客户去年对 Milenio® 品牌的满意度，若是 10 分为满分，该品牌可打 8 分；ZEELsa® 和 SonoZEEL® 也得分相近。

公司与客户沟通的机制取决于客户，批发商有时直接打电话给工厂下订单。区域不同，客户沟通机制也不同，ZEEL S. A. 尝试派遣代理去迎合客户喜好。例如，对待沙特阿拉伯的客户，公司可能要进行高端商业访问。安娜贝拉收集了所有客户的信息，她承认联系没有即时性，但公司愿意倾听客户的意见。尽管如此，她也承认自己没有足够的时间和人员能直接接触客户来了解相关信息。鉴于营销部门在公司组织结构中的规模和地位，安娜贝拉认为跨部门合作，特别是与生产和销售部门，合作水平和效率都不尽如人意。因此，公司发展缓慢，目标降低，生产线的正常运转和新产品发布相继受到制约。安娜贝拉渴望能够静下来思考，并有时间和精力来完成任务，"开始，我们有效推动了潜在项目的发展，但我们很少圆满完成相关任务。"

安娜贝拉很自豪公司能以 Milenio® 和 ZEELsa® 品牌名义参加欧洲两个最重要的贸易展览会。他们在意大利的 Proposte 室内装潢和装饰展览会上展示了他们的年度收藏品，这是一个非常严格的展览会，并不是所有企业都能参与，现场也只有 120 个解说员。客户对产品、工厂和品牌忠诚度非常高，因此受邀嘉宾也可以筛选决定谁可以参观展会。此外，该公司还在德国的 Gentextil 展会上展出了 ZEELsa® 品牌及其毯子等一系列产品。

七、营销传播

除了在不同领域使用的传播策略外，安娜贝拉还非常重视公共关系和赞助活动来传播 ZEEL S.A. 公司的创新形象。例如，维护公司声誉，努力与当地社区、大学、商业信托、供应商和工人保持良好关系。公司在全国性和地方性报纸上以系统的形式来进行通信宣传工作，同样也利用播音频道和国家电视台新闻频道。该公司还被区域电视频道和专业部门杂志社报道采访过，公司名字也出现在技术研究所和技术协会出版物上。ZEEL S.A. 赞助足球、飞镖队、声学大会以及举办面向当地大学生的设计比赛。设计大赛旨在打响公司创新的名声并进行形象宣传来吸引 ZEEL S.A. 的未来客户和相关工作人员。用安娜贝拉的话来说，"设计竞赛与 CAO 集群中 ZEEL S.A. 的形象有关，因为它会影响大学生，也可以让我们拓展招聘渠道和发展真正的社交网络。"

安娜贝拉并没有忘记信息技术的作用，她开始寻求渠道为网上业务发展奠定基础。她意识到，如果公司不这样做，其他人——无论是客户、消费者还是竞争对手，都会利用互联网。她计划利用两个平台：ZEEL S.A. 博客，上传有关集群、公司、品牌和创新等不同文章；地区社交网络平台，其过程并非与信息技术相关，而是与营销战略紧密相连。

实现这一点后，安娜贝拉认识到自身的局限性，以及与专业从事虚拟媒体规划的公司（如媒体策划公司和极峰媒体公司）进行协商的必要性。她将与相关专家共同制定策略来决定公司应该在驻扎哪个网络体系。考虑到技术和专业领域，"LinkedIn"平台可能最佳。安娜贝拉认为，这是一种以低成本接触不同人群并利用交互性和双向性分析反馈的方法。

案例五　纺织公司 ZEEL S. A.——像莱维特的"灰姑娘"故事一样没完没了的营销故事

八、最后的反思

几十年来，集群效应使小型纺织品制造业非常有竞争力。然而，全球化进程使许多企业面临倒闭的风险，并且还迫使许多公司将其生产中心搬迁到薪资成本较低的地区。在某些情况下，就像 ZEEL S. A. 一样，全球化已引领一些公司转向可产生更大附加值的领域：创新和营销。

面对这种全球化进程，ZEEL S. A. 已经设法做出有效反应，然而心有余而力不足。如今，利益相关者认为它是一家可靠且富有创新精神的公司。尽管公司规模已经缩小，但是 ZEEL S. A. 一个制造商，这意味着它可以为客户提供基于服务基础上的综合解决方案，这一优势部分源自它所在集群传承下来的精神。但是，公司的研发强度和生产技能强度也限制了与营销活动有关的其他技能的发展，所有这些都可以得出一个结论：公司不懂如何进行更好的营销。

安娜贝拉是 CAO 集群中为数不多的营销经理之一，现今很多公司都有体系完善的营销部门，与那些部门中的营销人才相比，她还得多加学习。此外，她的上级经理主要关注销售和产品目录。安娜贝拉希望公司的营销部门能够从各方面得以改进发展，并像其他一些顶尖公司中的营销部门一样拥有更多的资源和人员。

参考文献

[1] Becattini, G. (2004). Industrial Districts: A New Approach to Industrial Change. Cheltenham: Edward Elgar.

[2] Boix, R. (2009). "The Empirical Evidence of Industrial Districts in Spain." In Becattini, G., M. Bellandi, and L. De Propis (eds.), A Handbook of Industrial Districts, Cheltenham: Edward Elgar, pp. 343-359.

[3] Bureau van Dijk (2008). "Amadeus—A Database of Comparable Financial Information for Public and Private Companies across Europe." https://amadeus.bvdinfo.com/.

[4] Ghauri, P. and P. R. Cateora (2006). International Marketing, 2nd ed. Berkshire: McGraw-Hill.

[5] Instituto Nacional de Estadistica (2004). Censos de Poblacion y Vivienda 2001. http://www.ine.es/censo/es/inicio.jsp/ [accessed August 19, 2009].

[6] Kohli, K. A. and BJ. Jaworski (1993). "Market Orientation: Antecedents

and Consequences." Journal of Marketing, 57 (3), 53-70.

[7] Lambin, J. J., R. Chumpitaz, and I. Schuiling (2007). Market – Driven Management: Strategic and Operational Marketing, 2nd ed. Hampshire: Palgrave Macmillan.

[8] Marshall, A. (1890). Principles of Economics. London: Macmillan.

[9] Morgan, R. M- and S. Hunt (1994). "The Commitment-Trust Theory of Relationship Marketing." Journal of Marketing, 58 (3), 20-38.

[10] Porter, M. (1990). The Competitive Advantage of Nations. New York: The Pree Press. Puig, F. and H. Marques (2011). Territory, Specialization and Globalization in European Manufacturing. Abingdon: Routledge.

[11] Ravald, A. and C. Grénroos (1996). "The Value Concept and Relationship Marketing." European Journal of Marketing, 30 (2), 19-30.

[12] Saxenian, A. (1994). Regional Advantage: Culture and Competition in Silicon Valley and Route 128. Cambridge, MA: Harvard University Press.

[13] World Trade Organization (2008). "Textiles Monitoring Body (TMB) Agreement on Textiles and Clothing." http://www.wto.org/english/tratop_e/texti_e/texintro_e.htm/ [accessed January 14, 2008].

案例六　互动回收——绿色集群中的服务创新*

一、绿色于默奥

"这个地区发生了什么事？"一名男子想，他在拥挤的自行车道上骑着车前往欧斯特拉·凯尔科甘坦。赶往旧市政厅的路上，风吹得白桦树哗哗响，"如果他们想把这个小镇变成一个每个人都骑自行车的城市，为什么不多设计点自行车道呢？这太荒谬了！"男子准备归还他上周免费租赁的自行车，将自行车停在旧市政厅外面后，他走进一个办公室，这个办公室主要研究促进区域可持续发展的项目。

卡丽娜在咖啡机前同一些同事交谈，他看到那个男士手里拿着自行车钥匙走进办公室。

"嗨，你来这里归还自行车吗？一切顺利吗？"卡丽娜问道。

"是的，很好！我要祝贺你和你的团队成功开启新项目，我今天早在报纸上看到了！"那人说。

"谢谢！令人兴奋的是，这是一个为期五年的项目。我实际上在前往市政厅的路上就开会讨论了我们将如何开展工作，"卡丽娜回应道。男子走后，卡丽娜拿起一杯咖啡走到她的办公桌前。

"我需要记下发生了什么，以及我需要做些什么，"卡丽娜坐下来，拿开键盘上的一堆文件，开始打字。

二、欧洲绿色公民[①]

于默奥地区有约15万居民，由六个小城市组成，并共同努力促进区域可持

---

　　* 托马斯·布洛姆奎斯特、索菲亚·伊斯伯格和海伦娜·伦斯特罗姆，均来自于默奥大学（瑞典）的于默奥商学院，他们共同开发了此案例，仅用于教育目的。

　　① "欧洲绿色公民"项目于2011年获得瑞典最佳城市规划项目奖。

续发展。过去十年，该区已成为瑞典发展最快的地区之一，区域内大学的发展也有效促进了区域经济快速增长，早已有实力去吸引有志改变社会和资源使用方式的年轻人群。

于默奥的当地政界人士、工商界、大学和政党都积极地促进了该地区的发展。于默奥开展了一些不同的项目，从铁路项目到生物燃料开发，从林业产品到打造风车公园。该地区在一些赞助商的帮助下组成了不同活动的合作伙伴和赞助商，有西博滕的地方政委员会、西博滕区、瑞典经济和地区发展机构（Tillvaxtver-ket）以及欧盟。

于默奥集群内有许多正在进行的项目和早已开始的项目。早已开始的项目有：打造第一个可持续发展的汽车街区，包括鼓励汽车经销商发展，建设加油站和餐厅；第二是拟出了一个方案——如何成为全球寒冷地区中可持续性建筑领域的领导者；第三个项目是启用快速充电巴士；第四个项目致力于让默奥成为一个零二氧化碳排放量的可持续发展城市；第五个是重建资讯科技单位，用于监测能源使用和废物处理情况；第六个项目是建设瑞典最大的太阳能发电厂。项目清单很多，其共同目标都是致力于实现地区绿色发展。其中有些项目旨在改变该地区的一些不当做法，但越来越多的项目强调影响公民行为、态度和价值观的重要性。

新项目"欧洲绿色公民"将使于默奥在促进欧洲可持续发展方面发挥主导作用。该项目需要在国家和欧盟指导下，与其他大型项目进行协调合作，如"于默奥——2014年欧洲文化之都"和正在进行的一些基础设施项目。于默奥的众多项目将公共组织、决策者、地方和国家公司以及大学联合起来，共同使该地区成为一个充满活力的活动网络。但是，相关负责人在协调活动和将项目组合来实现互补的同时，也遇到了挑战。

卡丽娜转向她办公室的同事艾玛问道，"你知道我们在这块和整个区域中各有多少可持续性项目吗？"。

"我想我们这块有一些，它们的项目手段和目标可能都一样。你可以给市政规划管理部门的艾伯特打电话，他了解所有项目，"艾玛回应道，"他可能会给你一份关于阿里德姆区近期事件的清单，因为在那重建许多公寓楼。我还听说市政规划管理部门计划与当地的住房公司博斯塔登和废物管理公司UMEVA合作开展不同的项目，来寻找废物回收的新方法，你听说过吗？"艾玛问道。

"几周前我在一次会议上听到过这个消息，但如果我要解决一些问题，我肯定需要了解更多信息，我马上打电话给艾伯特，"卡丽娜说。

三、FaltCom-M2M 公司

卡勒现在距离旧市政厅三个街区，他是一家专门研究商业发展的科学杂志社的记者，现在赶往 FaltCom 去采访该公司的首席执行官米卡尔。FaltCom 在该市发展迅速且获得了 2009 年于默奥最佳出口公司奖。

卡勒乘电梯到 FaltCom 办公室，米卡尔在那里等他共同前往会议室，他们在路上从咖啡机上取了咖啡。在会议桌上，卡勒看到一个约 12 厘米×12 厘米的铝制大盒子，他之前在 FaltCom 的网页图片上看到过。很容易看出这个盒子是一个技术小工具，里面装满了各种连接器，用来连接互联网协议（IP）电缆和数字模拟传感器输入端。

"这是移动互联网 IP 服务器（MIPS）吗？"卡勒问道："您这个系统的外部装置是用来收集来自不同设备的输入吗？"

"对。它应用于各种产品中，如安全摄像头、报警系统、卡车驱动装置和监控设备等，"米卡尔说。

"您公司是如何起步的呢，以及选址于于默奥的原因是什么？公司经营什么类型的业务呢？"卡勒在拿出包里面的笔记本和笔问道。

"这里距离瑞典北部很远，这意味着我们早期就要寻找解决方案来处理不同的问题和进行远程控制。远距离造成的问题类似于跨国公司在需要安全监控世界不同地区的设备和流程时遇到的挑战。我们的产品及技术系统帮助公司以最高标准的加密数据传输来安全监控设备和进行远程管理，"米卡尔指着桌子上坚固的铝盒说道。

"那您觉得您是在电信行业还是 IT 行业？"卡勒继续说道。

"你可以说这是电信业。我们使用术语 M2M——机器到机器。我们的任务是确保不同机器之间的沟通，即 M2M，"米卡尔笑着说。

卡勒继续说道，"但您是怎么想到这一发展点的呢？您能否讲一下产品和公司的历史？公司商业模式是什么样的？"

米卡尔转过身来拿起另一个盒子。"这个比第一个小，但外观相同，这就是一切开始的地方，"米卡尔说着，并把它放在桌子上。

"这家公司起初是一家纯粹生产产品的公司，它的确是为销售产品而创立的，创始人博斯现已退休。他创立了一家名为 TeleAlarm Care 的公司，开始仅是电话公司 Telia 的销售部门。随后，塞科利达收购了 TeleAlarm Care。作为遣散费，博斯收到了该公司的派生产品——沃托手机。正是通过这部电梯电话机，他创办了这家公司，该产品的新主人其实对手机并没有太大兴趣，"米卡尔指着桌子上的电梯电话机说道。

米卡尔继续说道："我们现已不再生产电梯电话机，抛弃了纯粹生产产品的商业模式。电梯电话机是'一次性优惠'的销售，安装后预计能在电梯的整个运行期间使用。如果它在办公室或住宅建筑中使用，寿命可能会达几十年。电梯电话机和报警系统使用相同的标准，这是开发 M2M 系统 MIIPS 的起点。MIIPS 是公司的另一强项，它是以 M2M 系统为中心构建的业务，用于多个系统之间的移动通信。通过公司 MIIPS 系统，我们可以监控和维护其他系统，这是一项系统业务。随后，我们将商业模式从面向产品转变为注重产品销售服务。"米卡尔拿出了一些小册子，册子上展示了系统如何使用不同的设备进行操作，以便能够与用于收集和控制操作的 MIIPS 单元和服务器解决方案进行远程通信。

"这一定是令人兴奋的过程。听起来 MIIPS 有一个完全不同的商业模式，"卡勒看着小册子说。

"是的，没错，"米卡尔继续道，"我们已经实现了业务转型。我是一名工程师，我们在开始时都是工程师，关注产品时都有明确重心，现在我们开始关注客户需求。这是一种转变，公司仍然在逐步过渡，我们花了很多时间探讨公司的存在意义，以及如何努力重塑和改变商业模式。这很重要，我们必须努力使公司具备竞争力。"

"您是如何与新客户相处的？怎样应对他们对解决方案的需求？"卡勒问道。

"考虑到使用 MIIPS 系统的新产品开发，我们必须将重心聚焦于产品，来生产出第一批新产品、建立系统和提供服务。但是，这都必须面向市场。我们并不完全以市场为导向，因为我们已有足够经验，"米卡尔说。

卡勒心想，"他们经验肯定丰富，公司不断发展，并接到了诸如 TeliaSonera、瑞典运输管理局、Schenker 和 Multicom 等著名客户的订单，这些公司对解决方案及其作用都有严格的要求。"卡勒抬起头来问道，"未来的商业模式会是什么样子？"

米卡尔继续说，"我个人认为销售硬件没有前途，如果想要有美好未来，公司就必须探索独有的商业模式，并将其与不同服务和功能相结合。如果我们能够提供满足客户需求的服务和功能，这会成为强有力且独特的优势。我们在中国生产硬件，其成本逐年降低，但这也带来硬件利润率降低的风险。同时，随着销售额的增加，我们需要更多资金来投入生产。虽然我们技术过硬，但竞争对手 10 年后可能就会追上我们。因此，将服务和服务创新融入我们的产品对于公司的发展至关重要。"

米卡尔和卡勒的谈话被敲门声打断了。

"对不起，我很抱歉打断了，"玛丽亚打开门时似乎很急，"我迫切需要跟您聊聊客户的事。"

米卡尔说："好的！对不起，卡勒，几分钟后回来。"

"好的，我在这等，"卡勒回应道。他开始拿出笔记本电脑来搜索了西博滕区。"米卡尔说，类似瑞典北部城市间距离远的问题也是许多国际公司正面临的。这是真的吗？"

卡勒在互联网上搜索西博滕后，显示以下信息：

西博滕是瑞典的一个区，位于斯德哥尔摩以北约 650 千米处，常住人口 26 万人。传统产业以矿石、森林和水为基础，是地区的经济命脉。但现今，新型工业的兴起发展对该地区经济的增长的影响力越来越大。

歇雷夫特欧和于默奥是该区最发达的两个城市，于默奥市是最大的城市，常住人口 114000 人。西博滕有大约 85% 的劳动力来自于默奥，近 90% 的地区生产总值来自以上两个城市。于默奥是一座年轻的大学城，约有 35000 名学生，一所大型大学医院也建立在该地，是瑞典最广阔的地区之一。该城市最近被誉为"2014 年欧洲文化之都"。尽管有这两个大城市，西博滕区是瑞典人口最稀少的地区之一，仅有 2.8% 的瑞典人居住。该地区的面积排名瑞典第二（与丹麦大小差不多），小村庄和市政当局之间的距离遥远，平均每平方千米仅有 4.7 名居民。欧洲最大的自然保护区温德尔法耶伦位于该区的西北部。该区沿海地带与挪威边境山脉之间的距离约为 400 千米。

"400 千米！这么远的话，没人愿意长途驾驶去检查设备是否正常工作吧，远程控制真的很有必要啊。结合移动技术，FaltCom 几乎可以在全球所有地方安装 MIIPS。如果他们能够扩大业务规模，该公司肯定具备在全球范围内发展的潜力，"卡勒想。

在卡勒理清思路前，米卡尔回来了。"我们需要另约一天，这似乎比我预期的要花费更长的时间，我们能否在下周三上午 9 点再次见面？"米卡尔问道。

"好的，"卡勒回应。

卡勒开始回想谈话内容，还有 FaltCom 的首席执行官在走向咖啡机时所说的话，"FaltCom 正面临一个问题，这个区域许多较小的技术型制造企业也都有类似问题。FaltCom 并不是唯一一个与亚洲低成本生产竞争的企业，竞争对手模仿和使用相关技术只是时间问题。对于这些低成本公司来说，它们可能因规模不够大、财力不足来进一步探索和开发技术。他们需要关注他们的工程师能够创新出什么东西，同时了解其技术可能性（在开发对最终用户有价值的内容和服务时）。但他们真的能够应对挑战吗？他们是否有能力转变业务模式和发展组织文化？即从一个以工程师/产品为中心的公司转变为专注于通过高技能员工与客户共同合作发展创新服务，力求实现客户价值最大化的公司？"

四、日常 IT

在该市的另一个地方——于默奥商业和经济学院以及于默奥设计学院的一组研究人员呼吁申请结合研究设计和 IT 开发于一体的新项目和相关创新项目。"日常 IT"项目旨在关注高科技，引领创新趋势，帮助人们开展日常活动。FaltCom、于默奥设计学院、于默奥商业和经济学院、于默奥市与其他一些利益相关者举行了多次会议之后，一份提案生成。FaltCom 承担了项目所有者的角色，项目提案总结如下：

该项目旨在改变家庭对废物管理的行为和态度，从而改善个人日常行为来创造更好的环境，为可持续发展社会作贡献。总目标是开发一种互动信息服务来帮助个人和家庭做出有关废物管理的无害环境决策。我们从家庭和个人开始——日常生活中对家庭垃圾选择分类或不分类的居民都包括在内。不过，如何让日常活动变得更令人享受和有意义，以便让每个人都认识到他们的行为对社会有益？

在项目中，设计方案从三个方面来阐述问题：用户、社会和商业。其重点是探索新理念，以进一步开发已用于提供决策支持和远距离接收信息的技术。

该项目利用开发交互式和结构服务式原型。FaltCom 可以进一步开发这种原型，将其出售给瑞典和斯堪的纳维亚的其他住宅回收公司。在社会层面，该项目有助于提高公民和政策制定者对废物分离和再循环方法的认识水平，推动社会可持续发展。

提案中插了一幅图，列有参与该项目的所有合作伙伴（见图 1）。六个月后，该提案获得批准，项目启动。

五、众说纷纭

参与该项目的合作伙伴之间的第一次会议在 FaltCom 的会议室举行，于默奥市政府、住房公司博斯塔登、废物管理公司 UMEVA、于默奥设计学院和商学院的代表出席了会议。在第一轮问候之后，FaltCom 的项目经理托马斯介绍了 FaltCom 开发的不同产品和服务。陈述后，托马斯要卡丽娜来介绍"绿色于默奥"项目。

卡丽娜开始说："我认为这个项目是促进于默奥可持续发展计划中的重要组成部分。'绿色于默奥'是于默奥市政府致力于该地区可持续发展的示范性项目，我们强调鼓励人们进行回收的重要性。我们组织了各种小型活动，人们可以通过这种活动来测试行动的可持续性，希望他们之后能够保持新的行为习惯。从

案例六 互动回收——绿色集群中的服务创新

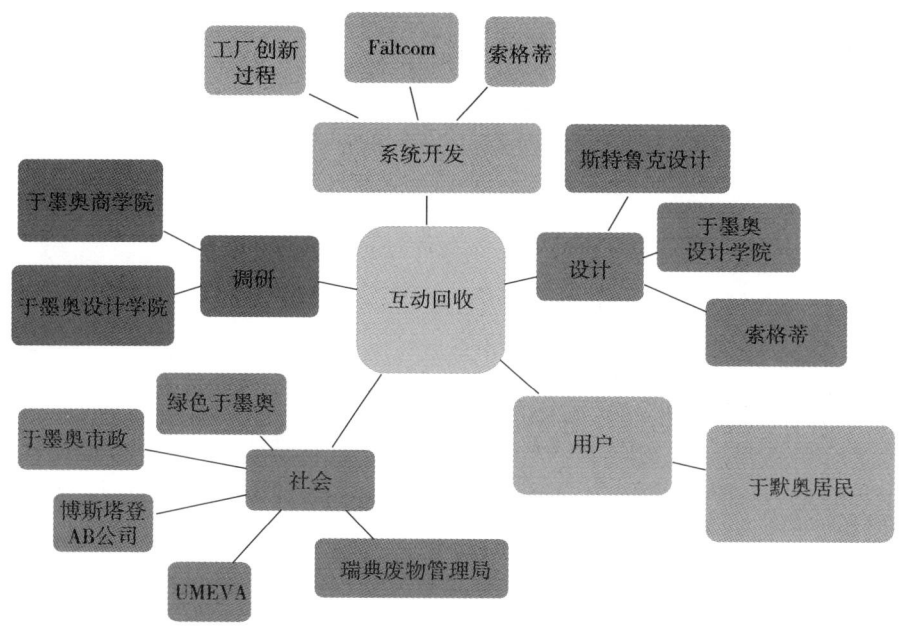

图1 参与互动回收项目的组织和利益相关者

可持续旅行模式中获得的经验是,我们需要激励和吸引人们去改善行为。"

UMEVA 的代表接着发言,陈述了废物管理公司已完成的工作,解释了根据不同属性测量废物重量的方法,并讨论了正在进行的项目,以及相关技术设备、事实和数据。"我们目前正在参与重建回收室的项目。UMEVA 和于默奥的做法实际上非常独特,因为我们很早就开始收集数据。我们都会给垃圾称重和回收材料,收集每个垃圾房的数据。每个垃圾桶和回收箱都有一个唯一的编号,根据每个垃圾箱的编号,垃圾数量、重量、日期和垃圾房的地址,一切都在数据库中。这些数据不是按个体来分的,而是用更集中的方法,收集的信息用于向房东开具发票。我们在于默奥收集了大量有关废物处理的信息,如果您需要数据,就来找我吧!"

托马斯问是否可以使用射频识别(RFID)标签,这样人们可以登录回收系统,丢弃他们的废物,然后再退出系统。他还问道,"我们可以直接在垃圾房测量重量吗?"

UMEVA 的代表回应说:"可以,但这意味着我们需要在每个垃圾箱下安装称重机,这样花费较多。与我们如今用卡车测量重量的解决方案相比,这非常昂贵的,但肯定可以做到。"

"我们关注的是垃圾重量吗?",卡丽娜问道,"我们更关注的是如何教人们进行废品分类。回收室必须建得科学合理,以确保居民了解扔玻璃、纸张和塑料的地方。效果更好的话，人们会减少某些物品的购买量并重复利用一些东西来保护环境。"

此时，住宅公司博斯塔登 AB 的代表插话，"我们与 UMEVA 一起合作一些项目来升级回收室，同时也在建立使用新技术的回收室。但与往常一样，我们需要与在我们所建住宅区的居民以及当地物业经理切合作。我们将客户和他们的利益摆在第一位，同时我们也需要考虑成本。如果系统，不管你怎么称呼，花费太多的话可能没人愿意购买。"

"你说的对，我们需要想出能够吸引住宅公司的解决方案，"托马斯评论道。

"我们将在项目的第一阶段了解更多相关知识，"于默奥设计学院的代表说道，"在这个阶段，我们会通过观察家庭回收流程来考虑服务设计，按物品从商店到垃圾箱的顺序，并分析他们做出不同决定的关键点在哪。"

"是的，我们需要考虑用户才能够开发服务，我们需要了解他们关注什么，"于默奥商业和经济学院的一位研究人员说。

会议和讨论继续进行，他们一起讨论了如何开展这些项目以及如何创建交互式回收室的相关问题。托马斯列举了 FaltCom 所做的其他创新的例子，也重点介绍了 12 厘米×12 厘米的盒子。盒子组成了一种可以在不同机器之间进行通信的设备。来自 UMEVA 的简奥·洛夫对他的发言很感兴趣，并询问了有关技术和规格方面的问题。这些代表一起商讨制订了未来一些月的工作计划，会议在良好的氛围中结束。

六、出现分歧

第二次会议仍在 FaltCom 举行。自设计院的学生提交回收行为的前期研究结果以来，已经过了一些星期。FaltCom 的项目经理托马斯再次通过 PPT 展示来开场，"这就是我们将要使用的工具。"

参与者看了一下盒子，其中一位服务设计师问道，"但在我们决定技术方面之前，我们不需要先知道开发什么类型的服务？"

"不能这样说，"托马斯回复。"这台机器可以或多或少地完成我们需要做的事。如果我们跳过了机器通信部分，一切可能都难以协调。"

"但服务不是项目的主要目的吗？"卡丽娜十分惊讶地问道。

"嗯，是的，但后来我们开始研究如何收集有关家庭回收习惯的信息时，我们意识到此过程可能会涉及隐私问题，"托马斯补充道，"最好根据该地区所有家庭的信息来开展服务，所以这在某种程度上是互动的，而不是停留在个人层面上。"

与会人员后来讨论了不同利益相关者的行为和各种需求。废物管理公司UMEVA强调了住房公司博斯塔登潜在的需求。"回收房的建造成本相当高，其中一个很常见的问题是火灾风险。"UMEVA的代表说，"那个盒子中可能要安装火灾预警系统。"

"好吧，我们探讨一下，这可能不是一件难事，"托马斯说。他补充说，"业主是我们最主要的利益相关者，所以我们需要确保他们对这项服务感兴趣。否则，开发的那些东西也没什么意义。"

"好吧，我不知道该不该同意你的看法。我方的主要利益相关者是于默奥的公民。如果这项服务增加了回收成本且不是根据他们的需求来发展，那我们对这个项目提不起兴趣，"卡丽娜说，"从我方观点来看，最好是发展一些长期性服务，为改善公民回收行为做出贡献，而且我们不想急于求成。我们需要好好考虑一类新型服务。"

"我理解，"托马斯说，"但我们需要尽快将其发展成商业化产品，这一过程中的变化和困难始终是怎样发展科技。我们应该尽快投放市场，看看它是如何运作的。"

"但等一下，"其中一位服务设计师说。"如果从一开始就考虑受众群体，不更好吗？比如说，我们要实施服务的地区中许多人不会讲瑞典语。如果我们使用不同语言与他们沟通，我们可能还要录音来补充相关信息。"

"好吧，我没想过，我需要向工程师询问这个问题，"托马斯说。

"是的，我认为我们需要坐下来分析最终用户在技术开发之前可能需要什么类型的服务，"其中一位服务设计师说，"我们开始任何一个项目前都应该这样做。"

"设计专业的学生正在研究他们的项目，我们在这方面早已做得够细致了，"托马斯补充说，"我们现在不能花太多时间在这上面，我们必须让这个项目顺利运行。我们目前都有不同观点，但由于时间原因，我们现在得结束这次会议，下次会议我们将进一步讨论这些问题，适时我会联系你们所有人。感谢你们今天的到来，也感谢你们参与这场有趣的讨论！"

商学院的一名代表在会议中没有发言，她一直在观察与会者，她认为这是一次有趣的会议。项目组成员所代表的不同利益将是一项真正的挑战，他们不仅有不同利益，在文化和项目的开发方面也存在差异。"我能理解FaltCom希望这个项目能够尽快开展，但项目组的其他成员却没有那么紧迫的时间限制，"她自言自语道，"我真想知道他们怎样解决这些分歧。"

致谢：本案例的作者由衷感谢"互动回收室"项目的参与者，该项目由瑞典创新局资助。

第二部分

边远产业集群的内外部信息需求

边远产业集群的成功运作需要大量的内外部信息,有关其使命、资源和安排的信息,以及有关市场、竞争对手和外部商业环境的信息,负责整个边远地区集群管理的营销经理需要众多信息来管理边远地区集群。如果边远地区集群是一个整合的价值链,他们还需要有关其内部企业运营战略的信息。如果不是整合的价值链,边远地区集群的营销经理需要各类信息来探讨如何促进其集群内独立企业的发展。在企业依赖的技术遭到淘汰的情况下,外部信息尤为重要。

案例七　边远产业集群中制造业低迷*

在担任营销教师几年后，罗尔夫·斯文森决定多开展咨询业务。有一天，他与他以前的一个学生玛丽安·斯文斯顿碰面，她现在在一家大型国际公司工作。玛丽安邀请他去参加一项会议，罗尔夫想自己被邀请应该是谈谈营销的作用和意义。后面了解到她在一家制造公司工作时，他有些惊讶，因为他主要在与消费领域相关的业务方面做过咨询。玛丽安十分正式地邀请了他，这更让他对将要面对的情况感到困惑。

玛丽安·斯文斯顿了解罗尔夫·斯文森的背景，他是一位对服务营销有特殊兴趣的大学教师。罗尔夫在服务营销方面做过一些研究项目，但他自己并不认为这就是他被邀请去维京公司的原因。他认为可能是由于他教市场营销的课已有20多年，这方面的知识经验非常丰富。在他的所有课上，罗尔夫总是强调营销在公司中的重要性，他的学生都牢记这点。他极力倡导营销的意义，因此许多客户都来找他咨询，他也让许多企业认识到正确营销的潜力。最近罗尔夫在社交营销方面做了不少工作。

一、形势

在会议开始之前，罗尔夫喝了一杯传统咖啡。他和玛丽安·斯文斯顿在会议室一坐下，玛丽安就开始向罗尔夫说明公司目前情况。她工作的行业中所有公司的需求量都在下降，目前经济正处于低迷周期，需求下降倒是正常。但问题在于，与竞争对手和集群中的其他公司相比，维京公司的产品需求下降幅度过大。在过去四个月中，该公司销售量减半，损失远远超过竞争对手。

罗尔夫之前在报纸上了解到维京公司的困境。那是当天的头条新闻，当地电

---

* 由瑞典于默奥大学商业和经济学院的格特·奥洛夫·博斯特罗姆和布里塔·纳斯曼开发，此案例仅用于教育目的。

台也报道了，公司流水线上约有 50 名工人将不得不离岗。报纸那页放了一张大图，是一群面露悲伤的人，他们将在六个月内离开维京公司。现在与当时相比，公司情况仍然差不多。

维京公司也削减了其他人员，如工程师、软件程序员。销售额下降影响公司各部门的人，罗尔夫在会议上也看出玛丽安也担心失去工作。

维京公司的问题不仅涉及自身，产品需求减少自然会影响供应链中的所有公司（也称为"集群"）。但维京公司似乎是受需求下降影响最大的公司。

玛丽安完全不相信维京公司产品销量下降是由于市场经济的"普通"衰退，她认为可能有更多因素影响维京公司的情况。她告诉罗尔夫自己之前采取了一些措施。不过从她脸上看得出，玛丽安不愿意与罗尔夫说的很详细，至少现在不行。

为了让罗尔夫·斯文森了解公司背景，两人约好和市场信息部门负责人马丁·隆德格伦会面。但在此之前，玛丽安想让罗尔夫先了解公司情况。据她介绍，了解公司历史是看清现状的重要因素。

玛丽安在两年前担任维京公司营销经理之前，曾在多国公司担任市场分析师，这些经验使玛丽安在维京公司中地位独特。她是维京公司整个管理层中唯一一个在其他行业工作过的人，其他人鲜有外部工作经验，多数在公司中"艰难前行"——从基层做起。

维京公司经营的市场范围非常小。全球销售的单位总数约为每年 2500 件。实际数量很难了解，因为一些制造商不想透露他们的销售情况。在一些国家，维京销售一种不需要注册的机器，这就更难去统计确切的国际市场销售总量。因此，统计数字都不可靠，在某种程度上，这些数字来源于广告中统计的购买数量。但玛丽安说，2500 单位的数量统计得较为合理。

玛丽安继续谈论行业特征，因为她对此很苦恼，她以前工作的行业都不像这样，现今行业内公司彼此间都进行监控。"我们做的事竞争对手都知道，"玛丽安娜说着叹了口气。

总的来说，业内有三家大型制造商处于世界领先地位。此外，北欧国家还有大量的小型企业涌现。"所以我希望您大概了解，"玛丽安对罗尔夫说，"您走的每一步都会受到竞争对手的仔细监控和评估。"

三大制造商分别来自瑞典、加拿大和芬兰。加拿大公司罗伯特穆斯主要生产 Lynx 机器，它是一个大型企业集团的子公司，因此财力十分雄厚。该公司是集团中的重要企业，无论出现何种财务状况，罗伯特穆斯公司都会一直运营。

罗伯特穆斯公司 100 多年来一直生产同一类型的机器。然而，从维京公司经营的业务范围讲，罗伯特穆斯公司仅活跃了 25 年。该公司对如何处理市场需求减少的情况知之甚少，因为该公司从未经历过这种窘状。

芬兰公司 Sisu Yxi 是一家非常强大的家族企业，由其创始人贾里托·图科斯卡于 50 多年前成立并运营。从一开始，Sisu Yxi 公司就专门生产机器，技术人员在机器制造方面的知识很丰富，该公司强大的财务基础促进了这些知识和商业技能的发展。

实力较弱的竞争对手是本地的小型企业。首先，有一个国营企业奥斯卡斯登格，公司建在与他同名的小镇上，是一家典型的家族企业，主要经营范围是公司附近地区。其次是林克斯机械公司，这家公司是一个财务业绩不佳的竞争对手。最后还有一家接近破产的芬兰公司——原木生活，业内专业人士都认为这家公司不能够度过目前的低迷时期。"这些小企业，"玛丽安说，"从国家角度来看，他们可能为国家带来最大利益。从全球角度来讲，即使这些公司偶尔能成功出口机器，也不会对我们造成很大威胁。"

同样在该行业内的一家德国公司 SHM 的情况类似于芬兰的机械公司。然而，这两家公司之间存在一个显著差异：SHM 公司属于投资集团名下，可以获得大量资金。因此，很难知道 SHM 下一步会做什么，玛丽安也不确定它能否成为竞争对手。

玛丽安指出，不同制造商的机器存在差异。但据维京公司的调查来看，在比较市场上不同机器的质量时，尤其是与大型制造公司的机器作对比时，客户认为差异并不大。因此，想要赢得客户还得作无尽的斗争。由于质量相近，这些斗争非常关乎价格战。

"但是，"玛丽安说，"不能仅仅从机器本身来分析目前情形。想要解决复杂问题，最佳方法是将机器提供的服务融入价值链。我们现在正在探究那些让机器来提供服务的公司能为客户做些什么，负责生产机器的公司可以出售一种服务，而机器在这一过程起关键作用。这项服务是在限定时间内完成，例如，在三周内我们必须完成一项工作。能否在截止期限前完成任务的关键在于机器的性能。因此，当顾客决定购买机器时，机器性能和售后服务是首要考虑的事项。"

大型制造商的产品定价更高，它们有更广的服务网络，这也意味着机器间性能可能更相近。奥斯卡斯登格公司的竞争策略少且各方面远远不同于行业内公司，但公司客户忠诚度非常高。奥斯卡斯登格的机器价格与三大制造商的机器定价相同，但该公司无法提供同样多的服务。奥斯卡斯登格的战略是在某些地区保持领导地位，并无意扩张到整个大区域或者国内。在公司所在的那片地区，公司领导者非常关注他们的客户。

较小的制造商当然不可能在地域广阔的地点建专用售后维修站。因此，这些公司不能像大公司一样在售后服务这块竞争。这些小公司只专注于价格——这是一个成功的策略。正如玛丽安所说,"有一个客户说售后服务都没有保障的产品他是不会买的,那些小制造商的回应是,'产品价格低廉,您可以更频繁地更新机器,这样就不需要售后服务点了。'"

罗尔夫等待玛丽安继续描述市场上的那些制造商,但她没再涉及。因此,罗尔夫得出结论,她所说的都是市场上的重要参与者,罗尔夫对它们的发展历程感到惊讶,他意识到这个行业的结构有一些共同特征。没等多久后,玛丽安继续说了下去,他告诉罗尔夫,这种结构确实为竞争者们提供了一个特定的框架。

"让我来举个例子,"玛丽安说,"我们机器的照片换了种色调,这些照片印在我们提供给潜在客户的材料中。四周内,另一家制造商也换了类似的照片。让我换一种说法:这个行业的所有公司,无论是我们公司还是竞争对手,都非常小心,不敢冒犯任何客户。因此,尝试一些新事物是一项挑战,如果有人尝试了一些似乎有效的新事物,那么我们都会跟风采用。"

机器行业业务开展得非常保守,因为大部分客户都是60多岁的男性,他们忠诚度非常高,维京公司的最高管理层也有相同的特征。该行业的座右铭是"安全运作",符合60多岁男性的价值观。

维京的客户遍布世界各地,维京生产的机器都是机械化运转。没有机械化过程,就没有客户。但是,这也可能带来一些潜在问题。维京的客户多数来自欧洲国家、俄罗斯、大洋洲、北美洲和南美洲。"我们还有另一个挑战,"玛丽安说,"我们的客户技术水平差异很大,不同区域间存在超过20年的差距。"

二、与马丁·伦德格伦会面

马丁是从基层做到现在这个位置的。40多年前刚进来的时候,他还在装配线工厂上班。马丁在维京工作多年,他对此感到非常自豪,他对公司历程都有大概了解,他可以将每项新活动与过去的事件联系起来。

很显然,马丁·伦德格伦拥有制造业工作背景,谈吐间可知道他相关专业知识过硬。从该行业灵魂和维京公司企业文化来看,这一点也不令人惊讶。马丁表示竞争的关键手段是发展科技通信,这是为了保持先进和吸引新老客户关注公司产品。

在介绍产品时,马丁变得非常兴奋。"这是非常先进的技术设备,"马丁解释道,"我们使用飞行喷气式飞机来类比现在的技术水平。维京公司有一台名为'生产商'的机器,这是整个生产过程中的第一台机器。该机器主要是用来运输原料,并一直与供应链的下一个阶段保持合作,以便以最具经济回报的方式处理原材料。"

马丁继续说,"我们有另一台机器来收集'生产商'准备的原材料并将其运送到收集点,每台机器内部都有一台计算机,它会对机器性能进行评估,并向供应链的下一台机器发送报告,这台机器会在下一个阶段加工原材料。每台机器中也有另一台计算机用来监控机器。如果有机器零件磨损或即将发生故障,计算机会自动从维京的备件中心订购新零件。"

"我们的客户要求极高,因为他们购买的是复杂的高科技产品,他们自身修复的可能性有限。有故障发生的话技术人员必须来修理机器。"马丁说,"因此,需要移动技术人员到现场服务。"

"影响客户财务敏感度的另一个因素是低利润率。机器所做的工作带来的利润率都很低,我们机器的用户通常只可以获得3%~5%的利润。因此,由于故障或任何其他操作失误的问题影响极大,这意味着客户会损失很多钱财。所以,在我们公司,大约有80名工程师在机器运达客户之前都会处理好相关问题。通过提供高质量的技术产品,我们为客户创造了有效的工具来完成他们的工作。只要技术过硬,我们就可出售机器,"马丁说。罗尔夫可以从玛丽安的面部表情看出她并不完全同意马丁的观点。

"你来自大学,"马丁继续道,"好吧,我们与一些大学的工程系和农业系都有很好的合作,它们为增强我们竞争力做出贡献。让我告诉你一个与工程系合作的开发项目,"马丁慷慨激昂地说。后面他似乎意识到与外部顾问讨论这个秘密项目可能不太好,所以他赶紧结束了这一话题,仅说该大学是集群的重要合作伙伴,帮助维京公司来制造高质量机器。

维京公司目前是一家非常大的国际钢铁公司下面的子公司。该国际公司在全球范围内销售军事设备、建筑材料、采矿设备以及机械设备。1999年,维京公司所经营的业务成功引起了钢铁公司的关注。为了使公司分类完整,钢铁公司收购了维京公司。维京公司是钢铁公司营业额的一小部分,仅占3%。然而,它是重要的一部分,使钢铁公司更为"完整"。钢铁公司非常成功,它是该行业中最大的公司。公司产品技术标准极高,并以其无可挑剔的质量,即时制造和交付机器的方法而闻名。事实证明,钢铁公司是非常强大稳定的母公司。

维京公司的历史可以追溯到100多年前。大约在19世纪末,来自一个小村庄的铁匠约翰·佩尔森在该公司制造了第一批产品。当时公司的名字叫佩尔森的斯米德。约翰·佩尔森是一位有远见卓识的人,他发明了许多帮助农民日常工作的产品。人们对这些产品的需求增加,因为机械化运作是提高效率的一种方式。

该公司一开始是家族企业,后面佩尔森的儿子们接手公司。在20世纪50年代,他们开始探索新的细分市场,并在家庭中发生争执。今天的维京公司是当初卖给约翰的孙子格伦斯·佩尔森的一部分发展而来。格伦斯·佩尔森与莱纳特·

奥尔森接触后决定一起开始生产维京公司自己的产品。格伦斯在钢铁和农业方面有着丰富知识储备，莱纳特专攻机械领域。两人知识与技能互补——立即取得成功。

多年来，该公司的新产品大多是由其他本地公司预先订购的，这些公司有一些技术问题需要解决。在20世纪60年代，越来越多的订单开始来自一类群体。客户对设备的大量需求很快使维京成为这一特定领域的专家。该公司建立了良好的声誉，其生产高质量机器的消息口口相传开来。不久之后，维京公司的名声传到国外去了，订单需求量日益增长，维京公司出口到欧洲以外的第一个国家是巴西。"这个国家的第一批客户是三位听说过维京公司的企业家，他们了解到维京的机器很实用。"

不幸的是，格伦斯·佩尔森在去巴西的一次访问中死于心脏病。这一噩耗使公司陷入恐慌。格伦斯·佩尔是一位非常强大的领导者，他一直很有商业头脑。莱纳特·奥尔森更像是一个伟大的发明家，而不是商人。

该公司的工程师汉斯·尼尔森有兴趣经营公司，他接管了戈兰·佩尔松的职位。维京公司在更多国家扩张，却没有赚钱。因此，维京公司的财务状况迫使公司所有者转售公司，一家大型拖拉机制造商最终收购了该公司。这一转让为双方多年来的盈利合作奠定了基础。

维京公司后面成为一家高科技的公司，为机器行业和拖拉机制造测试各种材料。对于工程师来说，在维京公司工作是一个非常好的职业选择。因有许多新发明，该公司被视为机器行业的技术领导者之一，竞争对手或多或少地模仿了维京公司所作所为。因此，该公司始终领先一步。

几年后，拖拉机制造商决定重新调整他们的合作业务，并专注于制造拖拉机。维京公司却过于专业化和细分化，因此无法融入拖拉机制造商的业务部门。维京销售定价很高，此时一家投资公司进入了市场，国际投资公司内西收购了维京公司。内西的董事会已经决定要去拓展公司业务，维京公司似乎是一个不错的选择。

在被内西公司收购的这些年里，维京唯一的策略是生存，因为公司没有投资项目。内西公司严格要求维京应按照不谋求发展的预算发展业务，因为它只想尽可能多赚钱，并不关心维京公司的未来。竞争对手很快从科技方面追赶上来，维京公司不再独树一帜。工程师们忠诚于公司多年，很担心公司未来。

最后，每况愈下，客户也抛弃了维京公司。内西公司设法将维京出售给钢铁公司，因为该公司将填补其产品组合的空白。钢铁公司希望了解他们将要收购的公司，因此立即派出了一个由工程师和经济人员组成的代表团前去访问。代表团对维京表示赞赏，并且对210名员工非常满意。

"这些年来，我们经过了多次经济衰退，"马丁说。"我记得 20 世纪 80 年代初的那次，我刚刚在维京公司工作六个月，市场经济就开始衰退，公司产品需求锐减，到最后都没有几笔订单，但我们设法生存了下来，"马丁深感自豪，"我们缩减开支，最后挺了过去。"

会议结束后，罗尔夫·斯文森意识到，马丁似乎已经为目前情形做好了准备，他对于现状的看法让罗尔夫感到有些震惊。凭借他在大学的经验，他期望能找一种方法来缓和目前形势。

三、维京公司的产业集群

维京公司在机器行业全国闻名。维京公司附近有许多公司也在该领域开展业务。因此，维京公司的一些供应商位于相对较近的位置。从企业群和地理位置来说，维京所在的集群可以明确地定义为边远产业集群。

从地理距离来讲，维京公司所在的国家也是外围国。但是，这个国家拥有处于世界领先地位的产业，正是维京公司所运营的业务。公司产业的机械化进程很大程度上都是从国内开始发展，因此它有极有意思的市场，在其他行业可能找不到知识极为渊博、要求极为苛刻的客户。如果您想创立公司去开发此类产品，那么这就是您的市场。在这个国家发展业务的优势是，该行业的世界领导者已经在这个国家建好了大型设施。

维京公司可以被定义为边远产业集群的小型制造企业。维京公司的三个硬件（"钢结构"）供应商位于 60 千米内，所有这些供应商都是各自领域的世界领先企业。

维京公司的软件供应商大多选址于小地方，而且多数是小微企业。这些公司专门从事技术性很强的特定类型编程。它们通常是大学生创业发展而来的，也就是说，有些学生在完成学业后创办了公司。这些公司为维京公司发展做出巨大贡献。现今，在机械行业中，维京公司占最大市场份额，这份成功远远离不开信息技术的发展（IT）。

四、与弗雷德里克·安德森会面

一周之后，玛丽安打电话给罗尔夫说有必要带他去见见弗雷德里克·安德森。弗雷德里克是维京公司新聘的市场分析师，是玛丽安聘请了他，他在公司工作了六个月。这是他的第一份工作，在他受雇于维京公司之前，他一直在大学学习营销课程。他现在的首要任务是调查过去六个月内购买新机器的客户。

弗雷德里克·安德森现要汇报调查结果。马丁·伦德格伦、玛丽安·斯文斯顿、罗尔夫·斯文森都喝完了咖啡，所以会议开始了。弗雷德里克首先说明他只汇报调查中的重要部分，因为他只有一个小时来做陈述。

弗雷德里克一开始就提到机器的买家都是小公司，87%的公司只有1~3名员工。他们中的大多数（42%）由父子经营。父亲通常是60多岁，负责经营公司，而儿子则是机器的操作者，年龄在20~30岁。调查显示，每隔三年公司都会连续购买新机器。在购买过程中，公司的所有者做的决定很大程度上受到机器操作员的影响。

买家一般看不出市场机器的差异，他们觉得机器质量基本相当。买家识别机器主要看颜色，极为看重机器运作时间。他们希望其时间能得到保障，机器故障对他们本人及其工作来说都是毁灭性损失。因此，机器服务体系在实现长期运作方面发挥重要作用。

在受访者中，约有65%的人在闲暇时间会使用互联网。他们中的许多人（80%）会登录YouTube，去搜索机器工作时的视频。统计约98%的人会去看有关机器的新闻或文章。

五、罗尔夫的解决方案

自从罗尔夫·斯文森与弗雷德里克.安德森会面以来已经过去了两周，罗尔夫正开车前往维京公司。到他来当主要发言人的时刻了，毫无疑问大家的期望都在他身上。为了对这次会议表示重视，除了维京公司的首席执行官外，钢铁公司总部有两人也来与会。现在他们都希望得到解决方案，猜猜罗尔夫会告诉他们什么？

案例八　萨博——紧急情况*

"这只是一个巧合，"尼克·林德想着，他挂了电话，打开了他老旧的宏基（Acer）笔记本电脑。在等待计算机启动时，他想知道之前在统计部门的同事是否可以计算出他将被要求完成这项工作的可能性。"无论概率是多少，可能性都很渺茫，"他想。他之前的同事摩根·约翰逊曾邀请自己来到萨博加入他的项目，并分享他对营销的一些看法，尤其是其中关于营销管理的看法。

摩根并不是萨博的员工，而是欧洲一家顶级管理公司的高级合伙人，曾多次与尼克合作过。自20世纪80年代以来，摩根一直是尼克的导师，多年来他们两人成为了亲密的朋友。最近他们在一个反响不错的品牌开发项目中合作，所以摩根对将尼克邀请到萨博的任务很有信心。然而，摩根并不知道尼克已经深入研究萨博超过二十年并且是该机构的专家。尼克也没有提起这件事，因为他认为这不是什么重要信息。

尼克长时间研究萨博的原因是他的一位老教授在他之前念商学院时给了他一些建议。他的教授告诉他做以下事情：①挑选一家你认为有趣的公司，一家你可以将其管理得更好的公司，并且你也认为自己会在这家公司留下来一段时间；②使该公司成为你学习的兴趣对象，并尝试了解该公司的一切；③尝试理解所有你所学过的营销和管理理论，将其运用到你所进行的爱好项目中。萨博是尼克所感兴趣的项目。25年前他在其他本可能选择的数千家公司中选择了萨博。多年来，尼克始终认为萨博是"宝贵的市场洞察来源"，正如他过去常说的那样。

在过去的十年里，尼克一直是一家小公司的营销顾问，并且在过去两年中一直是一位全职员工。在他现在这份工作之前，尼克曾担任多年高级品牌经理，在此之前，他在大学统计系担任助理职务。这是一项很棒的工作，在那里他学到了很多关于如何利用统计数据来掌握事物的知识。这与他的工作相关，他之前每年

---

* 斯德哥尔摩通信科学学院（STICS）卡尔·帕特里克·尼尔森（Carl Patrik Nilsson）开发了此案例，仅用于教育目的。

在他的简历中增加一到两门营销或管理课程，不断更新理论技能。他从家乡的大学毕业后就这样做了。他认为实践经验是有价值的，理论上的见解也必不可少，特别是在复杂的行业工作中这一价值更为明显。尼克能够理解具有直觉特征的理论，而这些理论从业者没有特别重视。然而，不仅有"直觉理论"，而且还有越来越多的你也许知道或者不知道的反直觉的理论。如果你不了解这些，你的直觉会告诉你以一种直观的方式管理你的公司，因此这意味着与那些最优秀的管理者的管理方式相比，这种管理方式并不有利。

第二天，尼克在摩根最喜欢的酒店的一间宽敞的会议室里与他以前的同事共进早餐。与其说这是一顿早餐，不如说这是一次商务会议。摩根几乎没打招呼就开始向尼克汇报客户的情况。更新信息是摩根的专长，他始终认为背景信息越多越好。所以他做的第一件事就是给尼克简单讲述了萨博的历史：

尼克，我不知道你是否知道，但大多数人都不知道萨博1937年开始制造飞机的事实。萨博不仅是一家飞机制造商，而且该公司实际上部分是由经历失败和重建的火车组和机车制造商（Aktiebolaget Svenska Jirnviigsverkstiderna，ASJ）的残余机构组成的。ASJ组建了一个飞机部门（Aktiebolaget Svenska Jtarnvdgsverksteders Aeroplanavdelning，ASJA），之后该部门与萨博合并。起初，萨博生产的德国Junkers Ju 86K和美国格鲁曼（Grumman）公司的战斗机都是在获得许可的情况下生产的。1940年，该公司开始研发一种完全由瑞典制造的轰炸机B17，随后研发了B18。事实上，B18在1944年被认为是最快的轰炸机。所以你可以想象，萨博从一开始就拥有伟大的工程师。

尽管如此，在第二次世界大战结束后，与许多其他战斗机制造商一样，萨博的飞机生产过剩，需要将其军事生产转变为某种形式的民用生产。因此，一支由工程师、设计师和技术人员组成的团队研发了萨博的第一款民用产品Saab 92。该车于1947年首次推出，1949年正式推出，并于同年开始全面生产。

萨博开始生产汽车实际上是对公司期权及其能力的分析结果。这种环境扫描和分析开始于1944年末和1945年初。最高管理层意识到战争结束时，军用飞机的销量将下降。因此，当时的总经理朗纳·瓦雷格伦与他的管理团队讨论了一些可选择的产品，例如预制房屋、厨房家具、摩托车，当然还有汽车。最终他们选择了汽车。然而，有一个问题是，公司内部没有人在汽车行业有过任何经验。因此，负责研发萨博的第一辆汽车的是一名专门从事战斗机飞机机翼设计的飞机工程师。结果就是，在汽车研发过程中格外注重空气动力学，这一点萨博设计的第一辆车中可以显而易见。从车身侧面看，它和飞机机翼形状一样。

除了空气动力学，萨博研发的第一辆汽车还必须满足两个以上的绝对要求：朴实无华并使用前轮驱动。由于"二战"后欧洲相当贫穷，因此它必须朴实无华,而且必须使用前轮驱动,因为这种布局与后轮驱动相比有很多明显的优势,例如在雪地和结冰的道路上①。此外,选择前轮驱动可以节省很多宝贵的时间,因为可以使发动机和传动系统完整契合,这是许多后轮驱动制造商在萨博这样做之后的40~50年才发现的。

所以,如果你还和我在一起,尼克,我们有一个公司,公司的第一个产品是基于简单性、空气动力学和前轮驱动开发的。公司为其创造感到非常自豪,从那时起,公司就选择了一条与其他制造商截然不同的道路。萨博逐渐成为汽车品牌中略显奇怪的局外人,这是该公司在内心和精神上引以为豪的形象。

在接下来的几年里,直到1989年,萨博仍然是独立的,由瑞典所有。尽管公司很小,萨博还是取得了不少技术突破。这些突破增强了萨博员工的信心,让他们相信自己正走在正确的道路上做着正确的事情。然而,1989年萨博的相对独立陷入停顿。美国汽车制造商通用汽车收购了萨博一半的股份,并接管了萨博的领导权。他们首先想到的是制定合适的目标和适当的战略。

在快速讲述完萨德的历史以后,摩根喝了一杯咖啡,继续谈论萨博的目标和核心战略。

一、目标和核心战略

摩根说:

尼克,我想你还记得你在商学院的日子,目标为组织提供了指导行动的大纲。目标可以定义为组织或个人努力实现的未来状态。定义明确的目标有助于组织协调活动,预测和计划未来的事件。组织目标通常有四个基本目的:①提供指导和方向;②简化和协助规划;③激励和鼓舞员工;④在评价和控制组织绩效方面至关重要。

规划和设定目标的一部分是环境扫描,这是监测和分析一个公司的市场环境的实践。从扫描中输入的是用于适应公司外部不断变化的世界。在适应环境的过程中,必须修订计划,调整战略,重新调整目标和目的。一些组织是僵化的,不能灵活变通,而另一些组织有能力适应变化,能更好地实现战略、环境和组织之间的战略契合。

为了在市场上有良好的表现,最高管理层应该选择正确的战略和行动方针,以实现公司的目标,从而产生可持续的利益。在选择创造竞争优势的一般战略

---

① 前轮驱动的车辆能在沙质、泥泞、积雪和结冰的路面上的抓力更好。由于大多数汽车的发动机都在前面,这意味着前轮驱动的汽车重量更大,因此前轮上的下压力(比后轮驱动的汽车)更大,从而获得更好的抓地力。

时，基本上有三种战略可供选择：成本领先，差异化，或者把注意力放在一般策略上。焦点策略有两个子策略：成本焦点或差异化焦点。

成本领先是一种直截了当的策略。这仅仅意味着公司的目标是成为行业内成本最低的公司。差异化意味着，该公司在某种意义上力求与众不同，在买家普遍看重的某些方面也是如此。第三个战略，聚焦战略则建立在一个狭窄的竞争范围之上，在这个竞争范围内，公司调整自己的战略，以服务于行业的特定领域，同时超越其他领域。焦点策略可以使用成本焦点或差异化焦点来执行。

在萨博的例子中，组织和市场部1989年设定的主要目标是年产量达到15万辆，这是一个非常大的目标，但考虑到1989年的目标销量总计为103591辆，这绝不是不可能实现的目标。然而，通用汽车本可以在其新收购的品牌上有一个更好的开端，因为第二年销量下降至87356辆。尽管销售额下降，萨博和市场部仍然坚定地致力于他们的目标，之后20年，即使他们从来没有达到过这一目标。最接近该公司在20年期间达到这一目标是在2006年，售出了132957辆汽车，因此，萨博没有达到13%的增长目标，也就是在那一年，亏损金额相当于总收入的1/6。因此，即使该公司实现了15万台的生产目标，也不太可能实现盈亏平衡。在2006年之后的几年里，汽车销量急剧下降。2008年为93388辆，2009年为38756辆，2010年只有31696辆。2010年，许多汽车制造商的销量在金融危机①后大幅回升。

通用汽车对萨博的策略是基于一系列旨在获得竞争优势的策略。萨博曾经是世界上最小的标准汽车制造商，但现在拥有了世界上最大的汽车制造商（通用汽车）的实力。因此，通用汽车对萨博的策略是通过生产规模经济，在萨博的高质量汽车基础上进一步发展，从而强化成本领先战略。

此外，通过协调分销，萨博、欧宝和通用汽车投资组合中的其他品牌可以利用彼此的经销商网络，从而获得协同效应。还将在产品开发领域进行协调，以便通用汽车投资组合中各种汽车品牌（例如欧宝）使用的平台、发动机和部件能够共享，并用于即将推出的萨博车型。通用汽车和萨博还提出了一个大胆的想法以真正加快产品开发②，同时节约成本。这个想法既简单又睿智：在现有两款萨博汽车的基础上开发两款新车型。因此，斯巴鲁翼豹和雪佛兰开拓者分别被改造成萨博9-2③和萨博9-7。此举是为了努力扩大萨博产品组合、吸引更多细分市场、从而提高总销量。

---

① 金融危机的序幕始于2008年春季，当时投资银行贝尔斯登（Bear Stearns）倒闭。同年秋季，随着投资银行雷曼兄弟（Lehman Brothers）的倒闭，危机进一步升级。
② 萨博9-2在2004年推出，萨博9-7在2005年推出。
③ 第一辆萨博1947年的型号是"92"。

案例八 萨博——紧急情况

摩根深吸了一口气,从杯子里喝了一大口滚烫的咖啡,接着说:

除了我刚才提到的各种努力之外,尼克、通用汽车和萨博还为他们的营销策略制定了一个非常有吸引力的价格。一名独立顾问的研究发现,萨博的售价仅略高于日本汽车制造商丰田(Toyota)。总的来说,这是萨博战略的精髓,瑞典和国际媒体对此表示欣赏和赞赏。还有一位后来被派驻哥本哈根的瑞典"汽车教授"也对通用-萨博的战略表示称赞。所以一切不能比这更好了。

"尼克,到目前为止我告诉你的听起来很不错,不是吗?"摩根问尼克。尼克点点头,摩根继续说道:

在继续下面的内容之前,我想先给你读一段摘自两份商业期刊的文章,这篇文章让大家了解了萨博在这段时间内的经营状况,实际上一直到今天,我一直在向你更新。文章是这样说的:尽管萨博在汽车行业已经有60多年的历史,但很少能实现盈利。从第一天开始,萨博就是一个汽车生产项目,但是亏损了,近期也只有亏损。查看该公司的财务报表可以明显看出,萨博在过去14年不仅没有盈利,相反,该公司同期生产的1372873辆汽车每辆损失了2000欧元。沃尔沃(Volvo)汽车公司前首席执行官培尔·吉林哈默声称,在萨博60年的历史中,萨博实际上只有两次盈利(Cervenka,2008;Heimersson,2009)。

"那么现在媒体终于意识到,萨博真的不行了?"尼克插话道。摩根点点头,补充道:"是的,但是他们不知道萨博究竟怎么了,更不知道为什么在如此长的一段时间内依然没有采取补救措施。好了,尼克,现在你的工作就是去了解这些。在我开始问你问题之前,我要为你补充一些历史。"

摩根继续说道:

尼克,当你在商学院努力完成学业的时候,你知道的,在20世纪80年代的最后几年,斯堪尼亚(Scania)公司和投资者(Investor)公司,这两家公司当时拥有萨博,检查并分析了萨博的商业环境。经过分析,他们得出了将萨博出售给通用汽车公司的结论。正如我之前提到的,公司的一半在1989年售出,而另一半直到2000年才售出。

通用汽车公司在1989年收购了萨博的一半股权,当时萨博换了一位新的首席执行官,大卫·赫尔曼(David Herman)。赫尔曼在萨博并入通用汽车公司期间担任了两年的总裁,随后铁腕人物基思·巴特勒-惠勒豪斯取代赫尔曼,担任首席执行官。在他的管理下,事情在一定程度上有所改变,除了我们已经讨论过的改变。

巴特勒-惠勒豪斯的计划是使用前面提到的方法加快产品开发的速度。这些事情在过去已经讲了太长时间了。例如,萨博的第一辆车,萨博92,发展成了萨博93,而萨博93又发展成了萨博96。萨博96在1980年停产前已经生产了20

年。即使萨博96有一个新的型号名称，它仍然是基于1947年制造的汽车①。萨博的另一款车型99则是另一个发展缓慢的例子。1967~1987年，萨博基本上生产的是同一款车，但1987年时，萨博99这款车停产了。

巴特勒-惠勒豪斯这位新任首席执行官不仅看到了加快速度、为萨博产品系列增加新车型的机会，还认为萨博应该开始在最豪华的车型上使用后轮驱动。通用汽车公司收购萨博是有一定目的的。通用汽车公司希望在现有的品牌系列中增加一个高端品牌。萨博将在通用汽车公司系列中作为补充的高端品牌是克尔维特和凯迪拉克，它们都使用后轮驱动。因此，萨博要想融入其中的话，汽车就应该由后轮驱动。此外，其他高档品牌也支持通用汽车关于后轮驱动概念的想法。宝马、奔驰、雷克萨斯，当然还有保时捷和捷豹等品牌都使用后轮驱动。此外，丰田的高级车型赛利卡在20世纪70年代使用后轮驱动非常成功。当丰田决定将其变成前轮驱动车时，几乎丧失了所有的吸引力。

然而，通用汽车公司将萨博改为后轮驱动的意愿并未受到工程师或萨博其他任何人的欢迎。这在公司内部引发了一场旷日持久的争论和权力斗争，一直持续到20世纪90年代上半叶。根据对萨博、萨博科技和通用汽车公司的员工的采访，在这段时间里，很多时间和精力都花在了错误的事情上。其中一位受访者说："我们甚至不是在转圈圈。我们是被困在旋涡中了，被带到不想去的地方。通用汽车公司希望我们开始使用后轮驱动，但我们一直在搁置、拖延，或者至少是试图拖延——这并不是加速产品开发的最佳组合。"最终，通用汽车公司放弃了。萨博在1996年推出了其最大的车型，拥有前轮驱动的萨博9-5。

尼克，很抱歉我说了这么多，但萨博的故事真的很有趣，以致于我都要忘了时间了。不管怎样，为了看看你是否还和我想的一样，我想听听你对以下问题的看法。

摩根停顿了一下，把咖啡杯倒满，在白色书写板上写下了四个问题。

二、摩根第一套问题

摩根在白色书写板上写下了以下问题：

（1）萨博开发第一款汽车时，有三个因素被认为是重要的。为什么这三个因素是重要的？你是否同意萨博的理念，认为这三个因素最重要？

（2）讨论并阐述以下与萨博相关的问题：

1）萨博采用的是哪种管理理念，是否适用于公司？此外，对于公司正在致

---

① 93型和96型都是基于萨博的第一辆车，92型，是在1946~1948年建造的。

力的长期目标,作为市场部的领导,你会做些什么,说些什么?

2)萨博会以何种方式产生协同效应?这些协同效应是否存在潜在的负面影响?

3)萨博使用了哪些策略,这些策略是否适合公司?

(3)当斯堪尼亚公司和投资人公司决定出售萨博时,他们的环境分析得出正确的结论吗?原因是什么?通用汽车公司收购萨博这一决定正确吗?

(4)对于使用后轮驱动或前轮驱动的决定,你会怎么做?为了支持你的决定你会提出哪些营销观点或其他观点?

在过去的20年里,尼克已经对这个主题进行了相当多的思考,他认为自己可以启发一下他的导师,好让摩根对萨博特殊的背景知识有个初步的了解。所以他接连回答了这四个问题,这些问题把摩根想到的所有事情都考虑进去了,还有一些摩根没有考虑过甚至根本没有想到的问题。

摩根完全被吸引住了,尼克给他留下了深刻的印象,他认为自己选择尼克参与这个项目是一个极其优秀的选择。他微笑着将咖啡杯倒满,继续向尼克叙述萨博的情况,他接着说道:

通用汽车公司收购了世界上最小的标准汽车制造商,他们想把这家奇怪的公司纳入通用汽车的大家庭。萨博公司位于瑞典的特罗尔海坦(Trollhättan),北极国家的一个偏远地区,管理起来并不容易。你知道的,那里的人非常顽固,对事情该怎么做有固定的想法。不仅萨博顽固,而且整个供应商集群(萨博是其中的一个组成部分)都很顽固。对通用汽车公司的经理们来说,与这家心胸狭窄的公司以及随之而来的分散网的小型制造企业开展业务并非易事。从通用汽车公司的角度来看,萨博只是无法看到整个大局。

摩根喝了一大口咖啡,一边自言自语着有关北极汽车集群的事情,一边浏览着一些文件。当摩根喃喃自语时,尼克的思绪开始飘忽不定。他想到了自己的家庭以及他们与萨博这个品牌之间的关系。他认为,他们在很大程度上属于萨博的核心业务。尼克七岁的时候,他的父亲——一位营销管理专业的学者和讲师,得出这样一个结论,认为萨博是一个适合这个家族的品牌。从那以后,萨博一直是尼克生命中一个重要的品牌。毕竟,他每天早上和下午坐车上下学的时候坐的都是萨博,暑假期间,很长时间他都会和哥哥姐姐一起坐在后座上,往返于他们在斯堪的纳维亚山区的避暑别墅。

尼克的父亲在他不再开车前一共有四辆萨博,在那之前他有五辆福特。拥有萨博可以说是很不幸运,或者说是很幸运,这一点取决于如何看待这件事情。尼克的父亲只买了一辆萨博,另外三辆是免费的。第一辆是一辆二手的萨博99L,当时买的时候这辆车才用了三年。他拥有那辆车快10年,尼克的爸爸以前常说那辆车是他拥有过的最好的车。第二款是全新的萨博900GL，主要由国家、市政府和多家保险公司提供补贴。因为父亲臀部受伤，他们支付了费用。尼克的父亲买了这辆车几年后，他接受了髋关节损伤的手术，从而克服了残疾。

不幸的是，当尼克的爸爸终于痊愈时，这辆车被偷了，并被偷车的人放火烧了。但他并没有难过太久，因为保险公司介入，给了他购买一辆全新的萨博900涡轮的机会。那是一辆尼克和他爸爸都同意购买的好车。然而，在一个阳光明媚的早晨，尼克开着他爸爸的车去商学院的路上，一位女士也开着一辆萨博车就在尼克正前方左转。尼克以每小时70千米[①]的速度撞向那辆萨博99的侧面。尼克惊魂未定，头晕目眩地走下车，车子已经成了残骸。但最重要的是自己活着，而且毫发未伤。那位女士的头受了点伤。据到达现场的警察说，她受伤主要是因为没有系安全带。清理现场的警察和消防员还告诉尼克，如果他开的是另一个品牌的汽车，即使不是致命伤害，也会受到严重的伤害。

如果不是尼克驾驶的汽车的安全特性，那个阳光明媚的早晨可能是他人生的最后一个早晨。至于这位女士，她很幸运，因为萨博是世界上第一个在车门上安装防撞元件的汽车制造商，那是1972年——大约是在业内另一家安全巨头沃尔沃推出侧面防撞装置的20年前。尼克心想，也许他的故事和其他人的故事一样，有更多的意义和内容，会在更大程度上吸引拥有高于平均水平教育的学术目标市场。在过去的20年里，萨博一直用的是一种浅显的、没有重点的营销沟通，尼克从来就不青睐这种营销沟通。"嗯，也许我的故事更适合沃尔沃，而不是萨博，"尼克总结道。事故发生后，尼克的父亲从保险公司得到了另一辆萨博900，至今他的一个孙子仍在使用这辆车。

在这一点上，尼克不再做白日梦，回到摩根的讲解上来。

"请允许我重复一遍。"摩根说。当尼克意识到他的导师发现他在做"白日梦"时，他笑了。摩根手里拿着一杯现磨的咖啡，继续说。

三、创新和产品开发

摩根继续说：

尼克，我们都知道公司会利用创新和产品开发来互相竞争，但不幸的是，并不是所有的公司都能在这方面取得成功。我亲自对萨博的经理、工程师、设计师和各类员工进行了多次采访，结果表明他们十分重视这点。他们似乎真的明白这一点很重要。我采访过的一位经理用三句精彩的话概括了这一点："首先，创新

---

① 时速70千米相当于时速45英里。欧洲新车评估计划（Euro NCAP）通常以时速55千米或时速35英里的速度测试汽车。

和开发新产品是企业不断经历更新的基石。其次,企业要想在激烈的市场竞争中生存下来,就必须创新,否则就会灭亡。最后,在萨博,我们致力于创新和产品开发,而且作为我们在打造质量最好的汽车方面所付出的努力的回报,我们将拥有一款能够自我销售的产品。"

摩根仿佛知道了尼克一直在做的"白日梦",然后开始谈论安全问题。

四、安全

摩根开始说道:

尼克,你知道的,萨博总是能产生一些新奇古怪的想法,并且在这方面做得很出色。在整个20世纪70年代和80年代,萨博的创新能力令人惊叹。例如,在1972年,萨博在车门上安装了减震杆,以在侧面发生碰撞时保护驾驶员和乘客。这种侧面碰撞保护的开发和实施比定位为"世界上最安全的家庭汽车"的沃尔沃早了20年,沃尔沃开发了侧面碰撞保护系统(SIPS)。

事实上,在过去二十年的真实和模拟事故[①]中,各种安全测试和测量都表明萨博在大多数情况下比沃尔沃更安全。然而,尽管沃尔沃标榜自己是一款安全的家庭轿车,并将自己定位为安全的,但是萨博却对自己的安全问题缄口不提。萨博也是世界上第一个引进其他安全部件的汽车制造商,让我来举一些例子:1964年的双斜纹刹车系统,所以如果一个系统出现故障,总有一个备用系统;1967年的前后吸能区;1972年的侧面碰撞保护;1983年的刹车片无石棉;1993年的黑色面板系统,减少不必要或多余的信息,从而提高驾驶员夜间驾驶时的夜视能力;1997年的萨博主动式头部防护头枕(SAHR),可以进行主动保护,避免颈椎过度屈伸而损伤。在过去30年的品牌对比中,萨博在大多数年份(现实中)都是最安全的汽车——但这一事实几乎无人知晓。你可以说说如何满足顾客,并且超出其预期。唯一的问题是,客户只有在自身可能发生最严重的车祸之时才会知道这一点。如果事故不太严重,你开的是哪辆车其实并不重要。但如果碰撞真的很严重,你会希望自己买了一辆萨博。

五、涡轮

"我最喜欢的酒店的咖啡真的很好喝,不是吗?"摩根说道,他又斟满了杯子,朝尼克笑了笑,接着说:

---

① 参见佛克萨姆 Folksam(2003,2005,2007,2009)关于汽车安全的研究报告和对研究报告的评论(Auto Motor & Sport,2009;Sterner,2010)。

萨博的工程师在创新新的安全部件方面很擅长，他们也擅长各种创新。他们最大的创新也许不在于安全，而在于如何从发动机中获得尽可能多的马力，而不增加气缸的数量或增加气缸容积。其他想要从发动机中获得更多马力的制造商会把气缸的数量增加到6个、8个甚至12个，气缸的体积也会从2升增加到4升或更多。但问题是，大型发动机比小型发动机重得多，而且消耗的汽油也更多。尽管萨博当时只使用4缸2升气缸容量的发动机，但工程师选择坚持用那种发动机尺寸。他们认为一点点的工程魔法就能让发动机产生同样多的马力而不需要增加发动机的尺寸，萨博的新魔法就是涡轮增压。

尼克，你知道，萨博并没有发明涡轮。然而，萨博是第一家能够利用涡轮动力的汽车制造商。在首席工程师佩尔·吉尔布兰德的指导下，萨博的工程师们想出了一个漂亮的解决方案，这样涡轮增压就可以用于标准汽车。这个成功故事的关键是废弃阀门的发明。废气阀门使萨博能够掌控涡轮发动机，使发动机功率提高50%，同时降低油耗。这种产品属性是工程师和市场营销人员的梦想。

萨博在1977年将这一新特性纳入99车型，并于1978年开始全面生产。同年，也就是1978年，萨博推出了萨博900，最顶级的型号是萨博900涡轮。它在市场上取得了立竿见影的成功，新萨博900的交付时间迅速增长。到那年年底，顾客们不得不等上10多周才能买到新车，送货时间也越来越长。市场部对这次成功感到非常兴奋。回想起来，萨博900涡轮增压可能是市场上最成功的型号，公司确实在蓬勃发展。

几年后，1984年，萨博开发了一款新的大型豪华家用汽车，9000系列。这在当时将成为进军高端市场的垫脚石。当萨博9000系列出现在美国市场时，它被分类为"大轿车"，美国环境保护署（EPA）①，即，处在最大的类别中的车。对萨博来说，美国环保署的认可是非常宝贵的，因为奥迪100、宝马5系和奔驰280都在萨博9000之下的同一大小类别中。因此，萨博最终到达了金字塔的顶端。1978年以来的销售成功在1984~1985年又一次实现。在9000系列发布后不久，交付时间开始增长，营销部门知道这是即将成功的万无一失的迹象。

六、生物电源

摩根继续说：

尼克，让我用几句关于萨博生物电源模型的话来结束创新这个部分。2006

---

① 根据美国环境保护局的说法，瑞典制造的萨博9000是该机构"大轿车"级别中最省油的汽车。此外，萨博9000是唯一获得"大轿车"地位的进口汽车，这是EPA确定内部空间的根据（萨博，1992，2012；环境保护局，1986）。

年，萨博将生物电源作为一个新概念引入市场。这一概念建立在对发动机和燃料系统稍加改进的基础上，这样发动机可以使用85%的乙醇和15%的汽油。发动机也可以使用普通汽油，当然也就没有生物电源效应。

用乙醇作燃料对环境有利，因为它产生的二氧化碳和其他有害气体更少。乙醇也是一种可循环利用的燃料，因为它是在发酵过程中与酵母和水混合的玉米或小麦的最终产物。

与汽油相比，乙醇的最后一个优点是可以让发动机功率增加20%左右。当工程师们发现这一点时，他们正在对发动机进行微调，并为此感到欣喜若狂。正如一位工程师所说，"我们什么都没做就免费多了20~30马力。"大家都很开心。

七、市场细分与定位

突然间，摩根陷入了沉默。他盯着眼前的一片虚无，用一种奇怪的方式咀嚼着自己的舌头，感觉好像少了什么似的。他一低头就立刻发现了问题。他把咖啡喝完了。杯子里只剩下烟雾，这几乎和高速公路上的燃油耗尽一样令人尴尬。几秒钟后，摩根的杯子里又装满了纯黑咖啡，他若无其事地说："尼克，你还记得市场细分是市场营销的核心吗？"尼克点点头，但什么也没说，于是摩根继续说道：

分割的一个关键方面是根据以下方面来评估分割：

(1) 吸引力（如规模、增长、盈利能力和规模经济学）。

(2) 细分市场是否符合公司的目标和资源。这只是一个"部门与公司是否匹配"的问题。如果匹配，公司将能够通过比竞争者更好地满足客户需求来服务于这个细分市场，从而实现盈利。

让萨博高兴的是，我们可以假设，著名的市场营销学教授菲利普·科特勒（Philip Kotler）在教科书中友好地指出，萨博应该与宝马（BMW）和奔驰（Mercedes）等品牌属于同一个"富裕"市场（参见Kotler等，2005，第412页）。然而，宝马和奔驰的产量是萨博的10~20倍，这意味着萨博要想与这两大巨头竞争，萨博应该在产品设计和推广上更具差异化和独特性。还有就是……

摩根又安静下来。"我还想说一件事，"摩根补充道。"关于这一点，所有这些提到的方面也应该反映在某些事情或某一点上。嗯……"他嘟囔着，接着眼前一黑。

"一定是咖啡的缘故，"尼克想。"可能脱因咖啡也会这样。"尼克默默地猜测着。

摩根发现自己渐渐迷失了方向，于是他重新集中注意力，再一次说道。"已经过去了，我已经忘记了。我们继续吧。"摩根说。他接着说：

"一位市场营销学教授说：由于萨博相对有限的产量，人们几乎可以说萨博的汽车是'手工制造'① 的。萨博的销量低于宝马和奔驰，因此要找到产量与萨博同样有限的汽车品牌，我们必须看看保时捷（2009 年产量为 75238 辆）和捷豹（2009 年产量为 52500 辆）这两个高端品牌的汽车销量都超过了萨博 2009 年的销量，这相当令人吃惊。"

萨博的最高管理层曾希望萨博能进入高端汽车市场，但与此同时，这款车却给人一种"大众汽车"的印象，这让这项任务变得更加复杂。实际上，萨博的管理层经常表示，萨博是一款大众车，在瑞典语中意为"人人有车"。萨博在其公关活动中成功地传达了这一理念，除了一名瑞典汽车业记者以外，所有的记者都对这一理念给予了大力支持。大多数记者认为，"大众汽车"的想法是萨博多年来取得成功的真正原因。

"好吧，尼克，"摩根说，"我们就要讲完了，所以听好了，把你的杯子装满！"摩根继续说道：

分割过程的最后一步是将公司的报价定位在市场上。定位是关于你的提议如何被你的潜在客户在重要属性上感知的问题。因此，定位就是关于你通过各种各样的市场沟通②，对顾客的心理做了什么。在定位的重要方面中，有两点尤其重要——为你的品牌找到一个与众不同的、未被占据的位置；此外，有与众不同的新属性。

正如我们所看到的，萨博在过去开发了许多新产品特性，这些特性对该行业来说是全新的，这反过来也为萨博提供了绝佳的市场定位机会。20 世纪 70 年代末涡轮的发展就是一个很好的例子。拥有一个像涡轮一样的特性，这是其他任何人都没有的，这是任何从事定位工作的营销人员梦想的场景。在涡轮增压前后，萨博都注重安全。20 世纪 90 年代和 21 世纪初，萨博专注于"从喷气式飞机上诞生"的品牌口号，以及取得了成功并获奖的"释放自我"（Release Me）活动。在 2006 年的乙醇战略中，萨博将自己定位为"生物电源"汽车，由此当年销量最好。

"哦，啊，"摩根说，"就在几分钟前我的思绪被自己打乱了，脑子一片空白，现在我想起来了自己想说什么。也许你还记得我曾说过，'所有提到的这些方面也应该反映在某件事上或某个地方'；我应该加上'……反映在萨博的……'是的，

---

① 根据美国环境保护局的说法，瑞典制造的萨博 9000 是该机构"大轿车"级别中最省油的汽车。此外，萨博 9000 是唯一获得"大轿车"地位的进口汽车，这是 EPA 确定内部空间的根据（萨博，1992，2012；环境保护局，1986）。

② 注意，产品、价格和地点也是沟通的手段。

我想起来了。"摩根得意洋洋，他继续说："但是我没有必要把这个告诉你，因为我想说什么其实很明显了。如今一切似乎都在你掌握之中，所以还是你告诉我吧，尼克。"摩根笑着说。

尼克的眼里立刻闪过了正确的答案，他笑着补充道："嗯，你开始走神的时候，我本来可以马上提醒你的，但我想我应该检查一下你现在的记忆能力，它似乎还完好无损。"摩根冷笑了一声，因为他已经有些说累了，而且杯子里几乎没什么咖啡了。然后他又提出了另外五个问题。

八、摩根的第二套问题

摩根在白色书写板上写下了另一组问题：

（5）创新和产品开发是什么时候以及如何成为"推销自己"的好工具的？

（6）关于萨博 900 和 9000 车型的发布，交付时间迅速增长，营销部门在这两个场合都异常激动和高兴。作为一名杰出的市场专家，你如何评价 1978 年和 1984 年萨博 900 和 9000 型这两种汽车型号的销售业绩？是什么因素使它们成功？

（7）萨博的 9000 系列是否通过了美国环保署的分类成为了一款高端汽车？对此你怎么看？你有什么论据来支持自己的观点？

（8）当萨博将乙醇作为一种新燃料引入市场时，它的优势和劣势是什么？

（9）在你看来，萨博是否应该像过去一样成为一款"大众汽车"（"人民的汽车"），萨博是否应该尝试进入"大众市场"？此外，在未来的几年里，萨博应该试着建立何种定位理念？

除了摩根的五个问题，实际上还有一个问题与尼克一直在做的白日梦有关：

（10）你认为为什么尼克会得出这样的结论：发生在他自己身上的车祸（作为一种潜在的营销传播手段）或许"更适合沃尔沃，而不是萨博"？你认为尼克的结论是正确的还是错误的？

摩根仔细听了尼克对他的问题的回答，接着说："在我们结束今天的谈话之前，还有一件事就是我们的客户萨博想听听你的意见。让我告诉你情况是什么。"摩根友好地微笑着，接着说：

正如你们所知，2009 年和 2010 年，荷兰汽车制造商世爵（Spyker）接管萨博时，萨博正处于破产的边缘。当最严重的危机结束时，萨博的最高管理层意识到，通用汽车公司并没有很好地管理萨博的产品组合。通用汽车曾承诺并计划加速的产品开发已经完全终止。因此，新产品的发布不是停止就是推迟。

九、会议

摩根继续说：

2010年初，世爵收购萨博后不久，新董事长和首席执行长以及萨博其他高管召开了一次会议，他们利用波士顿咨询集团的知名矩阵研究了萨博的产品组合。他们并没有真的喜欢自己所看到的。这里没有疑问，没有明星，也没有"摇钱树"，工厂里的汽车生产已经停滞太久了。然而，最高管理层并没有空手而归。通用汽车公司暂停的项目可以相对容易地恢复，在那次会议上，最高管理层带来了四份档案，里面装的都是描述四种潜在产品的文件。停产的产品开发项目可能是多年来像阴影一样笼罩萨博的所有产品开发问题的答案。

在会议上，首席执行官把档案和文件放在他们面前的桌子上。第一份档案中插入了技术图纸、规格说明和与萨博9-5轿车相关的图片，这款新车只有一些月就要发布了。第二份档案是文件和新的9-5旅行车的图片，这款车即将在9-5轿车上市后的六个月后发布。第三份档案比其他几份档案更厚，其中包括一组与全新萨博9-4X跨界车SUV在阿卡普尔科拍摄的一系列美丽的日落照片，这款SUV车将在墨西哥生产。9-4X车和9-5旅行车大约可以在同时间发布，估计是在9-5轿车发布后的半年。

第四份也是最后一份档案中装满了文件，这些文件表明备受期待的萨博9-3轿车，这款轿车可能比萨博9-5轿车晚两年上市。在第四份档案中，首席执行长和董事长还发现了一份看起来很奇怪的粉红色文件，上面有红色的标签和"紧急"字样。这份粉红色的两页文档是由一名技术顾问撰写的，他得出的结论是，产品开发过程可以进一步加快。如果采取某些措施，萨博9-3轿车可能比萨博9-5轿车晚一年半推出。

经理们看完所有的文件后抬起头来。他们面带微笑，如释重负。他们知道，未来看起来并没有那么糟糕，他们也明确知道接下来要做什么。

十、摩根的最后一个问题

摩根在演讲结束时说："尼克，既然你为我所有的问题都提供了很好的答案，那么我很想听听你在最后一种情况下的决定。"他接着在白色书写板写了这样一个问题：

(11) 当萨博的新产品上市时，你会怎么做？

摩根最后一次倒满咖啡杯，对尼克（你）笑了笑，等待他（你的）的回答。

参考文献

[1] Atuahene-Gima, Kwaku (1996). "Market Orientation and Innovation." Journal of Business Research, 35, February, 93-103.

[2] Auto Motor & Sport (2009). "Folksam: Sveriges Sakraste Bilar!" May 5.

[3] Barney, Jay B. and Ricky W. Griffin (1992). The Management of Organizations. Boston: Houghton Mifflin Company.

[4] Bearden, William O., Ahmet H. Kirca, and Satish Jayachandran (2005). "Market Orientation: A Meta-Analytic Review and Assessment of Its Antecedents and Impact on Performance." Journal of Marketing, 69, April, 24-41.

[5] Cervenka, Andreas (2008). "Saab har Férlorat 45 Miljoner i Veckan —I Elva ar." Svenska Dagbladet Naringsliv, December 3.

[6] Day, George S. (1994). "The Capabilities of Market-Driven Organizations." Journal of Marketing, 58, October, 37-52.

[7] Dibb, Sally (1998). "Market Segmentation: Strategies for Success." Journal of Marketing Intelligence & Planning, 16, 394-406.

[8] Dibb, Sally, L. Simkin, W. Pride, and O. C. Ferrell (1997). Marketing: Concepts and Strategies. Boston, MA: Houghton Mifflin.

[9] Environmental Protection Agency (1986). 1986 Fuel Economy Guide. Washington, D. C.: U. S. EPA.

[10] Folksam (2003). Folksams Nya Ranking: Hur Saker dir Bilen? Stockholm, April 2.

[11] Folksam (2005). Folksams Nya Ranking: Hur Saker ar Bilen? Stockholm, April 21.

[12] Folksam (2007). Folksams Nya Ranking: Hur Saker dr Bilen? Stockholm, November 8.

[13] Folksam (2009). Folksams Nya Ranking: Hur Siker dr Bilen? Stockholm, May 5.

[14] Franke, N., P. Keinz, and C. Steger (2009). "Testing the Value of Customization: When Do Customers Really Prefer Products Tailored to Their Preferences?" Journal of Marketing, 73 (5), 103-121.

[15] Green, PE. (1977). "A New Approach to Market Segmentation." Business Horizons, 20, 61-73.

[16] Heimersson, Staffan (2009). "Inte Bitter men Forbannad." Fokus, August 21.

[17] Hunt, Shelby D. (2002). Foundations of Marketing Theory: Toward a General Theory of Marketing. Armonk, NY: M. E. Sharpe.

[18] Kalwani, M. U. and D. G. Morrison (1977). "Some Factors in Industrial Market Segmentation." Industrial Marketing Management, 9, 201-205.

[19] Kotler, Philip (1991). Marketing Management, 7th ed. London: Prentice-Hall International (UK) Limited.

[20] Kotler, Philip (2000). Marketing Management: The Millennium Edition, 10th ed. London: Prentice-Hall International (UK) Limited.

[21] Kotler, Philip (2002). Marketing Management, 11th ed. Englewood Cliffs, NJ: Prentice Hall.

[22] Kotler, Philip, Veronica Wong, John Saunders, and Gary Armstrong (2005). Principles of Marketing: Fourth European Edition. Essex: Pearson Education.

[23] Levitt, Theodore (1960). "Marketing Myopia." Harvard Business Review, 38 (4), July/August, 45-56.

[24] Lonegard, Claes (2008). "Saabs Utdragna Dédskamp." Fokus, December 5. http://www.fokus.se/2008/12/saabs-utdragna-dodskamp/.

[25] Mahajan, V. and A. K. Jain (1978). "An Approach to Normative Segmentation." Journal of Marketing Research, 15, 338-345.

[26] Moorman, Christine and Roland T. Rust (1999). "The Role of Marketing." Journal of Marketing, 63, 180-197.

[27] Nilsson, C. Patrik (1997). "Saab—Ett Skolexempel pa Misslyckad Marknadsforing." Resumé, No. 24.

[28] Nilsson, C. Patrik (2009). "Tveksamt om Saab Klarar att ta Tillvara en Sista Chans." Dagens Industri, March 21.

[29] Nilsson, C. Patrik (2010). "Saab and the Perpetual Marketing Failure: More than 50 Years of Marketing Myopia." Paper presented at the 25th SVU World Congress in Tabor at the special sessionon "Coexistence of Management, Marketing and Technology in Other Sources a Global Context," Tabor, Czech Republic, June 27-July 3.

[30] Porter, Michael E. (1985). Competitive Advantage: Creating and Sustaining Superior Performance. New York: The Free Press.

[31] Préckl, Eddie (2009). "Nasta Saab Byggs i Trollhattan." Ny Teknik, Jan-

uary 15. http：//www. nyteknik. se/nyheter/fordon_motot/bilar/article492615. ece/.

[32] Reeves, Rosser (1960). Reality in Advertising. New York：Alfred A. Knopf.

[33] Ries, Al and Jack Trout (1982). Positioning：The Battle for Your Mind. New York：Warner Books.

[34] Saab (1992). "1992 Saab 9000 Rated Most Fuel Efficient 'Large Car' by EPA." Press release by Saab. http：//www. saabhistory. com/.

[35] Saab(2012). "Saab History 1984-Saab 9000 Turbo." http：//www. saab. com/.

[36] Sharma, Subhash, Richard G. Netemeyer, and Vijay Mahajan (1990). "In Search of Excellence Revisited：An Empirical Evaluation of Peters and Waterman's Attributes of Excellence." In Bearden, William O. and A. Parasuraman (eds.), Enhancing Knowledge Development in Marketing, Vol. 1, Chicago：American Marketing Association, pp. 322-328.

[37] Sterner, Marianne (2010). "Vi Har Gjort Varldens Sakraste Bil." Vi Bilagare, July 12.

[38] Svedberg, Tomas (2009). "Forre Volvobasen：Radda inte Saab." Géteborgs-Tidningen, August 22. http：//gt. expressen. se/nyheter/ 1. 1679640/forre - volvobasen - radda-inte-saab/.

[39] Welch, David and Dan Beucke (2005). "Why GM's Plan Won't Work." Bloomberg Businessweek, May 9. http：//www. businessweek. com/magazine/content/ 05_19/b3932001_mz001. htm/.

[40] Wills, Gordon (1985). "Dividing and Conquering：Strategies for Segmentation." International Journal of Bank Marketing, 3 (4), 36-46.

[41] Wind, Y. (1978). "Issues and Advances in Segmentation Research." Journal of Marketing Research, 15, 317-337.

其他来源

采访

[1] Saab Information Department, March 2009 and April 2010.

[2] Saab Marketing Managers and representatives, February 1997, March 2009, April 2010, and May 2011.

[3] Jaguar Representative, April 2010.

[4] Porsche Representative, April 2010.

[5] Toyota Managers and Representatives, March 2009 and April 2010.

案例九　战略与功能实践在汽车工业中的结合*

本案例涉及在欧洲北部汽车产业集群的两个组织（品牌）之间创建共享的汽车平台。许多著名的汽车品牌都坐落在这个集群中。随着时间推移，这个集群已经扩大，在集群中可以找到与汽车行业相关的所有类型的组织。本研究关注的两个组织将被称为 Chrome 和 Explorer。

创新过程发生在两个开发站点。Chrome 组织位于 Alpha 站点，而 Explorer 组织位于 Beta 站点。这些开发站点位于两个不同的欧洲国家。这一合作背后的基本理念是通过共享零部件创建一个汽车平台，同时保护品牌标识。然而，说起来容易做起来难。组织的管理者发现将战略意图与功能实践连接起来是极具挑战性的。他们意识到必须协调和组织由相互关联的业务、结构、流程和技术接口组成的复杂网络。

一、处理业务接口

托马斯是工程部门（Chrome，Alpha 站点）的负责人，他对这种情况进行了反思。这两家公司总体上是在全球市场上运作的，但针对的是不同的客户群体。Chrome 瞄准的是高端市场，过去取得了巨大的成功，公司的收入非常高，而且被认为拥有强大的组织。Explorer 品牌的目标是更低层次的细分市场，但不太成功。尽管 Explorer 显示出了积极的收入，但这些收入远远低于 Chrome。因此，从实力上看，Chrome 比 Explorer 拥有更大的财务实力。

为了平衡这两个组织之间的关系，他们达成了一个协议，即更强大的组织（Chrome）应该为平台中共享技术的大部分提供资金。每个组织都应该为其品牌

---

* 瑞典于默奥大学商学院的托米·伯斯特罗姆（Thommie Burstrom）开发了此案例，仅用于教育目的。案例设计说明了在管理产业集群中的组织间协作时，需要包含一些概念和理论。案例中的人名和公司名都为虚构。

成本提供资金。因此，每个组织都有责任创建自己的成功业务案例。

Chrome 和 Explorer 的管理人员组织了一个专门的小组，针对适合于品牌或非品牌解决方案的领域。该小组针对车辆平台 90% 的领域提出了解决方案。这些解决方案总体上被 Chrome 和 Explorer 的管理者所接受。然而，剩下的 10% 是非常关键的领域。随着创新过程的继续，他们决定应该要对剩下的 10% 做出决定。

随着创新过程推进，很明显，要想维持 Chrome 和 Explorer 之间的市场差距变得非常难。尤其是 Chrome 的管理人员看到了与 Explorer 共享过多技术存在的风险。如果客户开始将 Explorer 视为 Chrome 的替代品，那么 Chrome 的市场份额可能会丧失，其形象也可能消失。反过来，Explorer 的管理人员注意到了创新过程中的成本增加。为了平衡成本的增加，Explorer 的管理人员将不得不进行价格调整。但这样做的话他们可能会失去客户群体，而这部分人原本预期的是价格相当低廉的产品。因此托马斯打算在下一次指导委员会会议上提出一个问题：

·如何保持组织间的战略市场距离，避免相互竞争，同时获得大规模优势？

此后，托马斯继续思考与业务接口相关的问题。他还决定在创新过程中整合外部引擎供应商。这个外部引擎供应商受到各个机构的信任，他们有过合作的经验。由于汽车工业正在努力变得"更环保"，所以他们做出了一个战略决定，生产混合动力汽车——也就是说，人们认为可以通过使用电力或汽油作为动力源来驱动汽车。然而，通过外部供应商展开的较早的创新活动已经创造了电动发动机。因此，这两个组织和引擎供应商之间的战略契合度不匹配。所以这两个组织希望供应商调整发动机以适应车身，而发动机供应商则希望该组织调整车身以适应引擎。此外，外部引擎供应商已经有了其他依赖于当前形状和状态的发动机的客户。这些客户对引擎进行任何更改根本不感兴趣。

一方面，外部引擎供应商认为不可能对引擎进行更改。引擎也是根据某些标准而获得许可的，而改变这些标准将以惩罚的形式带来巨大的成本。另一方面，Chrome 和 Explorer 的管理人员声称，为了满足客户的需求，他们的汽车必须按照新颖的架构进行设计。

组织之间的战略不匹配意味着创新过程陷入停滞。更换外部引擎供应商不是一个好的选择。因此，托马斯将在下一次指导委员会会议上提出另一个问题：

·我们如何在制造新颖车身的同时仍然使用供应商提供的发动机？

二、处理结构接口

马蒂亚斯是该项目的首席项目经理，他思考了创建结构接口的问题。正如在任何其他创新过程中一样，这个项目也需要建立管理结构来控制和指导创新工

案例九 战略与功能实践在汽车工业中的结合

作。因此，马蒂亚斯决定创新过程将由三个指导委员会管理。两个品牌指导委员会，第三个委员会被视为是公共委员会。

他进一步决定，实际的产品开发将由三个项目的项目成员进行。其中两个项目的目标是创建平台的品牌部分，还有一个项目是公共项目，其中项目成员致力于创建共享技术。他还决定每个项目应由其具有自身特色的指导委员会管理（见图 1）。

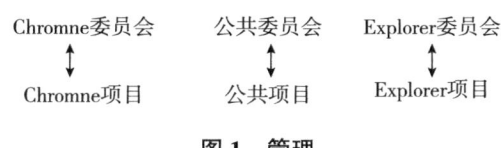

图 1　管理

马蒂亚斯想："嗯，理论上看起来不错。"事实证明，当 Chrome 和 Explorer 的管理人员决定以不同的方式使用车辆平台以满足客户需求时，多项目设置的管理变得更加复杂。

在汽车工业中，组织创建一系列的车辆（一系列的模型和变体）以满足不同的客户需求。例如，宝马 3 系和宝马 5 系是两个系列。在这种情况下，Chrome 的管理人员决定使用车辆平台作为一个动态的基础，同时随着客户需求的变化，主要创建一些系列。同时，Explorer 的管理人员决定使用固定数量的系列数。他们认为，这种工作方式将使向客户传达明确的报价成为可能。这也会更具成本效益。

由于 Explorer 的系列决策，Explorer 项目的首席项目经理的工作量增加了（每个项目由首席项目经理管理）。因此，Explorer 的战略经理创建了另一个项目。新项目将由负责组织系列活动的新首席项目经理负责。与此项目相关的管理将如何执行，这一点是非常不清楚的。可以将该项目视为第四个普通项目，在这种情况下，它将具有与其他 Explorer 项目相同的地位。然而，这个新项目也可以看作是普通 Explorer 项目的一个子项目。马蒂亚斯对这种结构接口感到担忧，他决定在下一次指导委员会会议上提出这个问题：

·新的第四项目应如何管理，并且应处于何种地位？

马蒂亚斯接着继续对结构接口的思考。新项目的创建可能会对其他两个项目的首席项目经理产生影响。如果新项目的地位与普通项目相同，那么所有项目的首席项目经理必须与新首席项目经理合作。如果将新项目视为子项目，则可以将合作委托给 Explorer 项目的首席项目经理。

在结构接口中要处理的另一个复杂问题是外部引擎供应商的角色和位置。外部发动机供应商的承诺很不可靠。发动机供应商在公共项目中只有一个代表，所有关于发动机和混合动力发动机开发的问题都要通过公共项目。然而，由于承诺可信度低，Explorer 项目的首席项目经理在 Beta 站点联系了引擎供应商。这种工作方式不符合以前商定的办法，公共委员会开始对其进行了解。公共委员会的管理人员不知道如何处理这个问题。其中存在着沟通不畅的风险。马蒂亚斯想，应该由谁来组织与引擎供应商的合作？因此，他决定在下一次指导委员会会议上提出这样一个问题：

· 我们应该尝试让 Explorer 项目终止这种相互作用，还是应该采取另一种方式？

最后，这个项目缺乏战略同步。Chrome 组织/项目的经理比 Explorer 组织/项目的经理早三个月开始工作。因此，既然 Chrome 的项目经理已经开始开展其活动，那么公共项目的项目经理也应该这么做。这种不同步的启动给马蒂亚斯带来了问题。他发现他应该与其他项目的首席项目经理合作，但由于他们不同步，所以几乎不可能达成任何重大协议。因此，马蒂亚斯决定在下一次指导委员会会议上提出最后一个问题：

· 我们是否应该强制品牌项目同步其开发流程？

马蒂亚斯很清楚，这个问题是一个非常敏感的问题。例如，Chrome 项目的首席项目经理实际上想要提高开发工作的速度。如果允许其这样做的话，这两个项目之间的差距将会扩大，使马蒂亚斯几乎不可能协调创建共性。尽管如此，Chrome 品牌的经理们还是打算比 Explorer 品牌提早六个月实现产品产业化。因此，马蒂亚斯尊重加快发展速度的需要。尽管如此，由于多项目协调的责任，他感到了巨大的压力。

三、处理流程接口

托马斯在思考业务接口的问题，马蒂亚斯在思考结构接口的困难，战略流程经理尼拉克斯则在思考创建基于实践的流程接口方面的挑战。各组织已达成一项协议，即应使用同一种新产品开发过程。有人认为，尽管其中一个组织对这个过程更熟悉，但如果他们使用相同类型的创新过程，就更容易"达成协议"。这种组织方式非常成功。通过使用共享的创新过程，项目成员可以找到一种共享的语言，当他们不确定要采取什么行动时，他们可以使用相同的指令作为指导。尽管如此，该过程仍然要把战略意图付诸行动。该行动在很大程度上受到核心价值观、决策实践和成本跟踪实践的影响。

四、核心价值

有人预测，项目成员将按照其认为合适的方式进行协调和结合。也就是说，项目成员有望自我组织,只有当他们不能解决问题时,才通过指导委员会的管理者之间的谈判来组织。人们还预期,创新过程将以与每个组织有关的核心价值为指导。然而,尼拉克斯发现,虽然对于 Chrome 和 Explorer 项目的项目经理来说,应该遵循什么样的核心价值是显而易见的,但是对于公共项目的项目经理来说,这一点就不那么明显了(见图 2)。

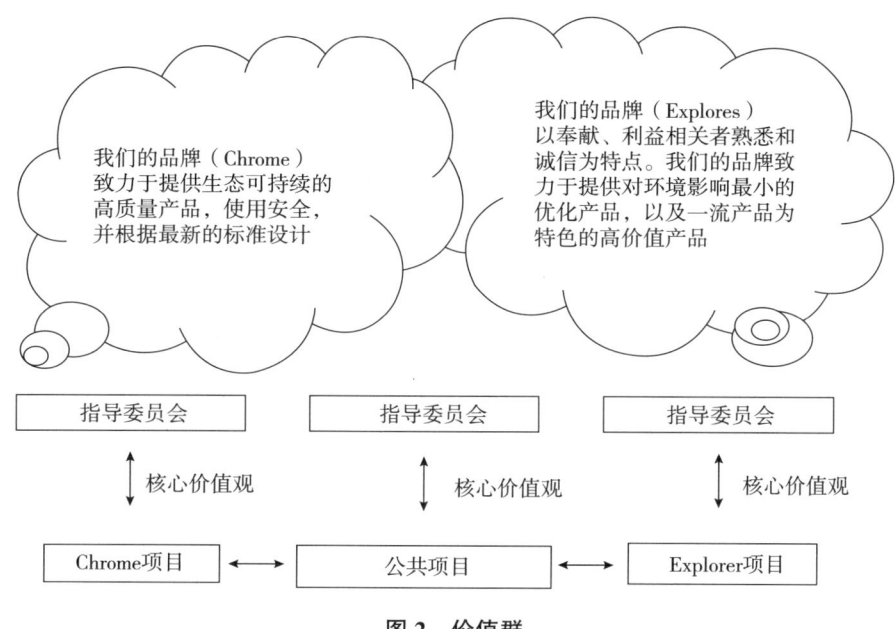

图 2 价值群

尼拉克斯发现,指导委员会试图指导项目时有不同的声音。Chrome 和 Explorer 在公共指导委员会中占据着共同的位置。然而,公共指导委员会的管理人员来自该组织中较低的级别。他们跟品牌指导委员会拥有的权力不同。因此,他们没有设法与品牌委员会的经理建立持续的沟通。因此,大多数共同的组织工作是在比指导委员会级别低或高的层次上执行的。对于项目成员来说,这种情况意味着与价值相关的新奇性、差异性和相互依赖性都很难得到理解。例如,项目经理受到品牌差异文件中信息的指导,该文件清楚地说明了大部分组件的差异/共通程度。但是,项目经理仍然需要对关键的组成部分做出决定。因此,项目成员必须咨询不同的指导委员会,以便就与共性有关的相互依赖关系达成最后的决定。

品牌核心价值和创造客户价值的方法深深植根于每个网站/品牌的传统工作方式中。按照传统,这两个品牌采用了各自独特的方式来平衡功能和成本。这些不同的方法并不意味着一个品牌不关心成本,或者另一个品牌不关心功能。这仅仅意味着组织的管理者在产品开发的初始阶段有非常不同的侧重点。Chrome 的管理者为了保护自己的优质形象，愿意承担更高的成本风险，而 Explorer 的管理者提倡成本效率，因此更加不愿意承担与成本相关的风险。然而，剩下的关键共性问题应该在项目设置中进行协商。

协商关键共性是具有挑战性的，因为当决定与共性相关的价值投资时，上级组织及其相关项目的经理自然会受到传统品牌核心价值的指导。然而，公共项目及其委员会的项目经理则会受到不同核心价值观的指导。对于品牌项目，则明确传达了品牌产品和项目先决条件中从品牌到项目的传统品牌价值观。对于公共项目及其指导委员会，工作模式看起来会有一些不同。在公共项目中，产品策划人员必须解释品牌产品的先决条件和要求，以创建针对共性的产品先决条件。因此，在这个活动中，产品策划人员以及后来的公共项目成员试着解释客户的共享价值。例如，当一个品牌删除或更改项目时，公共项目的项目经理必须进行复杂的解释，以理解其更改的含义和影响。

此外，项目经理将特色的含义转换为与价值相关的术语，如"领先""名列前茅"和"具有竞争力"。因此，每个品牌的价值轮廓都应该由这些与价值相关的术语的不同组合来说明。也就是说，当品牌使用术语"领先"时，这样的陈述必须与某些特定的价值方面（目标和需求）相关。例如，油耗水平是一个具有一定价值的方面。如果一个品牌想要"领先"，就必须确定燃料消耗的目标水平。然而，燃料消耗受到发动机、空气阻力和轮胎等因素的影响。其中一些资源被视为品牌领域，而其他资源则被视为共性领域。很难理解如何在新产品中区分或共享这种相互依赖关系。因此，当过程早期的参与者发现产品先决条件通过使用价值术语表达了非常类似的车辆轮廓时，就会出现紧张局势。当然，在共性方面，价值也应该非常相似，但是应该区分总体轮廓。

早前的案例说明，为了将产品提供给客户，各品牌还致力于创建产品系列。尼拉克斯发现创建这样的系列是项目成员所面临的边界挑战的一部分。每个系列都应该是新颖的，但又应该与传统产品传统相联系。尽管共享技术了，产品系列也被视为区分品牌的一种重要方式。因此，项目经理详细阐述了如何使用一些窄系列或单个宽系列的组合。然而，这些品牌执行了一个不同步的启动阶段：当一个品牌通过研究其他开发问题来决定一个概念并且继续时，另一个品牌则试图理解品牌内部产品的相互依赖关系。

汽车平台的发展也受到了对未来销量的估计的影响。对更高销量的预测带来了在更多特性上投资的可能性，也意味着每件产品的成本更低。当然，不同品牌对未来销量的预测是不同的。这不涉及品牌问题，而是一个涉及共性的问题。例如在公共项目中，将对未来价格品牌的预期和对市场需求的预期转化为共性方面。但是由于共性方面的构建是为了整合两个品牌的观点，对于预计的变化有不同的观点,所以相较于品牌委员会中的成员而言,公共项目中的参与者更难理解价格和市场机制。因此,公共项目及其委员会必须平衡对于预计的变化,以及价格和市场变化对平台的影响的不同意见。

与该平台的发展相关的想法是,通过实施结转策略,使用已经生产的部件。有人认为,这些零部件的使用将有利于平台,并将加快产品开发的速度。使用结转策略的意图是好的,但是尼拉克斯发现很难在实践中实施这个策略,因为这些原本是为了适应单一的品牌策略而开发的部件和部件的品牌体验是不同的。因此,当一个品牌认为结转策略没有什么问题时,另一个品牌必须评估和理解使用该策略的所有后果。

尼拉克斯还发现,与所有发展问题相关的是品牌在市场上的定位问题。这些项目很难得到明确的答复,因为它们与不同的指导委员会都有交流。在整个项目设置过程中,通过不断的对话处理了这个问题。随着产品开发的继续,对话有了更丰富的内容。尼拉克斯仍然认为有必要为这个问题找到答案:

· 组织和指导委员会应如何利用核心价值观指导项目经理?

五、项目间核心价值问题

尼拉克斯还发现了一些其他核心价值问题。项目经理对组织价值没有给予同等的重视。例如,工程师通常比购买者更容易受到传统品牌价值的影响。采购职能是按照统一的方式组织的。因此,尽管在不同的地点工作,购买者还是比其他工程师更容易平衡传统的品牌价值,只是在产品开发问题上有更少的分歧。

每个职能部门都根据自己的领域制定了战略方针。例如,制造功能解释了与制造过程相关的关键问题。这些方法在项目先决条件中进行了交流,并在之前的项目中相互比较。然而,尽管参与者有以前共同产品开发的经验,他们仍然致力于理解和接受彼此的价值创造方法。

此外,虽然项目经理在不同的项目中进行活动,但其仍然分享了对不同品牌价值的认识和理解。因此,这种认识是共享的,但关于如何整合和协调不同价值观的认识却是缺乏的。因此,代表各种功能的参与者通力合作,但是这种协作涉及的是工作惯例的整合,而不是品牌价值。也会有定期的跨项目会议,但是这些会议并不会特别关注价值,而是只关注成本或特性之类的问题。

为了理解某个特性的竞争力有多强,参与者使用了诸如"领先""名列前茅"或"有竞争力"等价值表达。通过结合这些特征定义,他们可以描述品牌形象。这些表达与竞争对手的品牌相关,并非彼此相关。因此,在会议期间,项目成员认为价值表达是综合的,而价值表达的实际应用是分开的。简单地说,在战略层面上,品牌识别特定领域的竞争对手,并创建与这些参与者相关的概要。然而,由于品牌针对的是不同的细分市场,他们根据自己的情况调整了价值术语的使用。因此,由于两个品牌都希望位于各自的细分市场的顶端,所以几乎不可能在先决条件和需求规范中看到创建的品牌概要之间的差异。

尼拉克斯还发现,项目成员很难理解与价值观相关的组织变化。一些品牌功能正在整合。因此,项目中品牌与人的关系也在发生变化。一个部门对地点和品牌进行了重组和整合,从而"用一种声音说话"。另一个部门试图找到类似的工作方式,并在其他职能部门也建立了网络。在这些网络中,讨论是为了平衡共性和品牌。因此,可以发现品牌价值的整合,但很难说这种整合已经深入到什么程度。问题仍然存在:

· 项目经理如何应对核心价值观多元化的情况?

六、决策

尼拉克斯还思考了这样一个事实:在任何新产品的开发中,项目经理都需要做出许多决策。然而,尼拉克斯发现,在组织间的多项目设置中做出决策,各个组织在其中进行竞争和协作,与此同时决策过程也是非常具有挑战性的。

组织旨在通过产品先决条件传达给项目,而产品先决条件又被项目经理转化为项目先决条件。公共委员会/项目负责整合品牌先决条件,但实现这种整合的任务并不明确。这些行动者只能根据所有项目协商一致做出的决定采取行动。如果不能协商一致,做出共同决定的话,其他委员会/项目就可能阻碍其决定。

尼拉克斯可以看到,大多数与品牌委员会/项目的产品决策相关的授权似乎都很明确,而公共项目及其指导委员会的授权则不那么明确。品牌指导委员会有权做出产品决策,而项目应该做出项目决策。公共指导委员会和项目应该扮演与品牌委员会和项目类似的角色,但是许多与共性相关的决策都造成了模糊性,因为所决定的技术往往与品牌部件相互依赖。当车辆前部的细节被确定时,这些决定与有关车辆尾部细节的决定发生冲突。这使得很难理解和创建明确的决策领域。

由于决策领域的模糊性,项目中的参与者不可能知道产品开发决策实际上有多稳定和明确。而品牌相关的委员会/项目控制着品牌的发展。因此,在品牌问题上做出的决定比与共性问题相关的决定更稳定。决策稳定性也受到结转策略变化的影响。变化可能会影响技术的相互依赖性,在这种情况下,之前的决策将不得不进行审查。由于这些决定数量多,以及其模糊性,项目中的参与者为可能发生的情况做好了准备。

案例九 战略与功能实践在汽车工业中的结合

尼拉克斯在指导委员会和项目之间的授权方面确定了一个明确的区别。这种区别涉及开启大门的权利。公共指导委员会的权力与其他两个指导委员会的权力不同。因此，由于三个委员会都必须有发言权，关于公共项目的大门的开启变得模糊起来。公共指导委员会能够在品牌没有达到其共性目标的情况下对其施加压力。尽管如此，Chrome 和 Explorer 的管理者拥有最终决定权，因为他们拥有资金。由于这些品牌是门户开放者，项目成员可以按照品牌指示而不按照来自公共指导委员会的指示行事。

尼拉克斯还发现，与创造决策稳定性的挑战相关的是决策文化问题。由于这是早期产品开发的一个高度模糊的阶段，许多决策是不稳定的，并且在整个项目设置中执行了许多决策迭代。也就是说，决策要么被拒绝，要么被修改，要么被协商。这里需要指出的是，决策迭代没有任何错误。这是许多参与者在产品开发的早期阶段做出决策的方式，尽管这一点没有得到承认。然而，尼拉克斯发现决策迭代因委员会/项目的不同而不同。

首先，在 Chrome 项目与其委员会的边界上，决策文化要求达成共识。其次，在 Explorer 项目及其委员会之间，管理人员根据另一个原则进行决策。这些经理认为决策和交流进展的方式一样重要。因此，尽管管理者做出了决策，但这些决策通常是作为建议做出的。最后，由于公共委员会/项目依赖于品牌委员会/项目中的决策，因此决策集合比品牌项目的决策方式更具反应性。公共项目的项目成员可以主动地提出决策建议，但通常必须等待品牌项目中发生决策迭代。因此，决策文化的多样性成为组织间管理的一个挑战。

由于品牌委员会有权决定产品的先决条件，他们也有权决定成本和功能。然而，这两个品牌的经理也同意分担一些成本和功能。因此，关于共同费用，授权模糊不清，因为其中一些费用/特点已经决定，而其他费用/特点仍待谈判。

尼拉克斯还发现，与时间管理相关的决策是复杂的。根据时间限制来组织产品开发十分困难，特别是当管理者试图控制组织间的时间限制时。在这种情况下，一些管理人员希望更改时间计划。公共项目的管理人员使用的是主时间计划。在这个计划中，各品牌有不同的截止日期。在一定限度内偏离这个计划是可能的。公共指导委员会/项目必须平衡品牌时间计划和总体计划，但没有命令更改的权限。因此，公共委员会/项目不得不指出与时间相关的后果，有时声称问题的焦点是一个商定的共性区域。因此其他委员会/项目必须遵守，或者为了说服其他项目进行更改而谈判，这样才能遵循总体规划。此外，品牌项目也卷入了关于共性的共同协议中。因此，品牌项目可以行使决策权，作为一种及时进行更改和创建分离的方式，但前提是其愿意为被破坏的协议付出代价。

委员会有时也就同一类问题单独做出决定。只要决策主题涉及独立的品牌问题，这就都不是问题。但由于技术上的相互依赖，许多零部件是相互连接的。当这些相互依存关系无法在委员会层级得到平衡时，就会把问题提交给本组织较高层的决策机构。然而，这种决策的转移使项目参与者很难理解决策过程。

与强制性紧张关系密切相关的是首席项目经理（CPM）的角色。CPM 在每个项目中的角色和界限以及与指导委员会的关系都很不清楚。品牌项目的首席项目经理不具有业务项目经理的角色和授权来平衡客户产品先决条件和决定最佳业务案例。然而，每个首席项目经理必须确保他的项目创建了先决条件和需求规范，以实现平衡的目标。因此，在品牌项目中，首席项目经理负责商业提案，但不负责提案权限和决策权。

对于公共项目的首席项目经理来说，授权还具有另一种性质。由于与品牌委员会/项目强烈的相互依赖性，角色表现甚至更加模糊。会有一种创建与共性相关的项目先决条件和需求规范的责任。然而，由于业务案例为品牌所有并通过品牌项目进行沟通，公共项目的首席项目经理负责创建公共性商业案例提案，而不能直接与商业案例所有者沟通。因此，业务建议和业务案例的集合和协调在计划和操作方面与客户分离。因此，必须进一步了解、谈判和拟订授权。

随着平台工作的继续，理解哪个参与者拥有整个运载工具提供的有关综合协调的权利成为了一个挑战。随着产品开发的继续，产品变得更加详细，需要决定与整个运载工具相关的问题。品牌委员会/项目将自己视为所有者，因为他们对业务结果负责。同时，公共委员会/项目成员将自己视为所有者，因为他们有平台责任。因此，尼拉克斯认为有必要找到两个问题的答案：

· 为了从一开始就建立一个更加透明和高效的决策结构，我们应该如何组织？

· 在接下来的工作中，我们应该做些什么来建立更加透明和高效的决策结构？

七、后续成本

尼拉克斯进一步指出，组织间的成本跟进具有挑战性。这两个组织必须提供资源，以便能够以类似和一致的方式组织和执行后续成本跟进。在这方面，两家组织都存在成本跟进问题。所有项目都有责任进行成本跟踪，但没有权力告诉各自的部门组织如何进行成本跟踪。Chrome 和 Explorer 的管理人员的组织方式不同，以便进行成本跟踪。Explorer 项目的经理可以很容易地组织成本跟踪过程，而在其他地方的 Chrome 和公共项目的经理不得不求助于直线型组织中的各种工程师。Explorer 项目的管理人员使用一种更加标准化的（如"强硬"的、正式的核心程序）方式工作，成本是相互依赖的。这些标准必须在复杂的项目设置中得以调整。对于 Chrome 和公共项目的经理来说，他们已经习惯了不那么正式的成本跟踪程序。但是，管理人员发现很难平衡需要的资源，从而将这个过程固定在两个地点，因此，他们正尝试将关于如何组织成本问题的共享程序集合起来。

此外，由于这些项目仍处于产品开发的早期阶段，并且正在使用一种新的成本跟踪工具，因此，对管理人员来说要理解应该如何组织不同类型的成本问题并不容易。由于成本跟进是共同关心的问题，管理人员正在寻找一种与成本跟踪跟进有关的解决方案。但是，也必须了解和考虑到许多正在进行的平行变化。例如，在项目设置之外的多个项目之间存在复杂的成本相互依赖关系，负责成本跟进的管理人员（Explorer 项目）也发生了变化，以及谁将负责成本跟踪的不确定性（Chrome 和公共项目）。

另一个挑战是，当品牌想要添加独特的功能并推动品牌而不是共性时，如何跟踪成本的变化，这会导致更高的项目和产品成本。由于项目经理还在开发其成本跟踪工具，所以很难得到一个明确的答案。因此，项目不能总是平衡变化和成本。答案来自品牌，当成本增加时，答案可能是项目应该将成本"同化"到项目的其他部分中。然而，当使用更多的玻璃、钢铁和工时的时候，同化是非常困难的，尤其是因为不知道这些项目之后会发生什么变化。

对于项目经理来说，成本决策也很困难，因为品牌对成本的敏感性并不相同。因此，项目经理必须了解如何平衡品牌的成本敏感性、期望的特性和未来的市场定位。先决条件和需求规范的形式的书面文件应该支持决策过程，但是在指定的内容和成本之间找到平衡并不总是容易的。例如，Explorer 品牌所表达的特性与预期成本之间并不平衡。因此，项目设置的管理人员试图找到以下问题的答案：

· 在跨组织合作中，我们应该如何创建更高效的成本跟进流程？

八、处理技术接口

曾担任战略几何经理的马林在创建技术接口时遇到了困难。新产品的开发受到计算机辅助设计（CAD）的支持。在创新过程的早期，使用 CAD 具有重要的战略意义，因为它可以减少物理原型的使用。因此，创新过程将会更快、更便宜，因为创建物理原型需要时间，而且成本高昂。

通过使用计算机辅助设计，工程师可以制作出非常详细的汽车零件的数字模型，以及最终汽车的模型。CAD 模块给出了在处理特定产品开发问题时如何交流数据、信息和知识复杂性的提示。但是，如果项目很大，就会使用许多在一定程度上相互依赖的 CAD 模块来进行沟通和组织复杂性。例如，通过配置代表车辆不同部分的CAD模块，一辆完整的汽车的所有复杂性是可以设想到的。

马林从经验中知道，与汽车相关的新产品开发是由不同部门的工程师使用他们自己的计算机和数字工具同时进行的。每个工程师创建与其专业领域相关的部件。因此，时不时需要停止开发工作，并评估不同工程师所做的工作。然而，CAD模块的所有细节都承载着大量的数字信息，这使系统很难在屏幕上旋转该模块。因此，在进行评估时需要减少数字信息的数量。因此，项目成员使用自动配置工具。

这意味着，为了向其他项目成员提供基于几何形状的产品信息，汽车模型被转换成更易于管理的轻量级CAD格式。轻量级CAD格式使审查成为可能，例如，变速箱是如何适应发动机的，或吊杆是如何适合车身的。简单地说，工程师和所有其他项目成员可以获得他们所执行的新产品开发成果的更大图景。轻量级格式的缺点是不能对可视化的数字几何图形进行任何更改。

马林知道，理想的场景是执行产品开发，直到达到一个里程碑，然后在产品开发中会出现停滞，从而评估开发工作。在评估开发项目的质量之后，成员将进行必要的改进，并继续新产品的开发。然而，使用新产品开发初期的CAD系统在实践中也出现了一些问题。

负责协调和整合CAD系统的马林对此表示担忧。理想的情况是只使用一个CAD系统。原本一个战略决策和协议可以只使用一种类型的CAD系统。然而，实践中使用了三种不同的CAD系统。因此，项目成员需要在多CAD环境中工作，这引发了一些问题。

有一个正在使用的CAD系统十分古老，只有Beta站点的工程师使用它。这个系统已经好几年没有更新了。系统中的信息不是英文的，这意味着在使用系统中的数据时总是需要翻译，因为业务语言是英语。该系统仍在使用，因为它包含与旧产品有关的数据。然而，旧产品的一些部件被用于更新颖的产品。与配置工具结合使用旧系统也是不可能的。因此，马林问自己该如何处理这个系统：

· 我们是否应该更新这个CAD系统，并且只保留到我们不再需要它的时候，或者努力翻译系统内部的所有信息，然后让系统停止工作？翻译所有的信息可能没有必要，并且至少需要100万欧元。

在Alpha站点，另外两个CAD系统也在使用。不同的工程部门更喜欢使用各自的系统。选择使用哪个CAD系统受到传统和情感的影响。如果要改变这个系统，那么任何已经学会如何使用这个系统的专家，就必须重新学习。然而，事情远比这复杂。新产品的开发是在与供应商和客户的密切关系下进行的，工程师的工作也与创新集群的其他遥远地区的系统相联系。因此，改变CAD系统将导致难以识别和理解的后果。因此，马林问自己如何应对这种情况：

· 我们应该坚持最初的决定，只使用一个 CAD 系统，还是应该学习如何管理多 CAD 环境？

这里还存在其他问题。根据战略协议，Beta 站点的工程师最初只使用了一个 CAD 系统。然而，由于 Beta 站点的一些项目成员必须与 Alpha 站点的项目成员协作，而 Alpha 站点使用的是更现代的系统，他们发现有必要开始并行使用两个 CAD 系统。于是马林问自己：

· 是否应该干预并禁止 Beta 站点使用两个 CAD 系统？这涉及成本，而且还存在路径依赖的风险，因为一旦开始使用系统，就会困在这个组织中。此外，我可以看到，现在我们使用两种类型的 CAD 系统，工作运行得更顺利了。

最后，最迫切需要解决的问题是，当试图将两个现代 CAD 系统的数据集合到车辆自动配置工具中时，整个系统崩溃了。数字模块形式的部件没有按应有的方式连接。因此，计算机屏幕上的图像显示模块随机地分布在屏幕上，使评估不再可能。为了解决这个问题，一个暂时的解决方案是创建工程任务组，手工将数据转换为适合自动配置工具的数据。但这项工作耗时三周，导致了项目延期，并让客户对开发情况感到不安。这个问题增加了使用 CAD 系统的不确定性。

马林明白规划和实际执行之间存在着不匹配，她总结说：

· 我们做了一个战略性的决定，使用一种类型的 CAD 系统，但这是行不通的。

· 我们不知道如何处理 Beta 站点的旧 CAD 系统。

· 我们不知道如何处理两个现代 CAD 系统并行使用的情况，因为我们无法将这些系统的使用整合到自动配置包装工具中。

· Beta 站点的工程师已经开始并行使用两个 CAD 系统，以使产品开发工作在实践中进行，但这并不符合只使用一个 CAD 系统的决定。

总的来说，管理人员正在处理从组织间战略级别到组织间职能级别的与实践有关的复杂的发展问题。托马斯听说了这个组织的所有问题，他认为作为工程总监，自己有责任召集马蒂亚斯、尼克拉斯和马林开会。在会上，他们都陈述了其对现状的了解。在最后一次陈述之后，他们都沉默了。

过了一会儿，托马斯开口了，提出了一个显然还存留的问题：

· 我们现在应该做什么？

参考文献

[1] Bengtsson, M. and S. Kock (2000). "'Coopetition' in Business Networks-To Cooperate and Compete Simultaneously." Industrial Marketing Management, 29,

411-426.

[2] Müller, R. (2009). Project Governance. Aldershot: Gower Publishing Company.

[3] Müller, R., K. Spang, and S. Ozcan (2009). "Cultural Differences in Decision Making in Project Teams." International Journal of Managing Projects in Business, 12 (1), 70-93.

[4] Nohria, N. and R. G. Eccles (1992). "Face-to-Face: Making Networked Organizations Work." In Nohria, N. and R. G. Eccles (eds.), Networks and Organizations: Structure, Form and Action, Boston, MA: Harvard Business School Press.

[5] Olson, E. L. (2008). "The Implications of Platform Sharing on Brand Value." Journal of Product & Brand Management, 17 (4), 244-253.

[6] Olson, E. L. (2009). "The Impact of Intra-Brand Platform Sharing on Brand Attractiveness." Journal of Product & Brand Management, 18 (3), 210-217.

[7] Orlikowski, W. J. (1992). "The Duality of Technology: Rethinking the Concept of Technology in Organizations." Organization Science, 3 (3), 398-427.

[8] Ottosson, S. (2002). "Virtual Reality in the Product Development Process." Journal of Engineering Design, 13 (2), 159-172.

案例十　区域生物炼制集群开发与营销的挑战*

在瑞典，经济福利通常依赖于木材资源。斯堪的纳维亚近80%的土地都是森林。这些地区是针叶林生态区（或北方针叶林）的一部分，覆盖了北半球的大部分地区。针叶林以其高质量和长纤维而著名，这些纤维是在长时间的生长过程中形成的。

瑞典北部的工业发展严重依赖于伐木和将森林资源加工成传统木材产品（即纸张、木材和家具等）。由于锯木厂和造纸厂的存在，瑞典的这一地区发展了一些以木材为基础的工业集群。历史上，这些集群主要生产传统的木材产品。然而，近几十年来，瑞典北部的一个特殊背景已经从现状中分化出来，形成了一个新的区域性生物炼制产业集群，用木材生产出高度精炼和创新的产品。

生物炼制产业的概念是将生物质浓度转化过程和设备集合起来的多方面的工业设施或系统，从而生产燃料、电力和化学品，其类似于从石油中生产多种产品和燃料的炼油厂（Kamm et al.，2006）。在瑞典北部，生物质，主要是原始森林材料，被提炼成具有更高市场价值的产品。国际能源署（2008）将生物炼制定义为将生物质可持续加工成一系列生物产品（食品、饲料、化学品和材料）和生物能源（生物燃料、电力和/或热）。

以可再生森林资源增值为基础，产业集群以精炼原始森林（生物质）为中心，面临着诸多挑战。在地方、国家和国际各级，经常有关于从森林中获得可持续砍伐的木材数量的激烈辩论。在瑞典和针叶林生物群中，一棵松树可能需要80~100年才能完全长成大树。传统上来说，丰富的森林资源正变得越来越稀少，因为私营和公营部门的行动者发现越来越多的燃料等商业产品，可以从木材中提取。此外，偏远林区具有较高的国际价值，在远足、滑雪、钓鱼等方面的国内旅游和娱乐活动中的价值也很高。因此，可持续发展的挑战是显而易见的。

＊ 瑞典于默奥大学商学院的安德鲁·阿巴斯诺特（Andrew Arbuthnott）和约翰·扬松（Johan Jansson）开发了此案例，仅用于教育目的。案例根据已发表的资料汇编而成，旨在作为课堂讨论的基础，并不用来说明生产性或非生产性产业集群的发展和营销实践。

该案例涉及一个区域生物炼制产业集群，该集群位于瑞典地理偏远的地区之一——恩舍尔兹维克①。图1展示了该产业集群在瑞典、斯堪的纳维亚和北欧的地理位置。虽然恩舍尔兹维克地区的生物炼制集群内的工业活动多种多样，但是这个特殊的案例集中在集群的正式开发组织和乙醇作为一种交通燃料的营销上，以及在这一过程中面临一些具体挑战。

图1 恩舍尔兹维克的地理位置

----

① 由西班牙语译成英语，Ornskoldsvik的意思是"鹰盾湾"。

一、恩舍尔兹维克地区的工业环境和社会环境

恩舍尔兹维克位于波斯尼亚湾，距瑞典首都斯德哥尔摩北部约 530 千米。地理上是遥远的和以前的恩舍尔兹维克农村地区是西诺尔兰县的行政区域，而西诺尔兰县近年来一直是瑞典最缺乏创业精神的县区之一。恩舍尔兹维克大约有 55000 居民，人口密度为每平方千米 8.5 人，人口稀少。

恩舍尔兹维克最大、最具统治力的企业在林业、纸浆造纸和工程领域都有业务。此外，该地区还有军车生产部门、当地小型旅游部门和专业服务部门，以及正在蓬勃发展的生物炼制部门。在该地区的劳动人口中，27%的人口受雇于制造业，这几乎是瑞典全国平均水平（18%）的两倍。该地区的深水港为当地企业提供了进出口大量原材料和制成品的机会。

恩舍尔兹维克的工业设施、加工系统和社会经济发展可以追溯到 20 世纪初，当时建造了许多锯木厂，纸浆和纸张生产最具优势。然而，在 20 世纪 90 年代，瑞典的木材工业面临严重的经济困难，恩舍尔兹维克的工业环境和社会环境也受到了影响（Peterson, 2009）。许多企业关闭、缩小规模或搬迁到瑞典更集中的地区。这导致了大约 5000 人失业。在那个社会经济衰退的时期，当地人经常把他们的社区描述为"Dovik"，意思是"死湾"。

二、本地产业集群发展

在工业化国家和后工业化国家中，区域产业集群的发展往往是由政府（即自上而下）或本地商业社区（即自下而上）发起的。尽管存在大量"自上而下"的集群计划，集群研究人员和实践者（例如 Sdlvell 等，2003；Ffowcs Williams, 2004）认为自下而上驱动的区域产业集群更具活力。

20 世纪 90 年代后期，恩舍尔兹维克地区的商业领袖、企业家和政治家认识到，为了防止社会经济进一步衰退，需要新的商业和工业概念。传统纸浆和造纸工业的国际竞争以及这些产品的不同价格水平对该区域产生了不利影响。地方产业和政府行为者讨论了如何生产和销售更多的增值产品，以创造更多的利润和就业机会，从而更新地区产业设置（Croon, 2005）。在众多备选方案中，一个新的区域生物炼制产业和位于旧工业基地周围的集群成为重要的复兴举措。

正如 Arbuthnott 等（2010）所指出的，新的区域产业计划是在 20 世纪 90 年代下半叶构想出来的，当时一小群管理者、企业家和当地产业开发人员举行非正式会议，讨论如何重新考虑和振兴该地区的产业环境。随着时间的推移，这个小

组见面的次数越来越多。因此，他们制定了一份清单，列出了 50 多个潜在的产业复兴想法，这些想法可以拓展到他们所在的困难地区的新业务和工业流程中。想法是多种多样的。然而，这些想法都涉及利用该区域的林业原料、木材和化学加工技术以及强大的工业基础设施来创造新的产品、服务和公司。因此，其核心思想是建立开拓性的工业设施和加工系统，将生物质转换设备和工艺结合起来，将生物质原料——主要是森林材料，提炼成新的增值产品。

这个非正式组织建立了一个正式的非盈利组织，并以"Processum 生物炼制倡议"（Processum）为名，发起了一个本地集群的概念。发起新的"区域工业"集群的中心动机是刺激区域内面向集体的新商业。

同时，恩舍尔兹维克市政当局创建了一个包含五个战略性的"区域卓越"领域的长期发展计划和复兴项目。每个地区的目标都是到 2015 年成为世界级的区域。新兴的生物炼制产业倡议属于当地政府的"石油之外——可持续社会的产业发展"领域[①]。查理·卡尔松（Charlie Karlsson）教授（2008）指出，当私人和公共组织集群在特定区域内时，可以实现潜在的集体利益。

Processum 的区域集群计划具有广泛的生产和分销潜力。新纺织品、燃料、食品添加剂、医药援助、能源和热、土壤增强剂、油漆和溶剂都可能从森林资源中产生和提炼。在这种分销和创新的商业理念中，有一种特别的产品——乙醇燃料，是针对个人消费者和公共交通使用的。乙醇倡议具有很高的经济价值、社会意义和市场潜力。因此，与森林相关的生物质制成的乙醇燃料成为了一个引人注目的商业概念，这源于新兴的乙醇燃料区域产业集群。

作为一个组织，Processum 是迈克尔·波特教授（Poter，2008）认为的"合作机构"（IFC）。波特强调了为集群参与者之间的交互创建专门竞技场 IFCs 的重要性。众所周知，集群的性能在很大程度上取决于其私营、公共和非盈利部门参与者之间的相互作用的强度。IFCs 的存在允许并鼓励富有成效的社会经济互动，并使一群组织能够管理其活动，这也影响了集群资源等的组织方式（Saxenian，1996）。

此外，如果考虑到恩舍尔兹维克地区边远，且以农村区域为主，Processum 组织也类似于我们通常所知的社区发展公司（CDCs）的一部分。CDC 可以采取伞状组织的形式以解决各种经济、社会、文化和环境问题（Bessant，2005，第54 页）。CDC 模式的主要特点包括：

· 以社区为基础、以社区为导向、以社区为控制的发展；

---

① 当地政府支持的其他战略性卓越领域包括："Worth Seeing"旨在发展当地旅游业。"Finally at Home"旨在提高生活品质和发展有吸引力的住宿。"Skills for the New World"旨在发展技能供应和高等教育。"More City"则旨在促进当地景点，设施和场所的发展。

案例十 区域生物炼制集群开发与营销的挑战

- 综合经济、社会和文化目标（例如，商业和经济发展、就业和培训）；
- 依靠志愿时间和资源（如董事会成员、委员会工作、行政支持、当地领导和专业知识）；
- 多种资金来源；
- 对社区进行再投资；
- 与私人和公共机构的网络、伙伴关系和协作；
- 短期和长期社区能力建设战略，如资本项目和资产开发。

该正式组织的愿景是刺激恩舍尔兹维克地区成为一个以木材和能源作物为基础的生物炼制发展的创新和领先地区。作为新兴的生物炼制产业集群的主导组织，Processum 成立了独立的董事会。该董事会由来自当地研究、制造、咨询、化学加工和林业企业的企业家和管理人员以及对该区域发展新的加工工业活动表现出兴趣的政府官员组成。董事会邀请了许多组织和企业作为当地产业集群计划的 A、B 级或 C 级成员。各组织也有可能申请成为一个成员。集群开发组织中的成员类型决定了向正式集群计划提供的资金数额。A 级会员贡献的资金最多，C 级会员最少。

经过大约两年的运作，Processum 已经发展了 7 项新业务，并将 14 个当地组织聚集到不同的生物炼制行业倡议中。Processum 致力于区域产业发展，但同时又坚持以非盈利为重点，其重要推动力在于所产生的资金和收益不会直接分配给会员或股东。相反，该组织的收入将继续用于再投资，以促进和支持该地区新的生物炼制业务和工业加工活动。集群开发组织的财务概况如表 1 所示。

表 1 集群发展组织的财务概况

	2010 年 1~12 月	2009 年 1~12 月	2008 年 1~12 月	2007 年 1~12 月	2006 年 1~12 月	2005 年 1~12 月	2004 年 1~12 月	2003 年 1~12 月
员工	13	13	11	8	4	2.2	2	0.4
营业额（千瑞典克朗）	14507	12443	9107	8047	4426	3744	3662	744
净结果（千瑞典克朗）	42	47	64	24	19	6.7	6	0.9

资料来源：Affars 数据。

集群合作组织的成功还有一个标准，因此对发展新的生物炼制产业集群至关重要，是集群组织最初招募的领导者和"网中的蜘蛛"。负责新产业集群倡议的企业家和管理人员共同努力，聘请了一名董事会主席。随后的主席在恩舍尔兹维克区域内没有专业或个人经验，在加工和生物炼制产业操作方面的经验也有限。尽管如此，新兴集群的主席拥有当地企业家所认为的必要的网络资源和商业合作技能，可以将人和公司聚集在一起，获取公共和私人资源，并鼓励本地公司间的新发展项目①。

Processum 组织从基层开始发展区域生物炼制集群，主要通过在成员之间承担促进新业务和研发项目的责任，向成员提供和推广项目的成果和效益。组织及其后续项目的资源分配并不均衡。Processum 没有将相同的份额授予参与产业集群的每个组织，而是将资源分配给那些最感兴趣的企业、企业家和组织，以及董事会认为将促进集群业务和研究活动发展的组织。

随着时间的推移，Processum 致力于为紧急集群构建新的协作业务和研究项目。在协作组织选择集群内的新业务和研究项目，以及决定在哪些方面使用财务、物理和人力资源时，一个重要的要求是，至少需要两个或更多的本地公司参与。仅仅一家公司参与一个项目是不够的。

随后，集群的开发组织开始朝着两个主要的开发领域开展工作。一个开展领域涉及其"未来生物炼制"扩大和保留成员资格、支助和资源。另一个领域涉及查明和利用该领域内各业务单位、人员和公司之间的互补性。此外，Processum 开始开发新的业务和研发项目，同时开始代表当地其他公司处理新的业务和研发项目。每当一个新的商业理念、研究项目或开发计划不是成员核心能力（或核心利益）的一部分时，他们会被鼓励将其转移到 Processum，以得到更好的发展。

此外，为了开展有利于新兴区域集群和将新的工业思想纳入当地社区的运动，Processum 与当地政府当局进行了交流。该集团的业务开始与当地的小学、中学和高等教育机构合作（通常由 Processum 提供最初的推动）以便当地的高中学生能够进行实地考察（每年4次），了解新发展的生物炼制和集群企业。学校还开发了新的化学和工业加工科学课程（例如"无油绿色化学"课程）。此外，还设立了为期12个月的培训课程，将新近毕业的大学毕业生纳入新合并的区域生物炼制活动。在不以营利为基础的 Processum 的资助和协助下，12个月的时间内招募了6名当地大学毕业生和未来集群的员工，并将他们引入生物炼制计划。受训人员从事一开发项目，该项目是要在集群核心企业内部和之间创造新的生物炼制产品、流程和系统（Arbuthnott et al., 2010）。

新兴的区域集群也支持与当地大学达成协议。Processum 负责招募高级科学

---

① 上任新职位后，集群的首任主席从斯德哥尔摩搬到了恩舍尔兹维克，并成为这里的永久居民。

家和教授加入这个团队。Processum 鼓励这些人与当地企业直接合作，并对生物炼制实行研发。将大学参与者整合到本地产业计划中，使集群的核心企业与附近的大学可以进行直接交互。这对于推动基于木材和化学加工、过程工程和过程控制的集群研究和开发项目的发展非常重要。同时，也给了集群企业一个与大学研究人员面对面交流的机会，并能够讨论当前和未来的问题和项目。在某些情况下，新想法转化为了实际行动，也为新业务提出了建议，并开发了潜在的专利。

到 2010 年，超过 25 家当地经营的企业和组织在恩舍尔兹维克地区生物精炼厂集群[①]中变得活跃起来。集群的活动也扩散到了邻近的于默奥区域。对于偏远地区的商业环境，生物精炼厂集群的启动和实现是几十年来最强劲的时期之一。为了进一步推动地区生物炼制的发展，2009 年底，创新集群获得来自欧盟的 1740 万欧元的结构基金。此外，由国家和国际专家集群评审小组评估以后决定，未来 10 年的资助和支持——每年大约 1100 万瑞典克朗通过瑞典政府倡议的 VIN-NVAXT 区域产业发展项目提供给了集群。

三、市场营销挑战

尽管在集群最初的发展过程中，有许多营销方面的挑战需要克服，但事实证明，有些问题比其他问题更具挑战性。新兴生物精炼产业集群中的一些公司面临的一个特殊挑战涉及向国内外消费者营销生物乙醇燃料的开发、生产、分销和销售。

生物乙醇燃料的开发和销售由一家在恩舍尔兹维克经营的私营研究集团负责，该集团隶属于新兴的生物精炼厂——瑞典乙醇化学集团。但是，需要另一个组织来处理与生物乙醇燃料明确有关的当地通信和教育问题，并传播关于使用乙醇作为私人和公共交通的替代燃料的信息。

为了达到这一目的，有必要进行广泛的合作，使许多地方组织的利益和确保集群以及生物酒精倡议的成功联系在一起。在该区域内，那些负责鼓励从依赖化石燃料的运输系统向不依赖化石燃料的运输系统过渡的组织被集中成一个非营利组织。2003 年底，该组织由西诺尔兰（Vasternorrland）和西博滕（Vasterbotten）的 15 个自治市、2 个县行政委员会（瑞典语：Liinsstyrelsen）、1 个县议会、一些州当局、3 所瑞典大学和 10 家产业集群公司创建。这些参与者被命名为一个"Bio Fuel Region"（BER）的新组织。

此外，欧盟和瑞典能源署都为 2004 年第一季度在恩舍尔兹维克建立的乙醇

---

① 本案例研究的附录中列出了参与生物精炼厂集群的各种私营、公共和非营利组织。

试验厂提供了资金。虽然产业集群的私营研究集团将专注于研发和实际的工业发展过程,但公共 BER 组织将促进区域集群各自的乙醇企业,并游说市政当局为生物燃料相关业务和社会举措提供资金。

根据拉尔斯·克里斯滕森(Lars Christensen,2005)的一份报告,BER 的发展主要有四个相互关联的背景因素。第一个因素涉及区域能源问题的长期及真正利益。当地公用事业公司(即 Ovik Energi、Skellefted Kraft 和 Umeda Energi 等公司)已开始将核心业务多元化,推出了一系列以木材为基础的新产品(如家用加热球)。

第二个重要因素是环境意识和迈向可持续的商业逻辑。BER 领导层的七名人员积极参与其他环境组织,这些组织为 BER 提供了宝贵的网络,使该组织能够资助和支持注重环境的倡议。正如 BFR 的一位创始人所说:"首先是关于拯救世界,然后是关于'玩得开心'最后是关于'赚钱'——按这个顺序。"

第三个因素涉及过程领导者在驱动变更过程、为想法和行动寻找制度支持方面的知识。该组织的成员可以被认为是来自不同地方、国家和国际层面的说客,随着时间的推移,他们会影响决策。因此,BFR 对按照其本身的目标处理区域和国家政策发展的更广泛的体制先决条件有很好的了解。

Christensen(2005)认为,最后一个因素作为 BFR 倡议的催化剂,涉及欧盟指令 2003/30/EC,通常被称为"生物燃料指令"。该指令的通过当地的倡议具有合法性,并对欧洲生物燃料生产的具体目标起到了推动作用,也是对未来的展望。

因此,为了适应不断变化的法规和政治气候的变化,BFR 的宗旨和愿景经历了几次战略变革。Söderberg(2010)指出,在 BFR 计划的不同阶段,可以看出有两个时期主导了议程。2003~2006 年,第一阶段的特点是化石石油的运输部门的依赖问题和失业问题。为应对此问题,生物燃料研究力求在运输燃料方面实现自给自足,并在具体生物燃料方面促进超国家政策和国家投资。生物能源主要被视为一个潜在的区域增长部门。Söderberg(2010)将这一时期称为"自给自足的生物能源"阶段。在第二阶段,即 2007~2010 年,人们对根本问题的看法已转变为强调该区域依赖石油的运输部门的问题和世界环境议程上的气候变化问题。因此,BFR 的营销目标改变了,以实现该地区向可再生能源的社会转型。在第二个时期,生物能源被认为是一个更有潜力的绿色区域增长部门,Söderberg(2010)将其命名为"绿色转型与增长的生物能源"时期。

根据上下文因素,在不同的时期,BFR 发起了几项与市场有关的活动,以应对出现的挑战。

(一)销售乙醇作为运输燃料

在向生物燃料和可再生资源产品过渡的过程中成为世界领先的参与者的这一

展望中,生物燃料局的三个重点领域的定义如下:
- 成为社会适应的知识领导者;
- 推动产业和区域发展;
- 增加可再生原材料的供应。

根据 BFR 的说法,截至 2011 年,他们的最新战略是"作为公共机构、公司和大学的催化剂、场所和协调机构,动员、参与和激活该地区尽可能多的潜在发展力量"(www.biofuelregion.se)。

(二) 营销乙醇工厂

为了让市政当局参与 BFR 计划(从而让居民支持发展),一个早期推广的想法是在不同的城镇建立本地化的乙醇工厂。这个想法是基于恩舍尔兹维克的试验性开发工厂将在不久的将来成功地从木片中生产生物乙醇的想法。当该工厂于 2003~2004 年建成时,BFR 向许多市政当局和地方能源公司或多或少承诺,他们也将"拥有自己的工厂",这将有助于经济增长、就业和实现向无化石燃料社会过渡。此外,刚开始几年,恩舍尔兹维克的乙醇试验厂的进展情况在地方和国家媒体、大会和期刊上得到了广泛的报道。各地区的行为者似乎将此解读为"他们自己的工厂"即将出现。然而,这并没有发生。这对 BFR 和新兴产业集群来说是一个严重的沟通挑战。

恩舍尔兹维克的技术发展和乙醇试验厂的问题比预期的更严重。因此,BFR 的利益相关者和网络合作伙伴变得没有耐心。一些人指责 BFR 在这一问题上承诺过多而并未兑现。作为回应,BFR 对外表示,他们从未"承诺建设工厂",乙醇工厂的发展依赖于试点技术的成功实施。BFR 伞型组织的一些行动者还表示,外部行动者对试点乙醇设施的初步投资和热情有助于人们相信这一进程取得了成功,但实际上,BER 倡议几乎没有产生任何成果。

综上所述,最初的热情是需要吸引兴趣和资金的,然而一些参与者经常被外部交流所吸引,所以他们没有时间来思考 BFR 是如何承诺建设工厂的。BFR 没有财力或目的发展乙醇工厂。这必须由区域网络和集群的其他行动者动员起来。时至今日,激情地应对生物乙醇开发交流中的挑战,同时激发现实的期望,仍然是 BFR 的一个关键的市场挑战。

(三) 动员知识发展

从一开始,BFR 组织结构中最活跃的工作组之一就是知识和参与小组。在这个小组内,发展了一些志愿工作组。反过来,这些团体建立了关于将生物乙醇作为运输燃料的小规模的公共教育计划和公众意识企业。通过在特定的工作日聘请高中教师来实现,使他们能够面对从一个依赖化石燃料的社会需要的过渡中所带来的挑战。一些学校和教师比其他的学校和教师更加积极,但总的来说,这个教育和社会参与项目成功地讨论了有关过渡的问题。此外，这与 BFR 的核心值，即为我们的子孙后代建立一个可持续的未来，减少对外国石油的依赖一致。接下来，教师们使用 BFR 开发的关于可再生资源、气候变化和化石石油开采问题的材料与学生们讨论这些问题。此外，参与并协助其他公共教育组织根据这些材料为传统教育制度以外的人安排讲习班。

作为教育和知识发展的框架，BFR 开发的大部分材料都带有核心价值。BFR 以积极的方式利用科学资源，调动了区域对区域过渡的认识。这可以被认为是通过在社会的不同层次上动员社会运动来进行营销。在动员起来的知识范围内，传统的价值和规范是可以公开讨论的。在 BFR 创建的区域论坛中，对具有挑战性的环境问题的解决方案是在地方一级处理的。该集群的一些以乙醇为重点项目也在欧洲范围内与相似的倡议结合起来，以游说和申请欧盟的资助。然而，并不是所有的居民或公司都可以被说服。

（四）促进基础设施和采购活动

BFR 发现的早期挑战涉及不同的公共采购规则。这些规则通常是为了有效利用公共资金而制定的，很少有关于地方自给自足和环境责任的标准。因此，地方和国家都在努力影响决策者改变这些规则。其中一些努力与欧盟有关生物燃料的规定结合起来取得了成功。因此，BFR 能够影响参与的市民开始将其车队换成由生物乙醇（E85）作为汽车的燃料的汽油车队。这引起乙醇汽车的本地化需求。瑞典的福特经销商注意到了这一需求，并成功地销售了福特福克斯柔性燃料（E85 和汽油）汽车，这是 2004~2005 年在瑞典销售最多的替代燃料汽车。在销售灵活燃料/生物乙醇汽车方面，恩舍尔兹维克的福特经销商是瑞典最成功的经销商①。当地的一家出租车公司也参与其中，并开发了只使用绿色汽车的车队。

国家和地方对生物乙醇的需求不断增长，为这些聚集在一起的公司之一（SEKAB）提供了商机，但也带来了挑战。主要的挑战是说服加油站投资 E85 燃料的泵系统。瑞典政府实施了一项燃料指令，要求超过一定规模的加油站必须提供 E85。这在一定程度上解决了这个问题。尽管如此，另一项挑战涉及采购足够的生物乙醇以满足需求。由于在恩舍尔兹维克的乙醇试点工厂产量不足以满足市场需求，该公司不得不从巴西进口乙醇，然后将其分销到恩舍尔兹维克和瑞典其他地方。

此外，与汽油和柴油的价格相比，对 E85 的需求变得相当不稳定。当汽油/柴油比生物乙醇便宜时，消费者似乎就都会使用这些燃料，反之亦然。这对 SEKAB 的业务不利，并对 BFR 的计划产生了负面影响。如何在"公平"价格以

---

① 据瑞典的"绿色驾车者"说，政府福特福克斯柔性燃料汽车替代燃料汽车。在 2006 年、2007 年和 2008 年，该种车被评为瑞典最环保的汽车（参见 Jansson，2009）。

外的因素上销售燃料，仍然是该地区生物乙醇计划面临的挑战。

（五）将当地例子传播到国际观众：最好的项目

BFR 合作的一个战略目标是通过国家和国际拨款扩大地方资助。另一个目标是从 BFR 的活动中不断学习，分享知识，并展示给感兴趣的人。例如，生物乙醇试点工厂定期邀请国家和国际组织，向其展示自己是如何应对技术挑战的。另一个例子是"灯塔之旅"的使用，引导学生、公司、当局、政客通过 BFR 集群的不同部分，参与他们的计划。

BFR 的合作伙伴已经将这两个战略目标合并在一起（即确保资金和促进该地区的发展），并且参与了一些欧盟项目。2003 年 5 月，欧盟颁布了一项相关裁决作为生物燃料指令（2003/30/EC）。根据该指令，欧洲制定了到 2010 年在交通运输领域实现可再生能源占比 5.75% 的目标。《生物燃料指令》在 2009 年被修订，到 2020 年（2009/28/EC）每个成员国的最低目标为 10%。为了实现这些目标，在名为"可持续能源系统"的第六框架计划（FP6）中，启动了一些关于可再生能源和生物燃料的研究和示范项目。FP6 是欧盟为资助和促进欧洲的研究和技术发展而设立的一个 2002~2006 年的研究和技术发展项目。2006 年 1 月 1 日至 2009 年 12 月底，斯德哥尔摩环境与卫生管理局在该项目范围内并基于该资金创建了一个示范项目——生物乙醇促进可持续交通（BEST）。该项目在世界各地的 10 个地区和 4 所大学展开，工作分 9 个活动模块进行。

在 BEST 项目中，邀请了来自中国、巴西、荷兰、西班牙等国的国际演员参与到 BFR 的发展中来，从错误中汲取教训，从成功中学习经验。在最佳方案方面，研究消费者行为的研究项目也表明，BFR 的消费者比瑞典其他城市的消费者更积极，对生物乙醇的了解也更多（Jansson, 2009）。然而，在 BEST 项目中也出现了一些挑战，使 BFR 概念的国际推广出现了问题。例如，关于乙醇作为汽车燃料的不同政策，以及世界各地的消费者对化石石油资源日益减少的认识水平的不同，这一切都变得难以应对。

四、现存及未来的市场挑战

发起区域产业集群和非营利合作组织似乎是应对恩舍尔兹维克地区某些区域、环境和当地产业挑战的有效途径。关于生物乙醇的发展，最初一些关系密切的个人的热情和动机引起了地方、国家和国际的注意，这在最初是很少有人能想象得到的。基于区域环境的独特性、当地生物炼制产业的集群化活动以及某些高调的产品开发举措，导致了众多的营销挑战，预计未来还会出现营销挑战。

参考文献

[1] Arbuthnott, A., J. Eriksson, and J. Wincent (2010). "When a New Industry Meets Traditional and Declining Ones: An Integrative Approach towards Dialectics and Social Movement Theory in a Model of Regional Industry Emergence Processes." Scandinavian Journal of Management, 26 (3), 290-308.

[2] Bessant, K. C. (2005). "Community Development Corporations as Vehicles of Community Economic Development: The Case of Rural Manitoba." Community Development, 36 (2), 52-72.

[3] Christensen, L. (2005). "Formering for Samhandling: Framvaxten av BioFuel Region [Formation for Cooperative Efforts: The Development of the BioFuel Region]." ISA/NUTEK/VINNOVA, Stockholm.

[4] Croon, I. (2005). "Utveckling, Fornyelse, Omvalvning: Grodor Blir Prinsar och Tvaértom: En Vandring i en Industri och ett Land i Férvandling." Spearhead, Stockholm.

[5] Ffowcs-Williams, I. (2004). "Cluster Development: Red Lights and Green Lights." Sustaining Regions, 4 (2), 26-32.

[6] Fromhold-Eisebith, M. and G. Eisebith (2005). "How to Institutionalize Innovative Clusters? Comparing Explicit Top-Down and Implicit Bottom-Up Approaches." Research Policy, 34 (8), 1250-1268.

[7] International Energy Agency (2008). "IEA Bioenergy Task 42 on Biorefineries." Minutes of the Third Task Meeting, Copenhagen, Denmark, March 25-26.

[8] Jansson, J. (2009). "Car (ing) for Our Environment? Consumer Eco-Innovation Adoption and Curtailment Behaviors: The Case of the Alternative Fuel Vehicle." PhD thesis, Umea School of Business and Economics, Umea University.

[9] Kamm, B., P. R. Gruber, and M. Kamm (2006). Biorefineries—Industrial Processes and Products. Weinheim: Wiley-VCH.

[10] Karlsson, C. (2008). Handbook of Research on Cluster Theory. Cheltenham, UK: Edward Elgar Publishing.

[11] Peterson, C. (2009). "The Demise of the Swedish Model and the Coming of Innovative Localities?" In Kristensen, PH. And K. Lilja (eds.), New Modes of Globalizing: Experimentalist Forms of Economic Organization and Enabling Welfare Institutions, Helsinki: Helsinki School of Economics, pp. 202-238.

[12] Porter, M. E. (2008). "Clusters and Competition: New Agendas for Companies, Governments, and Institutions." In Porter, M. (ed.), On Competition, Boston: Harvard Business School Press, pp. 213-304.

[13] Saxenian, A. (1996). Regional Advantage: Culture and Competition in Silicon Valley and Route 128. Cambridge, MA: Harvard University Press.

[14] Söderberg, C. (2010). "Environmental Policy Integration in Bio-energy: Policy Learning Across Sectors and Levels?" PhD thesis, Department of Political Science, Umea University.

[15] Sölvell, O., G. Lindqvist, and C. Ketels (2003). The Cluster Initiative—Greenbook. Stockholm: ivory Tower AB.

附录　参与区域生物精炼厂产业集群的私营、公共和非营利组织

[1] Akzo Nobel Surface Chemistry—chemical production and development (www.akzonobel.com).

[2] AF—industrial processes and infrastructure projects consulting group (www.afconsult.com).

[3] BioFuel Region—regional promotion and collaboration for renewable fuels (www.biofuelregion.se).

[4] BRUKS—provision of wood-processing, bulk materials handling, and bioenergy solutions (www.bruks.com).

[5] Brux—conference center, restaurant, and local real estate management (www.brux.se).

[6] Domsjé Fabriker—cellulose/ethanol/lignosulfonate development, innovations, production, and sales (www.domsjoe.com).

[7] EcoDevelopment—sustainable development consultancy and project management (www.ecodev.se).

[8] Energitekniskt Centrum i Pitea—R&D center for renewable fuels (www.etcpitea.se).

[9] Etek Etanolteknik—pilot plant for ethanol production and processes (www.etek.se).

[10] Eurocon—independent consultancy (www.eurocon.se) Holmen Skog—forestry, timber procurement, and timber trading (www.holmenskog.com).

[11] Innovationsbron—commercialization of research-related business ideas (innovationsbron.se).

[12] Kvaerner Power—design and manufacturing of chemical recycling and energy production systems (www.akerkvaerner.com).

[13] Lansstyrelsen Vasternorrland—county administrative board (www.y.lst.se).

[14] M-real Technology Center—R&D and process/product development (www.m-real.com).

[15] Metso Power AB—biomass processing technology development (www.metso.com).

[16] MoRe Research—independent R&D, chemical analysis, and physical and paper analysis (www.more.se).

[17] Ornskéldsvik Kommun—regional municipality (www.ornskoldsvik.se).

[18] Ovik Energi—energy production and distribution (www.ovikenergi.se).

[19] Processum—regional biorefinery cluster development (www.processum.se, www.bioraffinaderi.se).

[20] SCA—development and manufacturing of wood-based products (www.sca.com).

[21] Sveaskog—forestry, timber procurement, and timber trading (www.sveaskog.se).

[22] Svensk Etanolkemi—ethanol development and production (www.sekab.com).

[23] Umea University—tertiary research and _ education (www.umu.se).

第三部分

边远地区产业集群的市场营销运营和策略

营销管理运作和策略是形成地理上的远程产业集群（边远地区集群）的整个概念的核心。研究边远地区集群一些基本的组织和管理概念十分重要。要提出的主要问题是：边远地区集群如何从营销管理中获益？为什么营销管理在边远地区集群的运营和战略中如此重要？经济和区域发展管理者认为边远地区集群可以像传统企业一样进行管理的假设是正确的吗？

案例十一　有甜味却健康的木糖醇

2004年，在韩国首尔的芬兰大使馆，乐天糖果有限公司的首席执行官和乐天集团董事长辛格浩（Kyuk-ho Shin），因其和韩国丹尼斯克公司的总经理元常浩（Won-jang Cho）在韩国坚持推广芬兰木糖醇口香糖，因而收到了来自芬兰总统的荣誉勋章。他们的营销十分成功，因此韩国人对芬兰的普遍认知非常高，远远高于其他北欧国家。芬兰木糖醇口香糖营销所产生的对芬兰的好感，对芬兰来说，有助于创造上百万美元的价值。这个案例将描述木糖醇口香糖在边远的韩国集群的成功营销。

一、丹尼斯克

De Danske Sukkerfabrikker（丹麦糖厂）成立于1872年，由丹麦当地的几家糖厂合并而成。糖是从甜菜中提取的，几十年来一直是丹麦农民的一项有利可图的生意。竞争的来源之一是在较温暖的气候下从甘蔗中提取的糖，由于产量较高，具有竞争优势。但是，全球糖市场一直受到关税、配额和补贴的管制，因此并不存在真正有竞争力的全球糖市场。然而，世界贸易组织多哈回合谈判将农产品贸易自由化列为重要议程，这对丹尼斯克的长期糖生产构成了威胁。

丹麦糖厂很早就意识到，从长远来看，这种情况不可持续，因此在1989年，他们减少了对糖的依赖，将其多样化为食品配料，并把公司名称改为了丹尼斯克。然而，在此之前，他们通过收购瑞典、芬兰、波兰和德国的糖厂，扩大了在欧洲糖市场的主导地位。

丹麦糖厂/丹尼斯克生产商以认真负责的生产态度而闻名，并与供应商（包

---

① 韩国吴松大学索尔布里奇国际商学院（SolBridge International School of Business）延斯·格拉夫（Jens Graff）开发了此案例，仅用于教育目的。作者要感谢 IEL 总经理彼得·奇萨维罗（Peter Chisawilo）百忙之中抽出时间。

括参与的农民)、客户和政府保持着良好的关系。他们的资产(例如建筑物)状况良好。道琼斯可持续发展世界指数(DJSI World)跟踪可持续发展领域领先公司的业绩,评估公司的财务、社会和环境政策以及业绩。道琼斯全球指数在 2500 家最大的公司中大约选择了 10%,其中只有六家公司属于食品行业。2004 年,丹尼斯克第三次在食品企业指数中排名第二,这是该公司在所有与可持续发展相关的领域做出的努力。

1999 年,丹尼斯克收购了芬兰食品和甜味剂集团科特(Cultor),并将其并入总部位于丹麦哥本哈根的丹尼斯克。其目标是为全球食品行业建立一个总部位于北欧的世界级供应商。科特是木糖醇的主要生产商。20 世纪 90 年代末,由于中国木糖醇产量的增加,木糖醇市场的竞争日趋激烈。这对木糖醇的国际市场价格造成了压力,也为丹尼斯克带来了一些问题。丹尼斯克采取了有效的生产措施来应对新的挑战。木糖醇的需求仍然很大。

1999 年,丹尼斯克收购了美国杰能科(Genencor)公司 50% 的股份。杰能科公司成立于 1982 年,是工业生物技术领域的领先者。它是一家主要涵盖生物技术和酶的食品、衣服洗涤剂和乙醇加工的研发公司,专注于不同用途的生物可降解产品。杰能科公司对丹尼斯克来说是一笔宝贵的资产,2005 年丹尼斯克收购了杰能科剩余 50% 的股份,使杰能科成为丹尼斯克的子公司。

2008 年,丹尼斯克将其糖业部门出售给了总部位于德国的 Nordzucker AG 公司,成为一家真正的食品原料和酶生产公司。2009 年,丹尼斯克的总收入为 18 亿欧元,其国际业务遍及全球约 40 个国家。

2011 年 5 月,美国化工巨头杜邦公司收购了丹尼斯克。杜邦希望加强其食品原料和酶业务,成为这些领域的全球领导者。杜邦公司 2010 年的收入为 315 亿美元,在全球约 90 个国家拥有 6 万名员工。该公司在美国工业/服务企业的财富 500 强排行榜上排在第 86 位。丹尼斯克/杜邦公司在其网站上写道:

丹尼斯克和杰能科具有吸引力的工业酶和专业食品配料业务与杜邦应用生物科学和营养与健康业务有着明显的协同效应。这一结合推动了两家公司为不断增长的全球人口提供可持续解决方案做出全球性努力,特别是在食品、生物能源、生物化学品和生物材料领域。我们将携手成为工业生物科学、营养和健康领域的世界领导者(Danisco, 2011)。

二、韩国乐天糖果有限公司

1948 年,一位在日本受过教育的韩国商人在日本创立了乐天百货。1965 年日韩关系正常化后,1967 年乐天在首尔成立乐天糖果有限公司。如今,乐天集团拥有 60 多个业务部门和 6 万名员工。乐天集团涉及糖果制造、酒店、零售、化工、建筑、娱乐等多种业务。

乐天现在是亚洲最大的糖果及相关产品生产商之一，在 70 多个国家销售 200 多种产品。它是目前世界上第三大口香糖制造商。该公司的核心产品是口香糖（Juicy&Fresh，绿薄荷以及新鲜薄荷）、饼干、糖果和巧克力。40 多年来，乐天的口香糖和加纳牌巧克力一直是人们的最爱。木糖醇口香糖作为一种功能性食品正受到越来越多人的欢迎。

乐天的愿景是通过生产高质量的产品成为世界领先的糖果公司，这些产品传统上都添加了香料，且具有全球影响力。截至 2011 年，该公司的国际扩张主要集中在亚洲和俄罗斯。

三、产品

1953 年朝鲜战争结束后，韩国公司开始生产口香糖。口香糖起源于树胶树，这种树在墨西哥有天然的栖息地。

木糖醇是一种天然的甜味剂，存在于不同的水果、蔬菜和桦树的纤维中。它可以代替糖。糖尿病患者也可以吃木糖醇而且不会导致高血糖。20 世纪 70 年代，芬兰研究人员发现，木糖醇对牙齿的危害小于其他糖类，因此被推荐作为预防龋齿的产品。这一发现与芬兰牙医考科·K. 马基宁博士有关。

美国食品和药物管理局允许含木糖醇的产品在医学上宣称它们不会促进蛀牙生长。最大的木糖醇生产商是丹麦原料公司丹尼斯克。

据报道，木糖醇具有增强免疫力、预防慢性疾病和抗衰老等医疗功效，此外还能清洁鼻腔通道、预防耳部疾病感染，缓解眼内压力。据报道称，木糖醇还有助于预防糖尿病和肥胖症，因为木糖醇拥有较少的 40% 的卡路里和 75% 的碳水化合物。木糖醇的吸收代谢缓慢，所以血糖水平仅略有升高。因此，木糖醇是糖尿病患者的良好选择。木糖醇的增甜效果与糖相同，配方中用量为 1∶1。

建议进食后使用木糖醇产品。可以是口香糖、薄荷糖或糖果。睡前还建议使用木糖醇牙膏、漱口水或鼻腔喷雾。木糖醇作为食品添加剂的使用得到了世界卫生组织的批准。木糖醇看起来像雪白的糖。

对于牙齿来说，木糖醇是比蔗糖更好的甜味剂。蔗糖给细菌提供营养，细菌则会消耗糖并且留下酸，而酸能腐蚀牙齿上的牙釉质，会导致蛀牙。但是木糖醇不像糖一样会分解，并且有助于保持口腔中性 pH 值。口腔中的细菌无法消化木糖醇，因此细菌的增长受阻。此外，细菌不能很好地附着在牙齿表面，因此牙菌斑减少。

如今人们接受木糖醇的同时也在戒糖。木糖醇是韩国第一种"快乐"药物。就像万艾可对男性一样，能让人快乐，而且没有任何副作用。世界各地的人们越来越关心自身健康。他们现在更多地考虑预防疾病，而不是像以前一样注重治疗疾病。人们开始认识到健康食品的重要性，以及健康与食品之间的联系，公司也更加注重消费者的健康。

四、韩国口香糖市场①

2011 年，韩国口香糖市场价值约 2.8 亿美元。其中出售的口香糖中，近 80% 是木糖醇制的。整体市场在过去数年出现下跌趋势。这包括含糖口香糖和木糖醇口香糖，尽管含糖口香糖的数量下降幅度更大。

预计口香糖市场将进一步下跌。人们相信，消费者对木糖醇的健康益处越来越不以为然，他们更关注的是木糖醇的提神功效，而往往含糖口香糖在这方面的功效更明显。

对未来五年口香糖市场的预测显示，所有种类的口香糖市场都将进一步衰退。按价值计算，未来五年的降幅约为 20%，按销量计算，降幅约为 7.5%。特别是功能性口香糖市场预计将下降 10% 以上，相当于未来五年每年下降 2.2%。人们相信，口香糖市场的衰退是由总体经济衰退和食品价格上涨造成的，食品价格上涨降低了个人的实际收入。对于价格相对较高的木糖醇口香糖来说尤其如此。

2009 年，乐天占据了韩国口香糖市场 63% 的份额，其次是海泰（17%）、猎户座（14%）和其他公司（6%）。具体来说，在功能性口香糖领域（木糖醇），乐天占据了 86% 的市场份额，高于海泰 14% 的市场份额。

大约 95% 的口香糖是由杂货店销售的。剩下的 5% 来自互联网零售、自动售货机和其他非杂货零售商。木糖醇是一种分布非常密集的产品，其销售的成功在很大程度上与消费者方便获取产品有关。

五、市场营销

韩国生产的第一种口香糖是普通的糖制口香糖。20 世纪 90 年代，韩国公司海泰推出了首款无糖口香糖。它添加了山梨糖醇，有"Denti-Q"的标签。1997 年，乐天开始销售木糖醇口香糖。在木糖醇的名字后面贴上了"F"（"Forti-

---

① 本节的市场数据由韩国丹尼斯克提供。

fied")的标签。

当木糖醇口香糖在芬兰和瑞典上市时,公关工作成功地针对了牙医。作为意见领袖,他们可以向信任他们的病人推荐木糖醇产品。韩国丹尼斯克也采取了同样的策略。牙医诊所通过向患者分发免费的明信片,宣传含有木糖醇的口香糖可以预防蛀牙的信息。乐天口香糖的营销口号是:刷牙后、睡前嚼。并不是说嚼了木糖醇口香糖就可以不用再刷牙了。

韩国丹尼斯克和乐天对消费者在价格、设计和口味方面的偏好进行了市场调查。由于专家群体在市场上对消费者的影响力普遍较大,乐天通过为专家举办讲座来争取专家们的支持和信任。这些研讨会的对象主要是牙医,但也针对其他非政府组织。人们通常信任非政府组织。在这些研讨会中,牙科医生通过向病人发放印有卡通人物的明信片,以宣传预防蛀牙的信息。

韩国丹尼斯克和乐天百货也使用了互联网。报纸广告和电视广告都能从数量和质量上展示木糖醇的功效,但是互联网的使用让人们获得更多关于木糖醇和芬兰的信息,也吸引了很多消费者的注意。1999年,互联网甚至为牙医们推出了虚拟世界《二次人生》。

乐天改变其公司文化,成了一家注重健康的公司。如今,乐天的主要目标群体是家庭。妈妈们给孩子们买木糖醇口香糖。乐天利用芬兰的绿色形象,在广告中塑造了一个环保公司的形象。人们现在认为乐天是一家关注消费者健康的公司。

木糖醇的公关策略是将公认的品牌名称从"木糖醇"改为"芬兰木糖醇"。这对韩国消费者来说更容易发音,也让产品更具效力。

木糖醇和芬兰的故事引起了大众媒体的极大兴趣。他们写了许多关于这个故事的社论。因为人们通常相信大众媒体提供的信息,所以今天大家对木糖醇有了很高的认识和理解。现在,人们了解了木糖醇的价值和好处。

在韩国销售木糖醇口香糖并非易事。木糖醇作为甜味剂比糖贵十倍。木糖醇应该作为口香糖或药品上市吗?第一次运动失败了。木糖醇不可能带来价值(预防龋齿),不可能带来可信度,也不可能带来品牌。

在最初的失败之后,乐天彻底革新了建立的概念。预防蛀牙的逻辑诉求变成了情感诉求,"无糖"变成了"某种糖","木糖醇"品牌延伸到了"芬兰木糖醇"。"木糖醇"是韩国人很难理解和发音的品牌名称,所以决定将品牌名称扩展到"芬兰木糖醇"。这被证明是一个非常好的想法,稍后我们将对此进行描述。你可能还记得,木糖醇的成分是从芬兰的桦树中提取的。

韩国丹尼斯克公司选择了牙科定位。木糖醇价格高,因此要求商店里的口香糖卖高价。有必要从消费者利益的角度,通过增加价值来证明更高的成本是合理的。木糖醇口香糖的价值在于对牙齿有益,并且健康。由于牙医已经在使用木糖醇产品,并解释了它的优势,因此消费者会相信木糖醇的有效性。

韩国丹尼斯克于2000年与乐天结成合作伙伴关系。当时,乐天已经是韩国市场上最大的口香糖供应商,领先于海泰和猎户座等生产商。当时决定由乐天负责以消费者为导向的营销传播,韩国丹尼斯克则负责以自身的价值网络为目标的公关活动。这个网络包括工业客户、贸易伙伴、分销商、管理机构、牙医、牙科大学、公关/广告机构和媒体。2000年,丹尼斯克韩国牙科公关活动包括:

- 电视(10个节目,95分钟);
- 广播(8个节目,13分钟);
- 报纸(96篇文章);
- 杂志文章(45篇);
- 行业刊物(15篇)。

乐天的定位策略是迎合消费者对健康的关注。这包括告诉消费者食用普通糖对牙齿有害。总的来说,乐天把自己定位为一家绿色环保的公司。乐天的营销传播利用互联网和平面广告作为载体,他们大力宣传芬兰的形象。木糖醇的市场传播非常成功,2001年的一项消费者调查中,木糖醇在韩国最知名品牌中位列第三。排名第一的是一部很受欢迎的电视剧《老友记》,排名第二的是销售里程卡(OK Cashbag)。

芬兰与木糖醇的联系十分紧密,这有利于提升芬兰这个国家的形象。一份由韩国盖洛普民意调查公司发布、芬兰大使馆赞助的关于芬兰形象的民意调查报告显示,78%的韩国人知道芬兰,其中31%的人喜欢这个国家。芬兰的主要形象因素是"自然形象"(40%)、"北欧"(28%)、"寒冷"(17%)和"自然环境良好"(15%)。

调查结果显示,韩国人将芬兰的形象与自然形象(40%)、社会/文化形象(39%)和商品/产品形象(31%)联系在一起。这三个形象组成部分对整个国家形象的贡献比例相近。木糖醇胶在无提示认知中所占比例最大,为29%。在报告的商品/产品图像类别中,木糖醇占96%,远远超过诺基亚4%的占比。将芬兰与自然和社会/文化形象联系在一起的受访者通常是受过高等教育(有些是大学水平)的三四十岁的中年人,而将芬兰与商品/产品形象联系在一起的受访者往往是13~19岁的初中生/高中生。在同一项调查中,木糖醇的形象特点是这样的概念:"凉爽""干净""新鲜""可信""绿色"和"环保"。

木糖醇的成功是由于一系列的活动。丹尼斯克确保其营销努力与牙科非政府组织密切协调。针对牙医、卫生员、教授、教师等的公关活动,使木糖醇在牙科专家中获得了很高的可信度,并传递给了消费者。

木糖醇和芬兰之间的结合被证明是一个鼓舞人心的举动。报告强调了芬兰和韩国之间的许多相似之处,例如两国企业在世界市场上的成功(芬兰的诺基亚和韩国的三星)。此外,两国互联网和移动用户均已饱和,使互联网通信具有相关性并取得了成功。

2000年,乐天糖果首席执行官辛格浩(Kyuk-ho Shin)做出了一个明智的决定,再次专注于木糖醇。他的梦想是让乐天成为世界顶级的口香糖生产公司。他开发了新的供应渠道,例如,折扣商店的投入、家庭购物网络、自动售货机和上门销售。

木糖醇口香糖的包装分为条状包装、片状包装(泡罩包装)和瓶状包装。大约一半的销售是瓶装的。片状包装和瓶状包装标明"药物",并相应地贴上"口腔保健口香糖"的标签,并且木糖醇含量高(86%)。而条状包装是传统的口香糖包装,木糖醇含量较低(37%)。包装上写着"100%来自芬兰的木糖醇"和"预防蛀牙",所以芬兰的形象在包装上仍然很醒目,虽然现在的品牌名称是"木糖醇"而不是"芬兰木糖醇"。截至2011年8月,消费者购买条状包装的木糖醇价格为500韩元(约0.50美元),瓶状包装的价格为5000韩元(约5美元)。

六、韩国文化

韩国是一个信息技术(IT)经验丰富的国家。每个家庭都应该有宽带连接是一项国家政策,这一目标即将实现——即使在农村地区。也许是因为韩国人口十分密集,城市化程度非常高,所以韩国人对电子产品有着特殊的热爱。在每家小零售铺,没顾客的时候零售商就看电视,出租车司机的车里也有小型电视屏幕,这样他们就可以在不开车的时候看电视了。对于年轻人来说,在城里的电脑游戏网站上碰头也很流行。

韩国人也对健康和幸福十分关注。泡菜被归类为一种世界食品,被认为是非常健康的。泡菜是一种韩国菜,由发酵的蔬菜制成,传统上是在秋天收获不同种类的蔬菜而制成。传统的韩国餐包括一系列不同种类的泡菜,放在桌上的小碗里供食客挑选。在传统的韩国菜单上,肉是非常少的,因为肉的价格高,而且没有吃肉的传统。韩国人经常说:"这对你的健康有好处。"因此,菜单上几乎每一道菜都因其健康特色而受到称赞。这也许可以解释木糖醇在韩国如此受欢迎的原因是因为"这对你的健康有好处。"

韩国收入的增长以及韩国丹尼斯克和乐天的有效营销是木糖醇取得成功的因素。他们制作了一些很好的广告,受到了韩国观众的广泛喜爱。广告的主要故事围绕着一位刷完牙准备睡觉的父亲展开。但是他的妻子对他喊道:"你是不是忘了什么？"这位父亲这时想起他忘了嚼木糖醇口香糖。就在这时，一个中心人物——一个留着大胡子的芬兰老人——出现了，他喊道："Hyvaa Hyvaa。"意思是"做得好！"他的衣服是绿色的，标志着绿色和干净的芬兰。这则广告有很多版本，但芬兰老人在所有版本中都成了一个受人喜爱的人物。

本案例作者于2009年9月移居韩国大田。在那时，不是每天都能在街上看到外国人。在一些城市，一些人把外国人认为是外星人。大田是一个拥有150万人口的城市，位于韩国中部。在首都首尔，情况当然略有不同，但是外国人的数量仍然很少。

在韩国，老年人和年轻人的英语水平都很一般。韩国政府非常积极地在民众中推广英语学习，但总体而言，韩国人的英语水平非常一般，这是商业相关事务和社会环境中的一个障碍。这也意味着外界通过媒体的影响是有限的。此外，从地理位置上看，韩国是一个与朝鲜接壤的半岛，与邻国的接触并不频繁，这也巩固了韩国文化。

如前所述，韩国人非常注重健康。在公寓、公园和自然步道的任何地方，你都能找到供公众使用的健身器材。并且韩国人也在使用！通常一个地方会有4~6个健身器材，供人们练腿、躯干和手臂。韩国的菜单上有很多蔬菜，韩国人吃各种水果、根茎、甜菜和蔬菜，这些都非常健康。人参提取液、银杏提取液和不同的根茎是韩国常见的饮料，在很多地方都可以找到有提取设备的小型家庭式商店。

非常注重健康的韩国文化无疑是木糖醇在韩国市场的一个优势。消费者对食品成分很了解，出于健康考虑，他们渴望这些成分。因此，木糖醇只是另一种因其健康原因而被人们渴求的成分。

韩国的商业环境主要集中在大型企业集团（财阀），像三星、现代和乐天这样的大型家族企业。这些大型企业通常在许多不同的领域开展业务。例如，三星的业务包括造船、家用电器、电脑和电子产品。仅三星一家就占据了韩国GDP的10%左右，因此这类财阀立即受到了政府的关注。最近，韩国政府敦促财阀帮助中小型企业和其他中小型制造业企业成长，从而走向国际化。总之，韩国的商业生活一直是非常民族主义和内向的。"我们按照韩国人的方式行事！"这意味着，例如，韩国人坚持使用一种共同的软件系统。如果一个功能不存在，他们自己会开发一个系统，即使他们可以很容易在国外买到。因此，当乐天在市场上销售一种添加了特殊甜味剂的口香糖时，韩国人接受了这一点，并坚持下来。它已经成为一个全国人民喜爱的品牌。

七、远程地理区域

这个案例讲述了一个地理位置偏远的国家韩国，如何利用另一个地理位置偏远的国家芬兰的形象，营销一种来自边远的芬兰的原料的消费品。在某种程度上，你可以说韩国本身就是一个边远的集群。直到最近几十年，朝鲜才积极参与国际贸易，朝鲜半岛与敌对国家的唯一陆地边界一直是朝鲜独特文化的一个原因。

Sorensonolew（2003，p.515）写道："社会网络影响行业的地理分布，因为网络不会随机地将个人联系起来。相反，人们与那些生活在地理位置相近、与他们有共同背景、兴趣和从属关系（通常被称为社会邻近性）的人进行互动最为频繁。"可以说，由于韩国企业集团（财阀）的特殊结构，在这些韩国大企业内部进行互动与合作，是因为一个韩国大企业内的所有企业都是"家族的一部分"。此外，韩国的集体主义、等级制度和男性化的文化也将商人联系在一起。例如，在下班后的晚餐和酒会上，下属与老板进行社交。韩国丹尼斯克与乐天大企业的成功合作，使其自动进入了乐天的口香糖制造业务和乐天零售部门。乐天是韩国最大的超市零售商。

Dorter Michael（1990）在其关于企业相互合作可能获得的国家优势的广泛研究中总结说，如果企业位于地理集群中，合作伙伴之间的空间距离很小，这些优势最有可能实现。韩国丹尼斯克和乐天百货是一家原料供应商与一家口香糖生产公司进行卓有成效合作的一个例子。这家公司也是韩国最大的企业之一，其业务包括零售。乐天是韩国最大的食品零售商。此外，正如刚才所描述的，特殊的韩国文化是这个成功的"集群"案例中的第三参与者。

韩国有 5000 万居民，面积约 10 万平方千米。韩国是一个多山的国家，人口集中在低洼地区。这使韩国成为世界上人口最密集的国家之一。首都首尔大约有 1000 万居民，但白天这个数字可能会膨胀到 1300 万。事实上，大约一半的韩国人口居住在首尔和附近的城市。

总部位于美国的杜邦公司于 2011 年 5 月收购了丹尼斯克，并将其并入杜邦公司。在地理上，偏远可以被看作是一个序列：

- 美国，杜邦
- 丹尼斯克，丹麦
- 丹尼斯克韩国子公司（首尔）
- 卡尔托木糖醇原料，芬兰（丹尼斯克子公司）
- 木糖醇生产厂，位于芬兰相对偏远的地区乐天木糖醇口香糖取得如此巨大的成功，从一开始似乎就不可能。如前所述，最初的营销活动并不成功。直到品牌名称被转换为"芬兰木糖醇"和呼吁牙科保健，营销才获得成功。这可能与当时韩国的一种趋势不期而遇，当时韩国人开始变得更加开放，更加关注自己的健康。然而，1950~1953年的朝鲜战争及其余波给韩国带来了一种非常特殊的文化。在战争期间，韩国建立了基础设施，并建立了促进增长的工业基地。战争结束后，韩国集中发展了三个工业领域：造船业、汽车制造业和电子业。如今，韩国自诩在这三个领域都拥有全球业务。韩国现在是世界领先的造船国，其汽车工业正在蓬勃发展。韩国还是世界上最大的半导体和平板电视生产商。快速的经济增长意味着韩国现在被视为一个发达国家和20国集团（G20）的一员，G20于2010年在首尔举行了峰会。

与其他制造企业不同，丹尼斯克试图专注于研发和营销，这一点可以从韩国丹尼斯克的成功案例中看出来。韩国丹尼斯克与乐天形成了良好的合作伙伴关系。他们分析了产品形象的变化，共同策划了重要的公关策略。这是两家公司历史上第一个"共生"的例子，并取得了巨大的成功。

作为一家跨国公司，丹尼斯克有一个典型的价值网络需要培育。木糖醇的生产在芬兰的一个偏远地区进行，其总部设在丹麦。木糖醇营销成功的故事在韩国，由其韩国子公司上演。自2011年5月起，丹尼斯克由美国杜邦公司管理，并整合到杜邦的整体价值网络中。

丹麦丹尼斯克（丹麦）、芬兰科特（芬兰）、韩国丹尼斯克（韩国）、韩国乐天（韩国）之间的供应链多年来运行非常顺畅。对此的一种解释是木糖醇的成功，这意味着丹尼斯克的木糖醇原料拥有一个庞大、稳定、甚至不断增长的市场，该公司的所有合作伙伴都从中获利。大多数时候，都是"照常营业"。价值链中的参与者可以相互依赖。

价值网络的其他成员也以一种热情的方式一起工作。监管机构热衷于木糖醇，因为它对健康有益，而且显然是传统糖的替代品。牙医们很高兴，因为他们可以推荐4种传统糖的替代品。牙科大学通过科学研究承认木糖醇的优点。公关/广告公司能够向韩国观众传达良好的信息。媒体喜欢这个产品，并且可以报道木糖醇的健康质量。工业客户有一种可以使自己与众不同的要素。而贸易商/分销商则获得了产品销售上的成功。

在某种程度上，你可以说韩国本身就是一个大的集群。虽然韩国财阀在内部也存在竞争（比如三星电子和LG电子在3D平板电视制作上的竞争），但它们之间也存在合作和互补。直到最近，韩国还被世界各地的大多数企业视为一个偏远的集群。但韩国商业文化中有一种驱动力和热情。韩国政界和工商界为自己是二十国集团（G20）的一员，并于2010年举行了二十国集团（G20）首次亚洲峰会而深感自豪。韩国现任总统李明博（Lee Myung-bak）曾前往非洲和中亚国家开展韩国产品的促销之旅，在签署石化工厂、能源生产工厂、其他工业产品和公寓的大型建筑合同方面都取得了非常大的成功。此外，他一直渴望获得石油和矿产资源。这种政府与私营部门的合作在韩国集群中也很典型。

尽管政府与私营部门的合作并非韩国独有，但合作的规模和韩国总统所发挥的关键作用令人瞩目。例如，2011年，李明博推动了在阿拉伯联合酋长国建造一座核电站，为印度尼西亚新开发喷气式战斗，以及在哈萨克斯坦建造一座大型石化工厂等合同的签订。

八、结论

鉴于木糖醇是口香糖生产的重要原料（糖成分），韩国丹尼斯克公司在设计营销传播方案中发挥了重要作用，将"芬兰木糖醇"这一概念传递给了消费者市场。乐天是全球最大的糖果营销公司之一，这种以消费者为导向的营销传播是由韩国乐天财阀进行的。韩国丹尼斯克可以被视为一个偏远地理集群的一部分。韩国丹尼斯克公司为何能如此成功，令全球竞争对手羡慕不已？是什么因素共同作用在韩国创造了这一成功？这种情况在其他国家会重现吗？

九、案例问题

（1）丹尼斯克/杜邦公司是如何利用韩国木糖醇的成功实现全球增长的？

（2）你如何看待科特、丹尼斯克在芬兰的木糖醇生产以及杜邦公司在中国大量生产木糖醇？

（3）总体而言，丹尼斯克应如何加强集群效益？

（4）包括乐天木糖醇口香糖在内的韩国口香糖销量目前正面临下滑趋势。你建议如何将这一趋势再次转为上升趋势？

参考文献

［1］［Anonymous］（1999）."Danisco to Acquire Cultor." Eurofood, March 11. http：//findarticles.com/p/articles/mi_m0DQA/is_1999_March_11/ai_54207965/ ［accessed July 12, 2011］.

［2］Danisco（2000）. Danisco Annual Report 1999, p.9.

［3］Danisco（2011）."About DuPont." http//www.danisco.com/about_us/

dupont/about_dupont/ [accessed July 11, 2011].

［4］ DuPont (2011)。"Company at a Glance." http：//www2.dupont.com/Our_Company/en_US/glance/index.html/ [accessed July 7, 2011].

［5］ Lotte Confectionery (2007). 2007Business Report. http：//eng.lotteconf.co.kr/IRFiles/01.pdf/ [accessed August 27, 2011].

［6］ Porter, Michael (1990). The Competitive Advantage of Nations. New York The Free Press.

［7］ Porter, Michael (1998). "Clusters and the New Economics of Competition." Harvard Business Review, November—December, 77-90.

［8］ Sorenson, Olav (2003). "Social Networks and Industrial Geography." Journal of Evolutionary Economics, 13, 513-527.

［9］ Xylitol (2011). "The Sweet Solution for Better Health, Naturally!" http//www.xylitol.org/ [accessed July 25, 2011].

致谢：本案例作者要感谢韩国丹尼斯克公司总经理曹元章（Won-jang Cho），他为韩国丹尼斯克韩国公司及其与韩国乐天糖果公司的合作提供了主要的信息来源。作者还要感谢韩国助教李熙成（Hee-Seung Lee）在翻译韩语文本和输入有关韩国文化方面提供的帮助。

案例十二 坦桑尼亚农业机械制造业的振兴
——IEL的案例*

一、历史发展

Intermech 工程有限公司（IEL）是一家小型农业工程公司，位于达累斯萨拉姆以西约 200 千米的莫洛哥罗镇的 81/E 基翁达（Kihonda）工业区。该公司于 1994 年作为 Intermech 有限公司（IL）的子公司成立，是一家贸易公司，代表着英国公司在坦桑尼亚的能源、糖和精密测量领域。彼得·奇萨维罗（Peter Chisawilo）是 IEL 的工程师和创始董事总经理，他曾是 IL 的员工。彼得在 IL 工作了几年之后，提出了将 IEL 建立为一家正式注册和运营的公司想法。在 1999 年 IL 重组之前，IEL 一直是 IL 的子公司。根据 1999 年 5 月 27 日的注册编号为 36372 的《公司条例》（第 212 章），IL 重组的结果之一就是，IEL 作为有限责任公司正式成立。

在其作为子公司期间，IEL 在一个属于小型工业发展组织（SIDO）的工程车间作业。SIDO 是坦桑尼亚政府于 1973 年成立的一个公共组织，旨在为潜在的企业家提供技术设计和工厂布局方面的建议。据彼得说，1993 年，当 IEL 表现出想要以商业规模经营一家制造企业的愿景后，这个车间就从 SIDO 外包给了 JEL。SIDO 的这种外包也符合政府在 20 世纪 90 年代实施的私有化政策。

自 1999 年以来，IEL 一直作为一家提供一系列农业工程服务的公司在运作，如机械设计、生产、安装和工厂调试。该公司目前的重点是农业食品机械和设备的制造，这些设备主要在国内销售给坦桑尼亚的中小型农业食品加工商。尽管工厂调试是 IEL 的服务之一，但这类服务从未有过实质性的市场需求。IEL 公司正

---

* 丹麦奥尔堡大学的 Daniel W. Ndyetabula 开发了此案例，仅用于教育目的。作者要感谢 IEL 的董事总经理彼得·奇萨维罗（Peter Chisawilo）抽出时间。

在考虑只专注于农业加工机械的设计和制造。

二、企业成立背后的动机

1967～1991 年，坦桑尼亚遵循社会主义经济哲学，建立了一个庞大的半国营部门，以便在农业、运输和通信、采矿、教育、卫生和渔业等部门开展活动。因此，国家对经济的干预大大增加，特别是在农业部门，农业设备和机械的制造受到高度管制。两个主要的国有制造工厂，一个在姆贝亚（ZZK），另一个在达累斯萨拉姆（UFI），这两个工厂都已停止运作。

20 世纪 80 年代后期，社会主义失败之后，坦桑尼亚通过将经济的所有部门私有化开始了经济改革，因此该国现在需要一种替代农业设备制造的办法。农业家庭的人口增长非常迅速，对初级农业生产设备和加工机械都有需求，这两种设备都是在社会主义失败后进口的，但小农都无法承担。为了证明自己对坦桑尼亚农业加工机械市场的看法是正确的，彼得和 IL 的其他同事进行了一项全国范围的研究，并具体阐述了他的看法，即坦桑尼亚的农民需要负担得起的当地制造的加工机械。随后，他于 1993 年成立了 IEL，并于 1999 年正式注册为有限责任公司。因此，坦桑尼亚和其他非洲国家对农业加工机械的需求日益增加，而农业在这些国家中占主导地位，并且小农是经济活动的主体。

怀着支持坦桑尼亚小农的雄心，彼得的目标是利用他的工程知识和其他人的知识创建一家农业机械制造企业。在这个过程中，彼得认为自己更适合小公司而不是大公司。其原因是，小型企业为多个任务、交互以及更大程度地参与技术和业务开发流程提供了空间。在坦桑尼亚运营了 17 年以后，IEF 现在不仅在坦桑尼亚，而且在中非和东非地区都是一个非常重要的农业机械制造公司，每年的投资营业额为 30 万美元。

三、地点、活动和组织

IEL 所在的 81/E：基翁达工业园区容纳了一些中小型制造业。这一地区的工业生产一系列产品，其中大多数是陶瓷材料、服装、饮料、肥皂和清洁剂以及包装袋。这种产业集群的出现并非出于本能。由于其独特的地理位置，这个小镇的市政当局计划将 81/E：基翁达作为一个工业投资区。该镇地理位置独特，因为所有通往大陆的主要交通路线都要经过莫洛哥罗。例如，坦赞铁路（TAZARA）和中央铁路线（坦桑尼亚铁路）经过该区域。达累斯萨拉姆—多玛—塔布拉—辛吉达公路经过莫洛哥罗。坦赞公路连接该地区与伊林家、松盖阿和姆贝亚地区。南部邻国是赞比亚和马拉维,西临卢旺达和布隆迪。发达的基础设施便利了周边大部分地区和国家,可以全年通行。针对 IEL 的地理位置来看,彼得非常满意他的企业位于这个著名的工业区,因为运输原材料和最终产品既轻松又廉价。地理位置的优势也使他的公司能够很容易地建立网络,并与重要的商业伙伴保持联系。

这一地区的大多数企业是服装和陶瓷材料的生产商。彼得认为,这些企业不把彼此视为竞争对手,而更多地视为合作伙伴,因为服装和陶瓷材料市场仍在增长。由于服装和陶瓷企业之间的距离如此之近,因此它们之间可以进行网络交流,分享大量的技术信息。对彼得来说,不幸的是,这个地区没有那么多的农业生产企业。

IEL 的活动都是在一个小型企业模型中运作的,彼得作为总经理,以经理和雇主(所有者—经理)的身份监督所有的运营活动。IEL 一开始有 5 名员工,彼得是一名合格的工程师,其他 4 名是工程技术人员。目前,IEL 有 14 名员工,其中 2 名工程师,10 名工程技术人员,1 名会计助理,1 名营销人员。三个业务部门(见图 1)负责协调生产活动。彼得将自己定义为公司活动的关键参与者和协调者。他有能力分享和利用他的工程知识为他所了解的客户设计和生产合适的机器,并通过他的经验管理技能使公司盈利。

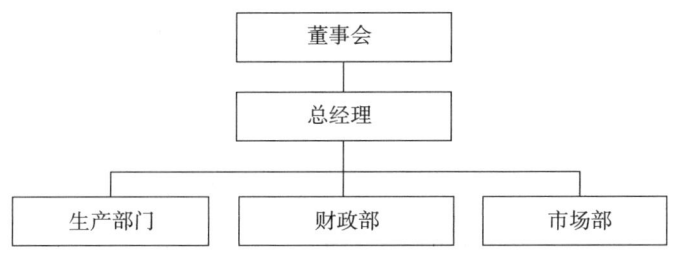

图 1　IEL 的组织结构

四、投资与企业融资

彼得喜欢这样一个事实:与大型企业相比,小型企业更加分散和模糊。起初,他不知道如何为公司的启动融资。需求和市场信号使他雄心勃勃地考虑利用自己的知识填补市场空白,并且谋求生计,但不考虑资本投资的要求。1993 年,他开始与 SIDO 谈判,想要雇用和私人经营这个车间,但早期的谈判失败了,因为 SIDO 不想再要这个车间,所以他们在寻找能完全买下这个车间的人。经过深思熟虑,彼得同意与 SIDO 签订一份买断合同,要求他分期支付总共 5500 万先令。签订合同后,彼得用自己的积蓄支付了 2500 万先令的首期付款。这重要的一步使彼得身无分文。他没有了启动机器生产工作的营运资金。他向 IL 寻求支持并获得了一笔 1000 万先令的拨款，这是开始循环资本，由匿名的商业"天使"支持彼得的投资努力。

彼得认识到生产原型的重要性，但是由于财政上的限制和他对农用加工机械的市场供应态度坚决，他必须有效地利用他仅有的很少的业务资本。因此，他的重点是生产一种可供销售的产品。在为促进 IEL 的生产活动做出了一些努力之后，他们设法从莫洛哥罗农村的木薯生产集团获得了木薯加工机（切片机）的订单。这是第一次生产尝试的开始，动员了 4 名半熟练的技术人员。他们从达累斯萨拉姆的各种原材料供应商那里购买原材料，主要是钢铁，并为集团客户生产机器。彼得认为第一个公司的产品是一个商业原型，因为 IEL 能够从中谋利。

这些机器虽然方便，但都是由手柄机械操作来生产木薯片。彼得承认这些机器不是最好的，也不是效率最高的，但它们确实有助于减少人类的苦差事，提高整体生产力和生产效率。

工业联盟的投资主要是技术（从 SIDO 获得的车间）和周转资金（购买原料）。在最初几年的经营中，IEL 以生产为导向。然而，该公司已快速壮大，并已将其市场扩展到肯尼亚、卢旺达和布隆迪等邻国。2005 年，IEL 向 SIDO 支付了最后 2500 万先令，从那时起，他们就在自己的车间里经营。

五、公司产品、创新和市场开拓

几年之后，IEL 开始生产现代化和自动化的产品。事实上，IEL 成立之初生产的手动操作产品是为了满足市场的可承受性需求。该公司还用这些手工操作的产品制作原型，这些产品主要用于木薯加工。它们被卖给个人和农民团体。

随着时间的推移，彼得不得不开展一项创新活动，以触发和进入一个新的市场。首先，他将工业技术研究所与达累斯萨拉姆大学工程技术学院和索科因农业大学农业工程系联系起来，以进行所有产品设计和创新活动。因此，IEL 的所有产品创新和发展战略都得到了两所大学的技术支持。在这种安排下，IEL 招收工程和农业工程专业的学生进行工业实习。学生在两所大学的教授和公司的一名当地主管（通常是彼得）的指导下参与设计和开发项目。在这种安排下，新产品是根据坦桑尼亚和邻国市场的需要而设计的。

其次，彼得将 IEL 与私营农业部门支持（PASS）联系起来，以便让其产品进入一个新的市场。PASS 是一个通过向小农提供信贷担保和其他金融服务，致力于坦桑尼亚农业商业化的信托机构。在这种理解下，我们建议需要农业加工机械的通保客户从 IEL 那里获得发票。因此，自 2003 年以来，IEL 已成为坦桑尼亚

案例十二 坦桑尼亚农业机械制造业的振兴——IEL 的案例

多个 PASS 农产品加工客户的农产品加工机械供应商。

IEL 在 2004 年进入的另一个市场是不同加工商的市场,主要由两个政府农业发展项目主导:参与式农业发展和授权项目(PADEP)和农业部门发展项目(ASDP)。机器加工,如榨油机,油料磨坊,高粱脱壳机通常是在这两个项目下购买。

IEL 还向在坦桑尼亚有农业项目的不同非政府发展组织销售其产品。其中一些组织包括国际计划、参与式农业管理、粮食网、国际热带农业研究所和其他组织。最近,来自肯尼亚、卢旺达和布隆迪的个人和农民团体订购了木薯加工机械。彼得感觉到了 IEL 现在面临的市场压力,他担心他们的产品需求会很快超过公司的产能。

IEL 目前生产的大部分(见表1)是自动化机器,有些是汽油/石油驱动的,有些是电动的。IEL 的产品价格从最便宜的产品(手工)150 美元到最贵的产品(自动化)4400 美元不等。

表1 IEL 的产品

序号	产品	价格(美元)
1	木薯削片机	950
2	木薯刨丝器	1250
3	手工木薯削片机	300
4	木薯压力机	495
5	饲料切碎机	750
6	淀粉提取机	2750
7	手工淀粉提取器	800
8	花生剥皮器	150
9	高粱花生去皮机	2145
10	脱粒机	2250
11	榨油机	4440
12	玉米脱粒机	2500
13	玉米剥壳机	950
14	水平饲料搅拌机	1750
15	立式饲料搅拌机	3500
16	谷物清洁机	1250
17	谷物去壳机	650
18	棕榈油蒸炼机	2250

原材料主要由达累斯萨拉姆的不同供应商供应给 IEL。该公司从国内供应公司购买钢材和电机。这些物资通过公路用租来的卡车运往摩洛戈罗。供应商实际上不是原材料的制造商,而是从印度、马来西亚和中国进口原材料。有些材料是买来组装成成品的,有些是买来制造最初设计的机器的。

六、销售和营销

自 1994 年成立以来,IEL 特别注重填补小农对农业加工机械的国内需求缺口。当 IEL 接到邻国小农的订单时,彼得感到很惊讶。该公司并没有做过广泛的宣传,因此没有接到过国外的订单。彼得认为,坦桑尼亚以外的客户可能从坦桑尼亚的小农或其他来源获得了信息,但不是从 IEL 那里获得的,因为该公司没有在坦桑尼亚以外的地区做过广告。为了打入国内市场,彼得实施了一项特殊的营销策略,对 PASS、PADEP、ASDP 进行了实地拜访。这是在 IEL 运作早期的时候。市场活动现在由市场营销部执行。IEL 从农民团体那里得到的第一个产品订单也是通过类似的方式获得的,当时彼得不得不亲自去莫洛哥罗区议会办公室宣传 IEL。

在设法打入坦桑尼亚大多数小业主市场之后,IEL 的市场营销部开发了一个在线销售和产品订购系统,可在该公司的网站(www.intermech.biz)上获得。公司通过这个系统与客户交流新订单。客户必须填写一个特殊的订单并提交给 IEL。然后,市场营销部通过准备一份合同来处理已填好的订单。在产品生产出来并交付客户之前,合同必须由双方签署。客户有两种选择来获得他们的最终产品:他们可以自己从 IEL 车间取货,也可以让 IEL 将产品送到坦桑尼亚境内的任何地方。后一种选择的产品的运输成本已计入产品价格。

IEL 目前的销售数达到了每年 30 万美元,根据彼得的说法,这些产品并不具备客户所需的所有属性。彼得的野心是要看到 IEL 在技术能力上的扩张。他乐于管理 IEL 这样规模较小,但拥有适合生产高质量机械的现代尖端技术,并且其价值受到客户的好评的公司。IEL 自 2008 年以来一直实施留存收益战略,为其高质量产品购买最先进技术的使命提供资金。

七、增长战略和未来规划

在为坦桑尼亚的小型农业加工商提供服务的过程中,IEF 的农业加工机械需求增加,主要来自有通行保证的客户。这给 IEL 的生产能力带来了很大的压力。为了解决这个问题,IEL 制订了一个正在进行的五年计划,以扩大生产车间。根据该计划，IEL 将在 2011 年底前购买最先进的车间机械，并在 2012 年初投入使用。随着工厂的扩建，IEL 计划在 2012 年初增加 2 名工程师和 6 名工程技术人员，以增加合格的人力。彼得认为 IEL 所做的市场营销努力是应对市场发展的最重要策略。该公司的五年战略计划是为了应对市场对农用食品机械需求的增加。

IEL 五年计划的另一个重要战略是改进公司的网站，并将其作为产品和公司营销的主要媒介。市场部最近发布了 IEL 所有产品的目录，提供了详细的产品信息和规格。该公司没有计划在其正在进行的五年计划中雇用一名永久的信息和通信技术（ICT）专家，因为雇用永久的专家仍然非常昂贵。因此，IEL 将继续聘用短期安排的专家来管理公司的网站。

由于 IEL 受到坦桑尼亚定期断电的严重影响，该公司还计划在 2013 年前购买一台备用发电机。这将减少电力配给的可能性，坦桑尼亚工业部门在过去十年中已经习惯了这种情况。为实施该发电机采购计划，IEL 已通过通行证担保向当地一家银行申请了 5000 万先令的专项贷款。为购买一台发电机，该公司从 PASS 获得了 50% 的担保，将在停电时作为备用电源。

八、合作和联盟

从 IEL 的角度来看，合作和联盟可以从市场营销和产业发展两个维度来讨论。在营销方面，IEL 与那些可能成为 IEL 客户来源的组织建立了战略联系。PASS、PADEP 和 ASDP 是组成 IEL 客户基础的关键部门协作者。公司已经能够通过 IEL 保持相互协作的不同组织向广泛的客户销售其产品。

在第二个维度中，为促进工业发展，IEL 与不同的利益相关者联系在一起，例如，联合国工业发展组织（UNIDO）、SIDO、坦桑尼亚工业研究与发展组织（TIRDO）和坦桑尼亚工业发展工程与制造设计组织（TEMDO）。通过这些组织，IEL 获得有关农产品加工产品和市场要求的工业研究信息。IEL 目前正试图将自己与职业教育和培训管理局（VETA）的车间联系起来，VETA 的车间距离 IEL 的车间只有几千米。该联盟将使 IEL 受益，因为 VETA 工程专业的学生参与到他们的工业附件中，并且可以通过使用 VETA 车间来开发一些便宜的产品，特别是在停电期间，因为 VETA 车间有备用发电机。VETA 车间还将为 IEL 提供一个测试组装和制造产品的机会。彼得很高兴 VETA 的管理层愿意与 IEL 合作，并且已经在努力与 VETA 签订协议。

IEL 还与小型食品贩售商建立了非正式关系，这些贩售商为工人们把食品（早餐、午餐和水果）带到工作间。这在基翁达周围的所有行业都很普遍。这里有许多食品小贩，他们以向工业区的公司员工提供食品的小生意为生。

九、挑战

尽管坦桑尼亚对农产品加工机械的市场需求增加,但农业制造业仍然面临许多挑战。彼得在IEL的经验中发现了一些挑战。第一,几乎所有需要的原材料都是进口的。供应公司从其他国家购买这些材料——这种情况使这些材料变得昂贵,可能是由于税收和高昂的运输成本造成的。

高税收和运输成本的最终影响是IEL生产的最终产品价格很高。彼得认为这是一个问题,因为IEL的大多数客户都是集成的小型处理商,他们买不起如此昂贵的机器。

第二,IEL受到假冒原材料的威胁。坦桑尼亚几乎所有的进口产品,无论是用于国内还是工业用途的产品,都有越来越多的仿冒品流入。2006~2007年,IEL因从中国进口的劣质原材料,不得不三次更换原材料供应商。

彼得认为,在小型制造业中,IEL面临的另一个关键挑战是定期断电。车间活动完全依赖于垄断公司坦桑尼亚供电有限公司(TANESCO)供应的电力。坦桑尼亚的电力是水力发电,因此依赖于雨水灌溉的人造大坝的水资源供应。由于气候变化的影响,自1992年以来,该国的大坝一直处于极度缺水的状态,所以几乎每年都要进行限电。因此,停电在坦桑尼亚很常见,受影响最大的是工业部门。IEL在停电的情况下没有任何替代电源,所以停电影响了IEL的很多生产计划。即使有电力供应,与肯尼亚和乌干达等邻国相比,坦桑尼亚的电力也非常昂贵。由于功率的不确定性,有些订单不能及时完成。为了消除彼得所说的"致命电力效应"的影响,IEL将购买备用发电机列入了其五年计划议程内。

对IEL而言,公司管理问题也是一个挑战,因为作为一名参与机械设计和制造的工程师,同时也是监督公司运营、财务和营销活动的经理,彼得需在公司活动之间来回切换,并且不得不迫使自己过于劳累。一些重要的运营活动已经被减缓,尤其是在公司成立初期之时,彼德不得不亲自出去为公司及其产品做宣传。目前彼得还在处理公司的一些活动。他参与市场、财务和生产部门的大部分活动。

参考文献

[1] Kimambo, C. Z. M. (2005). "Stimulating Small and Medium Enterprises Development for Poverty Reduction through Business and Technology Incubation." In Proceedings of the Engineers Registration Board's (ERB) 3rd Annual Engineers' Day-

Vision 2025 Engineering Contribution in Poverty Reduction, Dar es Salaam, March 18–19, pp. 109–125.

[2] Madsen, E. S., V. Smith, and M. D. Hansen (2003). "Industrial Clusters, Firm Location and Productivity Some Empirical Evidence for Danish Firms." Working Paper 03–26, Aarhus School of Business, Denmark.

[3] Mwamila, B. L. M. and A. K. Temu (eds.) (2005). Innovation Systems and Clusters Programme in Tanzania. Proceedings of a National Stakeholders Workshop, Bagamoyo, Tanzania, January: 24–25.

[4] Mwamila, B. L. M., L. Trojer, B. Diyamett, and A. K. Temu (eds.) (2004). Innovation Systems and Innovative Clusters in Africa. Proceedings of a Regional Conference, Bagamoyo, Tanzania, February: 18–20.

[5] Nadvi, K. and S. Barrientos (2004). Industrial Clusters and Poverty Reduction: Towards a Methodology for Poverty and Social Impact Assessment of Cluster Development Initiatives. Vienna: United Nations Industrial Development Organization (UNIDO).

[6] Oyelaran-Oyeyinka, B. and D. McCormick (eds.)(2007). Industrial Clusters and Innovation Systems in Africa Institutions, Markets and Policy. New York: United Nations University Press.

[7] Porter, M. E. and G. C. Bond (1999). "California Wine Cluster." Harvard Business School Case No. 9–799–124, Harvard Business School, Boston, June 22.

[8] Solvell, O., G. Lindqvist, and C. Ketels (2003). The Cluster Initiative Greenbook. Stockholm Ivory: Tower AB.

案例十三　斯卡思美食A/S在日德兰半岛北部的海鲜集群——发展业务决定*

一、海产品工业——结构与发展

鱼产品以及与鱼类有关的产品是发达国家和发展中国家许多沿海社区经济福祉的重要贡献者。全球范围内对鱼类的需求正在增加。过去几十年里，在发达国家，海鲜已经从贫困人口的劣质营养来源变成了一种价值越来越高的产品，其价格可能高于猪肉、牛肉或鸡肉等替代品。全球约75%的鱼类生产是直接供人类消费的。自20世纪90年代以来，供人类食用的鱼类产量增加了两倍。大约40%的鱼产品在国际上交易，这使海鲜成为世界上交易最密集的商品之一。鱼类和海鲜贸易是一项全球性的业务。就价值而言，从发展中国家出口的鱼类和与鱼有关的产品数量很大。其数量比坚果、香料、饮料、棉花、食糖和糖果加起来还要多。

在所有的鱼类交易中，有一半的市场份额是新鲜鱼类，还有近乎一半是由冷冻鱼、罐装鱼和腌制鱼等产品构成。其余的主要以鱼粉、鱼油的形式（每年3300万吨）用于猪、鸡等陆地动物的饲养，并且越来越多地用于养殖鲑鱼、虾、鲈鱼等水生物种。

在许多国家，特别是发展中国家，鱼是蛋白质的重要来源。然而，质量和安全正成为人们关注的主要问题。自然鱼类资源正在迅速枯竭。过度捕捞已经成为一个巨大的问题，加上环境污染导致了栖息地的丧失。联合国粮农组织现在认为75%的可用渔场已经被充分开发或过度开发，或正处于衰竭过程中。自1974年以来，渔业的质量一直在下降，几乎没有进一步扩大或开发的潜力。

诸如渔业管理不善和具有误导性的补贴政策等导致发达国家，特别是发展中

---

* 丹麦阿尔堡大学的阿尼姆·德克尔（Arnim Decker）基于丹麦日德兰半岛北部 Skagenfood A/S 提供的信息开发了这个案例，仅用于教学目的。

国家的渔船队严重过剩。由于具有工业加工能力的大型渔船队过度开发海洋资源，造成了生物圈进一步退化。海洋生态系统受到损害，是因为在这个过程中，无用鱼料被捕捞后丢弃，没有得到有效利用。捕鱼作业破坏自然生境，例如渔网拖过海床，从而导致海床被破坏。渔具不足会破坏自然环境。本来可以避免的不必要的副渔获物会导致不必要的生物量损失。随着鱼类日益成为一种具有价值且有限的资源，对其进行认真维护和管理是十分重要的。这对价值链上的所有参与者（从生产商、贸易商、加工商、零售商、分销商和市场营销人员，到最终消费者）都构成了一系列重大挑战。

二、鱼的收获和加工——海产品工业的产品生命周期

鱼是一种易腐烂、易撞碎的产品。因此，加工和运输十分重要，以确保产品的质量和安全不受影响。如果处理得当，鱼是一种健康的营养来源，但如果处理不当，这些特性就会丧失。处理不当会降低鱼的营养价值。鱼加工包括从鱼被收获（捕获）到将鱼交付到消费者手上。

据估计，全球海产品产业价值约 4000 亿美元。其特点是高度复杂，因为新鲜捕获的鱼出现在餐盘上之前有许多步骤。从事捕捞、加工和分销鱼类以及和鱼相关产品的最大公司通常拥有自己的渔船队。2002 年，大约有 130 万艘 10 米以上的船在作业。此外，大约有 300 万艘小型渔船在作业，其中许多渔船没有甲板（船体没有覆盖），靠风力或人力作业。亚洲约占其中的 80%。

一般来说，大型甲板船的长度为 10~15 米。只有少数船只的长度超过 24 米。总的来说，现有的这类船只大约有 5 万艘，其中一半在中国作业。较大的船只通常被称为"工厂船"，因为船上有自动化设施，所以能够在捕到鱼后立即开始加工产品。冷冻系统可以让鱼在被处理过后储存更长的时间。

为充分理解供应链，在捕到鱼之前，甚至就需要考虑可持续性问题。正在使用什么渔具？一艘船要消耗多少燃料？在捕捞过程中，海床是否受到了破坏？那副渔获物呢？如果有的话，会是怎样呢？例如，不必要的副渔获物造成了一种人们不希望看到的后果，即破坏了不能加工的幼鱼，因为它们太小，但却没有足够的时间生长和繁殖。将捕捞过程中未能存活下来的幼鳕鱼扔回大海是对自然资源的浪费。环境的破坏以及生物多样性的破坏都说明优化供应链的十分必要。

和世界其他地方一样，欧洲有大量的海鲜生产商。它们都以某种方式与由渔业、加工商、分销商和消费者组成的价值链相关联。根据特定的地区、气候、物种、零售商和最终用户的需求，价值链的运作方式存在很大的差异。鱼一旦被捕获，就会被运送到某一港口并在那里上岸。在某些情况下，鱼可以在捕获后立即

案例十三　斯卡思美食 A/S 在日德兰半岛北部的海鲜集群——发展业务决定

进行加工和冷冻。在其他情况下，在某一港口上岸的鱼可能会被拍卖，然后被送到另一个国家的另一个地点进行额外加工。来自不同船只、不同地点和不同捕捞日期的鱼甚至可以混合在一起再出售。可以在不同的地方增加更多的处理步骤，直到最后将其打包、标记并运输给为当地零售商供货的分销商。

鱼可以被加工成不同的程度：可以在街市的柜台上作为一块新鲜的鱼肉出售，也可以以鱼片的形式出售，有时还会成为预先准备好的一餐的一部分。鱼可以以新鲜的形式出售，也可以冷冻。供应链的复杂性对努力实现可持续性有影响，因为很难核实供应商的说法，即由于供应链的复杂性，渔业已经以可持续性的方式被开发。因此，复杂性导致这样一种情况，即难以证明海鲜供应商提供的鱼是否来自可持续管理的鱼类。追踪鱼类产品通过供应链流向消费者过程的这一需求，正日益成为高层决策者关注的问题。

三、海产品产业面临的威胁和挑战：资源枯竭、全球变暖、人口增长

海洋渔业在全球范围内受到威胁。人们普遍认为，这将导致生产显著放缓，从而影响就业、渔船队、可食用鱼类的价格和多样性。水产养殖生产目前是增长最快的部门，这使一般渔业能够维持其增长，尽管速度较慢。

未来发展中国家和发达国家的需求都将增长。这种需求的增加将主要来自发展中国家，这些国家对动物蛋白的需求不断上升。目前日本是最大的进口国，中国紧随其后。由于供求机制的关系，鱼类价格正在上涨，这种情况将持续到未来。随着优质物种的资源逐渐减少，需求正逐渐向低价值物种转移。价格将使供需平衡。随着许多中国公民变得越来越富有，他们对优质三文鱼产品（如野生三文鱼）产生了巨大的总需求，而来自亚洲的价值较低的物种（例如鲶属）正被出口到欧洲市场。市场需求的增加和供应状况的不稳定导致了价格的变化。与此同时，海产品行业也充分暴露在全球化趋势之下。在其他因素中，这是亚洲市场（尤其是中国）需求不断增长的结果。此外，美国和欧洲市场对外来鱼类的需求也在不断增长。

在发展中国家，有一些重大问题需要解决。例如，热带气候国家经营的巨型虎虾养殖场可能对环境造成重大破坏。为了给这些渔场创造空间，天然红树林遭到砍伐和破坏。不久之后，捕虾活动破坏了红树林生长的海床，留下一片沙漠。虾农们继续砍伐新的红树林栖息地，继续他们的破坏活动。

虽然鱼类加工活动很重要，但大部分价值是通过交易、分销和销售高质量鱼和活鱼获得的。对于该行业的许多公司来说，价值链下游的活动具有进一步业务发展的有趣潜力。

四、海洋管理委员会证书

(一) MSC：生态评估标签

为了应对日益严重的非持续渔业问题，美国和欧盟已开始重点采用核证制度，以防止不受欢迎的海产食品进入其国家市场并供应给其国家市场。

目前，市场上最重要的生态标签之一是海洋管理委员会（MSC）的标签。作为一个独立的非营利组织，MSC 由世界自然基金会（WWF）和联合利华建立，旨在促进可持续的渔业实践，同时运行生态标签和可持续渔业认证项目。该标签已被广泛使用，目前已有1300多家公司和渔业公司的产品获得 MSC 认证。在实践中，这意味着带有蓝色 MSC 生态标签的海产品保证源自以对环境负责的方式经营的渔业，且不会造成过度捕捞或对自然栖息地的破坏。

(二) 从渔业到消费者的供应链对可持续性的追求

出于保护和可持续性的原因，了解和跟踪渔业供应链非常重要。这可能是一个具有挑战性的任务，因为其复杂性和碎片化的结构。沿着供应链跟踪产品的能力是成功认证的关键。如果以正确的方式实施，跟踪系统可以产生许多积极影响，例如实现更高级别的可持续性，以及维持健康和质量标准。最后消费者对最终产品也会更有信心。

15 年来，消费者运动一直试图通过将目标锁定在海鲜行业价值链的零售消费者终端，以促进可持续的海鲜生产实践。例如，20 世纪 90 年代，有一个名为"让剑鱼休息一下"和"放过智利鲈鱼"的活动。然而，这些活动取得的成功十分有限，因为它们没有区分可持续捕捞的公司和不可持续捕捞的公司。对于使用不可持续捕鱼方法的公司，他们没有足够的动机去改变，因为无论如何，消费者对其产品的需求是稳定的。像这样以消费者为导向的宣传活动并不能帮助消费者区分"好"和"坏"的生产者。

解决这个问题的一种方法是建立产品认证。产品认证为消费者提供有关生产商和海鲜原产地的信息。

实现可持续性的另一种方法是生产链的观点，即通过观察产品在生命周期中是如何被加工的，它们如何受到生产过程的影响，以及这些活动对环境有什么影响。这种观点认为，当产品在生产链中移动时，价值链的成员彼此之间以及其环境都会产生影响。在供应链成员之间存在联系的情况下，如何实现可持续性将十分有趣。他们是在浪费资源还是在以一种不损害环境的有效方式生产和相互作用？这种观点具有全局性，但不幸的是，很难付诸实践，因为供应链分散且难以概述。然而，这可能为高度纵向一体化的公司提供一个有趣的选择。这些公司能

案例十三 斯卡思美食 A/S 在日德兰半岛北部的海鲜集群——发展业务决定

够记录他们的鱼来自哪里，并且他们能够以一种对环境负责的方式行事。与正确的营销策略相结合可能会打开新的市场机会，因为公众越来越意识到可持续发展问题。

五、日德兰半岛北部的海产品群集

日德兰半岛位于欧洲北部。南面与德国相连，北面与挪威隔斯卡格拉克海相望。东边是瑞典，从日德兰半岛北部的腓特烈港乘渡轮两个小时就能到达。从德国边境到日德兰半岛最北端的大部分道路被一条公路所覆盖。距离不到 400 千米，相当于 5 个小时的车程。

利福峡湾将日德兰半岛北部与半岛的其他部分隔开。利福峡湾是一条从西向东贯穿半岛的天然水域。这条水道可用于中小型船只通航，传统上是作为一条运输路线，但在战后期间其重要性下降。日德兰半岛北部和南部由几座桥和阿尔堡市的一条公路隧道连接。阿尔堡是日德兰半岛北部最重要的地区，约有 10 万居民。

日德兰半岛北部被两个海洋包围。东面是波罗的海，一直延伸到欧洲东北部的芬兰和俄罗斯。在半岛的波罗的海一侧，有一些小港口，有时仍被小型渔场使用，但总的来说，现在已经被像机动游艇和风帆游艇这样的船只取代，供空闲时间使用。与日德兰半岛北部以西的北海相比，波罗的海地区的特点是海洋和气候条件更为温和。

相比之下，半岛西侧沙滩较长，缺乏天然港口。在这一边，天气条件通常较为恶劣并且多风，风力大且强劲。然而，在这个地区捕鱼也有着悠久的传统。因为没有天然港口，几世纪以来，渔民需要把船从水里拉到海滩上。这一传统被日德兰半岛西岸的一些渔业社区保留下来，在一些地方仍然存在。

20 世纪，为了弥补天然港口的不足，该地区建造了两个新的人工港口。日德兰半岛的最西边是汉斯托姆港，现代化的设施使它成为丹麦最重要的渔港。该港口还与北大西洋的法罗群岛等地通过渡轮连接。

在波罗的海和北海合流的最北端是斯卡根市，也是丹麦最北端的城市。它曾经是一个偏远的捕鱼地点，自从通过铁路和乡村公路与丹麦的其他地方连接起来以后，发展成了一个现代化的海港。如今它是一个重要的港口，拥有加工鱼类和海鲜的现代设施，可供商业和空闲时间使用。设有船坞维修和安装设备及相关服务，使该港成为当地用于渔业和其他海上活动的最重要的港口之一。

六、希茨海尔斯,北部的中心位置日德兰半岛集群

位于斯卡根和汉斯多姆之间的希茨海尔斯是日德兰半岛北部地区第三重要的港口。该镇及其港口位于日德兰半岛北部西海岸一个开阔的地方。希茨海尔斯坐落在一个风景如画的地方,北海的美景尽收眼底。迷人的海滩和沙丘将其包围。但天气条件恶劣,经常有暴风雨。夏季,平均气温在15~20摄氏度间。冬天,气温在0~5摄氏度。尽管希茨海尔斯群岛位于海拔相当高的北部,但由于墨西哥湾暖流穿过北海,因此冬天的温度很少会非常低。其北部位置意味着夏季的白天很长,6月的白天长达18小时,而冬季的白天很短,只有7小时。

作为一些斯堪的纳维亚地区和大西洋之间的交通节点和连接点,该城镇因其良好的地理位置而受益。这一因素也使它成为夏季旅游的热门目的地。除了许多避暑别墅和露营地外,这个地区还有许多旅馆。夏季,这里的人口翻了一番,游客主要来自丹麦、德国和瑞典。一年中,许多来自挪威的一日游游客乘坐希茨海尔斯和临近挪威间班次频繁的轮渡前来购物,并从相对较低的价格中获利。他们中的许多人参观北海中心的希茨海尔斯海洋馆,海洋馆里有一个巨大的水族馆,里面有许多不同种类的北海鱼以及其他景点。该机构还可作为海事研究的研究和发展(研发)中心,并且可组织会议和咨询活动。

(一)当地居民

在过去十年中,希茨海尔斯的人口数量略有下降。人口的年龄分布日益成为一个问题,因为60岁以上的一代在增长,而40岁以下的年轻群体在缓慢减少。年龄结构的这种扭曲可以部分解释为当地经济中就业机会有限。培训和教育也是如此。因此,许多年轻人搬到南方70千米外的奥尔堡市,在当地的大学学习。其他人可能会选择去首都哥本哈根学习或在那里寻找工作机会。年轻人一旦离开并定居在其他地方,他们通常不会再回到希茨海尔斯。希茨海尔斯的居民主要是丹麦裔公民,不过也有一些来自欧洲和亚洲的外国公民。

(二)经济活动

该镇的主要经济部门是运输、物流、渔业、与渔业相关产业和旅游业。捕鱼活动部分是基于底栖鱼类(生活在海底或附近的物种),如对虾、鲽鱼、赛珍珠、鳕鱼、黑线鳕和龙虾。远洋渔业(出现在大型鱼群中的鱼类)的主要目标是鲱鱼和鲭鱼。随着时间推移,渔业对当地经济的重要性已经下降,这对鱼类加工和其他相关行业产生了负面影响。事实上,在2003~2009年,希茨海尔斯群岛的渔船数量减少了20%。这在一定程度上可归因于一个事实,即与渔业有关的一些活动已经转移到邻近的斯卡根港,该港正好位于日德兰半岛北部的顶部。另

案例十三　斯卡思美食 A/S 在日德兰半岛北部的海鲜集群——**发展业务决定**

一个原因是，捕捞配额已经卖给其他地方，希茨海尔斯的渔船队不再有配额，因此需要减少捕鱼数量。但是，由于丹麦和欧洲其他地区的公路网络和海运联系良好，运输和物流部门的增长弥补了渔业活动的减少。

港口是经济活动的中心，包括国际渔业相关活动。由于其优越的地理位置，希茨海尔斯也是斯堪的纳维亚半岛和欧洲大陆之间的一个区域性的人员和货物运输中心。该港口横跨北大西洋、连接西欧和南欧、波罗的海国家间的目的地，并与挪威的克里斯蒂安桑德、斯塔万格、拉维克和卑尔根直接连接。Color Line，这个港口运营的两家轮渡公司的其中一家，每年大约运载 240 万乘客。希茨海尔斯港口约 60%的营业额来自客货运输。

在陆地上，E39 高速公路和铁路将该镇很好地连接起来。因此，希茨海尔斯与区域、国家和国际交通系统有着良好的联系。距离希茨海尔斯大约 30 千米处还有一个小型机场，可用于国内和国际航班。市政当局计划进一步发展基础设施，使希茨海尔斯得以持续改进。

然而，该地区也存在一些问题。该地区的许多大型食品加工厂已经关闭（包括一家屠宰场、一家饼干厂、一家啤酒厂和一家大型乳制品加工厂），主要是因为这些工厂已经搬到了成本较低的地方。丹麦经济的特点是税收高。与其他地方相比，工资水平也很高，尤其是东欧。因此，许多高体力劳动投入的企业（"工资高"的行业）已经倒闭。因此，一些工业活动已经从丹麦转移到邻国，甚至更远的亚洲地区。

（三）渔业就业

2007 年，丹麦通过了一项新的捕鱼配额规定制度，以减少过剩产能并改善国家渔船队的经济绩效。然而，在希茨海尔斯，这一制度导致活动的渔船减少了 30%，相应地减少了船上的工作机会。在过去的几年中，较陈旧的船被船队淘汰，取而代之的是更大、更现代化的船，导致更少但更大和更高效的单位。船上所需人力减少，因为所需的体力劳动减少。因此，对维修服务的需求也在下降。许多以希茨海尔斯群岛为基地的船长和海员利用这些调整作为退休的机会。然而，海上人员的失业率却在上升。目前，虽然捕鱼业对希茨海尔斯的就业仍然很重要，但由于许多就业机会正转移到运输和物流业，其相对重要性正在下降。

七、日德兰半岛北部的进一步发展计划海鲜集群

进一步开发该地区的计划在国家、区域、市政和地方各级已达到不同的执行阶段。同其他欧洲国家一样，丹麦有一项国家政策，以确保该国所有区域的生活水平的平衡相等。在首都，丹麦粮食、农业和渔业部起草了一个进一步发展丹麦

渔业和水产养殖的战略计划。其目的是确保"渔业和水产养殖再次成为渔业依赖地区发展的动力,并确保丹麦能够维持或改善其区域平衡"(European Commissit,2006)。

此外,该计划强调需要有一个健康活跃的地方经济,为该地区的年轻人提供足够有吸引力的就业机会。在地方一级,市政府还计划进一步发展和加强食品生产、运输和物流以及旅游业。这些目标将通过结合私人和公共投资基金以及利用来自欧盟的金融发展基金得以实现。例如,一个具体的目标是,在未来几年内能够吸引挪威的鱼在希茨海尔斯港口上岸。

目前,希茨海尔斯运输中心提供货运代理服务、各种卡车服务以及司机休息室。其目标是成为主要的区域性渔港,并且发展成为提供后勤和维修服务等与渔业有关的支援活动的重要中心。一旦全面发展,运输中心还将提供完善的基础设施,方便货物和旅客的运输。

八、纵向一体化的大型公司的例子:皇家格陵兰岛

市场上有相当多的小公司,但有些公司的规模也相当大。例如,皇家格陵兰公司的历史可以追溯到1774年,当时与格陵兰的所有贸易都是由丹麦王国垄断的。20世纪,公司以独立有限公司的形式被格陵兰自治政府接管,如今被视为格陵兰经济的旗舰。总部设在格陵兰的努克。由于丹麦和格陵兰岛、北极岛之间有着紧密的历史联系,皇家格陵兰岛在日德兰半岛北部的首府奥尔堡管理着重要的业务,这使该公司能够从靠近日德兰半岛北部的海产品集群中获利。

该公司在很大程度上是纵向一体化的,拥有自己的渔船队和现代化的生产设施,以及广泛的销售组织。其渔船作业的渔场主要位于格陵兰附近的北冰洋。鱼也来自格陵兰当地的个体渔民。这是分散在格陵兰海岸,偏远和贫困的渔业地区的主要收入来源。

这家公司在一些欧洲国家拥有几家生产工厂。此外,该公司在加拿大运作设备进行熟虾和去虾皮加工。原材料在加拿大被冷冻、煮熟和去皮之后,被运往分销商处。该公司在丹麦拥有两家工厂,在那里加工来自格陵兰岛的对虾、贻贝和小龙虾。此外,在奥尔堡运营中心,公司还设有创新中心,不断研发和测试新产品。

在波兰海岸的波罗的海小镇科萨林,该公司管理着一项相对较新的业务,该业务于2008年建立。场地配有现代化设备,可处理小批量生产。这使公司以极具竞争力的成本,灵活处理小批量订单和劳动密集型产品成为可能。例如,该设备专门加工面包屑比目鱼、酥皮鱼、酿鱼和来自挪威或格陵兰岛的高质量三文

案例十三　斯卡思美食 A/S 在日德兰半岛北部的海鲜集群——发展业务决定

鱼。该公司还为自己的三文鱼感到自豪，这种产品可以在烧烤机上烤，并且赢得了国际赞誉。

该公司最大的生产设备位于德国北部的布莱梅黑文城镇，距离汉堡以西约 100 千米。这家工厂是欧洲同类工厂中最大的工厂，面向大批量生产。这个高度自动化的设备每天生产 250 多万份食物，主要使用阿拉斯加绿鳕、鳕鱼和其他白鱼。最终产品包括涂了面包屑和黄油的鱼片和某一部分，天然鱼片，以及其他现成的食物，如汤和鱼酱。该机器使公司以高水平的规模经济为目标，确保高质量和成本效益。

该公司从格陵兰岛和世界各地采购鱼类。公司还雇用了一个专门的采购团队，其成员对海鲜行业和市场有着广泛的了解。他们在阿拉斯加、俄罗斯、中国和冰岛等不同的地方保持联系。鱼类可以来自野生渔业或养鱼场。他们也会根据供应商的能力来进行选择，以符合皇家格陵兰岛的质量要求。

在分销和品牌方面，该公司为从食堂到超市和折扣店的海鲜市场的许多参与者提供服务。尽管以不同的品牌销售其产品，但包装上通常会提到皇家格陵兰岛。该公司声称，需认真承担作为一个大型海鲜生产商的责任，并利用其强大的市场地位，帮助为可持续利用与鱼类食品有关的资源奠定基础。

九、供应链中的其他参与者

除了皇家格陵兰岛，海鲜市场上还有大量的其他参与者，并且可以在食品市场上找到其新鲜的鱼产品或在当地超市中找到其冷冻产品。除了像皇家格陵兰岛这样的纵向一体化的大型公司——运营自己的渔船队，并控制供应链的所有环节直至最终产品，还有许多中小型参与者。

一些公司专门购买和加工海产品，这些海产品将被加工成动物饲料。也有公司从事拍卖、仓储、运输等配送任务。另一个需要考虑的重要部门是渔船的建造者，例如拖网渔船。从船舶建造到维修保养服务，有一个庞大的产业在支撑着海鲜产业。

全球工业的一个重要组成部分是来自发展中国家的生产商，这些生产商可能来自多个国家，比如智利或越南。对其中许多往往较贫穷和较不发达的国家来说，海产品出口是其收入的一个重要部分，对其国民经济和较小的地方社区都是十分重要的。虽然有许多负责任的行动者，但许多环境问题往往都起源于这些国家。在这些国家进行的捕鱼活动有时对环境有害。缺乏资金和效率低下的捕鱼方法，以及缺乏训练和知识，可能会对自然栖息地造成不良后果。在大多数情况下，这些国家的产品以非品牌产品的形式进入欧洲和美国市场。当地商家可能会重新包装，提供自己的品牌，这使消费者很难追溯产品的原产地。

水产业，也被称为水产养殖，是养殖海鲜，如鱼，虾，或贻贝的产业。在淡水或盐水中进行养殖，并且可以控制条件，是世界范围内的一种水产养殖趋势。这种趋势可以与在自然界中自由生活的野生鱼类的商业捕鱼形成对比。水产养殖被用来养殖各种各样的海鲜。

对许多参与者来说，水产养殖是在开阔水域捕获鱼类的一种具有吸引力的替代方法。原因是海鲜市场长期存在供需失衡。虽然消费者需求相当稳定，但野生鱼类的供应可能极不稳定，因为这取决于许多难以预见和控制的情况。这些情况包括温度变化、疾病和其他因素。相比之下，养鱼可以更好地控制养殖环境。由于渔业一般依赖稳定的供应，水产养殖的养鱼业正变得越来越有吸引力，因此正显示出显著的增长。

认识到这一趋势，希茨海尔斯当地社区已开始计划发展一个以无害环境方式运作的当地水产养殖业。

十、Skagenfood A/S，北方日德兰半岛海鲜集群一家规模较小的公司

Skagenfood A/S 是由一对已婚夫妇贝蒂纳·基恩和彼得·巴格·尼尔森经营并创建的一家小公司，他们于 2002 年创建了该公司。公司的理念是使用高品质的原料，创造非凡的食品体验。Skagenfood A/S 直接送货上门，为终端客户和餐厅提供时令海鲜。贝蒂纳和彼得意识到，尽管日德兰半岛北部的海洋为该地区提供种类繁多的海鲜，但丹麦普通家庭对这一点的了解有限，在这一认识的基础上，他们创建了这家公司。因此，丹麦家庭餐桌上海鲜的种类和数量有很大的改进余地。

在成立公司之前，这对夫妇进行了一些市场调查，他们发现很多丹麦消费者都有潜在的增加海鲜消费的愿望。人们认为海鲜是健康的，并且海鲜为正常饮食增添了额外的烹饪体验。此外，受调查者认为超市的产品在质量、数量和种类上都太有限。基于这些观察，贝蒂纳和彼得发现了一个有趣的机会。

为了开发这一市场机会，他们成立了私营公司 Skagenfood A/S，目的是向丹麦家庭提供更多种类的海鲜。该公司通过订阅销售模式运营。这一概念也适用于其他食品消费品，例如葡萄酒。公司向终端消费者提供订货合同，消费者每月支付固定的费用，同时每周收到两瓶红酒。公司每周都会提供不同的产品，所以消费者可以享受不同的产品集合。Skagenfood A/S 在提供预先准备的海鲜菜肴和提供生海鲜方面遵循相同的理念。其产品直接送到了终端消费者的家门口。预先准

案例十三　斯卡恩美食 A/S 在日德兰半岛北部的海鲜集群——发展业务决定

备的餐点提供了极大的便利,并使 Skagenfood A/S 的消费者能够享受到比平时更多的不同菜肴。通过按月付费,顾客将每周获得一次餐食。该公司在全国拥有约 11000 名常客,由 18 名员工为其提供服务。

运输物品通常是预先准备好的餐点,但也有可能只运送原材料。交付间隔可以是每周一次,也可以是每两周一次。该公司强调要使用位于日德兰半岛北部海岸的小型拖网渔船捕获的原材料。这些较小的船只通常只在海上停留一到两个晚上,然后带着新捕到的鱼回家。根据 Skagenfood A/S 的说法,因为在海上损失的时间很少,所以当捕获的鱼还很新鲜时,船只就会返回。为了避免产生不必要的时间浪费,Skagenfood A/S 不会通过中间商进行交易。由于 Skagenfood A/S 通常从生产商那里购买新鲜的鱼,因此基本上能够记录下捕获的鱼,记录原材料来自哪艘船,以及其日期和时间。这使完整的交付链向最终消费者透明化。

该公司试图从丹麦水域捕捞鱼类,并尽可能通过丹麦港口上岸。然而,有时这是不可能的,例如,恶劣的天气条件阻碍了小渔船出海,因此渔船不得不留在港口。在这种情况下,Skagenfood A/S 也可能运输挪威鲑鱼或其他外来品种。由于 Skagenfood A/S 直接在鱼类拍卖会上购买海鲜,所以他们可以绕过中间商。由于供应链的这一部分被切断,因此节省了宝贵的时间,鱼可以更新鲜地到达客户的家门口。

确保整个分销渠道的冷链是非常重要的,因此公司必须确保冷却所需的基础设施到位。一旦 Skagenfood A/S 收到鱼,鱼将被手工填充、包装,并直接运输给客户。运输由合同供应商在最佳条件下进行。该公司使用隔离包装,将温度控制在 0~2 摄氏度,直到食物到达顾客手中。专门开发的包装材料可以确保持续冷却,直到客户收到产品为止。根据公司的说法,最好是在送餐到达后马上烹饪并食用。尽管如此,这些食物仍然可以安全食用几天,而且如果保存在冰箱里的话,并不会失去味道和新鲜度,还能提供很好的烹饪体验。该公司还为儿童提供特殊膳食。

为了扩大产品范围,除了销售包装海鲜外,Skagenfood A/S 还销售包装蔬菜和水果。在其网站上,该公司为消费者提供烹饪他们收到的海鲜的食谱。蔬菜包和水果包作为补充,使客户可以轻松地遵循 Skagenfood A/S 提供的食谱,而不需要外出到当地便利店寻找那些必要的配料。

十一、Skagenfood A/S 的商业模式

Skagenfood A/S 的理念是将高品质食材制作的晚餐体验送到客户家中。顾客可以提前预定,并且公司将在指定的日期和时间发货。每次有新的货运到时,产

品都会有所不同。鱼是现成的，还有各种各样生态生产的蔬菜和水果。该公司雇用传统的技术熟练的工匠来准备餐点，而不采用工业生产方法。肉片是手工切的，餐具包装也是手工打包的。与 Skagenfood A/S 密切合作的合同供应商将餐点送到客户家门口。

目前，该公司在丹麦境内提供服务。由于公司位于日德兰半岛北部的顶部，这意味着其距离重要的人口中心，以及首都哥本哈根 400 多千米。哥本哈根位于该国东部的新西兰岛上。据该公司计算，从逻辑上讲，其每周可以向终端客户运输三次。只有在全国范围的分销系统的基础上运作，才能使公司达到足够的临界质量。否则，该公司将无法支付管理费用。

正如我们所指出的，公司通过缩短供应链使自己有别于竞争对手。其他公司提供的鱼产品在供应链中经历了多个步骤。在通常的供应链模型中，鱼一旦被捕获并在港口上岸后，将被带到一个冷却的储存设备中，直至被拍卖。在拍卖中，买家将出价购买，然后将鱼卖给批发商。然后其他买家（例如，当地街市、超市、食堂和餐馆的商人）将购买这些材料，并将其以新鲜的，或是准备好的膳食形式出售给最终消费者。

Skagenfood A/S 缩短了这条供应链，这意味着鱼到达最终消费者餐桌上的时间要短得多。基本上，他们通过绕过批发商和零售商来达到这个目的。相反，他们直接在拍卖会上购买鱼。随着步骤的减少，鱼到达消费者手中时将会更加新鲜。

Skagenfood A/S 开发了自己的分销链，使其具有高度的透明度。可追溯性是一个越来越重要的竞争因素。为了确保鱼来自可持续的渔业，消费者想知道鱼在哪里被捕获，在哪里被捕捞。在传统的供应链中，鱼要经过从拍卖、储存、分销商、批发商和零售商到最终消费者的多个步骤，实际上不可能追溯原始鱼产品的来源。来自不同地点的鱼、船只、渔获物都混淆在一起，因此消费者不可能验证卖方关于可持续性的宣称。相反，Skagenfood A/S 知道他们的产品来自哪里，他们可以向客户证明这一点。对于消费者来说，这个特性变得越来越重要。对于 Skagenfood A/S 来说，这一特性则有助于其形成独特的销售主张。

（一）让消费者的生活更轻松

对许多私人家庭来说，鱼是一道比较复杂难做的菜。鱼骨通常很难去除。厨师需要有合适的工具和专业知识来切割。此外选择合适的烹饪条件。例如，煎炸时平底锅需要有合适的温度，鱼在平底锅里的时间也不能太长或太短。这对许多私人厨师来说可能太复杂了。但是 Skagenfood A/S 让这些家庭可以食用到新鲜的鱼，尽管他们并不太懂烹饪。

许多私人家庭对买鱼知之甚少。当鱼在超市的柜台上时，他们很难判断其是

案例十三　斯卡思美食 A/S 在日德兰半岛北部的海鲜集群——*发展业务决定*

否还新鲜。有时它可能已经在那里好几天了。在许多地方，街市每周只开一次。

由于已经提前收到了客户的订单，Skagenfood A/S 的商业模式使其能够准确预测需要在拍卖大厅购买的数量。因此该公司可以在拍卖会上以较多的数量购买一些种类的鱼，从而获得价格优势，在购买层面弥补了该公司规模较小的不足。

总而言之，Skagenfood A/S 通过这种方式设计其价值链，利用地理位置接近渔业，并将其嵌入当地与海鲜相关的集群中，从而设计出一种供应链，使自身在市场上具有相对于其他参与者的竞争优势。由于 Skagenfood A/S 不是一家大公司，因此没有很好地利用规模经济和成本优势。但是重新设计和精简供应链使其能够在这个竞争激烈的市场中开辟出一个特殊的市场定位。

（二）消费者选择 Skagenfood A/S 的原因

最近 Skagenfood A/S 对其现有的客户进行了一项调查。公司发现：

· 90%的人欣赏 Skagenfood A/S 产品线的新鲜度。

· 超过 70%的人认为在 Skagenfood A/S 购买方便舒适。

· 47%的人表示通过 Skagenfood A/S 他们可以购买到在当地超市买不到的产品。

· 45%的人说他们的饮食越来越多样化。

· 35%的人列举了获得更健康食品的可能性。

· 25%的人表示感谢，因为他们不用担心需要外出购买晚餐。

此外，大多数客户都很欣赏午餐盒配有菜谱，让终端用户可以方便地准备美味健康的餐点，而且这些食物来源于生态生产。2/3 的消费者承认，他们使用的大部分原材料来自丹麦（可追溯性）。1/3 的人认为其价格有竞争力。然而，最后一点表明，2/3 的现有客户认为该产品相对昂贵。

十二、挑战：如何利用德国北部蓬勃发展的消费市场

丹麦是一个小国，邻国德国（就人口、地理面积和 GDP 而言）要大得多。德国离南部边境不远，也很容易到达。从北部看，下一个大城市是汉堡，拥有 170 万居民。与这座城市相比，丹麦的总人口只有 550 万。对于一家总部设在丹麦的小公司来说，这座城市本身就提供了巨大的市场机会。尽管这意味着要跨越国界，但汉堡离 Skagenfood A/S 的总部只有 6 个小时的车程，而且比哥本哈根更容易到达。

作为一个具有重要国际意义的港口城市，汉堡一直有海事传统。例如，Fischmarkt（"鱼市场"）是汉堡的一个机构，吸引了大量的当地人和外国人。一个典型的汉堡市民有海鲜消费的倾向。一些典型的当地菜肴是基于鱼类或其他海洋

物种的。

截至 2011 年夏季，德国经济充分利用其良好的国内成本基础和东亚经济体的市场机遇，明显已经走出金融危机，进入了新的繁荣阶段。德国北部市场，包括汉堡和周边地区，可能会为 Skagenfood A/S 这样的小公司提供有趣的机会。汉堡以其港口和作为贸易中心的中心位置，传统上处于有利地位，可以从国际贸易带来的机遇中获利。其结果是产生了一大批富裕的中上层公民，他们愿意在符合自己需求和生活方式的情况下花钱。和德国其他大城市一样，单身家庭越来越普遍，而儿童却相对较少。Skagenfood A/S 的目标是在汉堡建立一个典型的家庭，这个家庭可以有 1～2 名成员，他们的收入很高，但几乎没有时间在市场上购买食物并在家烹饪。例如，许多人宁愿待在家里，邀请朋友前来，也不愿意出去餐馆和邀请朋友。许多人没有时间购物，也缺乏足够的烹饪技能。这就是像 Skagenfood A/S 这样的公司的切入点。

十三、消费者对可持续海鲜的需求

市场调查显示，欧洲民众对以可持续方式采购的鱼类产品的需求日益增长。非政府组织正对零售商施加越来越大的压力，要求他们停止销售其认为正受到威胁的鱼类。因此，零售商开始从货架上撤下不可持续的产品。这导致了这样一个市场的出现，在这个市场上，提供可持续发展的鱼正变得越来越普遍。

为了评估汉堡的市场机会，Skagenfood A/S 咨询了一位在该领域进行了一些研究的营销专家。根据她的说法，有足够的证据表明，如果让消费者选择的话，他们更喜欢贴有生态标签的食品。然而，问题是消费者是否愿意为贴有生态标签食品支付溢价。根据咨询结果来看，答案并不总是明确的，这取决于各种因素，例如渔业。海鲜市场是复杂的，并且受多种因素的影响。很难将生态标签的影响与其他因素，比如一般的营销活动、供应的可用性、来自替代物种的竞争、消费者市场的变化及其动态，当然还有季节性隔离开来。咨询发现，当消费者面对一些贴有生态标签的鱼产品和一些没有贴生态标签的鱼产品时，只要价格差异不太大，他们就会选择贴了生态标签的产品。但目前还不清楚这是否适用于高质量的提前烹饪好的鱼类餐饮，因为这一概念在市场上还是个新概念。

咨询发现，消费者普遍认为过度捕捞问题非常严重，因此开始考虑购买受威胁程度较低的其他鱼类。然而，他们不会选择用次等鱼去代替喜爱的鱼，仅仅因为次等鱼带有生态标签。咨询认为 Skagenfood A/S 申请 MSC 认证绝对是个好主意。然而，由于已经有许多其他竞争对手在使用这个标签，该公司应该采取更多措施，使自己在市场上与众不同。

**案例十三　斯卡思美食 A/S 在日德兰半岛北部的海鲜集群——*发展业务决定*

参考文献

European：Commission（2006）."Assessment of the Status, Development and Diversification of Fisheries Dependent Communities Hirtshals Case Study Report." MRAG Consortium Socioeconomic Dependency Case Study Reports，P.10. http//ec.europa.eu/fisheries/documentation/studies/regional_social_economic_impacts/hirtshals_en.pdf/.

案例十四　来自新兴经济体的小型制造业企业的增长挑战——摩尔多瓦的例证*

一、增长还是不增长？

这不是对 VM-Plumcom 有限公司的共同所有人和执行董事塔玛拉·波帕①的反问。很明显，问题的前一部分已经被塔玛拉提上议程。因此，我们面临的挑战是如何实现增长。过去几年，全球经济危机和经济衰退加剧了这一挑战，尤其是在一直服务在国际市场的 VM-Plumcom 有限公司。

2008 年金融危机爆发后，2009 年该公司收入下降了 12%，与 2007 年相比，出口销售量下降了 14%。由于这段时间订单数量减少，VM-Plumcom 有限公司甚至在 2010 年停止了生产流程，因为前一年出现了库存积压。除了全球经济危机外，摩尔多瓦还经历了严重的干旱，严重影响了该公司的原材料——水果和蔬菜的产量。

尽管如此，塔玛拉坚信她的生意前景乐观。2010 年公司销售额回升，达到了 2007 年的水平。在某种程度上，这是因为两年前 VM-Plumcom 有限公司获得了有机认证，带来了新的、更大的商业机会。塔玛拉计划在中期投资并推出坚果仁；桃、杏和苹果的泥、汁和花蜜；干蔬菜；还有冷冻水果和蔬菜等新产品。为了实现这些目标，塔玛拉预计在新设备和生产能力方面投资 300 多万美元，并在未来三年将常设工作人员增加到 100~150 人。

二、企业的出现

VM-Plumcom 有限公司是一家家族企业。2000 年春天，塔玛拉和她的丈夫，

---

* 丹麦奥尔堡大学的奥米奥·V. 图尔肯（Omeo V. Turcan），在获得 VM-Plumcom 有限公司管理层的许可下，开发了此案例，仅用于教学目的。

① 在准备此案例的过程中，作者要感谢塔玛拉·波帕所花的时间，以及她的巨大支持和耐心。

以及他们的两个女儿，共同创立了这家公司。该公司为较小的企业刚刚开始起步以及正在学习如何合作的地理区域建立产业集群提供了基础。该公司主要从事果蔬加工业务。目前主要产品有干果（如有核或无核的梅子和樱桃、去皮苹果片、整梨或切片梨、犬蔷薇）以及梅子酱和苹果酱等。果酱产品对总收入的贡献为65%～70%，其余部分为干果。

在创业之前，塔玛拉是摩尔多瓦最大的果蔬加工企业之一的执行董事。主要因为那些繁文缛节和缺乏在组织中引起重大变化的支持，塔玛拉感到十分沮丧，离开了雇主，决定开始自己的事业。除了对成功的渴求，塔玛拉还将她的知识、经验和对市场以及业务的理解带入了新的冒险之中。

起初，塔玛拉和她的丈夫成立了一家独资企业，收集水果和蔬菜，然后在全国各地的各种罐装水果和蔬菜生产商加工，并出售成品。然而，这种商业模式被证明是非常昂贵和无效的。塔玛拉和她的丈夫后来决定成立一家有限公司，将所有这些功能结合起来，以实现更好的业绩。三名前同事加入了塔玛拉新成立的公司，他们涉及营销和销售、工程、会计等领域。

2000年，塔玛拉在温格内（Ungheni）郊区购买了9800平方米的工业用地，该地块上有一家退役企业。初始投资金额为10000欧元，塔玛拉设法创立公司，并在2001年开始生产和销售他们的第一个产品，产生的收入超过31%来自国际销售（见表1）。目前该公司的年生产能力为300吨干果（梅子、苹果、梨）、60吨无核的干樱桃、400吨梅子酱和200吨苹果酱。从成立之日起，VM-Plumcom有限公司的规模和范围都迅速增长。2008年金融危机之前，员工的平均年增长率约为30%，而年总收入平均增长了45%。

表1 2001～2010年VM-Plumcom的总增长数据

年份	2001	2002	2003	2004	2005	2006	2007	2008	2009	2010
员工数	15	22	35	40	45	45	65	72	70	56
产品范围	梅子干 苹果干	梅子干 苹果干	梅子干 苹果干 梅子酱	梅子干 苹果干 梅子酱 苹果酱	梅子干 苹果干 梅子酱 苹果酱	梨子酱	无核樱桃干	梅子干 苹果干 梅子酱 苹果酱	有机无核樱桃干	有机无核梅子酱，有机无核樱桃酱
总收入（欧元）	82926	202615	290599	301250	477515	504100	574254	625412	501420	572128
出口收入（欧元）	25686	173181	253175	270035	442515	466465	551942	525289	479420	560768

续表

年份	2001	2002	2003	2004	2005	2006	2007	2008	2009	2010
主要出口市场	捷克共和国，乌兰克，罗马尼亚			德国，澳大利亚，立陶宛，捷克，乌兰克，罗马尼亚				德国，澳大利亚，立宛淘，捷克，罗马尼亚，斯洛伐克		
投资额（欧元）	10000	50000	40000	20000	100000	100000	62500	11560	0	0

三、国际化：东方还是西方

从 2000 年公司成立之初，塔玛拉就意识到她必须瞄准国际市场，因为当地市场太小，并且竞争非常激烈。然而，问题是去哪里发展市场：东方还是西方？考虑到摩尔多瓦与俄罗斯的历史关系，俄罗斯市场［对于这个问题而言，市场上的独立国家联合体（苏联加盟共和国，波罗的海国家除外）］自然将是进入国际市场的一个选择，对于摩尔多瓦的众多企业家而言已是如此。

尽管如此，对于塔玛拉来说，这个故事有所不同。一些因素在决定其国际化方向方面发挥了关键作用。从她的经验中，塔玛拉了解到，俄罗斯的合作伙伴不值得信任，因为他们不愿在付款和交货条件方面进行合作，有时甚至在各种动机暗示的情况下拒绝付款。此外，两国之间的贸易关系相当政治化，这让摩尔多瓦的公司面临很高的政治风险。除此之外，市场相关因素也影响了塔玛拉的决定。并不是该公司的所有产品都在俄罗斯有市场。例如，苹果酱和浓缩苹果汁并不受欢迎，尽管水果干，特别是梅子干，和今天一样受欢迎。

尽管情况有所不同，但通往西方市场的道路也不容易。在那些日子里，"摩尔多瓦制造"并没有取得多少信任。因此，塔玛拉必须赢得欧盟伙伴的信任，同时证明和保持产品的质量。为了减少风险，除了努力采取直销以外，塔玛拉还通过罗马尼亚的贸易代理商间接向欧盟客户出口产品。VM-Plumcom 有限公司在定价上损失惨重，但这是塔玛拉愿意付出的代价，从而赢得市场主要参与者的信任，并维持公司的运营。

第一个国际市场是捷克。塔玛拉以前担任执行董事的时候认识了一位来自捷克的买家。与此同时，VM-Plumcom 有限公司进入了罗马尼亚、乌克兰等周边市场。后来，捷克合伙人将 VM-Plumcom 有限公司介绍给了奥地利的一个大买家，罗马尼亚合伙人将 VM-Plumcom 有限公司介绍给了德国的另一个大买家。随着公司的发展，一家来自立陶宛的大买家也接触到了 VM-Plumcom 有限公司。

VM-Plumcom 有限公司开始出口梅子干，现在也专注于有机食品，已经被认证为有机食品生产商。除了出口，塔玛拉还计划在德国开设一家销售子公司。然而，由于全球经济危机和经济衰退，过去几年的金融限制导致这一愿景搁浅。公司自成立以来，出口销售额以每年近120%的速度高速增长，国际销售收入占比从2001年的31%增长到2007年的96%，2010年达到98%（见表1）。

为了继续向欧盟市场扩张，VM-Plumcom 有限公司必须加强对欧盟市场安全和质量要求的遵守。2007年，在公民外交网络（CNFA）的支持下，VM-Plumcom 有限公司实施了危害分析和关键控制点（HACCP）框架，以符合食品安全要求。2009年，该公司的主要产品：梅子干、樱桃干和果酱产品获得了有机认证"BIO"，证明它们在生长、储存、加工、包装和运输方面符合一系列生产标准。公司自有农地也获得了生态产品种植许可。

欧盟的欧洲邻国政策也促进了国际化的努力。该政策制定于2004年，旨在避免扩大的欧盟和欧盟邻国之间出现新的分界线（European Commiss，2010）。2005年，在这一政策倡议的基础上，欧盟—摩尔多瓦行动计划通过。在这一计划的基础上，2006年摩尔多瓦特别受益于新的欧盟普遍优惠制（GSP+）①。这使GSP+涵盖的6400种产品可以免税（零关税）进入欧盟市场（European Commiss，2008a）。在此过程中，欧盟通过取消工业产品的所有剩余关税上限以及改善农产品进入欧洲共同体市场的机会，向摩尔多瓦引入了自主贸易优惠（European Commiss，2008b）。

四、欧盟市场

干果在欧盟的消费量约为871000吨，价值约23亿欧元（CBI，2008）。作为干果的净进口国，欧盟生产干果大约428000吨，价值17亿欧元，主要是葡萄干、枣干、无花果干和梅子干。2003~2007年，欧盟进口总额平均每年增长9.1%。发展中国家约占欧盟精选干果进口总额的55%（CBI，2005，2008）。总的来说，摩尔多瓦大约80%的干果产量进入了欧洲市场，其余的进入独联体市场，主要是俄罗斯、白俄罗斯和乌克兰。摩尔多瓦是一个干果净出口国，尽管事实是该部门在其能力范围内运作（CNEA，2008），但摩尔多瓦是向欧盟提供精选干果（来自发展中国家）的主要供应商之一，总份额为1.3%（见表2）。

---

① 国家实行GSP+激励计划的资格由其对核心人权和劳工权利的有效实施和良好的治理及环境公约的评估来确定。

案例十四　来自新兴经济体的小型制造业企业的增长挑战——摩尔多瓦的例证

表 2　主要发展中国家精选干锅供应商（以 1000 欧元为单位）　　单位：欧元

国家	梅子干	苹果干	其他水果干
智利	18314	7578	8070
中国	265	4226	3587
阿根廷	5043	291	0
土耳其	1062	2040	598
塞尔维亚和黑山	1062	146	0
摩尔多瓦	265	146	299
伊朗	0	0	598
突尼斯	531	0	0
南非	0	0	448
阿尔巴尼亚	0	73	299
菲律宾	0	0	149
乔治亚州	0	73	0
共计	26542	14573	14048

资料来源：CBI（2005）。

干果有三个细分市场：食品加工市场、零售市场和餐饮市场。食品加工市场是最大的市场，约占欧盟干果进口的80%。零售部门的销售以超市部门为主，但保健品店的市场份额日益增加。而餐饮市场是三个市场中最小的（CBI，2008）。干果作为原料投入，进一步应用于早餐麦片、烘焙食品、甜点和糖果产品中。干果通常进口到位于欧盟中心的国家，通常是荷兰或德国，然后从那里分销到其他欧盟成员国（见图1）。

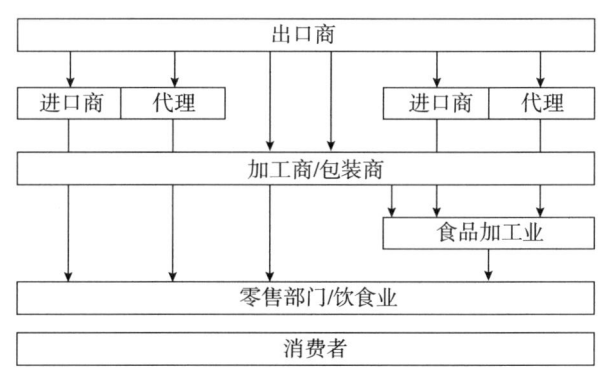

图 1　干果进入欧盟市场的分销渠道

资料来源：CBI，2008。

Food And Drink Europe.com 网站称，促进干果消费的关键因素之一是人们对方便、便携式快餐食品的需求，这与创新包装设计和营销有关。EHI 临售协会最近的一项研究表明，尽管在降低零售商的包装成本方面取得了实质性的进展，但由于营销和成本都是重中之重，因此与包装相关的主要零售要求仍然是一个挑战（Food And Drink Europe.com，2011）。随着消费者越来越意识到干果对健康饮食的贡献，各种（有机）干果产品的消费量预计将继续增加（CBI，2008）。

干果市场的特点是价格高但利润低，价格由进口商和批发商决定（但不是"设置"）（CBI，2008）。有一些因素影响着高定价。主要因素之一是生产过程昂贵而困难，需要大量新鲜水果和严格的质量控制，以及干燥/加工方法。其他影响干果价格的因素价格包括干果的数量和类型的问题、供应国的收成与需求的关系、不同连锁合作伙伴之间的谈判以及中间商的买卖数量、针对消费者市场的新鲜水果（蔬菜）的质量和汇率等。总的来说，由于收成、天气条件或灾害等因素造成的供应变化，对价格水平的影响要比需求的变化大得多（CBI，2008）。

成功进入欧盟市场还取决于是否符合欧盟对干果的要求，这些要求基于环境、消费者健康和安全、社会关注，以及有关标签、代码和管理系统的立法要求（CBI，2008）。欧盟最重要的两项法规是《最高残留限量规定》（European Commission，2011）和《食品添加剂、食品酶和调味料规定》（European Commission，2009）。

五、当地市场

VM-Plumcom 有限公司位于温格内，处在摩尔多瓦首都基希讷乌西北 100 多千米处（见图 2）。温格内是一个地区中心，位于罗马尼亚边境，有一个国际铁路枢纽。摩尔多瓦是一个位于罗马尼亚和乌克兰之间的内陆国家。1991 年，由于苏联解体，摩尔多瓦独立。摩尔多瓦从北到南延伸不到 450 千米，从东到西延伸不到 250 千米，拥有 350 多万公民（欧盟统计局，2009）。

从历史上看，农业一直被认为是国民经济的主要支柱之一，占国民生产总值的 16% 以上，对摩尔多瓦的出口总额的贡献率约为 50%。根据原料的质量和生长条件，每年的干果产量在 2000~3500 吨。摩尔多瓦干果市场主要由几家大中型企业主导，约占总营业额的 67%，其余的由大量的小公司产生（CNFA，2008）。该领域的一些主要参与者包括：

・Inmark（www.inmark.md）。Inmark 公司成立于 1998 年，主要生产樱桃、桃子、杏子、梅子、西红柿、辣椒、茄子和西葫芦等干果和蔬菜干，以及加工和销售核桃。最初的出口市场是俄罗斯和其他独联体国家。2008 年，Inmark 开始

案例十四　来自新兴经济体的小型制造业企业的增长挑战——摩尔多瓦的例证

图 2　摩尔瓦多地图

资料来源：大英百科全书，2008。

实施 HACCP 框架，生产有机食品。该公司在自己的供应基地投资：2008 年，种植了 120 公顷的果园，这将使其在 2010~2012 年（含 2012 年）收获约 800 吨苹果、100 吨梅子、200 吨樱桃和 300 吨桃子。这些努力使 Inmark 公司有可能将其出口市场扩展到欧盟国家和其他国家。

· Monicol（www.monicol.md）。Monicol 公司成立于 2001 年，主要生产和出口核桃仁和干果。该公司有 10 名固定员工，在收获季节，员工人数在 200~250 人。在美国国际开发署（USAID）项目下 CNFA 的帮助下，Monicol 投资 190 万美元升级了一个水果干燥设备。水果干燥设备的年生产能力为 200 吨苹果干和 300 吨梅子干。公司 2004 年实现营业收入 67 万美元，2007 年营业收入 350 多万美元。公司从 50 多个农民和 50 个小型加工商那里购买原材料。Monicol 公司主要出口欧盟。公司已通过 ISO 9001：2000 质量体系认证，并已实施 HACCP 体系。

· Prometeu-T（PT）（www.walnut.md）。PT 公司成立于 1995 年，主要从事核桃仁和内壳核桃的种植、加工和销售。2008 年，公司开始生产水果干，如梅子干、樱桃干和苹果干。多年来，公司发展迅速，年增长率约为25%，年营业收入达1000万美元。PT是一家中型企业，员工不足500人。PT公司91%~100%的产品出口欧盟、土耳其和中东地区。PT拥有的农业用地约110公顷，其中核桃树35公顷，梅树50公顷，杏仁树15公顷，桃树5公顷，酸樱桃树5公顷。2009年，核桃仁和干果加工通过ISO 22000：2005认证。

· Reforma Natural Nuts & Fruits（RNNF）（www.reforma.eu）。RNNF公司是Reforma-Werk的子公司，Reforma-Werk是一家在天然和有机食品行业有着悠久传统的欧洲企业。公司成立于1996年，初期投资约1800万马克，以生产有机食品为唯一目标。多年来，该公司发展迅速，目前拥有约1000名员工。公司产品种类繁多，主要产品有动物饲料、果蔬干、坚果、种子等，99%的产品出口。水果干的种类包括苹果（圈和块），杏，樱桃（甜和酸），瓜，桃子和梨。该公司有超过3250个小型农场作为供应商。所有有机产品都是按照欧盟2092/91规定认证的。

也有许多小型出口商专注于俄罗斯市场和（或）独联体其他国家的市场。这些出口商可以被描述为不具备满足欧盟市场安全和质量要求的必要能力，以及无法确保与欧盟客户进行适当沟通的出口商（CNFA，2008）。

六、增长挑战与机遇

考虑到供应的变化对价格水平的影响远大于需求的变化，原材料的数量和质量对企业的成功至关重要。摩尔多瓦糟糕的原材料生产基地被认为是进一步扩大干果部门的主要制约因素（CNFA，2008）。这主要是由于果园的老化和减少、缺乏适合进行干燥的品种以及种植技术效率的不足。此外，塔玛拉因素在人为因素的影响下使原材料的供应不可靠。例如，本地供应商通常不知道合同的含义。正如塔玛拉所解释的，"今天供应商开来一辆满载的卡车，明天他们可能就不来了，说要给别人、亲戚等去送东西。"

随着公司的发展，塔玛拉面临着所有这些问题。为了减少这些风险，2006年塔玛拉购买了100公顷农地，目的是在2007年种植梅子树和樱桃树①。然而，由于一些原因并没有实现。土壤的状况非常糟糕，需要时间来提高和准备新的果园。与此同时，种植的树木和种子必须进口，因为当地没有种植材料的生产基地。但是对这些种植材料征收15%的进口税和20%的增值税，使这些进口产品失

---

① 这种落后的一体化趋势也可以在该经济的其他领域中看到，比如糖和酒。作者有机会在美国国际开发署的一个项目中担任顾问。该项目为当地一家糖生产商在财政、后勤和技术方面（有时会占有所有权）支持甜菜种植者。2000年初，葡萄酒生产商开始购买土地，种植自己的葡萄园。

案例十四 来自新兴经济体的小型制造业企业的增长挑战——摩尔多瓦的例证

去了吸引力。直到2008/2009年,当地才开始出现种植树木和种子的生产基地,这使VM-Plumcom有限公司在当地购买必要的种植材料成为可能。2010年,VM-Plumcom有限公司开始种植自己的梅子和樱桃果园。

这种落后的一体化要求VM-Plumcom有限公司在土地和水源/灌溉等物质资源的管理上;轮作、品种、经营成本、技术和畜牧业等生产系统上;家庭劳动、固定职工、采摘劳动等相关人力资源上;负债管理、折旧等相关资本项目上;以及非农利益等方面获得额外和相当多的专业知识(RMCG,2004)。为了达到这个目的,VM-Plumcom有限公司必须执行最佳的商业惯例,以保护环境。

当VM-Plumcom有限公司买下这片工业用地时,这里没有接通天然气的管道,也没有合适的公路。塔玛拉找到当地的天然气公司,要求他们建造一条通往该公司的输油管。天然气公司告知她要用自己的资源来建造管道,将在之后得到补偿。塔玛拉花了大约65000欧元建立这个管道。在管道建成并投入使用后,许多其他住宅和小型商业客户"接"上了管道。直到今天,当地的天然气公司拒绝将管道记录在资产负债表上,也拒绝补偿这笔钱。同样的事情也发生在公路建造上。塔玛拉投资建设了连接VM-Plumcom有限公司和主干道的公路。当塔玛拉要求市长将这条路记录在资产负债表上时,她被拒绝了,理由是这条路没有在市长办公室的预算内。

另一个持久的挑战是获得信贷。当地金融市场并不成熟,由当地银行主导,外资银行在2008年才获准进入该市场[①]。然而,问题不在于数量,这是关于成本和时间的问题。利率非常高,美元或欧元的利率在14%~16%,摩尔多瓦货币的利率在20%以上。2006~2008年(含2008年),VM-Plumcom有限公司从国家能源局获得了更好的贷款,以支持其对新设备的资本投资。由于银行认为风险较高,因此不愿向农业部门提供信贷,这进一步加剧了这一问题(CNFA,2009)。

一个相关的挑战是汇率。由于政治原因(即2009年春季的大选),摩尔多瓦货币在2008年对美元进行了人为的升值(见图3)。

另一个与生产可变成本相关的增长挑战是劳动力。据估计,自1991年摩尔多瓦独立以来,有50万~100万公民离开摩尔多瓦到国外工作(U.S. Department of State,2006)。鉴于VM-Plumcom有限公司位于远离首都和地区中心的农村地区,这种劳动力短缺对该公司的运营构成了真正的威胁。劳动力数量的缺乏与高质量劳动力的缺乏进一步加剧了劳动力的短缺。例如,VM-Plumcom有限公司需要管道工和电工,以及轮班工程师/经理。然而,自1991年国家独立以来,职业

---

① 2009年,摩尔多瓦被评为全球第五大最稳定经济体,主要原因是其原始的金融体系、较低的信贷发行水平和农业水平(而非实体经济)。因此,摩尔多瓦不太容易受到全球金融和经济危机的影响(www.thebanker.com)。

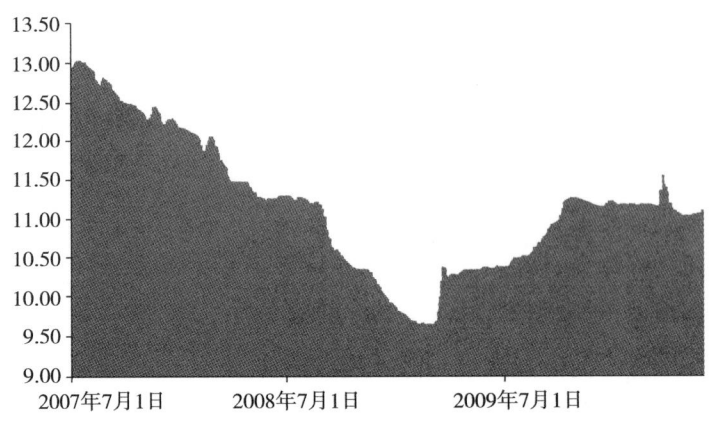

图3 2007~2009年摩尔多瓦列伊对美元的演变

资料来源：摩尔多瓦国家银行。

教育几乎遭到破坏，现有的大学毕业生素质低下[①]。"公司的实习只是名义上的，学生来公司只是要求签到，并没有真正的兴趣去学习实践经验。"

然而，另一个挑战是如何应对来自小型干果生产商的不忠诚的市场竞争。小型干果生产商的产品质量不高，而且是非官方的（绕过税务机关），这使他们成为"低成本/低价"的生产商/出口商。为了解决这个问题，VM-Plumcom有限公司加入了罐头生产商协会。通过这个协会，VM-Plumcom有限公司在寻找潜在投资者以及在政府和议会层面发声方面也得到了支持。

七、愿景

在欧盟，人们对主要针对消费者的需求，如医疗、健康、享受和便利等方面的不同的（有机）产品越来越感兴趣（CBI，2008）。摩尔多瓦拥有可靠和高质量的供应基础，可以将其对欧盟市场的出口增加一倍或两倍（CNFA，2008）。塔玛拉希望利用这些机会，通过投资生产蔬菜干和冷冻蔬菜来扩大自己的业务。除了需要300万美元之外，塔玛拉明白还有另一项同样具有挑战性的任务，即寻找合适、可靠的所需蔬菜的供应商，并且可以与这些供应商签订长期合同。

塔玛拉目前正在考虑的另一条增长道路是建立一家国际合资企业。最近有人给她介绍了德国最大的干果产品批发商之一，这家公司对这样的合资企业表示出

---

① 同样，这一趋势也不是行业特有的。作为摩尔多瓦IABP（国际商业和议会协会，一个促进议会成员和商业界之间对话的非政府组织）的执行主任，作者有机会为ICT和几家服装公司的议员参与了多个公司的附件/实习。在这两个部门，雇员的高流动率和毕业生的低素质都是企业家所关心的主要问题。

了兴趣。双方都花了一些时间来了解对方,为谈判做准备。如果交易成功,寻求资金的努力可能会结束。然而,寻求高质量和可靠的原料基础仍然是一项挑战。考虑到这一点,那么问题是:VM-Plumcom 有限公司应该向后或水平整合多少?VM-Plumcom 有限公司是否能够保持其生产和销售干果产品的使命?

参考文献

[1] CBI (2005). "EU Market Brief Dried Fruit." CBI Market Information Database, http//www.cbi.eu/ [accessed May19, 2011].

[2] CBI (2008). "Preserved Fruit and Vegetables The EU Market for Dried Fruit." CBI Market Information Database, http://www.cbi.eu/ [accessed May19, 2011].

[3] CNFA (2008). "Moldova's Dried Fruit Sector Assessment." http://www.cnfa.md/ [accessed May16, 2011].

[4] CNFA (2009). "Moldovan Agricultural Risk Evaluation System." http://www.cnfa.md/ [accessed May16, 2011].

[5] Encyclopedia Britannica (2008). "Moldova." http://www.britannica.com/EBchecked/media/62193/ [accessed May30, 2011].

[6] European Commission (2005). "EU Member States Back New EU Generalised System of Preferences." http://www.europa-eu-un.org/articles/en/article_4827_en.htm/ [accessed May31, 2011].

[7] European Commission (2008a). "EU Gives Developing Countries Duty-Free Access with GSP-++." http://ec.europa.eu/trade/wideragenda/development/generalised-system-of-preferences/index_en.htm/ [accessed May31, 2011].

[8] European Commission (2008b). "European Communities-Request for a Waiver for the Application of Autonomous Preferential Treatment to Moldova." http://trade.ec.europa.eu/doclib/docs/2008/september/tradoc_140567.pdf/ [accessed May31, 2011].

[9] European Commission (2009). "Food Additives-New Regulations on Food Additives, Food Enzymes and Flavourings." http://ec.europa.eu/food/food/chemicalsafety/additives/new_regul_en.htm/ [accessed June6, 2011].

[10] European Commission (2010). "The Policy What Is the European Neighbourhood Policy?" http://ec.europa.eu/world/enp/policy-en.htm/ [accessed May26, 2011].

［11］European Commission (2011). "Medicinal Products for Veterinary Use-Regulation on Maximum Residue Limits." http：//ec. europa. eu/health/veterinary-use/maximum-residue-limits/regulations_en. htm/ [accessed June6, 2011].

［12］Eurostat (2009). European Neighbourhood: A Statistical Overview. Luxembourg Office for Official Publications of the European Communities.

［13］FoodAndDrinkEurope. com (2011). "Research Points to Retail Value of Investment in Packaging." http：//www. foodanddrinkeurope. com/Retail/Research-points-to-retail-value-of-investment-in-packaging/ [accessed June6, 2011].

［14］RMCG (2004). "Business Analysis of Dried Fruit Growers." http：//www. rmeg. com. au/web/RID_-_P4_files/Dried%20Grape%20Benchmarking%20-%20final%20report%20v1. 1. pdf/ [accessed May23, 2011].

［15］U. S. Department of State (2006). "Moldova-International Religious Freedom Report 2006." http：//www. state. gov/g/drl/rls/irf/2006/71396. htm/ [accessed June6, 2011].

案例十五　葡萄酒生产集群内的酿酒厂初创*

本案例研究考察了捷克共和国南部莫拉维亚地区的一个葡萄酒产业集群内开办的一家新酒厂的财务方面。这个地区有很大的经济潜力。由于位于欧洲南部和北部之间，该地区地理位置很好。虽然其传统工业是机械工程和加工，但拥有新技术的外国高科技公司的到来一直在改变着该地区的经济格局。虽然工程仍然是最重要的部门，但其他行业，如食品加工、纺织和印刷，现在也成为该地区经济的重要组成部分。

一、背景

生活方式的改变给中欧的一些行业带来了挑战和机遇。这些行业在过去被认为是集体农场成员的业余爱好或者，在某些情况下，是他们关注的事情。莫拉维亚南部的葡萄酒生产就是其中的产业之一。在1989年秋结束的上一个政权下，葡萄酒生产被认为是在当地共产党不可靠的领导下经营的集体农场的责任。当时的葡萄酒生产有三个准市场：第一个市场由农场合作社的所有利益相关者组成；第二个市场是留给在经济上、政治上和社会上为合作社的生产经营提供便利的特殊客户，或为缺乏生产提供正当理由的特殊客户；第三个市场代表个人消费。

虽然莫拉维亚南部的葡萄酒在中欧享有很高的声誉，而且该地区种植的几种葡萄品种也很特别，但该地区以外的葡萄酒并不知名。大部分的葡萄酒都是大批量生产，并且消费的速度和生产的速度一样快。在此期间，一些人能够维持自己的酒窖，并且偶尔邀请家人或特别的朋友"品尝"他们的葡萄酒。虽然附近的奥地利葡萄酒工业多年来一直使用先进的技术生产高质量的葡萄酒，但莫拉维亚南部的生产者缺乏必要的资源来购买生产同等质量葡萄酒的必要设备。

---

*　美国威斯康星大学白水分校的哈米德·莫伊尼（Hamid Moini）正在丹麦奥尔堡大学休假，他开发这个案例用于教育的，只是为了说明产业集群形成和管理方面的财务问题。但案例中描述的人物和酒庄都是虚构的，作者仅是为了教育目的而虚构。

1989 年末,一切发生了改变。集体农场被私有化。一些人的土地在 1948 年后被集体化,一些怀有抱负的葡萄酒生产商回到了这个地区。许多小型葡萄园开始种植该地区特有的传统葡萄品种,一些品种的葡萄酒生产再次用于商业目的。许多企业家投资购买更大的葡萄园和酿酒设施。

中欧一直有酿酒的传统。莫拉维亚南部的葡萄酒生产有着悠久的传统,可以追溯到 3 世纪的罗马人。几世纪以来,一些成功的葡萄种植区相继形成,其中最成功的是在 20 世纪 30 年代中期,也就是"二战"之前。此外,莫拉维亚南部在该地区并不独特。在西波西米亚西北部、斯洛伐克南部多瑙河以北的部分地区以及匈牙利,罗马尼亚和保加利亚的部分地区发现了成功的葡萄酒生产集群。即使是摩尔多瓦的一小片葡萄酒产区也出产优质葡萄酒。第二次世界大战后,在这些国家受到共产主义统治和随后的集体化影响,葡萄酒产量大幅下降。罗马尼亚、保加利亚和摩尔多瓦生产的一些葡萄酒作为东欧共同市场的一部分在中欧销售。

中欧的葡萄酒种植区通常位于偏远的农业地区,距离主要城市数千米远。一些葡萄园坐落在喀尔巴阡山脉的山脚下或就在喀尔巴阡山脉的山脚。其他的,如莫拉维亚南部的葡萄园,位于起伏的山丘上,彼此紧密共存。真正的生产设施和酒窖,可以追溯到几百年前,隐匿在连绵起伏的丘陵之间的小村庄里。莫拉维亚位于捷克首都布拉格东南约 350 千米处(见图 1)。布尔诺是莫拉维亚最大的城市,距葡萄酒产区中心约 100 千米。主要有三个集群:米库洛夫、梅斯托和兹诺伊莫。

葡萄酒产区相对较小。一些葡萄种植者相互毗邻,借用对方的压榨和粉碎设备,并习惯性地在葡萄收获季节互相帮助。必要的时候,他们会相互购买葡萄,甚至还会调配葡萄酒。然而,当捷克共和国加入欧洲联盟(欧盟)时,所有这些做法都改变了。新的生产标准出台,商业机会具体化,友好竞争出现。一些葡萄酒种植者很快在其活动中成为企业家,并开始为其生产装瓶和贴上标签。现在,这些种植者正在和邻居们竞争。由于大部分产品都是小批量的,因此合作集群开始形成,以增加成员的商业潜力。然而,为了成功,集群中的一些成员需要做出重要的营销和财务决策。

二、集群的重要性

产业集群的概念在经济发展研究中被许多研究者所使用(Porter,1990)。它指的是相关行业中企业的地理集中度,这些企业不仅受益于邻近性,而且受益于集群成员之间日益激烈的竞争。多年来,政策制定者利用产业集群把当地产业和就业高度集中等同起来,以提升区域竞争优势。

案例十五 葡萄酒生产集群内的酿酒厂初创

图 1 捷克共和国地图

农业区域在中欧国家的整个经济中一直是一个重要的组成部分。匈牙利、罗马尼亚、保加利亚，甚至摩尔多瓦都是高产的农业国家。20 世纪 30 年代，莫拉维亚作为捷克斯洛伐克的一部分，被认为是中欧的"产粮区"。虽然波兰的农业也很发达，但它和捷克斯洛伐克一样，在生产农业设备方面也享有很高的声誉。除摩尔多瓦外，所有这些国家都已成为欧盟成员国，因此农业生产和葡萄酒生产受到密切监测，但该区域鼓励葡萄种植和葡萄酒生产。

该地区的农业也是高标准的。该地区约 60% 的土地为农业用地，其中又有 83% 为耕地。这个地区的一个特色专业是葡萄栽培。多瑙河为其提供了温暖和水分，使葡萄的产量非常好。该地区有许多小酒厂，种植面积超过 1.1 万公顷。虽然这个地区以白葡萄酒而闻名，但最近红葡萄酒也变得很受欢迎。

在过去的 10 年里，该地区的葡萄酒质量有所提高，如今它们在欧洲甚至美国都很受欢迎。2008 年，该地区的葡萄酒产量几乎翻了一番，达到创纪录的 82 万升。根据捷克农业部和葡萄酒种植者联盟发布的一份报告称，这几乎是 2007 年 43.4 万升葡萄酒产量的两倍。随着酒厂数量的增加，葡萄酒产量预计将继续增长。此外，主要面向邻国的葡萄酒出口也有所增长，2009 年达到 17.5 万多升。

在竞争日益激烈的市场上，该地区的葡萄酒生产商已决定联手重组其葡萄园，提高业绩。这种合作通常以改善灌溉系统和支持葡萄酒生产商参加国际展览会的形式进行。这些举措由葡萄酒基金会提供资金，其税收收入一半来自政府，另一半来自葡萄酒生产商自己。

在欧盟的鼓励下，加上可从葡萄酒基金会获得资金，以及人们对地区性葡萄酒消费的兴趣日益浓厚，种植葡萄在莫拉维亚南部等地正开始被视为一项潜在的良好投资。葡萄酒生产集群的成员正开始面临来自国际投资者的财务压力。然而，当地许多葡萄酒生产商几乎没有财务技能来判定他们的商业机会是什么，以及如何对它们进行财务评估。

大多数葡萄酒生产企业家都在勉强应对新的市场现实和营销活动，如发展自己的品牌形象和为酒瓶设计标签。他们中很少有人有市场营销或管理咨询方面的经验。外部投资者现在对他们的活动感兴趣，并准备开发定制的业务模型，这一事实对他们来说势不可当。一些潜在的投资者，除了偶尔去该地区以外，甚至不太熟悉该地区的性质和动态。

三、集群内的创业活动

最近，对葡萄酒有着特殊个人兴趣的国际投资者杰夫·史密斯（Jeff Smith）聘请了米洛斯·卡雷尔（Milos Karel）担任顾问。大约一年前，史密斯先生在和家人一起度假时发现了这个葡萄酒种植区。他已请卡雷尔评估在该地区设立一个新酒厂的可行性。这家酿酒厂将位于该地区主要城市布尔诺附近的一个小村庄里。史密斯计划从他希望收购的一块 24 公顷土地上收获的葡萄中生产优质葡萄酒。该酒厂的主要特色酒将是雷司令和皮诺两个品种，该厂将被命名为布尔诺酒厂。史密斯希望通过在葡萄种植过程中使用最少的化学物质来生产有机环保的葡萄酒。这将为许多不同种类的动植物创造适宜的生存条件。还将确保葡萄园生态系统中自然生物多样性达到平衡。他认为，这项工作将使高品质的葡萄可以成熟到晚秋。

布尔诺酒厂的面积将会是该地区最大的种植面积。整个地区被群山环绕。由于该地区地处中欧北部，葡萄成熟受沿海和内陆气候条件的影响。来自大西洋的潮湿和新鲜的空气减缓了葡萄的成熟进程，但有助于创造刺激性和芳香的物质。此外，大陆热空气增加了有效温度，导致某些物候的生长期减少。这使这些地区能够在更长的生长季节中提高品质和品种。

四、财务问题

卡雷尔最近刚从该地区一所重点大学毕业（主修市场营销），拥有的金融知

边远集群中的市场营销管理

识有限。在攻读 MBA 期间，卡雷尔学到了一些可以用来评估这个项目的技术。例如，他想使用贝叶斯分析，在贝叶斯定理的基础上，根据新的证据不断修正结果。他还想使用线性规划，这是一种处理与项目相关的各种线性不等式的过程，比如酒厂的规模，并在这些条件下找到"最佳"值。然而，在使用上述技术之前，他希望使用财务分析，例如资本预算，以确定这个项目是否可行。

为了收集该地区酒庄的投资和运营成本信息，卡雷尔最近对酒庄进行了一次拜访，他发现许多酒庄的财务资源有限，对酒的定价也知之甚少。他发现，这些酒厂的主要融资来源有自筹资金和有限的银行贷款两种。由于这些酒庄规模较小，且扎根于农业传统，它们更倾向于选择两种选择中的第一种。这主要是因为，许多这样的酒厂担心，一旦需求放缓，无法产生足够的现金流来支付贷款的利息和本金，这样它们就会失去对业务的控制。卡雷尔知道，缺乏财政资源会对这些酒厂的扩大造成严重障碍。

卡雷尔已经从该地区平均年产量为 1000 箱、2000 箱和 4000 箱（每箱包含 12 瓶 750 毫升的容量）的酒厂收集了投资和运营成本的信息。他认为，对于初创企业的生产规模，史密斯应该考虑这三种可供选择的规模。这些信息将使他能够创建一个具有该地区大多数酒厂共同特征的通用现金流模型。他认为，这些特征和其他许多特征一样，会影响该地区酿酒厂的资本需求、投资和运营成本。在他进行财务分析时，卡雷尔要求你开始财务分析之前，思考一些关于酿酒厂的质量、生产和营销实践的假设。

五、财务分析

在与该地区的酿酒厂进行了长时间的讨论后，卡雷尔发现，尽管该地区越来越多的酿酒厂正在将红葡萄酒引入其产品组合中，但它们中的绝大多数仍主要生产白葡萄酒。这符合史密斯生产雷司令和皮诺葡萄酒的计划。表 1 提供了该地区葡萄酒生产的详细情况。

表 1　生产组合（占葡萄酒总产量的百分比）

葡萄酒	1000 箱	2000 箱	4000 箱
白葡萄酒			
米勒·图高	14.8	15.3	16.0
绿维特利纳	13.0	15.0	14.8
威尔士雷司令	10.5	12.0	13.5

续表

葡萄酒	1000 箱	2000 箱	4000 箱
雷司令	9.5	7.2	7.8
苏维翁白	6.5	6.4	5.6
莎当妮	6.0	5.8	4.8
灰比诺白葡萄酒	5.0	4.8	4.5
格乌兹塔明娜	5.7	4.8	4.0
白葡萄酒总数	71.0	71.0	71.0
红葡萄酒			
圣劳伦	9.0	10.5	9.5
蓝弗朗克	5.7	6.0	6.7
茨威格	5.6	4.6	4.2
黑皮诺	5.0	4.4	6.0
卡本内·维翁	3.7	3.5	2.6
红葡萄酒总数	29.0	29.0	29.0

卡雷尔估计，酒厂的总投资额在产量1000箱为250000欧元到产量4000箱为550000欧元。这包括对土地和设备的投资。如表2所示，随着葡萄酒产量的增加，所需投资也在增加。此外，土地以及工厂和办公费用占所需投资总额的很大一部分。

表2 拟建布尔诺酒厂所需投资

	1000 箱	2000 箱	4000 箱
接受设备	30000	45000	55000
地窖设备	8000	10000	15000
搬运设备	20000	25000	35000
冷藏设备	15000	25000	40000
发酵设备	25000	40000	60000
葡萄酒桶	22000	45000	65000
工厂和办公室	80000	110000	130000
耕地	50000	100000	150000
总投资	250000	400000	550000

卡雷尔决定寻求你的帮助来进行详细的财务分析，以便提交给史密斯。他已经提供了与葡萄酒生产相关的收入和成本信息（见表3）。由于葡萄酒还没有准备出售，该酒厂预计在第一年不会产生任何收入。为了确定生产成本的组成部分，卡雷尔做了一些假设。他以该地区葡萄酒生产所用葡萄品种的三年平均值来计算葡萄成本。一般来说，主要生产白葡萄酒的酿酒厂使用的葡萄成本较低，因为在雷司令等白葡萄酒中使用的葡萄成本低于赤霞珠等红葡萄酒中使用的葡萄。

表3 拟建布尔诺酒厂第一年现金流预测

	酒厂规模		
	1000箱	2000箱	4000箱
销售额	0	0	0
运营成本			
可变成本			
葡萄	15000	28000	50000
桶	0	0	0
包装	10000	17000	25000
装瓶	0	0	0
消费税（联邦和地区）	0	0	0
全职劳动力	10000	16000	25000
兼职劳动力	3000	7000	10000
市场	0	0	0
器械	2.000	3000	5000
办公室	2000	3000	5000
总可变成本	42000	74000	120000
固定成本			
财产税	2000	3000	4000
折旧	20000	30000	40000
维护	2000	4000	8000
保险	2000	4000	8000
利息成本	4000	6400	8800
总固定成本	30000	47400	68800
总成本	72000	121400	188800

另一个主要的生产成本是用于葡萄酒储存的新桶。大多数桶经常更换。这是生产成本的主要部分。卡雷尔认为，除了头三年的生产里酒厂需要增加额外的桶以外，每年大约还要换掉3/4的桶。因此，他假设最初购买的桶是酒厂所需投资的一部分。

包装费用（包括瓶子、软木塞、标签等的成本）也是生产成本的主要组成部分。卡雷尔调查了该地区一些酒庄的包装成本，并决定使用该地区酒庄所报的最低成本进行分析。

和其他行业一样，酿酒厂也要纳税。当地政府对酒厂的财产和生产的酒箱数量征税。目前，当地政府对酒厂征收的税率为房产估价的1%。每年产量少于5000箱时，区域生产税收为每箱2欧元。然而，联邦政府也对酒厂的收入和生产的葡萄酒数量征税。联邦所得税是应纳税收入的30%。政府还允许酒厂将结转亏损用于未来的盈利。联邦生产税收对所有的酒厂都是每箱1欧元。

近年来，该地区的大多数酒厂发现，为了销售葡萄酒，他们需要制订营销计划。卡雷尔发现，大多数地区的葡萄酒厂在营销其葡萄酒给全国经销商上的花费大约为每箱2欧元。其他生产成本信息，如劳动力、保险、折旧和利息成本，如表3所示。

六、潜在市场

莫拉维亚南部葡萄酒有一些潜在的市场。根据集群中的葡萄酒生产商的说法，他们的葡萄酒的主要市场是捷克共和国。包括乐购（Tesco）、考夫兰（Kaufland）和利德尔（Lidl）在内的大多数大型连锁超市都销售莫拉维亚南部的葡萄酒。捷克共和国的许多餐馆都提供高质量的葡萄酒，包括一些陈年品种。而且，随着人们对葡萄酒兴趣的增加，人们会在集群中购买自己的私人酒窖，并将当地的葡萄酒储存起来供个人消费。此外，一些国际葡萄酒专家认为，莫拉维亚南部产区的葡萄酒具有国际市场潜力。芝加哥、纽约和华盛顿特区的经销商开始从莫拉维亚进口葡萄酒。

为了确定对每个酒厂规模投资的项目可行性，卡雷尔要求使用净现值（NPV）和内部收益率（IRR）进行资本预算分析，并使用以下附加假设：

（1）用10年的投资期限来进行你的分析。

（2）预计销售收入将在第2至5年（超级增长期）以每年7%的速度增长，在第6至10年（稳定增长期）以每年5%的速度增长。记住，酿酒厂第一年不会有任何收入。

（3）所有费用项目，包括折旧（但不包括消费税和利息成本），在整个项目期间将以每年3%的平均通胀率增长。

（4）所有的初始资本投资和超过初始年的资本投资80%是由股权融资的。其余的资金来自债务。

（5）无风险利率为5.4%，市场风险溢价为5.5%，预计酒厂的贝塔值为1.2。他认为，这是该地区葡萄酒企业的平均贝塔值。

（6）债务成本为8%，在贷款期间是固定的。假设债务期限为10年，银行已同意每年平均分期偿还本金。

（7）在为期10年的项目中使用直线折旧。

（8）所有销售均面向全国经销商。没有品酒室销售。

为了帮助你完成项目，卡雷尔提供了他第一年的现金流量预测。你的任务如下：

（1）为布尔诺酒厂（每个备选的酒厂规模）制定未来10年内的（包括卡雷尔在表3中提供的第一年）自由现金流预测。

（2）计算布尔诺酒厂的加权平均资本成本（WACC）。

（3）使用NPV和IRR分析进行资本预算分析，以确定你会建议史密斯将要创立的葡萄酒业务的酒厂规模的大小。

在你向史密斯提出建议之后，他会问你一些关于你的假设的问题。例如，他想知道一家酿酒厂的财务分析与其他行业是否存在差异。如果有差异，他想知道这对你的建议有什么影响。此外，史密斯想知道你的分析中是否包含了一些固有的风险。

参考文献

Porter, Michael (1990). The Competitive Advantage of Nations. New York: The Free Press.

案例十六　区域技术的趋同与分化
——以中奥塔哥黑皮诺为例*

一、中奥塔哥的例子

中奥塔哥是新西兰南岛的一个年轻的葡萄酒产区，也是世界上最南端的葡萄酒产区。该地区夏季炎热干燥，冬季多雪。这里有 80 多家酒厂，其地质、土壤甚至每家葡萄酒厂的气候都各不相同。现代酿酒葡萄种植始于 20 世纪 70 年代，但直到 20 世纪 90 年代才开始加速发展。大多数葡萄园是自营的，平均面积不到 20 公顷。黑皮诺从一开始发展就很缓慢，现在已经成为主要的种植品种，这一品种的成功使该地区在国内和国际上都很受欢迎。其他葡萄品种包括雷司令和灰皮诺。大多数老牌酒厂都有全职或兼职的酿酒商，但也有一些利用当地的葡萄酒生产公司生产出高品质的葡萄酒。

过去 20 年，随着新种植者和酿酒师决定在葡萄酒上碰碰运气，中奥塔哥葡萄酒及其葡萄酒品牌的多样性蓬勃发展。早期的先驱者们认识到，由于其规模太小，无法发展个人市场影响力，因此，为整个地区树立优质形象是至关重要的第一步。众所周知，黑皮诺很难种植，要制成优质葡萄酒也不简单，但这是通过该地区内部的合作关系网络从一开始就实现的，并且促进了葡萄栽培和酿酒厂知识的流通和增长（Caple 等，2010）。换句话说，种植者和酿酒师通过合作构建知识，成功地发展了地区意识，即使他们是竞争对手。

中奥塔哥葡萄酒产区位于东南部，距离最近的主要区域城市达尼丁 280 多千米（见图 1），但与西部 30 千米的昆斯敦联系紧密。这两个城市都有国际机场。

---

* 戴维·巴兰坦（David Ballantyne）、苏·卡普尔（Sue Caple）和玛丽·提恩（Maree Thyne）都来自新西兰奥塔哥大学，他们开发了这个案例，仅用于教育目的。第一个被吸引到中奥塔哥的酿酒师是约翰·德西雷·菲罗（John Desire Feraud），他在中奥塔哥淘金热期间来到这里，并在 1864 年种植了葡萄。然而，用于葡萄酒生产的葡萄的种植在 20 年左右之后逐渐减少（Cull，2001）。

皇后镇是新西兰的"探险之都",为滑雪者、登山者、皮划艇运动员和蹦极运动员提供食宿。达尼丁是一个轻工业发达、大学规模较大的城市。

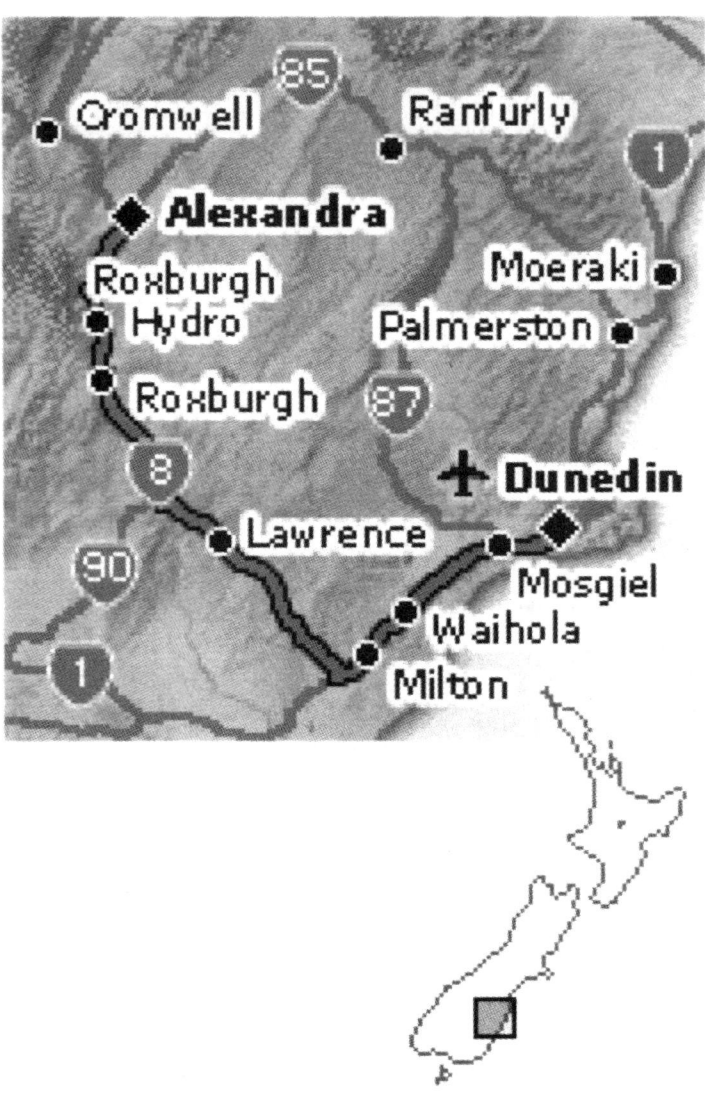

图1　中奥塔哥地区的地理位置（克伦威尔附近），靠近达尼丁

2008~2010年的全球经济衰退影响了新西兰葡萄酒产品的国际销量。这里有700家酒厂和4000种葡萄酒。一些葡萄酒目前以低于成本的价格在国内市场销售（Cooper, 2011）。例如,在2010年经济衰退之前,优质葡萄每吨售价为3500~4000新西兰元（van Kempen, 2010）。一些小型种植者失败了,把葡萄卖给了他们的客户。中奥塔哥的情况并没有随着市场的衰退而改变,尽管酒厂的订购名单上的顾客在购买大量葡萄酒时享受了一些特别优惠的价格折扣。此外,中奥塔哥的一些种植者也做出了应对,他们以更低的价格推出了二级和三级标签,以保护自己的优质品牌。一些种植者则引进了超高价格的超高档标签(van Kempen, 2010)。与当前的经济衰退相一致,2008 年、2009 年和 2010 年的葡萄产量都达到了创纪录的高品质水平,这就需要对竞争战略进行一些重新评估。

二、风土,一种难以捉摸的质量标志

与新西兰任何其他主要种植区相比,中奥塔哥拥有较高比例的优质葡萄酒,其风土条件独特。部分原因是早期葡萄酒种植者以及酿酒师想要利用黑皮诺取得成功的意图和决心。为了在区域合作层面上这样做,他们将自身与勃艮第的葡萄酒作比较,采用或调整葡萄栽培方法和酒厂实践。该地区被公认为世界上最顶级的黑皮诺葡萄酒产区之一(Decanter, 2011)。该地区的声誉可以说是主要的质量指标,尽管许多葡萄园和酿酒厂的技艺十分卓越。

中奥塔哥号称拥有独特的风土,作为一种品质标志,在法国和其他旧世界国家备受推崇。风土通常被认为是指葡萄种植所需的排水良好的土壤、夏季温暖而冬季无霜冻的良好气候以及符合这些要求的葡萄克隆的组合。关于风土的话题有很多争论,比如是与法国葡萄栽培有着历史上的联系,还是作为一种品质标志在新大陆有很大用处。尽管如此,这一观点在许多葡萄园主和葡萄酒爱好者中都很流行,因此在单个葡萄园和区域品牌层面上,这一观点在传播品牌价值方面发挥着重要作用。中奥塔哥的一个问题是,在整个地区用于酿酒栽培的地形地貌大多数在类型上非常不一致(见图 2),因此风土中存在各种细微差别,从而葡萄酒产品的质量可以从一个地点到另一个地点,从一个酿酒师到另一个酿酒师之间都有所不同,即使整个区域质量很高。该地区作为一个整体所面临的挑战是,鉴于不同酿酒商在方法和葡萄园地产方面的差异,为提高其国际质量标准,需要在这方面进行合作,同时在不同的公司之间进行竞争。

该地区解决这一难题的方法包括在整个地区尽快提高技能。但是如何通过与竞争对手的合作来获得业务能力或专门知识呢?

三、知识是如何奏效的

知识,包括专业技能,是任何企业的重要资源。一些人认为,这是竞争优势的根本来源(Vargo 和 Lusch, 2008)。这似乎不太寻常,但在新兴和发展中的中

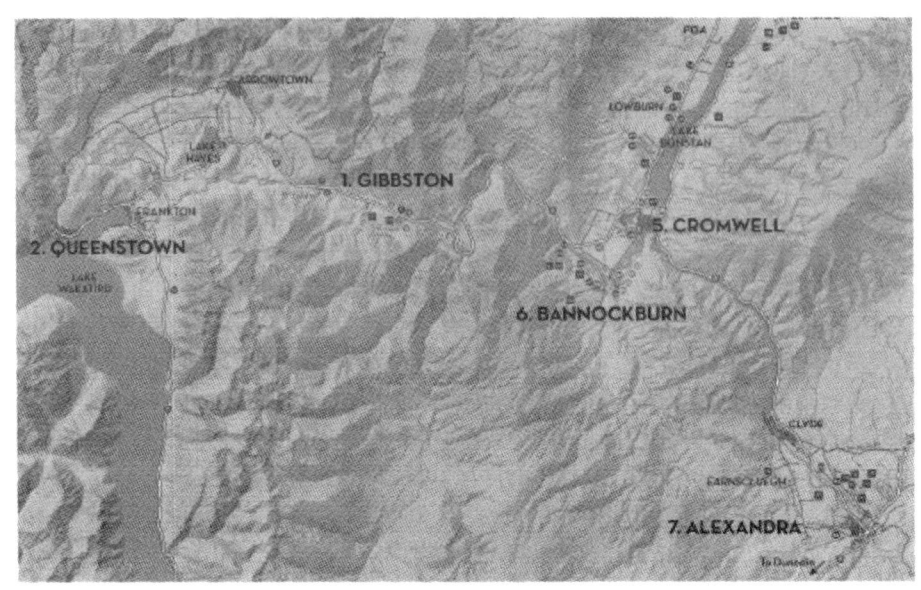

图 2　中奥塔哥地区葡萄酒区和主要分区图

奥塔哥葡萄酒产区，很少存在保护知识不受竞争对手侵犯的需求。知识在整个地区被共享，并且每个酒厂在使用中对其进行调整，从而提高了地区标准，但保持了每个酒厂的技能、方法和产量的多样性（差异化）（Caple 等，2010）。这种知识共享使中奥塔哥地区在过去 10 年里迅速崛起，成为新西兰黑皮诺葡萄酒的主要产地。

"囚徒困境"通常被认为是限制相邻企业之间的这种相互间的知识转移。虽然这一悖论的存在是已知的，但关于如何解决这一悖论的研究却很少（Zhang 等，2008）。在当今的商业活动中，我们认为这是一个未被充分检验的因素，这与来自小地区的葡萄酒在葡萄酒市场上获得卓越的全球地位尤其相关。

知识是实体资产经济发展的基础，这一观点有着悠久的历史，与竞争创新的动力相关（Schumpeter，1934）。对理解知识运转的一个重要贡献是在理论上区分了一个人的专门知识（有时称为隐性知识）和显性知识（Nonaka，1991；Nonaka 和 Takeuchi，1995；这些部分是基于 Polanyi 1967 年的著作）。显性知识易于在言语或文本中表达，具有可转移性。举个例子：存储在客户关系管理（CRM）数据库中的知识。然而，隐性知识很难解释或编纂，也更难传递给他人。我们要么被展示如何做这些事情，要么在一个不断尝试和犯错的循环中进行试验，并进行纠正和调整。隐性知识就是个体的能力或知识。隐性知识不是通过阅读"知识"书籍或访问数据库来转移的，而是通过更协作的方式来转移——通过指导、观察和社区实践。还要注意的是，由于其他地方的过时性和竞争性创新，知识可能会"磨损"。与所有新大陆葡萄酒产区相关的是，在世界市场上竞争，需要获得和利用旧大陆的知识，并将其与对当地风土的深刻理解结合起来。稍后我们将回到这种隐含/显性的区别及其与中奥塔哥风土的相关性上。

四、协作和竞争的知识网络

葡萄酒产区具有商业集群的一般特征，即一个由相互竞争和合作的行为者公司组成的地理范围有限的网络（Porter，1990）。在一个紧密的竞争对手网络中，存在着各种令人满意但分布不均匀的资源（包括技术），这有助于解释为什么个人业务行为者可能会与彼此发展合作关系。根据 Bengtsson 和 Kock（2000）第 421 页的观点，正是这种资源的异质性促进了竞争对手之间的合作关系，因为行为者公司寻求获得他们没有的东西，并且如果存在可感知的互惠的话，他们可能会成功。另一个涉及知识转移的重要网络概念是社会资本，是指在社会环境中运作的关系纽带，促进个人在社会交换层面上分享知识的意愿（Tsai 和 Ghoshal，1998）。它们所创造的强大的（紧密的）社会联系和相互依赖也促进了知识在网络环境中的转移和学习（Granovetter，1973）。还值得注意的是，Hakansson 和 Johanson（1992）以及 Hakansson 和 Snehota（1995）——在一个称为 AAR 模型的开创性的工作中，从三个相互联系的方面描述了商业网络：相互联系的资源间的相互作用、相互联系的资源通过各种活动而相互作用，以及由不同的行为者来完成的资源的相互作用，这些行为者通过关系纽带联系在一起，从而影响其以某种方式行事的倾向。稍后，我们将在这三个维度中研究工作中的底层流程（Hakansson et al.，2009，p. 224）。

采用案例研究法作为研究策略，对中奥塔哥葡萄酒产区的深层信息进行收集和分析。由于本研究的主要目的是了解相互竞争的酒厂是如何合作的，因此逻辑方法是研究整个地区。采用了一个协调网络框架（Halinen 和 Ternroos，2005）以协助在该区域内选择可靠的关键线人。选择这些线人是因为他们能够对研究的中心问题作出权威的回应。最后，我们挑选了 12 家酒厂，以及 25 位受访者，他们代表着葡萄酒界的精英和知识渊博的人士。

我们发现，酒厂与他们的同行交换知识，在他们自己的地点进行试验，并根据他们的需要做出必要的调整。区域内的合作关系网络促进了这种知识的流通。这种知识（显性的、口头的和文本的）只有在付诸实践时才成为专门知识（隐性知识、技能和能力）（Nonaka，1991）。知识交换的程度绝不是常规的、统一的或一致的，下面将使用 Hakansson 和 Johanson（1992）以及 Hakansson 和

Snehota（1995）提供的 AAR 类别的网络分析（行为者、活动和资源关系）来描述。

五、行为者债券

酿酒厂之间最初的合作包括汇集酿酒设施和信息交流，因为在早期，该地区几乎没有专业的酿酒师。这种方法在早期的先驱者身上效果很好，其刺激因素是罗尔夫·米尔斯（Rolf Mills），瑞本酒厂的创始人（见图 3）。20 世纪 80 年代，他的目标是为该地区未来的成功开发一种合作方式。

图 3　里彭葡萄酒葡萄种植园（2010 年）

资料来源：照片由 J. Ballantyne 提供。

从一开始，所有的酒厂都以中奥塔哥区域品牌来销售他们的葡萄酒，其各自的酒厂标签通常处于从属地位。酒厂员工之间的合作因该地区酒厂的邻近而变得便利。这与关于区域企业集群的文献的预期一致（Porter, 1990）。正式和非正式活动（商业和社会活动）维持了该区域内的相互作用和合作以及关系的发展。此外，这不仅仅局限于酒厂，许多贸易和分销公司也在区域上相互依赖，依靠个人关系来确保其持续成功和增长。一个有趣的发展是，葡萄酒商经常与签约葡萄酒商接口。承包商使用来自所有分区的葡萄，并且对该地区的葡萄酒十分了解。承包商与其他葡萄酒商的关系确保了特定地区知识的保留。葡萄酒商和承包商之间的相互作用也使该地区知识不断更新，因为他们会交流新的想法。

Porter（1990）指出，区域内的商业关系往往与社会关系密不可分。Porter（1990）也提出，邻近导致接触频繁。因此，社会关系发展得更快。事实上，在采访中出现了许多关于社会化的积极言论。正如一位酒厂老板所说："是的，我们会和很多品酒的人打交道。但我们不在外面，我们也不是一直坐在那。但是，我的意思是，我们会打电话给他们说'过来吃饭吧'，他们也会打电话给我们说'过来吃饭吧'［所有者10］。"

年轻的新葡萄酒商在采访中产生了影响。在进一步探讨这个问题的过程中，吸引年轻热情的葡萄酒商来到这个地区，被现有的葡萄酒商视为一种骄傲。这不断地为他们提供证据，证明中奥塔哥是一个值得认真对待的地区。有一种培育效应正在出现，因为已经成立的葡萄酒商希望确保新葡萄酒商成功："所以，你知道的，年轻葡萄酒商他们离开新西兰，带着更多的知识和做好一份工作的雄心壮志回来了，而我们正处于这样的一种浪潮中。这里的知识库非常好［葡萄酒商11］。"

新的葡萄酒商带着以前的联系来到这个地区，与其邻居建立联系和网络。此外，年轻的葡萄酒商们也会在社交上聚在一起，相互依赖。有人担心，这可能会导致一些酿酒厂缺乏凝聚力。许多人认为这不利于未来的发展："我的意思是，我有一个强烈的信念，那就是你应该为你所在的（葡萄酒）行业做出贡献。我不确定现在每个人都这么认为。"一开始，每个人都是葡萄园艺师兼所有者。

六、活动联系

有一些协会支持市场营销和葡萄栽培。中奥塔哥酒农协会（COWA）成立于1982年，而中奥塔哥黑皮诺有限公司（COPNL，2011）成立于2002年，隶属于COWA，专门为出口提供市场支持。是否加入COWA协会由业主自行决定。例如，COPNL将葡萄酒作家带到该地区，而酒商们则为与品酒和参加晚宴及其相关的活动提供便利。虽然COWA的活动主要是针对葡萄园艺师的需要，但很多葡萄酒商都参加了他们的活动。COPNL每年赞助16~20个活动，这些活动在中奥塔哥和国际上举办，葡萄酒商会员参与这些活动。所有这些活动，例如一年一度的中奥塔哥黑皮诺庆祝活动（2011），都有很多成员参加。参加联合活动的成员越多，新关系就发展得越多，或者现有关系就变得越紧密。看到许多其他人都在做同样的事情有助于形成一种积极的合作态度，并且成功给成员们灌输了作为个体的自豪感，也使他们在区域内保持着凝聚力。如果人们以前在一家酒厂工作过，现在换了一家新的酒厂，他们仍然会和原来的酒厂保持联系，并在非正式的聚会上碰面。

葡萄园艺师同样热衷于保持开放的交流。他们意识到，葡萄的质量对该地区的影响不亚于个人酿酒技能对该地区的影响。在整个地区共享葡萄栽培资源对于保持低成本至关重要。他们也想互相学习新的技术，这将有利于葡萄园的管理。可持续性和有机认证是当前人们感兴趣的领域。

七、资源关系

资源共享有多种方式。包括信息交换、借用设备和人员，或共享营销成本和活动。用一位葡萄酒商的话说："关于中奥塔哥，假设我遇到了一个问题，我可以打电话给另一位酿酒师，问他们，'嘿，我遇到了这个问题……你能给我一些建议吗'［葡萄酒商4］？"

这种协作信息交换提高了整个区域的输出质量水平。酿酒师可以从彼此那里获取非常小的信息片段，并将其应用到他们特定的环境中，或者他们可以协作解决问题。我们特别感兴趣的是，看似无关紧要的信息被认真对待："一方面，我们是一个如此年轻的地区。日常学习曲线，即使你认为这不重要——就像如果有人说，'啊，那里比我想象的要干旱得多。'也许我想到的是灌溉，是因为我觉得，'没什么。'所以你想了想，然后说，'好吧，让我们来看看……嗯，十分干旱这一点倒是真的。'"

他们在气候条件恶劣的边缘地区种植黑皮诺葡萄，并且面向全球高端市场，这意味着他们仍在学习，因此需要利用彼此作为一种资源："今年我一直在与发酵作斗争。好吧，我要做什么才能在一开始就不受阻呢？你知道，这不是闲聊，但你总是会听到一些警醒你的事情，还有一些其他的……我可能会听到一些东西然后说，'嘿，我需要看看这个。'我认为这是好的方面。我们都在学习［葡萄酒商6］。"

葡萄园艺师担心与葡萄园生产相关的成本过高。他们一起购买大量的产品以获得折扣价格。他们还面临着为葡萄园寻找临时工的斗争，尤其是在收获季节，他们经常打电话联系新工人。葡萄园艺师更多地被视为参与日常决策的农民，而不是战略决策者。我们发现这很奇怪，因为风土是从葡萄园开始的，它依赖于典型的葡萄园管理。有些葡萄园艺师拥有学术学位，有些是硕士学位，所以他们的相对地位正在逐渐改变。

当然，中奥塔哥的主流观点是，通过共享信息来解决问题可以建立共同的知识，这对该地区是有利的。但一些业主认为，随着时间的推移，共享信息的需求已经减少。他们中的许多人说，他们开始了解葡萄园里的每一个小空间，以及那里种植的葡萄的品质和味道。有了这些专业知识和经验，信心得到了增长："我的工作方式、我们酿造葡萄酒的方式，以及葡萄酒本身，都得到了认可。因此，我对我们正在做的事情越来越有信心，这是好事［所有者1］。"

八、开拓精神在改变吗？

自早期的葡萄酒酿造先驱时代以来，该地区的气氛已经发生了变化。事实上，所有者说他们会合作，但却很少合作，这似乎是一个矛盾。我们的解释是，如果他们需要帮助，他们仍然可以呼吁该地区几乎任何人，但他们趋向需要在如有机或子区域生产等专题上的帮助，这意味着与其合作的那群人已经变得更具体或更本地化。

目前，大多数葡萄酒商会前往加州、俄勒冈州和勃艮第的顶级黑皮诺酒厂，帮助他们收获和酿造葡萄酒。一些人提到，"强制他们的助理酿酒师参与其他地方的葡萄酒酿造。"许多葡萄酒商表示，如果没有从其他黑皮诺产区引进的外部知识，中奥塔哥产区可能不会像今天这么发达。所以每次收获时我们派了3个人到那里，他们派了3个人到这里，这已经持续了一年半了。这一点做得非常好［葡萄酒商1］。

知识在网络或区域内循环的概念并不新鲜（Bathelt et al., 2004; Nonaka, 1991; Nonaka and Takeuchi, 1995）。这通常需要高度的信任来保护知识传授者的利益。然而，正如已经讨论过的那样，对知识的需求也是动机之一（Bengtsson and Kock, 2000）。在这项研究中，一个令人惊讶的发现是，酿酒厂愿意在整个地区分享他们的知识，因为每个酒厂使用这些知识的方式不同。换句话说，新知识必须适应不同的环境，才能在使用中发挥价值，而这只有在成为酿酒厂专有技术的一部分时才能实现。不同的葡萄园风土条件和不同的酿酒方法保护了知识传授者不丧失竞争优势，因为当他们需要在下一个酒厂进行实际适应时，信息交流的风险更小。这样的知识转移周期发生在酿酒技术和葡萄园管理两个方面；"但信息交换确实非常惊人。拥有皮诺的人愿意提供这些信息，因为他们意识到，在他们这边行得通的东西，可能对其他人行不通［所有者3］。"

九、展望未来

风土是许多黑皮诺葡萄酒爱好者日益关注的一个问题，因为它将中奥塔哥的葡萄酒与国内和全球其他黑皮诺产区的葡萄酒区分开来。黑皮诺的消费者是全球的一个典型，他们对来自不同地区的葡萄酒有着不同的偏好。正因为如此，考虑到大多数葡萄园的高生产成本和精品规模，中奥塔哥葡萄酒必然会因其风土条件而宣称其品质的独特性。当然，这并不是要降低各种酿酒师的技能。迄今为止，独特的风土和熟练的酒厂操作成功地促进了为获得和增加国际消费者认可的区域品牌战略。大多数酒厂都有自己的网络销售网站，这不仅提升了个别酒产品和酒厂的地位，也提升了该地区的地位。酒窖门销售在该地区高度发达，因为很多游客可以将昆士敦"冒险之都"的体验与参观酒厂结合起来。但是，"合作与竞争"的战略能否持续到未来呢？

参考文献

[1] Bathelt, H., A. Malmberg, and P. Maskell (2004). "Clusters and Knowledge Local Buzz, Global Pipelines and the Process of Knowledge Creation." Progress in Human Geography, 28, 31-56.

[2] Bengtsson, Maria and Sdren Kock (2000). "Coopetition in Busines Networks-To Cooperate and Compete Simultaneously." Industrial Marketing Management, 29, 411-426.

[3] Caple, S., D. Ballantyne, and M. Thyne (2010). "Diversity and Convergence in Regional Know-How The Case of Central Otago Pinot Noir." Paper presented at the 5th International Academy of Wine Business Research Conference, University of Auckland, New Zealand, February: 8-10.

[4] Central Otago Pinot Noir Celebration (2011). http://www.pinotcelebration.co.nz/ [accessed September 2011].

[5] Cooper, Michael (2011). "Culley's Creed." New Zealand Listener, January 29, p.58.

[6] COPNL (2011). "Central Otago Pinot Noir Ltd." http://www.centralotagopinot.co.nz/ [accessed September2011].

[7] Cull, D. (2001). Vineyards on the Edge. Dunedin Longacre Press. Decanter (2011). "Decanter World Wine Awards 2011." http://www.decanter.com/dwwa/2011/dwwa_search.php/ [accessed September2011].

[8] Granovetter, M. (1973). "The Strength of Weak Ties." American Journal of Sociology, 78, 1360-1380.

[9] Hakansson, H., D. Ford, L.-E. Gadde, I. Snehota, and A. Waluszewski (2009). Business in Networks. Chichester, West Sussex Wiley.

[10] Hakansson, H. and J. Johanson (1992). "A Model of Industrial Networks." In Axelsson, B. and G. Easton (eds.), Industrial Networks A New View of Reality, London Routledge.

[11] Hakansson, H. and I. Snehota (eds.) (1995). Developing Relationships in Business Networks. London Routledge.

[12] Halinen, A. and J. -A. Térnroos (2005). "Using Case Methods in the Study of Contemporary Business Networks." Journal of Business Research, 58, 1285-1297.

[13] Lawson, C. and E. Lorenz (1999). "Collective Learning, Tacit Knowledge and Regional Innovative Capacity." Regional Studies, 33, 305-337.

[14] Nonaka, I. (1991). "The Knowledge-Creating Company." Harvard Business Review, November—December, 96-104.

[15] Nonaka, I. and H. Takeuchi (1995). The Knowledge-Creating Company How Japanese Companies Create the Dynamics of Innovation. New York: Oxford University Press.

[16] Polanyi, M. (1967). The Tacit Dimension. New York: Doubleday.

[17] Porter, Michael E. (1990). The Competitive Advantage of Nations. London Macmillan.

[18] Schumpeter, J. A. (1934). The Theory of Economic Develo-pment. Cambridge, MA Harvard University Press.

[19] Tsai, W. and S. Ghoshal (1998). "Social Capital and Value Creation The Role of Intra-Firm Networks." Academy of Management Journal, 41 (4), 464-476.

[20] Van Kempen, Lynda (2010). "Pinot Noir Sets Growers Apart." Otago Daily Times, Regions Section, May 8, p. 19.

[21] Vargo, S. L. and R. F. Lusch (2008). "Service-Dominant Logic Continuing the Evolution." Journal of the Academy of Marketing Science, 36, 1-10.

[22] Zhang, L., X. Zheng, J. Li, G. Nie, G. Huo, and Y. Shi (2008). "A Way to Improve Knowledge Sharing From the Perspective of Knowledge Potential." Journal of Service Science and Management, 1, 226-232.

第四部分

信息技术事宜和边远地区产业集群

企业家、初创企业和关注信息技术发展的小型制造企业都有助于促进边远地区产业集群的形成，这些集群在运营过程和战略选择方面都有所不同。信息技术行业在加入边远地区集群后与集群内成员合作程度较低，每个集群成员都有自己的目标市场和潜在客户，因而很难齐心协力来促进集群发展，这在总体上偏离了个别边远地区集群发展的重心。然而，在边远地区集群内，专注于信息技术发展的企业能赢得更多客户和获得更高利润。因此，挖掘一些潜在条件来鼓励信息技术产业发展，使其成为边远地区集群内核心力量尤为重要。

案例十七 边远地区的软件开发——TextFlow案例*

2006年，北欧河软件AB公司于瑞典北部于默奥成立。公司产品是网络文字处理器，名为"TextFlow"，与Microsoft Word兼容。该产品的独特之处在于，多人可以同时工作，同时使用相同的文档。各方浏览文档时，可以看到文档的更改方式以及由谁更改。文本文档可以发送给多个人，他们可以建议如何更改和添加文本。需更改的文档重发到发件人邮箱时，软件会自动将所有建议的更改项整理到一个原始文档中。软件根据颜色代码和图层，可以连续跟踪所有更改项并比较同一文档版本。

该公司的使命是"为Visual Version Management（VVM）提供工具，使我们的用户能通过互联网，用台式机充分利用分布式工作流"（InfoTech Umea，2010）。公司愿景是成为联合制作文字处理的主要领导者，其挑战在于如何实现这一愿景。

一、地理位置和社区因素

于默奥是一个处于斯德哥尔摩以北约700千米的小城，位于波斯尼亚湾的海岸。这是一个年轻的城市，有115000人，居民平均年龄为38岁。该地区发展的关键驱动因素之一是当地大学。于默奥大学成立于1965年，是瑞典综合性大学之一，设有面向瑞典北部的大量远程/混合学习课程，目前校内学生超过36000名。作为一所相当年轻的大学，校内很容易建立跨学科研究小组和集群。一些知名的例子有生物医学中心工程与物理（CMTF）、梅田大学区域科学中心（CERUM）、北方高性能计算中心（HPC2N）、于默奥植物科学中心（UPSC）、

---

* 美国威斯康星大学白水分校的哈米德·莫伊尼（Hamid Moini）正在丹麦奥尔堡大学休假，他开发了这个案例用于教育的，只是为了说明产业集群形成和管理方面的财务问题。但案例中描述的人物和酒庄都是虚构的，笔者仅是为了教育目的而虚构。

于默奥生物技术、计算生命科学集群（CLIC）和森林工程集群。

于默奥大学的于默奥设计学院（UID）成立于1989年。从成立第一天起，学院确立的目标是让工业设计师从被雇用的第一天起就做好在工业界工作的准备。这一目标具有许多战略意义，例如会促进相关行业在教育计划中的密切合作，以及与于默奥大学其他部门在教学和研究方面的紧密联系。除了学士学位课程外，UID还设有三种不同的硕士课程，高级产品设计、交互设计和交通设计。UID如今已获得国际认可，被称为世界上最好的设计学院之一（Business Week，2009）。

工业设计是一门年轻的学科，因此UID的研究广泛得到采用。UID与沃尔沃卡车、爱立信公司和ABB公司一起开展了漫长的研究项目，在此仅举几例。UID在不同部门之间分配时间招聘研究人员和研究领导者，如在于默奥商业和经济学院、心理系和信息系进行招聘，我们从这可以了解到UID与大学其他系间的密切合作。

二、企业家

托马·沙利特是北欧河软件AB公司的创始人兼首席执行官。他出生于以色列，母亲是苏格兰人，父亲是以色列人，他4岁时随父母迁居瑞典。高中时期，他选了一门科学课，还帮助他的父亲开展了一些优秀的课外活动。他的父亲当时是前国防研究机构（Försvarets Forskningsanstalt或FOA）的统计分析师，现今被称为瑞典国防研究机构。托马帮助他的父亲将统计结果转化为可呈现的图形。当时这一过程涉及多种方式的编程，因为计算机没有专用的图形硬件卡。他学的是计算机如何运行和怎样编写程序的相关知识，其知识基础非常牢固。他指出，"我很早就学会了计算机编程的基础知识，我知道计算机如何在处理器堆栈级别运行，然后添加和覆盖其他信息。"

在同一时期（十几岁），他还与一些朋友建立了自己的第一家公司。他们制造了Amiga计算机的专用电脑机箱，这是为了在机场的电视屏幕上投放商业广告。这是一种技术相当先进的产品，其利用称为"Ratex"的东西来实现Amiga机箱和电视屏幕之间的通信，Ratex利用的是专用调制解调器在瑞典电视广播系统上的重叠信号。机场商业广告的投放仍处于起步阶段，但该公司设法生存下来，在托马离开公司服兵役后仍然运营。

完成兵役后，托马对新的交互设计领域产生了兴趣。他在1995~1996年搬到了于默奥，目的是研究于默奥大学新设立的认知心理学项目。然而在那，他很惊讶地发现该项目实际上只是在规划阶段，所以他决定在此期间学习数学。发生

了一系列事后,托马决定访问于默奥设计学院(UID),去了解下学院都是做什么的。他说:

我真的敲了设计学院办公室的门。我看到了院长,并告诉他我对一种新型电脑鼠标的一些想法。我想知道是否有学生有兴趣将其作为学位项目,以及我应该如何吸引别人参与这个项目。

我们开始谈话,我递上了我之前在卡尔斯塔德市担任计算机技术员的名片。他给我抛出"橄榄枝","如果你做我们这边的电脑技术员,有空闲时间的话可以做任何你喜欢的事情,你也可以自己做这个项目。"

正如托马笑着说的那样,"我从未见过如此有远见的人!"

托马随后便在 UID 担任信息技术(IT)员,他可以在其余时间自由地做他想做的事情。他参与了 UID 新的交互设计硕士项目的创建,也在 UID 的交互设计实验室担任教师和项目经理。一件接着一件,不久他就与新加坡和澳大利亚的合作伙伴一起参与了有关触感技术①、3D 技术和虚拟现实的不同项目。值得注意的是,托马还开发了新产品,这些产品已获专利,其中一项已卖给了一家美国软件公司。

三、Reachin 技术 AB 公司

1997~1998 年,是后来所称的网络公司时代的新兴阶段。利用在澳大利亚和新加坡建立的人脉关系,托马与 UID 的人一起创建了 Reachin 技术 AB 公司(www.reachin.se)。托马和他的商业伙伴搬到了斯德哥尔摩,并在斯兑乐广场的人流聚集点设立了办事处。托马在 Reachin 任职期间担任产品经理和执行副总裁。在 2001 年离开公司之前的一段时间内,他还担任代理首席执行官。回想起来,他指出,"在我离开前,我们已进行了一些风险投资项目,我可能犯了所有企业家所犯过的错误。虽然年轻,但我很早就意识到我对公司的发展影响不大,自己也做不出更多贡献,所以决定离开公司。"

他对现状的分析是因为当时有很多风险资本可供选择。该公司要做的是调整其经营宗旨以适应风险资本家的需求,或编造易将公司推广到市场的"故事",因为目前公司需要赢得风险资本家们的青睐。换句话说,公司认为之前制定的经营宗旨适应于公司长远发展并形成竞争优势,他们所认为最佳的其实很落后。托马说:

想出一些好"故事"去吸引风险资本家比提出一个非常好的商业理念容易

---

① "触感"这个词源于希腊语 haptesthai,意思是"触摸"(Encyclopedia Britannica,2011)。

得多。举一个例子，我可以说，我觉着我们公司像多宝箱公司一样，甚至更好，说出为什么要更好的理由的话，有可能获得大量的风险资本。但这并不意味着我觉着这是好事……最好的情况是公司发展得越来越好的同时，吸引的风险资本也越来越多。这有时会同步，但它们并没有（笑）。

离开 Reachin 后，托马决定休息大约六个月，这段时间他不会只专注于工作。他在于默奥重新加入 UID，空闲时间都在斯德哥尔摩或于默奥度过。在花了一些时间思考他的生活、人生目标等之后，他决定去实现他渴望已久的目标——再次成为一名学生。在他变老不能当学生之前，他还想有一段"学生经历"，随后他学习了应用数学一段时间。完成学业后，他觉得是时候开始考虑创办他的下一家公司了。他说："我非常清楚，无论我做什么都要费力费时，因此决定开展哪个项目非常重要，所以我暂时得先做顾问工作来慢慢思考。"

托马区分咨询公司和其他类型公司的方式很有意思。他指出：

咨询，好吧，可能有人不认同我的观点。但咨询公司，特别是小型咨询公司，你在那里花费时间来努力创造利润，也许咨询过程本身可以是有趣的，但……它不会影响一些重要的事，它不会改变世界。我觉着咨询业务没有任何挑战性，我知道很多人在我说这话后可能会感到非常沮丧。我也说过，我不想为咨询工作忙得不可开交并受到责骂。

四、一个想法出现

尽管托马不想一辈子都当顾问，但他还是创立了 Pado Metaware AB 公司，来帮助其他公司写业务计划。进行工作时，托马认识到没有合适的工具来帮助员工撰写此类文件。制作文本有许多协作工具，例如 Google Docs 以及许多项目文档管理系统。然而，这类软件的主要问题在于，他们无法有效帮助托马成为专业写手，例如，它们不能帮忙收集反馈，来总结实质性问题。换句话说，他缺乏一个文本更改的好工具。

2006 年，托马有了一个想法，那年夏天，他坐下来为他的新企业写下了基本发展策略。随后，他联系了之前在 Reachin 技术 AB 公司工作过的两个员工，他们后来成为他的联合创始人：提姆·波森担任首席科学家，马克·狄克逊担任首席技术官。两人分别从印度班加罗尔和斯德哥尔摩飞来见托马。提姆·波森是一位数学家和学者，因其在灾难理论方面的研究而闻名①。马克·狄克逊是一名工程师、软件开发人员和发明家，拥有七项自己的专利②。三人共同工作了一些

---

① 关于提姆·波森的更多信息，请参阅 LinkedIn（2011a）。
② 关于马克·狄克逊的更多信息，请参阅 LinkedIn（2011a）。

时日，他们共同确定了接口结构和技术解决方案。后来，他们在同年秋季创立了北欧河 AB 公司，致力于开发和销售基于云服务的产品——TextFlow。

联合创始人不在同一个城市，甚至不在同一个国家或地区，所以创办公司是一项挑战。提姆是一名学者（不是企业家），马克又不想成为企业家或者经理，因而创立公司的重担落到托马身上。回想起来，托马说，"我们三个都在不同地方，我觉着我不敢尝试这项任务。至少需要一个可以一起讨论业务发展的人在旁边，我自己一个人是无法做到的。而且，当时没有其他人可以交谈，在这种情形下创立公司是没好处的。我试图从积极的方面思考这个问题，但……"

托马联系提姆和马克并提出合作，是因为他之前在 Reachin 技术 AB 公司与他们共事过。托马说，"我们一起经历了风风雨雨，我们很了解彼此及各自的立场，这是创办公司的先决条件。尽管我们三人在不同地方，但我们设法克服距离因素来追求业务发展，这是很了不起的。"

五、资助发展

马克负责探寻技术解决方案。出于发展，公司需要雇用更多人来进行软件开发，托马开始发掘自己交际圈中能胜任互动设计和编程的人才。后来，他聘请了安娜（在上一个公司 Pado 工作时就一直跟随他）和在 UID 工作的奥斯卡。得益于地区早期提供的种子资金，公司起步很快。由于托马之前开展了帮公司写业务计划并寻找风险投资的咨询业务，种子资金收集得相当容易。换句话说，他已经有了完善的金融网络系统供自己利用。

种子资金是逐期提供的——在制定适当的商业计划后提供一些月的资金，用来申请专利。在那之后，完成设定的不同目标后都会获得融资。与此同时，风险资本也逐期增多。

六、关键投资者——Polarrenen AB 公司

Polarbröd 位于艾尔夫斯宾，它是 Polarbageriet AB，Polarbröd Försäljnings AB，Omnebröd AB 和 Gene Bageri AB 的母公司，它们都位于瑞典北部。Polarbröd 是一家家族企业，拥有超过 100 年烘焙面包的历史。它在瑞典具有较高的市场覆盖率，并在出口方面取得了一定成功。由于公司结构的变化，Polarrenen AB 公司在 2002～2006 年成为 Polarbröd 的母公司。2006 年之后，又发生了一系列变化，现今母公司的名称是 Polinova AB。自 2004 年以来，Polarrenen AB（www.polarrenen.se）一直是瑞典北部小型新兴公司的投资者，这些新兴公司具有开拓更大市场的潜力。

Polarrenen AB 是一家股权投资企业,其发展策略是成为少数股东(最多 49%的所有权),投资于非上市公司,投资额是 100 万~1500 万瑞典克朗(合 110000~1650000 欧元),可以 5~10 年内退出。除了股权投资外,公司还会发放贷款。

Polarrenen AB 公司目前是七家不同公司的投资者(完整列表见 http://www.polarrenen.se/?p=2)。其中大部分是位于于默奥的 IT 公司,北欧河 AB 公司也列入在内。Polarrenen AB 于 2008 年 11 月在雷曼兄弟危机中期给北欧河 AB 公司投资。托马认为 Polarrenen AB 公司是从区域视角看问题,这符合它们"我们可以克服困难,因此我们没有理由改变我们的投资策略"这一观点。但北欧河 AB 公司于同一时期在斯德哥尔摩筹集风险资本是不可能的。

这种情况下,本土险投资(VC)的重要性是显而易见的,但风险投资公司的首要任务也存在显著差异。托马指出,当地风险投资公司的首要任务是进行销售,他们往往会低估技术的重要性。他发现它们的态度不同于很多国家,例如,美国认为发展技术是重中之重。他曾经听美国风险投资家说过,"如果你可以解决技术方面问题,我会解决剩下的问题!"在讨论瑞典文化低估技术重要性以及如今怎样将技术同用户体验紧密联系起来时,托马觉得很沮丧。他说:

收到这笔资金后感觉自己肩负重担,我希望能很好地进行管理,但我不能指望我们的业务发展会获得支持。投资者都认为直觉非常重要。直觉固然很重要,但这不能帮我解决复杂方程式。总有人这样问我,"谷歌是免费的,那么我们怎么能真正赚到钱?"

在早期阶段获得资金是很重要的,但它无助于评估我在市场和商业方面的所作所为是否正确。这笔钱可以帮助我们生存,但我们不能期望从风险资本家处得到大所收获。

七、产品发展

TextFlow 是为使用互联网的多个用户构建的。它利用 Adobe Flash 和 Adobe AIR 平台与 Windows、OS、X 和 Linux 无缝集成,即所谓的云计算。所有文件都存储在云端,而不是本地硬盘驱动器或服务器上。这可以通过公司开发的(正在申请专利的)技术"WeaveSync"实现。公司最初的想法是将 TextFlow 作为"并行文字处理器"软件推出,并直接向其他公司和专业组织销售,通过收取年订阅费来获得收入。公司也在考虑将软件授权给其他文件和项目管理软件生产商。过了一段时间,管理层意识到,要让客户购买解决方案,他们不仅需要构建一个完整的文字处理器,还需要一个文档管理系统。由于只有三名工程师,他们决定通过将 TextFlow 与其他产品结合来寻找替代解决方案。

案例十七 边远地区的软件开发——TextFlow 案例

TextFlow 最初作为替代字处理器的定位来发展是一项挑战。它很有吸引力，因为"每个人都同情弱者"，而这里有人想挑战 Microsoft Word。北欧河 AB 公司发展的问题是如何提供满足顾客期望的产品。随着时间的推移，TextFlow 已重新定位为组件，与文字处理器和文档管理系统相辅相成，现在这种新定位更符合产品的要求。这种重新定位也对如何推销产品产生了影响。现在公司不像以往将重心放于产品，而是放在销售上。公司需作为顾问，帮助客户整合产品，以获得改进的解决方案来处理他们的问题。

为了发展公共关系并将产品推广到市场，该公司推出了一个名为 www.comparemydocs.com 的网站（如今网站还有 www.nordicriver.com 的链接）。网站实际在 TextFlow 软件上运行，并成为公司集成模块到文字处理器的市场窗口。网站 www.textflow.com（如今也有 www.nordicriver.com 的链接）于 2008 年 5 月 15 日推出。在前四周，10000 名网站访问者中有 4000 人订购了 TextFlow 的测试版。比起本地和国家媒体，国际媒体更乐意报道创新公司。正如托马所指出的那样，"在美国，我好比一个生活在北极的以色列人。如果我遇上一个人跟我搭讪，他会说：'你做的软件真酷，我想了解更多！'"国际媒体曝光率相当高，有一天他接到了世界上最大的一家电脑公司的营销总监的电话，总监说："我喜欢你的网站。"随后他问道，"你最近有空到我们公司来一趟吗？"无论情况如何，托马都给出了唯一可行的回答："是的，下周怎么样？"托马承认这通电话开始让公司有些自我膨胀了，然而产品仍未达到媒体所述的高度。他认为到公司产品没有正确进行定位，而且这家总部位于美国的大型公司也并未等待他们。

即使在与一些美国大型公司的会谈中没有达成任何商业协议，北欧河 AB 公司的主要市场却仍在美国。目前，他们在瑞典只有一个吕勒奥的客户，这是一个小客户但非常重要。它的条件很符合公司建立的客户档案要求，而且地理位置的临近性可能影响了其多次使用 TextFlow 的决定。

总的来说，北欧河 AB 公司申请了七项不同的专利。今天，托马重新评估了这一情形，因项目开发的变故得考虑撤销其中两个专利权。他对待专利的认真态度是因为它们有助于公司的发展，但是也不能被视为万无一失的保护。他说过，"比起复制他人技术，专利权更能吸引客户，但我们也要有危机意识。"

托马在说服人们投资他的企业时没有遇到任何困难。他分析其原因为他懂得如何说好"故事"来吸引投资人，但这也有其负面影响。结果往往是，经常有投资者向他咨询不相关的问题，他们对软件开发没有任何意见，只是回应"这太棒了！"，这显然对公司发展没有任何帮助。他实际上希望有人提出专业性或者有帮助的问题，然而要找到具备这种能力的投资人很难。

2010 年 6 月的最后一次风险投资是不同的。他设法让两位经验丰富的企业家,一位来自斯德哥尔摩,另一位来自马尔默,投资他的公司。他们两人都是从零开始在同一类型的行业内建立了自己的公司,随后销售产品。这两位投资人有能力为公司带来很多东西,这对托马来说敲响了警钟,这是他第一次意识到他在这些年里错过了什么。他还认识到,不能指望董事会成员全身心投入业务发展中。此外,两人都帮助托马与他们交际圈中的其他成功人士取得联系。后来公司聘请了一位来自马尔默的人才,他将与托马一起于业务发展方面进行共事。对他来说,在与他的新同事一起访问客户之后,独自规划业务发展的局限性愈加明显。在这位同事开始探究托马提出的疑惑时,与产品和企业服务相关的问题突然变得十分复杂,他自认为之前都弄明白了。托马认为这是莫大的帮助,他也开始反思目前为止考虑欠佳的东西。从某种意义来说,真正的业务发展直至这时才开始。

八、做决策的时刻到了

托马坐在办公室里理清思绪,因为明天将与新同事进行正式的会议。他们预约了明天一整天坐下来讨论业务发展计划,现在是时候准备了。

这类产品的行业倾向于创建复杂的商业模式。市场上,有些企业通过免费提供部分产品来开拓市场,有些企业是通过多个平台来做宣传,或是引领新潮流,以及通过调整来适应市场等种种行为。

表1 北欧河软件 AB 公司财务信息

年份	2010	2009	2008	2007
结果(以克朗计)				
营业额	2128	2456	1321	16
税前	-3043	-2226	-831	
税后	-3043	-2226	-831	-415
资产负债表(以克朗计)				
总资产	13359	6968	3568	1842
流动资产	5243	1143	486	
自有资产	9000	3208	1395	

北欧河 AB 公司目前的商业模式是面向两个目标市场来实现 TextFlow 商业化:一是面向公司,打响"软件即服务"的商业理念,向用户收取年订购费。

二是面向经销商，提供许可证给其他合作伙伴。面向经销商的问题在于如何处理这部分市场。目前，公司的客户主要来自法律和金融单位，公司应该扩展到更多领域吗？打进移动通信市场的话，是否要与 iPad 应用程序相结合？公司现在面临两种选择：一是主要通过最终用户来谋取利润。二是免费提供产品，让各大网站帮忙宣传，从而能够将他们的解决方案出售给其他市场参与者。

有许多问题需要解决。看一下表 1 中的信息，明天托马还可担任哪种角色？

参考文献

[1] Businessweek (2009). "World's Best Design Schools-Umea University." http：//images.businessweek.com/ss/09/09/0930_worlds_best_design_schools/27.htm/ [accessed October 10, 2011].

[2] Encyclopcedia Britannica (2011). "Haptic." http：//www.britannica.com/bps/dictionary? query=haptic/ [accessed October 10, 2011].

[3] InfoTech Umeå (2010). "Nordic River." http：//www.infot-echumea.com/en/nordic-river/ [accessed October 10, 2011].

[4] LinkedIn (2011a). "Dixon, Mark." http：//se.linkedin.com/pub/mark-dixon/1/371/411/ [accessed October 10, 2011].

[5] LinkedIn (2011b). "Poston, Tim." http：//in.linkedin.com/in/tim-poston/ [accessed October 10, 2011].

[6] Nordic River AB (2011). http://www.nordicriver.com/ [accessed October 10, 2011].

案例十八 国家计算机服务公司——中东小型IT股份有限公司的市场选择*

一、引入

边远产业集群通常定义为具有相似市场目标的小型制造企业群体。为了提高效率，这些集群共享资源、知识、生产能力和其他投入。它们通常位于离大都市区或行政中心 150 英里（240 千米）或更远的地方。位于开罗和迪拜以外的中东地区的中小企业都符合这一定义，主要是因为那些地区的交通基础设施落后且环境问题严峻。特别是在首都之外的地区，汽车和铁路运输网络相对落后，有些是荒废了，有些地区是根本没有运输基础设施。极端天气条件也给陆路交通带来危险，某些区域甚至难以通行。这些形势通常会因诸如签证要求和关税等管理问题而变得更为严峻，可能会使个别国家更具孤立感，而不是促进区域一体化。

在这种情况下，我将介绍位于科威特的 Al-Babtain 集团在企业对企业（B2B）和企业对消费者（B2C）环境下发展其信息技术（IT）解决方案所作的努力。我们也可仔细研究 Al-Babtain 的营销和运营管理问题，讨论地方政府在刺激工业发展、创造就业机会和促进可持续经济增长方面的作用。

2010 年和 2011 年的一系列动荡"阿拉伯之春"波及了中东的一些主要国家，包括阿尔及利亚、埃及、突尼斯、摩洛哥、利比亚、叙利亚、巴林和科威特。乐观主义者认为，中东和北非的民主转型可以迅速调整地区经济结构。这些区域 1980~2010 年人均 GDP 年增长率仅为 0.5%（The Economist，2011b），许多人认为其转向市场经济的过程将是漫长而动荡的。

埃及和突尼斯等国家不必从头开始建立市场体系。他们的国家主导型经济需要迅速进行重大改革，但完成这项任务将很困难。必要的市场改革包括取消补贴

---

* 美国威斯康星大学白水分校的汤姆·布拉莫斯基开发了此案例，仅用于教育目的。

制度、培育私营企业、打破垄断、缩小国家规模以及改写法规,来支持竞争而不是扼杀竞争。中东和北非的经济发展需要与欧洲和美国进行经济合作,以建立商业伙伴关系并促进双边贸易。阿拉伯国家(拥有石油财富和没有石油财富的国家)是发展资本主义经济,其中价格和私营企业发挥着重要作用。然而,这是一种扭曲的、重男轻女的资本主义,以国家垄断、严格监管和大规模补贴为特征。这加剧了腐败,阻碍了经济发展,使数百万人失业。石油企业慷慨地为各地提供援助,即使人们对高油价深度不满也无可奈何,没有石油财富的人变得愈加贫困。在埃及,国家控制除农业以外超40%的经济,军队占有巨大的财富,私人公司被国家各种条文束缚而不得发展。粮食和燃料补贴额约占国内生产总值的10%,预算赤字即将爆炸。以上种种行为的结果是,该国面临财政危机,迫切需要彻底转变其经济发展方式。

人们对该地区腐败和高失业率的愤慨并未促成根本性的经济改革。例如,在埃及,临时政府仅是扩大补贴,采取措施促进国有企业下岗职工再就业。经济自由化的观点在整个中东地区都不受欢迎,这主要是由于2000年初的改革成果主要促进了企业和政府间的关系(The Economist,2011b)。

二、科威特的经济问题

科威特在应对"阿拉伯之春"挑战时表现相对较好,主要是因其有巨大石油财富。科威特腐败程度属于中等,引起骚乱的可能性较低。然而,在近期调查中,该国对民主和新闻自由的评价很低(The Economist,2011a)。此外,伊拉克的持续不稳定以及来自伊朗的伊斯兰激进分子的威胁对科威特的经济产生了不良影响。政府已将石油利润用来进行海外投资,而不是引导国民经济发展。因此,国内制造业和服务业并没有得到应有的发展和资助。

科威特正式提倡开放,并在限制和消除垄断的同时倡导市场竞争的好处。例如,政府最近消除了电信和互联网服务提供商(ISP)行业中的市场垄断。目前,该国有三家电信公司和四家互联网服务提供商。发电和配电、汽油分销和有线电话网络服务等行业正在迈向私有化进程。企业和个人经常抱怨官僚作风盛行对日常业务的运营带来不利影响。例如,扩建设施和雇用人员等业务决策需要政府许可,这可能花费很长时间。若在没有获取许可的情况下实施这些决策会使企业或个人面临严厉处罚。

科威特已立法要求企业和政府机构优先雇用该国公民。这种政策可能对农业和建筑业有利,因为这些行业劳动力相对充足。但是,它限制了IT等行业的高技能劳动力的供给,因为当地的人才储备不足以满足不断增长的需求。官方的

案例十八　国家计算机服务公司——中东小型IT股份有限公司的市场选择

"科威特化"政策旨在保证国家公民的高就业率。该政策要求私人组织——无论是作为主要承包商还是作为分包商，雇用一定比例的公民，以便有资格竞标政府项目。这一形势促使政府强定工资标准，且仅适用于科威特公民，而外籍劳工的补偿方案则由市场决定。这种劳动力限制政策不仅会带来不公平问题，而且会大大增加劳动力成本，导致资源的不合理利用。此外，政府还为私营企业提供直接的货币激励措施，鼓励他们雇用公民。私营企业抱怨说，为了达到配额，他们被迫雇用当地劳工，那些人的资历不够，有些人证件也有问题。

科威特的公共部门人职员享有非常慷慨的补偿方案，包括高薪和综合福利待遇（如免费医疗、免费看牙、人寿保险以及丰厚的退休福利）。私营部门却在吸引优秀和有潜力的人才方面困难重重。

下面来分析IT行业的劳动力和资本要素。

三、劳动力

中东国家不是劳务输出国，就是劳务输入国。由于地区缺乏熟练的劳动力，科威特是主要来自埃及、叙利亚、约旦和巴勒斯坦的IT行业职员的输入国。尽管科威特通常使用英语，熟练掌握阿拉伯语也很必要，这对常与客户打交道和处于技术支持岗位的人员尤为重要。科威特的IT行业雇用的外籍专家不到10%，他们主要是中层管理者。招聘和甄选过程基于正式和非正式沟通网络。IT行业的员工薪酬和福利待遇往往具有竞争性和灵活性，这是为了避免重要员工离职。但是，即使公司间薪酬和福利差异不显著，员工忠诚度往往较低并导致高流动率。

科威特所有雇员的劳动合同由劳动和社会事务部门负责，并且必须由该部门逐案批准。企业通常聘请专业人员来推进冗长的政府审批流程。

科威特工会的成员仅限于专业雇员，包括政府工作人员、工程师、医生以及属于科威特公民的石油行业员工，成员不包括外籍员工。工会已经成功地为医生和专业工程师重新商议雇佣合同。修改合同的重点是在涨工资和调整最低工资上，而不是制订涵盖工资、福利和工作安全问题的薪酬计划。其他行业的工人目前尚未加入工会。谈判最后商定的最低工资标准在市场上具有竞争力，合同内也没有会限制员工跳槽的条款。

在IT行业雇用新员工是一个复杂的过程，需要向高层和政府递交相关文件详细说明为何需要新员工，文件必须包括工作范围的说明、最低工资说明、价值分析以及成本预算分析。雇主需系统地更新其IT硬件和软件，并为工作人员提供新技术方面的培训机会，以确保向客户提供高质量的技术支助。

四、资本

科威特的商业和私人银行基础设施非常发达,欧洲和北美一些大型银行在该国设有分支机构。各种传统的金融工具,从无担保贷款到保兑的不可撤销信用证,都可以准确及时地为商业交易提供资金。科威特采用传统和现代方法相结合的方式开展业务,传统工具依赖于家庭或宗族关系以及口口相传。企业使用财务量化决策支持工具(如流动资金和盈利能力预测)来克服员工对客户信誉度的偏见。

银行每周都会密切监控企业在应付账款和应收账款方面的实际业绩,以预防金融灾难。详细的月度产品和服务业绩报告,包括手头现金、应付账款和应收账款以及销售预测,通常会制作好并提交给公司管理层和债权人进行分析。企业每季度也需要所有产品和服务项目汇总的财务报告。这些报告为真实营销和运营战略决策奠定了坚实的基础,如逐步淘汰亏损或无利可图的业务以及批准新的业务开发项目。

五、NCS 公司历史

国家计算机服务公司(NCS)是中东 Al-Babtain 集团的一部分,该集团由科威特的 10 家公司和国外的许多公司组成。该公司成立于 1948 年,总部位于科威特萨法特。集团从事汽车(日产、雪铁龙、邓禄普)和计算机(NCS、康柏、惠普)贸易、油漆和塑料制造、房地产业以及旅游业。其汽车产品业务主要是进口和分销汽车、重型车辆和建筑设备,并提供汽车租赁服务。集团内 NCS 公司的计算机和相关产品部门提供计算机相关设备、配件和服务。Al-Babtain 的制造部门生产用于船舶、工业和装潢的涂料,以及塑料制成品(聚乙烯卷和塑料袋)和汽车(车身零件、拖车、自卸车、油轮)(Bloomberg,2011)。

该私人控股集团完全归 Al-Babtain 家族所有——九名家庭成员组成的董事会管理。自成立以来发展二手车业务,集团慢慢走向多元化道路,并已树立了良好的商业信誉。2010 年,该集团年营业额估计为 3500 万美元。

六、IT 业务

NCS 作为科威特数码公司的独家贸易代理开始运营。作为大型计算机的独家代理商,NCS 实现了 35%~40% 的健康 IT 年度系统利润,公司因长期维护合同也

案例十八　国家计算机服务公司——中东小型 IT 股份有限公司的市场选择

获得稳定利润。当时，IT 市场被归类为垄断竞争，制造商通常提供不兼容的平台。在数码公司与 Compaq 合并之后，NCS 成为 Compaq 的代理商，最终成为了惠普在科威特的合作伙伴。NCS 提供全系列的 IT 产品，包括 HP 和 Compaq 计算机系统、网络解决方案、附件和耗材。有了惠普技术解决方案，NCS 可以在科威特和整个中东地区竞标交钥匙工程。如今，所有产品都有通用的 IT 标准，可跨不同软件和硬件平台进行连接。随着 IT 产品成为商品，利润率也逐渐降低。

NCS 公司产品在迪拜市场预计将实现两位数的增长，NCS 所有者决定 2000 年在该地开设分支机构。目前，阿联酋（迪拜）分公司仍然是 NCS 最赚钱的分支机构，营业额每两年翻一番。2008~2009 年的金融危机使阿联酋的业务迅速放缓，但危机过后的销售数量和产品利润已恢复到 2007 年的健康水平。

2000 年 NCS 公司还设立了一个埃及分支机构，这是为了利用该国政府提供给进入市场的企业的激励措施。然而，由于各项政策和许可证的频繁变更，加上政府取消对 NCS 的补贴，很快公司在埃及的业务无利可图。年度通货膨胀率高达 50%，年增长率低于 2% 以及 25% 的高失业率使 NCS 在 2004 年决定暂停在埃及的业务。由于担心社会动荡，埃及政府迅速取消了 2006 年的所有限制措施，颁出新的税收政策并允许低额投资，以鼓励企业继续在该国投资。随后该国通货膨胀得到控制，NCS 埃及分支机构于 2006 年底重新开业。在 2006~2010 年，埃及的 NCS 业务仍然盈利甚少。由于其市场存在潜力，NCS 所有者决定仍在埃及运营，尽管 2011 年埃及社会动荡和由此产生的政权变化对 NCS 业务的确切影响仍有待考量（The Economist, 2011a）。卡塔尔和巴林的市场潜力明显小于埃及，但该地企业面临的问题以及社会动荡风险却非常相似。虽说这些地方经济政治动荡，NCS 仍继续在这些市场中运营。

目前，NCS 在五个中东国家开展业务：科威特、卡塔尔、巴林、阿联酋（迪拜）和埃及。该公司还计划在其他中东国家扩张，例如阿曼。每个国家或地区分支机构都具有相同的组织结构，包括以下职能部门：商业智能、系统、站点、计算机服务和财务部门。每个部门由该国的运营经理管理，运营经理向执行经理报告，执行经理又要向 IT 集团总裁和负责规划业务发展的副总裁报告。NCS 在形式上鼓励各部门之间的合作。但是，目前还没有正式的渠道，如企业会议和培训研讨会，鼓励分享经验，确定最佳方案和进行标杆管理等活动还有待开展。NCS 是全球计算机业务领域 20 家公司的代理商，积极寻求新的市场机会，以加强市场渗透率并增强产品组合的深度。

上级管理委员会（董事会）掌控战略规划和预算流程，并监督其实施过程。NCS 集团总经理是董事会和运营经理之间的联络人。运营经理负责实施董事会决策。每月和每季度的惯常业务报告都由各级分别负责。但是，高层每周会监测新业务和关键项目的进展情况。公司分支的组织结构遵循多部门形式("M形"式),却以单一形式("U形"式)来划分。

Al-Babtain集团运行一个适用于所有分支机构的中心网站(Al-Babtain Group of Company,2011),并对所有业务和过程进行IT分层管理和操控,因而所有员工都可以使用常规IT服务,例如电子邮件。

七、成本和定价策略

总的来说,由于产品生命周期的缩短和新技术的开发,全球IT行业发展迅速。IT产品往往是价格敏感和按库存生产的商品,这主要是因为科技产品换代快。IT制造商不断努力降低产品成本,从而使生产外包业务迅猛发展。外包驱动因素包括较低的投入成本(劳动力、能源、原材料和土地等)、政府监管较少(特别是工会合同和劳动法),以及激励措施的吸引力(免税、免费使用基础设施等)。对于将一些产品外包运营的欧洲和北美公司来说,其过程有一个主要挑战——向很少或根本不提供知识产权保护的地区转让技术的风险较大。

许多地区常根据认证/合规要求、进口配额,为限制产品进口设立官僚和行政壁垒。例如,为将进口产品视为国内生产,在欧洲销售的光纤电缆必须在欧洲生产。同样,为了有资格获得出口补贴,制造任务的一部分必须在欧盟范围内完成。为了符合国内成分要求,制造商通常在一个国家生产散装纤维,用绝缘材料包裹它们,将它们切割成适当尺寸,并在另一个制造成本较低的国家安装连接器。在中东光缆市场,如阿曼、沙特阿拉伯、埃及和科威特都有这样的精整工厂。实际上,运输以散装(桶)的未成品比运输包装好的成品更便宜。这是因为与成品相比,散装产品重量更轻,体积更小。有些公司会制定延迟策略,其好处是可以在客户所在地定制电缆,以最好地满足敏感区域内客户的需求和偏好,例如颜色选择。有些地区实施本地定制策略,可鼓励企业有效使用散装材料,最大限度地减少产品成本和库存成本。

在IT业务中,各种产品都需要不同的定价策略。例如,典型配置的个人电脑需要随时有库存。然而,由于利润率低和易损性风险高,产品库存过多也是不可取的。有时,计算机产品的价格设定为成本价或低于成本的价格,这样可以获得市场份额并稳定市场地位。这种政策的目的是抵消产品在其寿命周期内销售的最初损失。这一目标是通过向客户提供长期服务、维护合同以及给予关于服务项目和消耗品的特别优惠(折扣、优惠券等)来实现的。

通常,政府招标法规要求将合同授予报价最低的投标人——这是一种将价格作为订单合格标准的程序。但IT供应商知道,在交付时,客户支付的实际价格

案例十八　国家计算机服务公司——中东小型IT股份有限公司的市场选择

通常较高，供应商可以通过合同的调整和新技术的更新在完整的合同中获得可观的利润。提供技术支持和培训合同，维护、更新或者替代合同，这种全面的解决方案可使供应商与客户建立和保持长期关系。在这样的体系下，产品定价涵盖所有成本，确保有合理利润以支付所有业务费用。定价政策经常随着竞争对手的行为、市场新入者的出现或新技术的引入而变化。

2008年，NCS在科威特发起的一场强有力的广告活动，对他们的业务产生了重大影响，大型项目的数量和复杂性随之增加。该公司使用了包括报纸、专业出版物和电视广告在内的各种渠道，为客户提供折扣券、免费赠品和服务。该公司开发并建立了一套正式的系统，与潜在客户保持联系，从而进行系统性的售前跟踪。

在动荡的IT行业，每年库存周转率从30到50不等。NCS的年收入总额为1500万~2000万美元，现金为250000~300000美元，现金通常是以短期（1~2周）高息贷款的形式从银行获得的。NCS有一个更具吸引力的长期融资安排，是以循环信贷额度的形式进行，这将显著提高公司的盈利能力。

八、发展战略

在光纤通信基础设施业务中，NCS采用了基于以下原则的增长战略：市场渗透、新产品开发、市场开发和多样化。例如，为了避免与更便宜的中国CAT5光缆进行价格竞争，欧洲和美国公司开发了新一代速度更快的CAT6电缆。目前，中国提供CAT6电缆，而欧美企业提供更高质量的CAT7电缆。NCS提供各种价格以及各种类型的光缆，从而有效满足客户的各种需求。要求更快速度和更高信号质量的企业和政府通常购买CAT6和CAT7电缆，对价格更敏感的个人则偏向于购买CAT5电缆来满足较低层次的需求。迅速发展的产品安装基地带动了其他高级网络硬件的需求，这也是由NCS提供的。这种衍生需求增强了市场渗透力，促进了新产品的开发进程。

九、战略考虑

在中东经营的组织自身处于一个高度动荡的环境中，这种形势预计将持续数年。因此，他们必须实施稳定型战略，以便能够在很短的时间内迅速应对市场中可能出现的一系列具有复杂性和竞争性的挑战，诸如政治、社会、金融、监管方面。灵活性战略的关键要点包括：

·构建一种组织结构来整治官僚作风，鼓励多向沟通，并实现及时的信息交流。该结构可以采用矩阵形式，甚至可借鉴虚拟公司的神经网络体系。

·员工的组织策略和个人策略，以及扩展一部分供应链的组织间战略三者保持一致性。

·随着商业环境的变化，能力强且训练有素的员工队伍愿意并能够在短期内积极应对挑战。公司应制定并实施招聘、保留、培训、技能发展和薪酬政策，提高员工技能和工作满意度。

·建立和维护与供应商和设备厂商的基于信任关系的长期业务伙伴关系。不管分支机构位于哪，企业需为产品和服务交付提供定金担保。

·企业需基于增值原则发展和维护与客户的密切关系，必须具有快速响应客户需求、提供高质量产品和服务、开出有竞争力的价格（低成本和低开销）的能力。

·发展和维持政治联系，投资商业智能系统，以便更好地预测未来的政治、竞争和新技术发展。

·提供最先进、最安全的 IT 网络，以促进信息交流。

抓住这些重点将使企业实现低成本运营，快速发展到新高度。

十、案例问题

（1）自 1990 年沙漠盾牌行动以来，科威特主要有哪些政治和社会变化？这些事件对科威特的 IT 行业以及 Al-Babtain 集团在科威特的业务有何影响？

（2）分析 2011 年"阿拉伯之春"影响下，Al-Babtain 在科威特的业务存在的风险和潜在效益。关于科威特和整个中东地区的未来业务，你有哪些具体的战略建议？使用相关事实和数据证明你的答案。

（3）你认为 Al-Babtain 集团的组织结构和业务流程是否适应于科威特和中东动荡的社会、政治和市场形势？要进行哪些战略性变革？使用相关事实和数据证明你的答案。

（4）试着采用全新的方法，设计一种商业—政府—大学的合作方式，来促进科威特等石油资源丰富的国家的商业发展，重点思考大学和政府如何帮助像 NCS 这样的小型 IT 行业。对于石油储量较少的国家（例如阿曼），你的建议又有何不同？

参考文献

［1］ Al-Babtain Group of Companies（2011）. http://www.albabtaingro-up.com.kw/

案例十八 国家计算机服务公司——中东小型IT股份有限公司的市场选择

en/index.shtml/.

[2] Bloomberg (2011). http://www.bloomberg.com/.

[3] Businessweek (2011). "Trading Companies and Distributors – Company Overview of Al-Babtain Group." http://investing.businessweek.com/research/stocks/private/snapshot.asp?privcapId=6478743/.

[4] The Economist (2011a). "Arab League." http://media.eco-nomist.com/sites/default/files/media/2011InfoG/Interactive/ArabLeague_Jan16/Arab6.swf/.

[5] The Economist (2011b). "Open for Business? Economic Reform in the Middle East Could Prove Harder than in Eastern Europe." June 23.

案例十九　GOLFZON公司——虚拟高尔夫[*]

一、建立虚拟高尔夫业务

当金永灿担任三星电子商务运营部门负责人时，他经常没有时间去打高尔夫球，这是他最喜欢的运动。他曾尝试与商业伙伴和朋友一起打室内高尔夫球，但这并没有足够的挑战性，他很快就失去了兴趣。然而，在国外的一次商务旅行中，有人给他介绍了虚拟高尔夫球场，它比仅朝屏幕打高尔夫球更有现场感，挥杆也更爽快。通过虚拟高尔夫系统，你实际上有一种自己就在高尔夫球场上的感觉。

凭借电子行业所学的知识以及将虚拟高尔夫发展到新高度的机会，他决定成立一家公司来生产高端高尔夫模拟器。高尔夫是一项享有很高声誉的运动，多年来在韩国一直不断发展。但打高尔夫球非常昂贵，而且高尔夫球场人员也已爆满。

韩国人一直热衷于与朋友在一起小空间相聚。韩国的许多餐馆、酒吧和咖啡馆都设有人们可以私下与朋友相处的包间。几十年来，韩国人一直喜欢唱卡拉OK，他们通常在一个小房间内和朋友一起唱歌。

2000年，金永灿与朋友和商业伙伴讨论这个想法后，GOLFZON于2002年成立。公司有五个创始合伙人，现已发展成为2.5亿美元的业务。让我们来仔细研究一下GOLFZON虚拟高尔夫系统。

GOLFZON是一个基于硬件和软件基础上的虚拟高尔夫系统。该系统使用真实的球杆和球为人们带来真实的三维（3D）高尔夫体验，先进的技术可以对游戏实现精确的物理模拟。GOLFZON已获专利权的摆板可根据模拟场地坡度实现自由调节，玩家也可选择挥杆幅度，该系统可让体验者身临其境。

---

[*] 又松大学（韩国）索尔布里奇国际商学院的詹斯·格拉夫开发了此案，仅用于教育目的。

GOLFZON 的专利分析系统由 170 个红外传感器组成，可以即时准确地测量球速、弹道、发射角、飞行时间、球杆头速度、球杆杆面角度和球杆路径。系统也可测量曲线球、对发球轨迹进行勾画并实现色彩渐变，这些功能都使整个系统非常精确。

系统会以 3D 图形再现结果，其目的是为玩家提供真正的挥杆练习并进行准确的反馈，以改进他们的技能。精确的红外线球杆和球跟踪可以让玩家看到真实结果。

GOLFZON 的信息技术（IT）系统通过航空摄影和地理测量来模拟真实的国际高尔夫球场。体验者甚至可以看到漂浮的白云，听见鸟儿唧唧喳喳。截至 2011 年 8 月，已有 160 多个国际高尔夫球场以逼真和官方授权的 3D 图形出现于大众视野，它们每月会增加 2～3 个新球场。系统还可显现逼真的虚拟城市场所，例如首尔市政厅、仁川国际机场和首尔世界杯体育场，如图 1 所示。从该图也可看出，GOLFZON 呈现出了非常逼真的天然高尔夫球场图像。

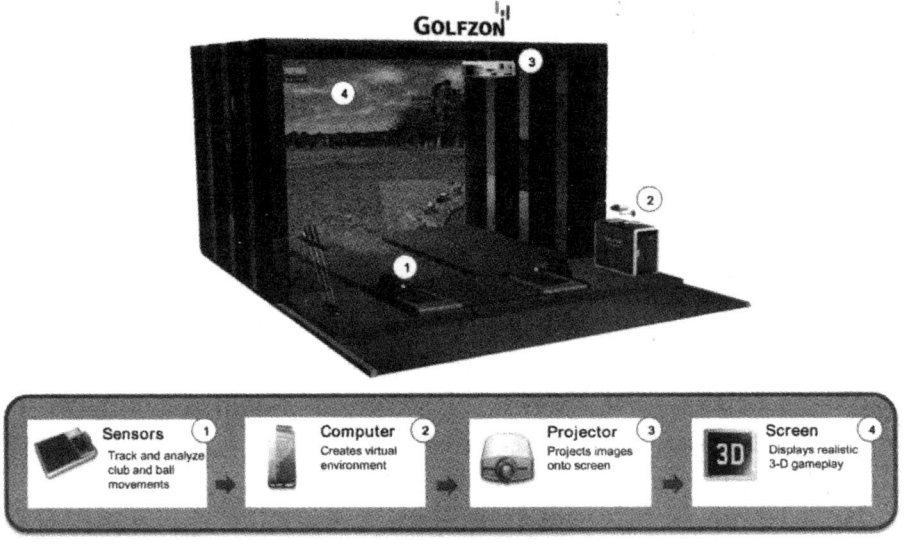

图 1　系统如何运作

资料来源：GOLFZOW。

GOLFZON 提供的在线服务有在线锦标赛、球员记录、挥杆分析、在线购物和高尔夫设备信息，GOLFZON 的软件确实具有竞争优势。利用该系统，高尔夫球手可以进行分数和进度跟踪，改进击球手法，并与其他玩家进行过程对比。GOLFZON 还举办 GOLFZON 直播赛和 GOLFZON 节，玩家们可以进行实时比赛。

GOLFZON 创建的高尔夫场所传播了新的室内高尔夫文化。这些场所备有 GOLFZON 模拟器，室内设计豪华，服务十分专业，是按时长来进行收费。仅在韩国，GOLFZON 已售出 4000 多套系统。除了首尔有四套由 GOLFZON 公司自己操作，其他全部售给独立业主。GOLFZON 提供售后服务和软硬件升级服务。系统本身占 28 平方米的空间，还需计算放椅子或沙发的空间，所以安装该系统约占 40 平方米面积。

二、公司

GOLFZON 的使命是将高尔夫、IT 和文化三者整合到一起来创造新的产品和服务，发展高尔夫运动文化，提供便捷的新娱乐方式。

GOLFZON 成立于 2002 年，位于韩国大田的大德研究开发集群。刚开始成立时，该公司仅由五人组成。但到 2011 年，员工人数已增至 400 多人。2011 年 5 月，该公司首次公开募股（IPO），成为韩国历史上第八大公司。公司产品销售至 30 多个国家，公司在日本、北京和中国香港设有分支机构，在英国、法国、俄罗斯和泰国也有分销商。

GOLFZON 致力于引领虚拟高尔夫行业发展，提供高品质的体验，开拓新市场，并进一步实现其发展大众喜闻乐见的高尔夫文化的愿景。韩国有 5000 万人，其中每天约有 20 万人使用 GOLFZON 系统。该系统可以分析游戏数据和客户反馈，不断提高性能和稳定性，并确保玩家从中获得乐趣。系统会记录球速、球杆角度和时间等参数，分数可即刻显示出来。

GOLFZON 的销售额极为可观（见图 2）。自 2002 年成立以来，它在 2011 年已经发展到 2.5 亿美元（见本章末尾的附录 A 和附录 B，简要回顾了 GOLFZON 的经济发展历程）。

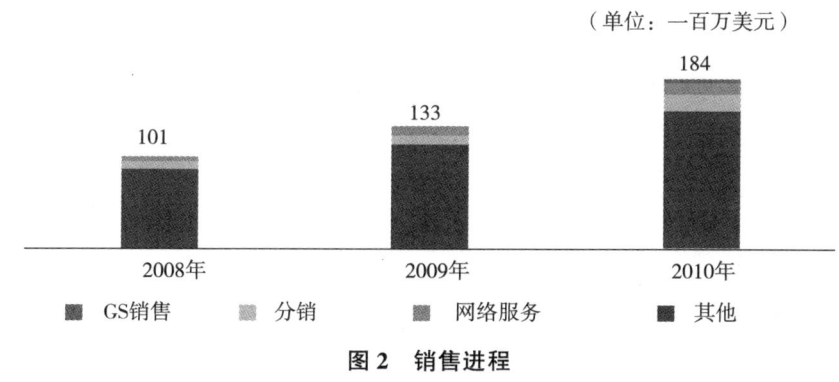

图 2　销售进程

资料来源：GOLFZON。

随着高尔夫行业的稳步发展，人们休闲时间的增加，全球都在推广高尔夫运动。然而，高尔夫是富人的奢侈运动这一观念仍然根深蒂固。自 2002 年成立以来，GOLFZON 一直致力于通过高尔夫文化来推广高尔夫运动。GOLFZON 的愿景和使命是将高尔夫推广给更多受众，并创造一种特有的高尔夫文化，使人们在任何地点或时间都可以享受到这种文化。作为一种全球推广的运动，高尔夫推进了 IT 公司的创建，促成了线上和线下产品和服务的整合。

GOLFZON 的模拟器在第一年就占据了韩国市场的大部分份额，引起了业界的广泛关注。GOLFZON 采用韩国制造技术，经济持续快速稳定增长。GOLFZON 目前是国际高尔夫模拟市场中的龙头老大，赢得了全球的认可，并向 30 多个国家出口了模拟系统。

三、集群

Michael Porter（1998）将集群定义为"相互关联的公司和机构集中的某一特定领域。"公司间地理位置近对集群中内成员极为有利，可使其更具竞争力。在他的波特钻石模型中，Michael（1990）陈述了公司如何从以下因素获利：

· 生产要素——创业公司必然需要熟练的工人和专业人员。

· 需求条件——在需求方面，消费者集中于一地非常重要，即本土市场很重要，因为供应链更容易管理。最重要的是，创始人了解文化。当然，国内市场的规模也很重要。

· 相关支持产业的表现——特别是公司刚成立时，公司需要一切所能利用的资源和专业知识。因此，支持产业至关重要。

· 企业的战略、结构和竞争对手表现——创始人对企业的形成和发展至关重要。如商业使命和愿景中所表述的那样，创始人的想法是激励员工与他共同成长的基础。

· 政府——有远见的政府非常关键，因为有时政府会抛开盈利动机，将资金投入到公司所涉及的业务领域中。

· 机会——一个想法或一种创新都可能投入实践，促成新增长和新发展。在许多情况下，这会催生集群效应，因为研究表明新公司经常涌现于能提供想法或创新点的公司所在位置附近（Stuart 和 Sorenson，2003）。

以上所有这些因素相辅相成，并且通常也会产生协同作用。

四、边远地理集群

1953 年朝鲜战争结束后，韩国受到摧毁，人们遭受苦难。严格来说，两国仍处于战争状态，因为他们仅是停战而没有缔结真正的和平条约。朝鲜由共产党

案例十九　GOLFZON 公司——虚拟高尔夫

执政，采取中央集权制，而韩国则实施资本主义的民主制度。南北韩之间的关系不是很友好，边界由双方设下的非军事区严密守卫。

这种政治局面已经持续将近 60 年，韩国处于半岛的地理位置使韩国成为一个相对孤立的国家。韩国曾经远离美国和西欧等大型西方市场，但运输系统和通信方面的进步缩短了这些距离。

韩国有 5000 万居民，面积约 10 万平方千米。韩国是一个多山的地区，人口集中在平原地区，这使其成为世界上人口最稠密的国家之一。韩国首都首尔拥有大约 1000 万人口，但在白天这个数字上升到大约 1300 万。事实上，大约一半的韩国人居住在首尔和附近的城市。

大田位于韩国中部，位于首尔以南 153 千米，韩国最大港口釜山西北 283 千米处。它是韩国第五大城市，拥有 150 万居民。大田是铁路枢纽城市，韩国铁路总部就设在大田。首尔、大田和釜山三地有高速列车服务，从首尔到大田的火车不到一个小时，大田到釜山不到两个小时。韩国也有完善的公路系统。韩国的国际机场位于首尔以西的仁川。从那里到大田，机场巴士需要三个小时。2009 年，仁川国际机场被评为世界上最好的国际机场，领先于中国的香港国际机场、新加坡樟宜机场。该机场在诸如"最方便的国际中转机场""最佳安全管理"和"最佳终端清洁"等标准中排名最高。

大田被视为韩国的硅谷，因为大德研究基地就设在此。该地区有信息技术、生物技术、纳米技术、航空航天、能源和机器人技术的研究机构。大德研究开发特区有许多公司，这些公司代表了包括信息技术、生物技术和纳米技术在内的尖端行业。该特区由来自不同领域的顶级风险投资企业组成，他们中的大多数在 DRAM 和 SRAM 芯片、LCD 模块、蜂窝电话技术和无线宽带技术的商业化方面颇有成就。特区中有数十家公司已经在韩国证券交易所科斯达克（KOSDAQ）上市。2011 年中期，大德研究基地有大约 1200 个高科技住宅产业，预计到 2015 年这一数字将翻一番。2011 年，该地区有超过 20000 名的研究人员，其中约有 7000 名拥有博士学位。

大德研究开发特区现在是一个名为大德科学城（Daedeok Science Belt）的大型科研集群的一部分，2011 年政府向该特区捐赠了大约 32 亿美元，将特区从大田扩展到邻近地区。大德将要成立两个研究设施点：国家基础科学研究所（预计雇用多达 3000 名精英科学家）；价值 4100 亿韩元（约 4 亿美元）的最先进粒子加速器研究中心。教育部门、科学和技术部门希望在大德和其临近区域打造一个全国性的科学城，这将促使韩国在化学、物理和其他应用科学等领域进行重点实验。换句话说，该地区将形成一个创新生态系统。

大德科学城的一个重要机构是韩国科学技术院（KAIST）。KAIST 成立于

1971 年，是全国第一所专门从事科学和工程教育研究的研究生院。该学校的创立推动了韩国从轻工业产品生产商迅速崛起成为高科技产业的世界领先者的进程。

GOLFZON 的高尔夫模拟系统和其他产品需要先进的信息技术。当它在大田建立总部时，GOLFZON 得到 KAIST 和其他研究机构的技术支持，这是公司在大田设立总部的一个重要原因。公司找到有才能的员工并不困难，因为该地区有很多受过良好技术培训的人才。

鉴于大德的研发人员主要专攻科学领域，而不是销售和营销领域，GOLFZON 在首尔设立了分支机构，该地销售和营销人员更多，因为它是首都，离仁川国际机场也更近。GOLFZON 认为若想实现全球化，公司就必须在首尔开展业务，因为企业可以更大规模地运营，而且大型外国企业在首尔设有子公司。此外，大多数 GOLFZON 系统从一开始就在首尔销售，因此该公司必须在那建立分支机构。由于公司在大田聘不到足够的各类专业人员，GOLFZON 在首尔发展也需招聘人才。

大田和首尔分支机构之间的活动协调对于 GOLFZON 来说不是问题，因为两个分支执行不同的任务。在大田，GOLFZON 开展硬件研发、生产和运输服务，而软件研发、营销、销售、人力资源、法律和其他业务则由较大的首尔分公司处理。

GOLFZON 的创始人兼现任首席执行官金永灿是三星电子商务运营部门的前负责人。他对电子商务和 IT 行业有深刻的了解，并且有权访问行业内的大型网络。他了解 KAIST 的专业项目，并希望成为大德研究开发特区的一员，在特区内成立公司也可以获得政府税收优惠。而且，金永灿也来自大田。

GOLFZON 从与 KAIST 的合作中受益，后来大德研究开发特区中一家科技公司也推动了其发展。在其潜伏期，GOLFZON 一直得到政府和政府资助的合资企业的支持，而且 GOLFZON 附近有芯片制造商和液压公司，这又为其带来便利。作为邻居，他们也可以相互支持。

如今，很难让 GOLGZON 新员工人定居在大田，因为他们配偶通常在首尔工作，首尔也有其作为大都市的福利待遇。如果 GOLFZON 在大德研究开发特区之外发展会失去政府补贴，这可能对公司构成威胁。韩国公司具有民族主义情节，倾向于从国家利益出发来发展业务。例如，韩国规定只能用 IE 浏览器来浏览网页。因此，当韩国公司走向国际化时，它们往往以韩国固有的方式处理问题，因其不能灵活运用其他方式而失败。

五、韩国的高尔夫市场

韩国的高尔夫市场在过去几年中发展迅猛,现在玩家超过200万名,如图3所示。图3显示虚拟高尔夫市场发展更快,现占总市场的60%。在价值方面,2009年总市场(包括天然场地、练习场和虚拟高尔夫场)价值近50亿美元(见图4)。

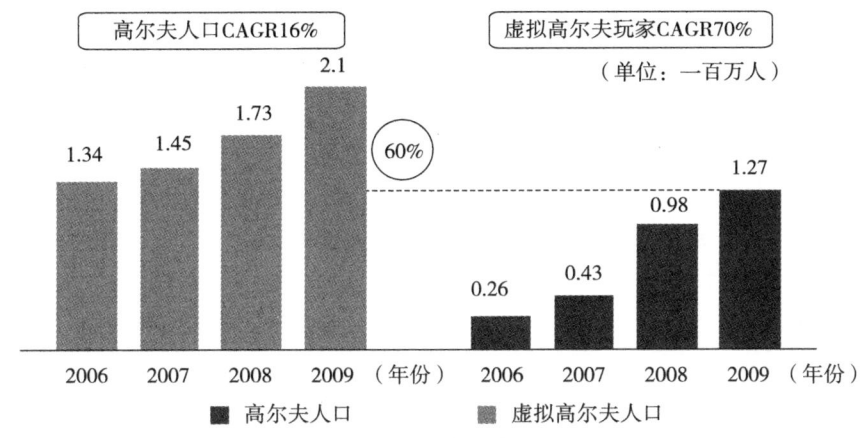

图3 韩国高尔夫人口

注:CAGR=年复合增长率。
资料来源:GOLFZON。

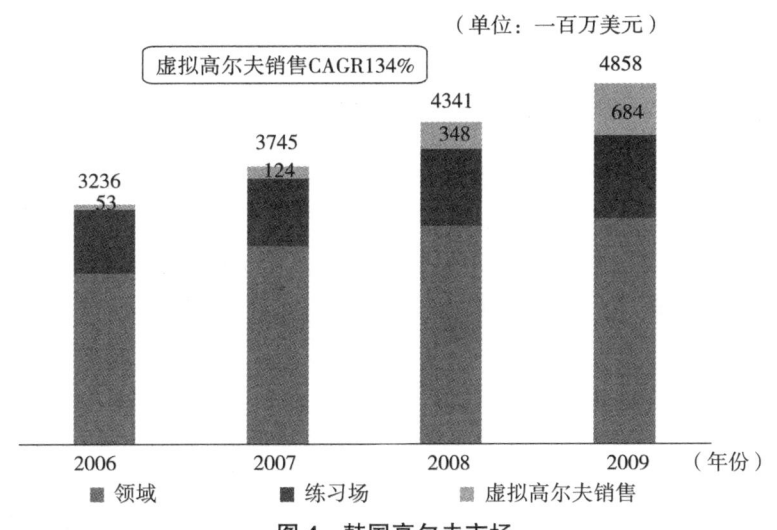

图4 韩国高尔夫市场

注:CAGR=年复合增长率。
资料来源:GOLFZON。

与其他发达国家相比,韩国高尔夫人口仍有增长空间。在 GOLFZON 的销售额中,2010 年只有 4%来自海外,尽管这一数字在 2011 年增加到 8%。

六、韩国的虚拟高尔夫市场

高尔夫是韩国发展最快的运动,但其价格昂贵。例如,韩国乡村俱乐部的会员在高尔夫运动上平均每年花费超过 7000 美元。在豪华俱乐部,玩家每年花的花销超过 30000 美元,基本都用于会员充值,因为没有会员资格的话很难预订场地。

截至 2011 年 8 月,GOLFZON 在韩国销售了 22000 多套系统。韩国是最大的全球虚拟高尔夫市场。在首尔,人们散步就可以发现许多室内高尔夫球场。

为什么人们去室内场地打高尔夫而不去现实场地?"主要原因是我可以节省金钱和时间。我想打高尔夫球时,我都可以和我的朋友一起去那里,然后享受打高尔夫球的过程",崔纪目说,"然而,在现实场地打一场高尔夫球的话很昂贵,我还得预订场地。室内高尔夫只花 20~30 美元。此外,室外打高尔夫球通常需要至少 5~6 个小时。打室内高尔夫球的话,每人只需 1 小时就可以打 18 个洞。"

"人们在室内打可能是想练习他们的高尔夫技巧,但主要原因只是为了娱乐,"一位室内高尔夫球场的经理说。他继续说道,"他们喜欢和朋友打室内比赛。此外,下雨或天气非常炎热时,人们可以在室内高尔夫球场放松。"室内高尔夫的旺季是冬季、春季和秋季。在春天,认真的高尔夫球手想要在进入天然高尔夫球场之前进行训练。由于天气寒冷和下雪的缘故,多数天然高尔夫球场在冬季会关闭。高尔夫已成为受欢迎的运动,高尔夫球场往往拥挤,这也是为什么室内高尔夫已成为一个有吸引力的替代品的另一个原因。

韩国城市周围有许多室内高尔夫球场,过去很方便。去天然高尔夫球场的话需要提前规划并且路途遥远,有时还需要在酒店住宿,去室内高尔夫球场可以节省时间。这些场所也成为人们认识朋友的新地方。韩国人喜欢与朋友在小包间里交谈,餐馆、咖啡馆和卡拉 OK 酒吧就设有小包间。室内高尔夫球场通常也安排在包间内,因此室内高尔已成为人们娱乐的新方式。

"总体来说,韩国人正慢慢养成更健康的生活方式,"李米珠说道,"他们不像以前那样吸烟,他们吃得更健康,喝酒喝得比以前少。在虚拟高尔夫球场上花时间让他们远离以往的饮食场所。学习打高尔夫球很困难,与朋友一起在虚拟高尔夫球场练习的话并不会有太大压力,可以和朋友轻松相处。这儿也没有服装要求,虽然有些人喜欢穿高尔夫球服。"

"下班后,我不会和我的朋友一起去酒吧,而是来到高尔夫练习场,"推销员裴若瑶说。他继续说,"这是一种流行的新文化,特别是对推销员来说。如今,人们对打高尔夫非常感兴趣。有很多人想学习如何打高尔夫球。此外,有些人想通过学习这项运动来进行社交。所以,人们下班与朋友一起练习虚拟高尔夫。"金耀元补充,"现在,大家经常打高尔夫球,他们认为打高尔夫球是保持健康的好方式。韩国商界人士越来越不愿意在下班后去常有的饮酒聚会,但他们为了迎合老板不得不参与。这些人士只是觉得自己在这些频繁的聚会上吃得太多。""我通常每个月打2~3次虚拟高尔夫球,"崔纪目说道,"人们去室内高尔夫球场的次数要远远多于去天然高尔夫球场的次数。"

贾杰恩是一家中小型企业的老板,他喜欢利用高尔夫模拟器在室内打高尔夫球:"这是一种终极体验。它的确是一个虚拟世界,但你在室内就可以体验到在天然高尔夫球场一样的感觉。其他室内高尔夫设施只能让我们对着墙打,对我来说,高尔夫模拟器给人的感觉更真实也更刺激。"

七、GOLFZON 营销策略

如今,想要学习如何打高尔夫球的人数正在增加。然而,打一场高尔夫球比较昂贵,韩国高尔夫球场也预定火爆。尽管高尔夫市场需求越来越大,但场地仍供不应求。因此,人们会考虑替代方案。当 GOLFZON 将其虚拟高尔夫系统引入给韩国高尔夫玩家时,它立即受到欢迎。人们可以花较少的钱来打虚拟高尔夫球,从而享受高尔夫运动的乐趣。此外,韩国有一种特殊的文化,即人们喜欢聚集在一个房间里玩游戏或与朋友聊天。由于人们可以和他们的朋友在一个房间里打虚拟高尔夫,GOLFZON 提供的产品很快就在玩家中流行起来。

GOLFZON 的销售主张包括以下内容:
- 每个场所提供 5~15 个高尔夫模拟器。
- 提供娱乐设施;有些场所还提供专业的高尔夫课程。
- 大多数场所提供食品和饮料。
- 初学者可以私下学习,无须投资高尔夫设备。

截至 2011 年 8 月,韩国已建立了约 4000 个虚拟高尔夫球场。
GOLFZON 将市场细分为四个主要部分:
1. 企业文化建设
- 提供非正式空间满足客人娱乐。
- 让员工在办公室内进行放松。
- 减压的健康方式。
- 营造积极进取、富有创造性的工作氛围。

- 提高员工士气。
2. 酒店和度假村
- 一种独特的营销工具。
- 鼓励家庭进行休闲娱乐。
- 吸引商务客人。
- 让游客乐于花钱。
- 用于商务会议和社交活动。
3. 公寓和住宅开发
- 增加财产价值。
- 帮助居民社交，营造社区良好氛围。
- 促进居民身心健康。
- 居民无须前往天然高尔夫球场。
4. 私人设备
- 补添家用设备。
- 为朋友和邻居举办高尔夫派对。
- 孩子们学习高尔夫的简单方式。
- 让高尔夫球手在不牺牲家庭时间的情况下进行运动。

GOLFZON 推出高尔夫锦标赛，玩家可通过在线注册参与竞争。通过这种方式，高尔夫玩家可以与世界上的任何玩家对战，只要他们也在 GOLFZON 的数据库中注册。高尔夫爱好者可以注册 GOLFZON 的 Facebook 页面以及填写个人信息，Facebook 用户能够通过 GOLFZON 在线服务的统计数据了解他们。Facebook 用户还可以看到玩家们的挥杆视频，这种视频在韩国虚拟高尔夫玩家中非常受欢迎。通过在线系统，他们可以检索类似 YouTube 网站的视频并对其进行评论。除了作为教练改善个人球技的工具之外，这还是一个高度社会化的平台系统。

GOLFZON 最独特的销售主张是宣扬高尔夫的娱乐价值。市场上与之竞争的系统在产品设置方面更先进，并且比 GOLFZON 系统关注更多参数，但 GOLFZON 的系统可更早提供比赛结果，因此玩家更有身临其境的感觉，而不是将其看作一个视频游戏。市场上的那些竞争系统使用硬件进行计算，而 GOLFZON 的系统使用软件进行计算。因此，GOLFZON 可以在不同的模型中加入更多可调整的元素，例如为初学者调整挥杆参数，不让球出界，这使某些玩家更愉快地完成比赛。

GOLFZON 网站的管理人员始终认为，GOLFZON 系统在其提供现实感方面具有巨大优势。例如，玩家站在的板上可以根据现实场地中的地理条件倾斜或移动，这些因素让玩家享受打虚拟高尔夫的过程。GOLFZON 一直在开发设备，例如让摄像机精准跟踪游戏全程。大部分开发都在软件方面，如开发新游戏和新的虚拟高尔夫球场。

然而，直至今日 GOLFZON 还没有花很多钱在营销传播上。大多数业务都是依靠理论发展。不过，GOLFZON 会在游戏内打广告。在韩国，GOLFZON 与三星卡、Hyundai Capital 和 Jinro/Ballantine 共同营销。GOLFZON 进行海外销售是为了响应海外客户的要求。这些要求要么来自熟悉 GOLFZON 的技术公司，要么是来自一些参展商。有人在加拿大开了一家也名为 GOLFZON 的商店并大获成功，该商人是韩裔加拿大人。GOLFZON 从此在加拿大开展业务并让该商人为加拿大代理人。

八、高尔夫球比赛

有许多室内高尔夫公司在国内和国际上与 GOLFZON 竞争。最常见的室内高尔夫是一个可容纳 5~10 个高尔夫模拟系统的空间，宽约 5 米，深 7 米，玩家们将高尔夫球击向墙上的屏幕。

"我们在公司成立 10 年后占据了模拟高尔夫市场的主导地位，截至 2011 年的市场份额为 84%，" GOLFZON 的公关经理西孙泪说。"如此成功的一个关键要素是公司的目标是让每个人都能享受高尔夫的乐趣。GOLFZON 系统玩起来更有趣，你可以和朋友一起玩得更开心。玩家的游戏分数会即刻显示，而比赛结果出得稍慢，这种形式更能让玩家感受竞争。"

GOLFZON 系统的成本为 35000~45000 美元，具体数额取决于功能。最便宜的系统面向那些与朋友一起玩耍的客户，而昂贵的系统则适用于想要培养专业技能的高尔夫球手。通过 GOLFZON 系统，玩家可以将他们的结果（包括挥杆动作视频）上传到 GOLFZON 中央数据库。这对于比赛来说更具教学性、激励性和娱乐性。

创新是技术竞争的重要组成部分。GOLFZON 在竞争中占据优势，拥有 75 项专利，而邻近的四家国内竞争对手仅拥有 15 项。GOLFZON 凭借其软件和优质服务实现收入大幅增长，服务部分的营业额目前高于设备部分。GOLFZON 打算将公司的 GOLFZON 培训点扩展到一些大城市中心，在那里人们可以接受专业教练的培训。

"在国际上，我们的竞争对手是 HD Golf、aboutGolf 和 Full Swing，" GOLFZON 的营销经理杰森·艾伦伯格说道，"还有一些规模较小的竞争对手，比如 Holiday Golf、英格兰的 Sports Coach 和 P3ProSwing。"他还说到全球虚拟高尔夫系统的市场相当分散，实际上没有一家公司能给 GOLFZON 带来具体威胁。据 GOLFZON 的高级研究工程师孙立闽说，该公司拥有先发优势，其他竞争对手一直是追赶

GOLEFZON。

九、GOLFZON 商业策略

GOLFZON 的竞争策略是通过其独特的竞争力保持其在韩国的领先地位。公司市场份额从 2008 年的 62% 上升到 2009 年的 77%，2010 年的 84%，从而在韩国创造了一种新的高尔夫文化，有超过 100 万人玩虚拟高尔夫。通过这种方式，GOLFZON 在技术和品牌知名度方面的成就使虚拟高尔夫市场的门槛提高。

GOLFZON 希望持续进行研发投资来改进其核心技术。它旨在以最高标准开发和改进其硬件和软件。公司产品的三个决定性组成部分是视觉传感器（99%的拟真度）、游戏设计（多种游戏模式）和图形（精确的颜色）。为实现这些目标，GOLFZON 始终将重心放在研发团队上，其 408 名员工中有 188 名是研发工程师。

GOLFZON 通过网络技术和基础设施来提供卓越的服务。面向球场所有者，GOLFZON 提供库存管理服务，使他们能够全面高效地进行高尔夫系统管理、会员管理和高尔夫场所预订服务管理。

面向体验用户，GOLFZON 组织了韩国最大的虚拟高尔夫锦标赛，在韩国有线电视的高尔夫频道播出，它还给球场所有者和俱乐部比赛提供赞助。GOLFZON 提供实时排名服务和在线预订服务。玩家可通过 GOLFZON 系统将挥杆动作视频上传至互联网，系统也会自动对游戏结果进行详细分析以及跟踪玩家进度。

GOLEZON 的网络服务销售在过去几年迅速发展，从 2007 年的 100 万美元到 2010 年的 1100 多万美元。2010 年，GOLFZON 模拟系统已使用了 3000 多万轮（见本章附录 C）。

十、GOLEZON 国际化

目前，GOLFZON 在日本（成立于 2009 年）和中国（成立于 2011 年 5 月）设有分公司。它计划在北美（2011 年下半年）、欧洲（2012 年）和东南亚（2012 年）设立分支机构。截至 2011 年 8 月的具体情况如下：

1. 日本
· 在东京和大阪进行直接管理。
· 目前正扩大当地分销网络来进行销售扩张。
· 练习场的使用产品反响良好。
2. 中国
· 有五个经销商。

- 正考虑是否与当地公司创办合资企业。
- 预计于 2012 年打入中国台湾地区市场。

3. 北美
- 预计将于 2011 年下半年在加拿大扩张。
- 冬季漫长，适销性较强。
- 将成为第一个在大城市传播虚拟高尔夫文化的企业。

4. 欧洲
- 预计于 2012 年进入该市场。
- 已有在欧洲和俄罗斯的经销商。
- 计划直接进入适销性地区。

5. 东南亚
- 已有在中国台湾地区和泰国的经销商。
- 由于地理和季节性因素，东南亚和中东地区的适销性较强。

十一、GOLFZON 的一些问题

GOLFZON 的愿景是创立一个为全球高尔夫玩家服务的多元化虚拟高尔夫业务。GOLFZON 已是韩国第一家虚拟高尔夫公司，故其致力于 2013 年成为全球高尔夫行业的领导者。预计这需从其虚拟高尔夫系统、GOLFZON 学院（练习场）、分销、媒体、高尔夫球场图像、游戏和直接管理高尔夫球场等多方面来实现。

GOLFZON 组织现今十分韩国化，公司 400 名员工中只有一名外国人，即来自美国的市场经理杰森·艾伦伯格。正如他所了解的，GOLFZON 难以适应国外市场文化，因为全球各地的文化差异很大，玩家们打高尔夫球的原因也各不相同。

GOLFZON 面向未来的商业模式不同。GOLFZON 意识到韩国高尔夫市场目前已接近饱和。当它首次进入韩国市场时，人们对这一新现象感到兴奋，公司要想在韩国继续寻求发展机会就必须拓展业务。因此，GOLFZON 计划创建 GOLFZON 独营场所，人们可以在那里体验诸如食品和饮料方面的服务。

现阶段，GOLFZON 在全球市场中仍是一份新力量，全球市场广阔得似乎吓人。俄罗斯市场只有两处球场采用 GOLFZON 系统，高尔夫在俄罗斯仍然处于起步阶段，预计未来高尔夫运动将大幅增加。该公司应如何掌控这个市场？

GOLFZON 约占全球虚拟高尔夫系统市场份额的 50%。GOLFZON 系统销往 30 多个国家，也并不是国际市场中的全新因素，但有一些竞争对手更国际化。为了在全球范围内开展业务，公司必须将国际化营销做强做大。目前，韩国市场正日益饱和,因此为保持销售增长,GOLFZON 必须走向国际舞台。其面临的挑战是能否适应国际环境,因为到目前为止,GOLFZON 在营销和销售方面一直坚守韩国式路线。截至 2011 年 8 月,除了一个在 14 个月前被雇用来从事海外营销工作的外国人之外,400 人的 GOLFZON 组织中都是韩国员工。

随着世界人口的增加,资源的需求也随之不断增长,这一因素正影响高尔夫市场,使全球的天然高尔夫球场压力不小。因为天然高尔夫球场需要大量水资源,但世界大多数地方的水价都在上涨。全球变暖也深刻影响了各地气候。此外,高尔夫球场的维护需要大量化学品,这会带来环境问题。

从单纯娱乐的玩家到专业的球手,GOLFZON 的未来发展要满足不同细分市场的需求。GOLFZON 系统还需适用于对价格更敏感的、正处于发展中的高尔夫市场,如俄罗斯、印度和其他发展中国家。

十二、案例问题

(1) 为何 GOLFZON 将其成功归咎于地理位置,即地处韩国中部大田边远的大德研究开发特区?可用波特钻石模型进行分析。

(2) 哪些力量会给 GOLFZON 的进一步发展带来挑战?可用波特的五力模型进行分析。

(3) 依安索夫矩阵来看,你认为 GOLFZON 会作何选择?

(4) GOLEZON 刚开始全球扩张,你可为其提出哪些全球战略(在市场选择、进入模式和决策变量方面)?

参考文献

[1] Birkinshaw, Julian and Neil Hood (2000). "Characteristics of Foreign Subsidiaries in Industry Clusters." Journal of International Business Studies, 31 (1), 141-154.

[2] Daedeok Innopolis (2011). http://www.ddi.or.kr/eng/.

[3] GOLFZON (2011). http://www.golfzon.com/.

[4] KAIST (2011). "Korea Advanced Institute of Science and Technology." http://www.kaist.edu/edu.html/.

[5] Mattsson, Henrik (2009). "Innovating in Cluster/Cluster as Innovation The Case of the Biotechvalley Cluster Initiative." European Planning Studies, 17 (11), 1625-1643.

[6] Porter, Michael (1990). The Competitive Advantage of Nations. New York: The Free Press.

[7] Porter, Michael (1998). "Clusters and the New Economics of Competition." Harvard Business Review, November-December, 77-90.

[8] Sorenson, Olav (2003). "Social Networks and Industrial Geography." Journal of Evolutionary Economics, 13, 513-527.

[9] Stuart, Toby and Olav Sorenson (2003). "The Geography of Opportunity Spatial Heterogeneity in Founding Rates and the Performance of Biotechnology Firms." Research Policy, 32, 229-253.

致谢：作者要感谢 GOLFZON 员工，尤其感谢市场经理杰森·艾伦伯格、公关经理西孙泪和高级研究工程师孙立闽。他们让我总体上了解 GOLFZON 和虚拟高尔夫市场的主要信息，特别感谢经理森·艾伦伯格不厌其烦回答我的疑问。我还要感谢我的韩国助理李世雄帮我联系韩国高尔夫球场来进行观察和采访，他对我帮助良多。

附录 A 收入历史

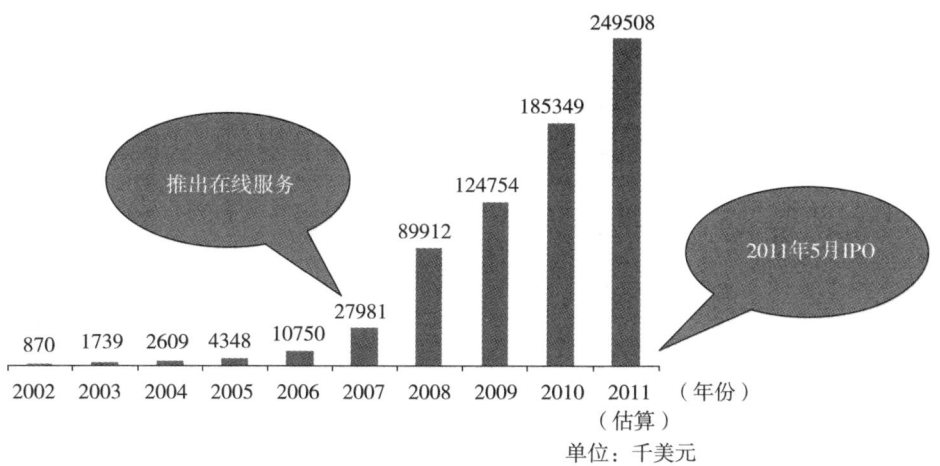

资料来源：GOLFZON。

附录 B 财务报表

资产负债表 单位：千美元

名称	2007	2008	2009	2010
流动资产	3052	52938	62035	124542
非流动资产	13344	13271	28460	43054
总资产	16397	66209	90495	167596
流动负债	4430	10992	10336	17136
非流动负债	356	1258	2538	2538
总负债	4785	12250	12874	20302
资本	460	940	4658	4728
留存收益	11150	49010	95593	134401
总股体	11612	53959	77620	147293

损益表 单位：千美元

名称	2007	2008	2009	2010
销售额	28912	92819	122370	169453
销售成本	11036	36027	50596	75246
毛利润	17877	56792	71774	94206
销售和管理费用	6106	14945	23851	36934
营业利润	11771	41847	47923	57272
营业利润率	41%	45%	39%	34%
非营业损益	371	−1119	3223	7601
普通利润	12143	40729	51,145	64873
公司税	1652	2868	1804	3174
净收入	10490	37861	49341	61700
净利润率	36%	41%	40%	36%

资料来源：GOLFZON。

附录 C 网络服务销售进程

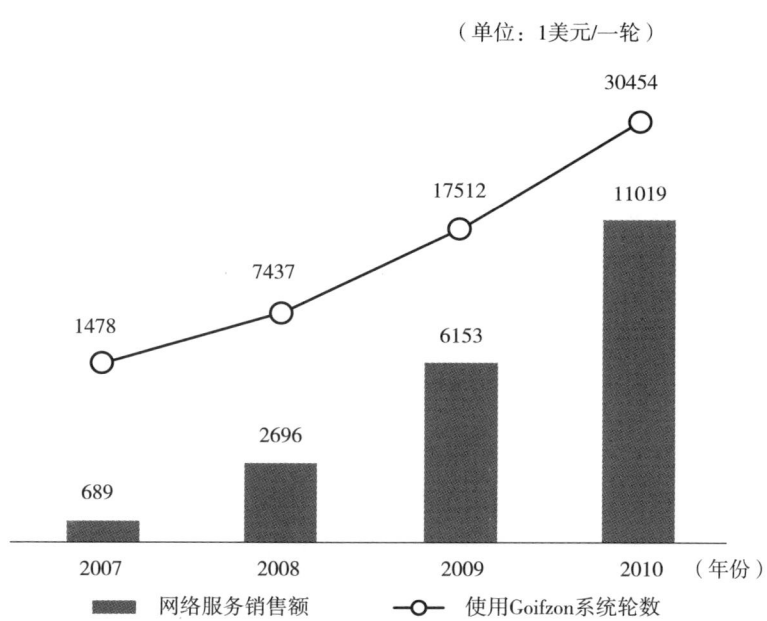

资料来源：GOLFZON。

精选文献

[1] [no date] "What Are Industrial Clusters?" San Diego Regional Technology Alliance, San Diego Association of Governments, pp. 1-18. http://www.sandag.org/rta/transfer/industrial_clusters.pdf/.

[2] Aaker, David A. (1995). Strategic Market Management, 4th ed. New York: John Wiley & Sons, Inc.

[3] Adams, David and Michael Hess (2010). "Social Innovation and Why It Has Policy Significance." The Economic and Labour Relations Review, 21 (2), 139-156.

[4] Ante, Spencer E. (2008). Creative Capital Georges Doriot and the Birth of Venture Capital. Boston Harvard Business Press.

[5] Baptista, Rui and Peter Swann (1998). "Do Firms in Clusters Innovate More?" Research Policy, 27, 525-540.

[6] Barabba, Vincent P. (1995). Meeting of the Minds Creating the Market-Based Enterprise. Boston, MA: Harvard Business School Press.

[7] Bathelt, Harald (2005). "Geographies of Production Growth Regimes in Spatial Perspective (II) -Knowledge Creation and Growth in Clusters." Progress in Human Geography, 29 (2), 204-216.

[8] Bell, Geoffrey G. (2005). "Clusters, Networks, and Firm Innovativeness." Strategic Management Journal, 26, 287-295.

[9] Beveridge, W. I. B. (1950). The Art of Scientific Investigation. New York: Vintage Books.

[10] Bilkey, Warren J. (1970). Industrial Stimulation. Lexington, MA: Heath Lexington Books.

[11] Bilkey, Warren J. and George Tesar (1977). "The Export Behavior of Smaller-Sized Wisconsin Manufacturing Firms." Journal of International Business Studies, 8 (1), Spring/Summer, 93-98.

[12] Blair, John M. (1972). Economic Concentration Structure, Behavior, and Public Policy. New York: Harcourt Brace Jovanovich, Inc., pp. 85-133.

[13] Brenner, Thomas (2004). Local Industrial Clusters: Existence, Emergence, and Evolution. London Routledge.

[14] Christensen, C. Ronald (1987). Teaching and the Case Method. Boston: Harvard Business School Press.

[15] Cooke, Philip (2001). "Regional Innovation Systems, Clusters, and the Knowledge Economy." Industrial and Corporate Change, 10 (4), 945-974.

[16] Cortright, Joseph (2006). "Making Sense of Clusters: Regional Competitiveness and Economic Development." A discussion paper prepared for the Brookings Institution Metropolitan Policy Program, Washington, D.C., March.

[17] Engel, Jerome S. and Itxaso Del-Palacio (2011). "Global Clusters of Innovation: The Case of Israel and Silicon Valley." California Management Review, 53 (2), Winter, 27-49.

[18] Feldman, Maryann P., Johanna Francis, and Janet Bercovitz (2005). "Creating a Cluster While Building a Firm: Entrepreneurs and the Formation of Industrial Clusters." Regional Studies, 39 (1), February, 129-141.

[19] Felzensztein, Christian and Eli Gimmon (2009). "Social Networks and Marketing Cooperation: in Entrepreneurial Clusters An International Comparative Study." Journal of International Entrepreneurship, 7, 281-291.

[20] Feser, Edward J. and Edward M Bergman (2000). "National Industry Cluster Templates: A Framework for Applied Regional Cluster Analysis." Regional Studies, 34 (1), February, 1-19.

[21] Feser, Edward J., Kyojun Koo, Henry C. Renski, and Stewart H. Sweeney (2001). "Incorporating Spatial Analysis in Applied Industry Cluster Studies." Document prepared for Economic Development Quarterly, Department of City and Regional Planning, University of North Carolina, Chapel Hill, North Carolina, March.

[22] Florida, Richard (2010). The Great Reset How New Ways of Living and Working Drive Post-Crash Prosperity. New York: Harper Collins Publishers.

[23] Frank, Ronald E., William F. Massy, and Yoram Wind (1972). Market Segmentation. Englewood Cliffs, NJ: Prentice-Hall, Inc.

[24] Galbraith, John Kenneth (1964). Economic Development. Boston: Houghton Mifflin Company, Sentry Edition.

[25] Gordon, Ian R. and Philip McCann (2000). "Industrial Clusters: Complexes, Agglomeration and/or Social Networks?" Urban Studies, 37 (3), 513-532.

[26] Guliani, Elisa (2005). "Cluster Absorptive Capacity Why Do Some

Clusters Forge Ahead and Others Lag Behind?" European Urban and Regional Studies, 12 (3), July, 269-288.

[27] Harwood, Tracy, Tony Garry, and Anne Broderick (2008). Relationship Marketing: Perspectives, Dimensions and Contexts. New York: McGraw-Hill.

[28] Hutt, Michael D. and Thomas W. Speh (2007). Business Marketing Management: B2B. Mason, OH: Thomson Higher Education.

[29] lammarino, Simona and Philip McCann (2006). "The Structure and Evolution of Industrial Clusters Transactions, Technology and Knowledge Spillover." Research Policy, 35, 1018-1036.

[30] Kotler, Philip (1967). Marketing Management Analysis, Planning, and Control. Englewood Cliffs, NJ: Prentice-Hall, Inc.

[31] Kotter, John P. (1996). Leading Change. Boston: Harvard Business School Press.

[32] Kukalis, Sal (2010). "Agglomeration Economies and Firm Performance The Case of Industry Clusters." Journal of Management, 36 (2), March, 453-481.

[33] Lazer, William and Eugene J. Kelley (1962). Managerial Marketing: Perspectives and Viewpoints-A Source Book. Homewood, IL: Richard D. Irwin, Inc.

[34] Mattsson, Henrik (2009). "Innovating in Cluster/Cluster as Innovation: The Case of the Biotechvalley Cluster Initiative." European Planning Studies, 17 (11), November, 1625-1643.

[35] McCraw, Thomas K. (2007). Prophet of Innovation Joseph Schumpeter and Creative Destruction. Cambridge, MA: The Belknap Press of Harvard University Press.

[36] Medawar, P. B. (1984). The Limits of Science. London Harper&Row.

[37] Meier, Gerald M. and Robert E. Baldwin (1957). Economic Development Theory, History, and Policy. New York: John Wiley&Sons, Inc.

[38] Messinger, Paul R. (1995). The Marketing Paradigm A Guide for General Managers. Cincinnati, OH: South-Western College Press.

[39] Mohr, Jakki (2001). Marketing of High-Technology Products: and Innovations. Upper Saddle River, NJ: Prentice Hall.

[40] Molina-Morales, F. Xavier and M. Teresa Martinez-Fernandez (2009). "Too Much Love in the Neighborhood Can Hurt: How an Excess of Intensity and Trust in Relationships May Produce Negative Effects on Firms." Strategic Management Journal, 30, 1013-1023.

[41] Morosini, Piero (2004). "Industrial Clusters, Knowledge Integration and Performance." World Development, 32 (2), 305–326.

[42] Mytelka, Lynn and Fulvia Farinelli (2000). "Local Clusters, Innovation Systems and Sustained Competitiveness." Discussion Paper Series #2005, United Nations University—Institute for New Technologies, Maastricht, The Netherlands, October.

[43] Niu, Kuei-Hsien (2010). "Organizational Trust and Knowledge Obtaining in Industrial Clusters." Journal of Knowledge Management, 14 (1), 141–155.

[44] Penzias, Arno (1989). Ideas and Information Managing in a High-Tech World. London W. W. Norton&Company.

[45] Porter, Michael (1980). Competitive Strategy Techniques for Analyzing Industries and Competitors. New York: The Free Press.

[46] Porter, Michael (1998a). "Clusters and the New Economics of Competition." Harvard Business Review, Noverber–December, 77–90.

[47] Porter, Michael (1998b). "The Adam Smith Address Location, Clusters, and the 'New' Microeconomics of Competition." Business Economics, 33, January, 7–13.

[48] Porter, Michael (2000). "Location, Competition, and Economic Development Local Clusters in a Global Economy." Economic Development Quarterly, 14 (1), February, 15–34.

[49] Prahalad, C. K. and: M. S. Krishnan (2008). The New Age of Innovation. New York: McGraw-Hill.

[50] Russo, Margherita and Federica Rossi (2009). "Cooperation Networks and Innovation: A Complex Systems Perspective to the Analysis and Evaluation of a Regional Innovation Policy Programme." Evaluation, 15 (1), January, 75–99.

[51] Schiele, Holger (2008). "Location, Location The Geography of Industry Clusters." Journal of Business Strategy, 29 (3), 29–36.

[52] Schnaars, Steven (1991). Marketing Strategy A Customer-Driven Approach. New York: The Free Press.

[53] Smith, Madeline and Ross Brown (2009). "Exploratory Techniques for Examining Cluster Dynamics A Systems Thinking Approach." Local Economy, 24 (4), June, 283–298.

[54] Snow, C. P. (1963). Two Cultures And a Second Look. New York: A Mentor Book.

[55] Sdlvell, Orjan, Géran Lindqvist, and Christian Ketels (2003). The Cluster Initiative Greenbook. Stockholm: Ivory Tower AB/European Cluster Observatory.

[56] Sorenson, Olav (2003). "Social Networks and Industrial Geography." Journal of Evolutionary Economics, 13, 513-527.

[57] Sparrow, John (2001). "Case Study Knowledge Management in Small Firms." Knowledge and Process Management, 8 (1), 3-16.

[58] Staber, Udo (2007). "The Competitive Advantage of Regional Clusters: An Organizational—Evolutionary Perspective." Competition&Change, 11 (1); March, 3-18.

[59] Steinle, C. and Holger Schiele (2002). "When Do Industries Cluster? A Proposal on How to Assess an Industry's Propensity to Concentrate at a Single Region or Nation." Research Policy, 31, 849-858.

[60] Stuart, Toby and Olav Sorenson (2003). "The Geography of Opportunity: Spatial Heterogeneity in Founding Rates and the Performance of Biotechnology Firms." Research Policy, 32, 229-253.

[61] Tesar, George, Steven W. Anderson, Sibdas Ghosh, and Tom Bramorski (2008). Strategic Technology Management Building Bridges between Sciences, Engineering and Business Management, 2nd ed. London Imperial College Press.

[62] Tesar, George, Hamid Moini, John Kuada, and Olav Jull Sorensen (2010). Smaller Manufacturing Enterprises in an International Context: A Longitudinal Exploration. London Imperial College Press.

[63] Tillvaxtverket (2010). "Nationell Klusterutveckling i Andra Lander Tyskland, Finland, Japan och EU." Dnr 2010/124 [in Swedish].

[64] Ulrich, Dave and Norm Smallwood (2007). Leadership Brand Developing Customer-Focused Leaders to Drive Performance and Build Lasting Value. Boston: Harvard Business School: Press.

[65] van der Linde, C. (2003). "The Demography of Clusters—Findings from the Cluster Meta-Study." In Brécker, Johannes, Dirk Dohse, and Riidiger Soltwedel (eds.), Innovation Clusters and Interregional Competition, Berlin Springer.

[66] Vom Hofe, Rainer and Ke Chen (2006). "Whither: or Not Industrial Cluster Conclusions or Confusions?" The Industrial Geographer, 4 (1), 2-28.

[67] Waits, Mary Jo (2000). "The Added Value of the Industry Cluster Approach to Economic Analysis, Strategy Development, and Service Delivery." Economic Development Quarterly, 14 (1), February, 35-50.

[68] Whitford, Josh and Cuz Potter (2007). "The State of the Art Regional Economies, Open Networks and the Spatial Fragmentation of Production." Socio-Economic Review, 5, 497-526.

[69] Wu, L., X. Yue, and T. Sim (2006). "Supply Clusters A Key to China's Cost Advantage." Supply Chain Management Review, 10 (2), 46-51.

[70] Zinsser, William (1976). On Writing Well: An Informal Guide to Writing Nonfiction. London Harper&Row.

与集群营销管理相关

[71] Czerniawski, Richard D. (1986). "Cluster Marketing An Alternative Approach to Marketing Planning and Implementation." Journal of Consumer Marketing, 3 (2), Spring, 81-86.

欧洲集群

[72] Dahl Fitjar, Rune and Andrés Rodriguez-Pose (2011). "Innovating in the Periphery: Firms, Values, and Innovation in Southwest Norway." European Planning Studies, 19 (4), 555-574.

[73] Hervas-Oliver, Jose-Luis and Jose Albors-Garrigos (2009). "The Role of the Firm's Internal and Relational Capabilities in Clusters When Distance and Embeddedness Are Not Enough to Explain Innovation." Journal of Economic Geography, 9 (2), 263-283.

[74] Jagger, Anna (2010). "Mega Clusters." ICIS Chemical Business, 278 (4), August 9-15, 26-27.

[75] Karaev, Aleksandar, S.C. Lenny Koh, and Leslie T. Szamosi (2007). "The Cluster Approach and SME Competitiveness A Review." Journal of Manufacturing Technology Management, 18 (7), 818-835.

[76] Ketels, Christian (2007, reprint). "European Clusters." In Structural Change in Europe 3-Innovative City and Business Regions, Bollschweil, Germany: Hagbarth Publications.

[77] Madsen, Erik Strojer, Valdemar Smith, and Mogens Dilling-Hansen (2003). "Industrial Clusters, Firm Location and Productivity - Some Empirical Evidence for Danish Firms." Working Paper 03-26, Department of Economics,

Aarhus School of Business, Denmark.

［78］Mattsson, Henrik (2009). "Innovating in Cluster/Cluster as Innovation: The Case of the Biotechvalley Cluster Initiative." European Planning Studies, 17 (11), November, 1625-1643.

［79］Nadabán, Márta Völgyiné and Ágnes Barbara Berde (2009). "Clusters Definition, Typology and Characteristics of Some Clusters in the Észak-Alföld Region-Case Study." In Proceedings of the 4th Aspects and Visions of Applied Economics and Informatics Conference, Debrecen, Hungary, March 26-27, 2009, pp. 772-779.

澳大利亚集群

［80］Adams, David and Michael Hess (2010). "Social Innovation and Why It Has Policy Significance." The Economic and Labour Relations Review, 21 (2), 139-156.

［81］Enright, Michael J. and Brian H. Roberts (2001). "Regional Clustering in Australia." Australian Journal of Management, 26, August, 65-85.

亚洲和印度集群

［82］Arita, Tomokazu, Masahisa Fujita, and Yoshihiro Kameyama (2006). "Effects of Regional Cooperation among Small and Medium-Sized Firms on Their Growth in Japanese Industrial Clusters." Review of Urban & Regional Development Studies, 18 (3), November, 209-228.

［83］Dayasindhu, N. (2002). "Embeddedness, Knowledge Transfer, Industry Clusters and Global Competitiveness: A Case Study of the Indian Software Industry." Technovation, 22, 551-560.

网上资源

网站名称	网址
Adobe's: Buzzword	https://www.acrobat.com/main/en/online-document-sharing.html/
Apple's: iCloud	www.apple.com/icloud
Athelia: Entreprendre (only in French)	www.atheliaentreprendre.fr

网站名称	网址
Autoblog: "GM to cut number of vehicle platforms, engines in half"	http://www.autoblog.com/2011/08/09/gm-to-cut-number-of-vehicle-platforms-engines-in-half/
Be Green Umea	en.greencit.se, www.begreenumea.se
BioEthanol for Sustainable Transport (BEST)	www.best-europe.org
BioFuel Region	www.biofuelregion.se
Biorefinery of the Future	www.bioraffinoderi.se
Cardvdstore.com's Blog "Daimler, Renault are set to share vehicle platforms and engines"	http://blog.cardvdstore.com/uncategorized/daimler-renault-are-set-to-share-vehicle-platforms-and-engines.html/
Centre for the Promotion of Imports from Developing Countries	www.cbi.eu
Citizens Network for Foreign Affairs (CNFA) Moldova	www.cnfa.md
Clean Clothes Campaign	www.cleanclothes.org
Cluster Offensive Bavaria	http://bayern-innovativ.de/1f1d267a-e8d7-7b95-259a-3dc6be3597ab/
Council on Competitiveness: "Clusters of Innovation: Initiative Regional Foundations of U.S. Competitiveness"	http://www.compete.org/publications/detail/220/clusters-of-innovation-initiative-regional-foundations-of-us-competitiveness/
Ecologie Industrielle (only in French)	www.france-ecologieindustrielle.fr
Europe INNOVA	www.europe-innova.eu
European Cluster Alliance	www.proinno-europe.eu/eca
European Cluster Collaboration Platform	www.clustercollaboration.eu
European Cluster Observatory's free educational video series	http://www.clusterobservatory.eu/index.html#!view=classroom; url=/classroom/OnClusters/
European Cluster Policy Group: "Final Recommendations-A Call for Policy Action"	http://www.clusterobservatory.eu/common/galleries/downloads/ECPG_Final_Report_web-low1.pdf/
Excellence for Cluster Management	www.cluster-excellence.eu
FältCom	www.faltcom.se
Food&Drink Europe	www.foodanddrinkeurope.com
Frost&Sullivan: "30 per cent reduction in vehicle platforms by 2020: OEMs to ride on platform standardization and modular strategy"	http://www.frost.com/prod/servlet/market-insight-top.pag?Src=RSS&docid=240652140/
General Motors	www.gm.com
Google Docs	docs.google.com
H&M's CSR reporting	http://about.hm.com/csr/
International Society for Industrial Ecology (ISIE)	www.is4ie.org
Invest in Med	www.invest-in-med.eu/en
Japanese Ministry of Economy, Trade, and Industry: "Industrial Clusters"	http://www.cluster.gr.jp/en/relation/data/brochure_e.html/

续表

网站名称	网址
Kompetenznetze Deutschland: "Clusters in Germany: An Empirical Based Insight View on Emergence, Financing, Management and Competitiveness of the Most Innovative Clusters in Germany"	http://www.kompetenznetze.de/service/bestellservice/medien/broschure-clusters-in-germany_online.pdf/
Marine Stewardship Council	www.msc.org
National Bank of Moldova	www.bnm.md/en/home
Natura 2000 Networking Progamme	www.natura.org
Nordic River AB	www.nordicriver.com
Pang Da	www.pdqmjt.com/EN
Polarrenen AB	www.polarrenen.se
Processum Biorefinery Initiative	www.processum.se
Reachin Technologies AB	www.reachin.se
redQ	redq.se
Republic of Moldova	www.moldova.md/en/start
Saab	www.saab.com
Scania	www.scania.com
Spyker	www.spykerworld.com
STICS	www.facebook.com/SticsResearch
Strategic Centres for Science, Technology and Innovation, Finland	www.tekes.fi/en/community/Strategic_Centres_for_Science__Technology_and_Innovation_(SHOK)/360/Strategic_Centres_for_Science__Technology_and_Innovation_(SHOK)/1296
Swedish Waste Management	www.avfallsverige.se/in-english
Technology Strategy Board-Low Carbon Vehicles	http://www.innovateuk.org/ourstrategy/innovationplatforms/lowcarbon vehicles.ashx/
ThinkFree	www.thinkfree.com
Umeå Institute of Design	www.dh.umu.se
University of Cambridge's Institute for Manufacturing-Sustainable Manufacturing Group	http://www.ifm.eng.cam.ac.uk/sustainability/
U.S. EDA's Regional Innovation Cluster	http://www.eda.gov/AboutEDA/RIC/
U.S. SBA-Innovative Economy Clusters	http://www.sba.gov/about-sba-info/24931/11574/
Vinnova's Vinnvaxt competition	http://www.vinnova.se/sv/Verksamhet/VINNVAXT/
Windows Live Mesh	explore.live.com
Youngman	www.young-man.cn/eng/index.aspx
Zoho Writer	writer.zoho.com